KB111307

발해제국 연대기

발해제국 연대기

발행일	2017년 12월 20일

지은이	우 재 훈		
펴낸이	손 형 국		
펴낸곳	(주)북랩		
편집인	선일영	편집	이종무, 권혁신, 오경진, 최예은, 오세은
디자인	이현수, 김민하, 한수희, 김윤주	제작	박기성, 황동현, 구성우
마케팅	김회란, 박진관, 김한결		
출판등록	2004. 12. 1(제2012-000051호)		
주소	서울시 금천구 가산디지털 1로 168, 우림라이온스밸리 B동 B113, 114호		
홈페이지	www.book.co.kr		
전화번호	(02)2026-5777	팩스	(02)2026-5747

ISBN	979-11-5987-856-5 03910 (종이책)	979-11-5987-857-2 05910 (전자책)	

이 도서의 국립중앙도서관 출판예정도서목록(CIP)은 서지정보유통지원시스템 홈페이지(http://seoji.nl.go.kr)와
국가자료공동목록시스템(http://www.nl.go.kr/kolisnet)에서 이용하실 수 있습니다.
(CIP제어번호 : CIP2017034446)

(주)북랩 성공출판의 파트너

북랩 홈페이지와 패밀리 사이트에서 다양한 출판 솔루션을 만나 보세요!

홈페이지 book.co.kr   •   **블로그** blog.naver.com/essaybook   •   **원고모집** book@book.co.kr

발해제국 연대기

우재훈 지음

발해인은 어떻게
분열의 시대를
극복하고 통합의 길을
찾았는가!

북랩 book Lab

들어가며

분열의 시대에 통합의 길을 찾다

발해는 고구려가 멸망했던 668년으로부터 30년이라는 긴 공백을 거쳐 698년 마침내 개국한 나라였다. 발해의 건국주체는 고구려 유민들과 말갈인들이었고, 이들이 30년간 천신만고의 노력 끝에 이루어낸 역사적 결과물이 곧 발해의 성립이었다. 고구려 유민과 말갈인이라는 이들 양대 세력은 고구려 재건이라는 기치를 들고 한 우산 아래에 모이긴 하였으나 약간은 이질적인 집단이었다.

이 둘을 묶어준 매개체가 바로 혈통으로는 속말말갈인이면서도 국적으로는 고구려인이 되어 있던 대 씨 가문이었다. 600년대 어느 시점인가에 고구려에 병합되어 공식적으로 고구려인이 된 속말말갈 출신의 대 씨 가문은 양쪽을 다 아우를 수 있는 절묘한 위치에 있었다.

발해는 양쪽 세력이 공존하고 있다는 점을 잘 활용할 줄도 알았다. 일본과 상대할 때에는 일본인들에게 익숙한 고구려 유민이 앞장섰고, 당나라와 관계를 맺을 때는 그들이 트라우마를 갖고 있던 고구려 대신 말갈인들이 전면에 나섰다. 이를 통해 발해는 적절한 중립외교를 펼치며 국제관계에서 자신만의 독자적인 위상을 구축해나갈 수 있었다.

그러면서도 이들은 공동의 사명을 잊지 않았다. 바로 생존이었다. 그들은 살아남기 위해 협력하였고, 최종적으로는 각자의 출신을 버리고 과감히 하나가 되는 길을 택했다. 이들은 더 이상 고구려인이나 말갈인이 아니었다. 그들은 이제 같은 '발해어'를 사용하는 통합된 '발해인'이 되었다. 이후에도 발해인들은 주변 민족들을 병합하면서 지속적으로 외연을 확장해나가는 정책을 펼쳤다. 그 과정에서 물론 반발과 저항은 있었겠으나 후대의 여진족으로 독자적으로 성장하게 되는 흑수말갈을 제외하고는 대체로 하나의 '발해인'으로 거듭나는 프로젝트는 성공적으로 추진되었다.

그렇게 발해는 분열의 시대에 통합의 길을 찾았다. 불과 228년의 세월 동안 그들은 하나의 발해인이 되는 데 성공했다. 서로가 가진 장점은 그대로 살리면서 동시에 다름보다 하나 됨을 추구했던 그들의 힘은 발해가 멸망한 이후에도 줄곧 이어졌다. 926년 발해라는 나라는 공식적으로 역사에서 사라졌지만, 발해인이라는 자의식은 살아남아서 무려 200년의 세월을 이겨낸다.

그들의 힘은 통합된 정체성에 있었다. 거란인들 사이에서도, 여진인 사회 안에서도 그들은 여전히 발해인이었다. 주변인들은 그들을 발해인으로 부르는 데 주저함이 없었다. 어디에서도 그들은 발해인으로서 행세하고 발해인이 되어 생각하고 발해인으로 살아갔다. 그렇게 또 다른 200년의 기나긴 시간을 그들은 발해인으로서 생존해냈다. 왕족인 대 씨도 고구려 출신 고 씨도 모두 발해인임을 자처하였으며 그 정체성을 자랑스럽게 지닐 줄 알았다. 그들은 조국은 잃었을지언정 발해인으로서의 자존감은 결코 잊지 않았다. 대를 거듭하면서도 발해인들은 스스로 발해인이라는 인식을 이어나갔다. 중국의 저명한 역사학자 진위푸(金毓黻)가 일찍이 말했듯이,

발해가 멸망한 뒤에도 그 유민들은 능력이 뛰어나서 다른 민족들에 녹아들지 않았기에 200년이 지나도 발해인으로 구별됨에는 변함이 없었다.

1910년부터 1945년까지 이어졌던 일제 치하 35년의 세월은 조선인들의 정체성에 큰 상처를 입혔던 기간이었다. 강압적인 정책 탓도 있었겠지만 한 세대를 넘어서는 긴 시간은 그들에게 스스로의 정체성을 점차 잊게 만드는 효과가 있었다. "일본이 그렇게 쉽게 질 줄 몰랐다"면서 자진해서 친일을 하는 이들이 나타나고 강제적이긴 했어도 수많은 사람들이 창씨개명을 통해 결국에는 일본인이 되어가는 그런 과정을 지켜볼 수밖에 없었던 것이 당시의 비극적인 현실이었다. 35년이라는 시간이 그럴진대 그 기간이 무려 200년이었다면 어떠했을까? 과연 우리는 스스로의 정체성을 끝까지 부여잡고 놓치지 않을 자신이 있었을까?

더욱이 이 좁은 땅덩어리 안에서도 지역과 사상과 출신으로 갈기갈기 쪼개져 아귀다툼을 벌이는 것이 작금의 상황임을 누구나 알고 있다. 민족은 하나여도 서로의 작은 차이를 들어 다름을 부각하는 이러한 분열의 행태 또한 누구나 비판해 마지 않지만 쉽게 고쳐지지 않는 것 역시 우리네 모습이다. 그런데도 서로 다른 두 집단이 만나 하나의 공동체를 이루어 공통의 정체성을 이룩해내었다는 사실은 비현실적이다 싶을 정도로 놀라운 성과였다. 고도화된 문명 속을 살고 있는 현대인들조차도 장래에 과연 작은 차이로 차별을 일삼는 잘못된 본능을 극복할 수 있을지 솔직히 자신이 없는데 말이다.

그것이 결국 발해의 힘이었다. 서로 다른 이들이 모여 갈등은 줄이면서 각자가 가지는 장점은 극대화할 줄 아는 실리의 노하우, 그러면서 서로 다르다는 차이점보다 우리는 같다는 공통점을 만들어 내어 결국엔 발해인으로 하나가 되는 통합의 리더십, 그것이 발해 인들이 조국 발해가 없는 악조건하에서도 200년의 세월을 견디게 해주었던 자신감과 정체성의 근원이 되어주었다.

나라가 멸망하여 200년이 지난 시점까지도 아직도 그 아이덴티 티를 잃지 않고 끊임없이 자신들의 정체성을 찾기 위해 노력했던 이들의 삶은 오늘날 다시금 보아도 감동을 불러일으킨다. 이후에 도 여전히 발해인으로 스스로를 인식하고, 재건 운동을 벌일 때에 도 마찬가지로 발해라는 이름을 결코 잊지 않았던 이들의 고집스 러움은 가히 감탄스럽기까지 하다. 228년의 한편으로는 길지 않은 역사를 지닌 한 나라의 망국의 백성들이 그 이후에도 그만큼의 긴 시간 동안 자신들의 정체성을 간직하였다는 것은 역사에서도 보 기 드문 일임에 틀림이 없다.

지배세력에 동화하여 그들 속에 소속되어 과거는 잊고 편안하 게 사는 길이 있었을 텐데도, 이들은 도대체 무엇 때문에 자신의 목숨까지 기꺼이 내놓으면서 그렇게 오래도록 예전의 정체성을 고 수하며 힘든 삶을 살았던 것일까? 발해인이라는 긍지가 이들을 결 코 자신이 누구인지 잊지 않고 살 수 있게 하는 원동력이 되어주었 던 것일까? 이토록 강했던 발해인의 자긍심은 오늘날 우리에게 무 언가 우리가 잊고 지내던 삶의 가치를 말해주고 있는 것은 아닐까? 그들의 눈으로 바라본 그들의 역사를 통해 이러한 질문들에 대한 답을 찾아보고자 한다.

발해의 용어

중국 측 기록에 따르면, 발해에서는 평상시 국왕을 지칭할 일이 있을 때는 가독부(可毒夫), 대면해서 국왕을 직접 부를 때는 성왕(聖王), 상소문과 같이 국왕에게 올리는 글에서는 비슷한 용어인 폐하와 같은 뜻의 기하(基下)라고 썼으며, 그리고 국왕의 명령은 교(敎)라고 했다고 한다. 그리고 국왕의 아버지는 노왕(老王), 어머니는 태비(太妃), 아내는 귀비(貴妃)라고 하였으며, 맏아들은 부왕(副王), 다른 아들들은 모두 왕자(王子)라고 불렀다고 한다.

여기에 지금까지 금석문으로 확인된 몇 가지 용어를 추가하자면, 국왕을 호칭하는 용어로 성왕 외에도 대왕(大王)이라고도 불렀었고, 자식이 아버지 왕을 부를 때는 부왕(父王), 국왕의 딸은 공주(公主), 차기 국왕이 될 태자는 동궁(東宮)이라 하였다.

동시대의 발해 측 기록에 따라 중국 측 기록을 수정할 부분이 두 가지가 있다. 첫째로는 우선 국왕을 부르는 호칭에서 기본은 '왕(王)'이 일반적이었지만 간혹 신하가 국왕을 부를 때 일부러 높여서 '황상(皇上)', 즉 황제에 준하여 부른 사례가 있고, 두 번째로는 국왕의 아내 역시 '귀비(貴妃)'로 부른 기록은 찾아볼 수가 없고 오히려 '황후(皇后)', 곧 황제의 아내라고 기록한 사실이 전해지고 있다.

또 국왕의 명령이라는 교(敎) 역시 황제의 명령인 조(詔)가 사용되었을 가능성이 크다. 발해의 3대 관청 중에 선조성(宣詔省)이 있어서 조서(詔書)를 심의하고 신하의 의견을 국왕에게 보고하는 역할을 하였던 것으로 여겨지며, 또 다른 핵심부처인 중대성에는 조고사인(詔誥舍人)이라는, 즉 조서(詔書)를 작성하고 국왕의 언행을 기록하는 일을 수행하였던 관직이 있었는데, 이를 통해 보면 발해의 국왕은 제국(帝國)을 통치하는 존재로 인식되고 있었음을 알 수 있다.

이러한 사실들은 발해가 후대의 고려가 그러했듯이 대외적으로는 왕국, 대내적으로는 제국으로 이원화하여 운영한 나라라는 가설을 입증해주는 근거가 된다. 하지만 어쨌든 여기서는 두 가지 표현 중 하나로 호칭을 통일하여 사용할 수밖에 없는데, 당시에 스스로 정하여 가장 많이 썼던 표현을 그대로 따르기로 한다. 이에 따라 국왕은 굳이 황제로 바꿔 부르지 않고 그대로 국왕으로 부를 것이며, 다만 국왕의 아내는 그들이 그렇게 불렀듯이 황후로 맞춰 부르도록 하겠다.

차례

프롤로그

1790년 7월 9일, 한 무리의 사람들이 추레한 행색으로 조양(朝陽, 차오양)이라는 중국 청나라 도시에 도착하였다. 그 전달 27일부터 일주일 동안 내내 큰 비가 내려서 대릉하(大凌河, 다링허)가 범람하여 홍수가 일어났는데, 이곳 조양도 마찬가지로 큰 피해를 입어 지역의 절반이 강물에 휩쓸린 상황이었다. 족히 수백 년도 더 된 유명한 옛 탑이 셋 있었는데 이번에 그 중 한 탑이 무너졌을 정도로, 당시 지역 주민들의 인명 피해 역시 이루 다 말할 수 없을 만큼 컸다.

일행은 그날 밤 한 사당에 머물렀는데, 그 중 세 명이 모여 그간의 자신들의 노고도 위로할 겸 주변의 아름다운 풍취에 젖어 버드나무 아래에 앉아서 달을 마주하고 술 한잔하다가 한 남자가 분위기에 젖어 이렇게 읊었다.

"이곳은 한때 한나라 유성이었고, 전연의 용성이었으며, 당나라 영주였고, 요나라 흥중부였는데, 누가 지금 이때 이렇게 우리 세 사람이 고향 땅으로부터 2천 리나 떨어진 이 먼 곳까지 와서 한잔 술을 하게 될 줄 알았겠는가?"

그들의 목적지는 바로 열하(熱河, 러허)였다. 이번 열하 여행은 꼭 10년 전에 같은 곳을 다녀와 쓴 『열하일기(熱河日記)』로 너무나도 유명해진 박지원(朴趾源) 이후 두 번째였다. 1790년 당시는 청나라의 제6대 황제였던 건륭제(乾隆帝, 1711~1799, 재위 1735~1796)의 재위 55년이자 동시에 80회 생일을 맞은 해였고, 당시 조선 정조(正祖, 1752~1800,

재위 1777~1800)의 명에 따라 축하사절단으로서 황제가 머물고 있던 바로 그곳 열하의 피서산장으로 가는 길이었다. 단지 그 앞뒤의 여행들이 주로 발해만에 가까운 경로를 따라 다녀온 길이었다면, 이번 여행은 좀 더 내륙 쪽으로 길을 잡고 있었기에 조양이라는 도시를 거치게 되었다.

그리고 이날 한잔 술에 취해 시를 지었던 인물이 곧 유득공(柳得恭)이었다. 불과 6년 전 초안을 탈고하였던 『발해고(渤海考)』에서 발해의 역사가 시작된 곳이라고 한 바로 그 역사적 장소에 그가 머물렀던 것이다. 이곳 조양, 그의 말마따나 당나라 시기에 영주였던 그곳에서 솟아오른 불길 하나가 발해라는 국가의 창업으로 이어지는 계기가 될 줄은 당시에 어느 누구도 미처 알지 못했다.

1. 제국의 여명

(1) 폭풍 전야

옛 만주땅 서쪽 끝자락에서 베이징으로 넘어가는 전략적 요충지에 있는 696년 5월의 영주(營州), 고구려의 유민은 물론 말갈족, 거란족 등 중국의 동북방 이민족들이 모두 모여드는 국제도시. 이곳에서 거란이 주축이 된 대규모 봉기가 일어났다.

영주(차오양) 위키피디아

당시 영주도독이었던 조문홰(趙文翽)는 교만하고 허욕이 있어서 많은 이들이 그에게 업신여김을 당해 원망이 컸다. 불만을 가진 이들 중에는 우무위대장군 송막도독 이진충(李盡忠)과 그의 처남 우옥검위장군 귀성주자사 손만영(孫萬榮)도 포함되어 있었다. 이들의 본거지인 송막(松漠)과 귀성주(歸誠州)는 바로 영주 북쪽 거란족의 영토에 해당했다. 이중 손만영은 원래 일종의 인질인 시자(侍子)로서 당나라 조정 안에 있으면서 그 나라의 강점과 약점을 두루 알게 되어서 반란을 일으키는 것에 전혀 두려움이 없었다.

조문홰의 강압적인 통치방식과 안하무인식의 모멸적 취급에 더이상 참을 수 없었던 이진충과 손만영은 함께 쿠데타를 감행했고, 순식간에 조문홰를 처단한 다음 곧바로 영주를 함락시켰다. 이들은 북방민족 특유의 과단성과 자신감을 가지고 있었기에 무서울 게 없었다. 이진충은 스스로 무상가한(無上可汗), 즉 그들의 표현으로 황제로 지칭하며 손만영을 대장으로 삼아 선봉으로 세우고 주위의 영토를 공략하기 시작했다. 향하는 곳마다 모두 항복하니 불과 열흘 만에 군사가 수만에 달할 정도로 세력을 키울 수 있었다.

중국 역사 최초이자 유일의 여황제 무측천(武則天, 624~705, 재위 690~705)은 이들의 반란에 분노하여 손만영은 손만참(萬斬)으로, 이진충은 이진멸(盡滅)로 불렀다. 만 번이라도 참수하고, 온 힘을 다해 멸망시키겠다는 뜻이었으니 그녀가 느낀 분노의 강도를 느낄 수 있을 것 같다. 당시 이미 70대 중반의 노령이었던 무측천이 황위에 오른 지 6년이 경과한 시점으로 당의 이 씨 황조 대신 자신의 무 씨 황조를 구축하는 데 공을 들이고 있던 상황에서의 일이었다. 그녀는 이를 자신에 대한 크나큰 배신으로 여겼다.

무측천 묘비, 일명 무자비 (無字碑) 위키피디아

무측천은 즉시 우금오대장군 장현우(張玄遇)와 좌응양위장군 조인사(曹仁師), 말갈 출신의 우무위대장군 이다조(李太祖), 그리고 사농소경 마인절(麻仁節) 등 28명의 장군을 반란군 토벌에 투입하면서 동시에 조카인 춘관상서 양왕 무삼사(武三思)를 유관도안무대사(楡關道安撫大使)로 삼고 납언 요숙(姚璹)을 부사로 하여 그를 보좌하게 하였다.

8월 이진충은 당나라의 토벌군이 들이닥친다는 소식을 듣고 영주 함락 당시 잡아들인 관병 수백 명을 석방하면서 거란군에게는 식량이 없다는 거짓 정보를 흘리도록 했다. 토벌군은 이 기만술에 넘어가기도 했지만, 전투를 이끄는 장군이 너무 많아 지휘체계가 일원화되지 못한 탓에 효율적인 병력운용이 어려웠던 게 더 큰 문제였다. 이들은 손만영과 서협석(西硤石) 황장곡(黃獐谷)이란 곳에서 전투를 벌였으나 거듭 패함으로써 지휘관인 장현우와 마인절 등이 거란의 포로로 잡혀버리는 등 피해가 컸다. 이때 발해의 건국과도 관계가 있는 이해고(李楷固)라는 거란 장수의 공로가 컸다고 한다. 이들 토벌군은 다시 진격하여 거란에게 넘어간 평주(平州)도 공격하였으나 역시 실패하였다.

처참한 패배 보고를 받은 무측천은 곧바로 우무위대장군 건안군왕 무유의(武攸宜)를 청변도대총관(淸邊道大總管)으로 삼아 거란을 치게 하였다. 무유의는 노비들 중에서 용기 있는 자를 모집하기로 하고, 관가에서 그 주인에게 값을 치르게 하여 모두 징발해서 거란을 치기로 했다. 당시 손만영은 야음을 틈타 단주(檀州)를 습격하였으나, 청변도부총관 장구절(張九節)이 결사대 수백 명을 급히 동원하여 결전을 벌이자 오히려 손만영의 군이 패하는 잠깐의 반전이 벌어지기도 하였다.

그런데 이해 10월 이진충이 사망하고 자연스럽게 손만영이 반란 세력을 이끌게 되었다. 바로 직전 달에 있었던 동돌궐과 당나라 간의 비밀협상으로 동돌궐의 수령 묵철(黙啜)이 곧바로 영주 북쪽에 있던 거란의 근거지인 송막 지역을 습격해 이진충과 손만영의 아내를 포로로 잡아 회군하였을 만큼 거란군에 일시적인 타격을 가할 수 있었다. 하지만 위기관리능력이 뛰어났던 손만영은 남아 있는 자들을 급히 수습하여 다시 군사력을 모아 세력을 어느 정도 회복한 다음 별장 낙무정(駱務整)과 하아소(何阿小)를 유격군의 선봉으로 삼아 기주(冀州)를 공격하여 함락시키고 기주자사 육보적(陸寶積)과 관리들 역시 살해하는 등 지금의 중국 허베이(河北) 지역 일대를 뒤흔들었다.

무측천은 이진충의 사망 소식을 듣고는 드디어 기회가 왔다고 생각했는지 하관상서 왕효걸(王孝傑)과 좌우림위장군 소굉휘(蘇宏暉)에게 군사 17만을 동원토록 하여 재차 반란 진압에 나섰다. 해가 바뀌어 697년 3월 거란군을 추격하여 동협석곡(東硤石谷)에서 기어코 손만영과 본격적인 전투를 벌였지만 왕효걸은 전투 중에 사망하고 소굉휘는 갑옷까지 벗어던지면서 도망쳤을 정도로 큰 패배를 당했다. 손만영이 승세를 타고 군사를 이끌고 유주(幽州, 지금의 베이징 일대)에 침공해들어가 관리들을 살육하고 재물을 약탈하였다. 무유의가 휘하의 비장을 보내 손만영을 막아보려 했지만 역시 패하고 말았다.

결국 무측천은 이해 4월 좌금오대장군 하내군왕 무의종(武懿宗)을 신병도대총관(神兵道大總管), 우숙정대 어사대부 누사덕(婁師德)을 부대총관, 백제 유민 출신인 우무위위대장군 사타충의(沙陀忠義)를 전군총관으로 임명하여 군사 20만을 거느리고 유주로 진격해 거란군을 토벌하게 하였다. 그러나 무의종은 6월에 조주(趙州)까지 왔지만 싸우지도 않고 군수물자들까지 내팽개친 채 상주(相州)로 퇴각해버렸고, 무주공산이 된 조주를 거란군은 쉽게 함락할 수 있었다.

손만영은 신속한 기동을 자랑하며 남진하여 영주(瀛州)도 침탈하였는데, 이때 마침 동돌궐의 묵철이 거란의 후방기지를 급습함으로써 손만영의 군대는 동요하기 시작하였고, 당나라 토벌군의 조직적인 포위 공격에 이어 신병도총관 양현기(楊玄基)가 해(奚)의 군사를 동원해 손만영의 후미를 습격하면서 거란에 예기치 못한 큰 피해를 안겨주었다. 손만영은 별장 하아소의 포획과 낙무정 및 이해고의 항복을 뼈아프게 받아들여야 했다.

손만영은 자신의 군대도 내버려둔 채 급히 달아나다가 겨우 숨을 돌리고 흩어졌던 병사들 중 기병 천여 명을 다시 모을 수 있었다. 그는 전열을 정비해 뒤쫓아오던 해의 군대와 다시 접전을 벌였는데, 전력에서 밀려 또다시 패하여 달아날 수밖에 없다. 앞서 손만영과 싸워 이겼던 적이 있는 전군부총관 장구절이 수백의 기병만으로 매복하고 있다가 기습공격을 가했고, 손만영은 이에 쫓겨 집안의 노비만을 데리고 정신없이 말을 달려 노하(潞河)의 동쪽으로 달아났다. 겨우 빠져나왔다 싶을 무렵 너무도 피곤하여 말에서 내려 수풀 아래에서 누워서 쉬고 있는데, 그 노비가 갑자기 배신하여 손만영의 머리를 베어버렸다. 짧지만 극적인 삶을 살았던 한 인간의 비극적인 최후였다.

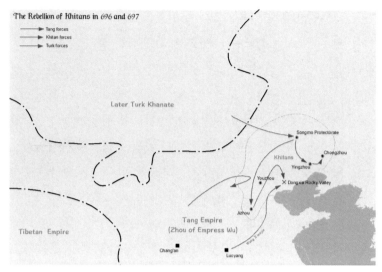

거란 봉기(696년~697년) 위키피디아

이렇게 거란의 영주 봉기가 끝을 맺게 된 때가 바로 697년 6월 말이었다. 불과 1년 남짓 만의 일이었다. 손만영의 죽음에 대한 소식이 퍼지면서 나머지 거란의 반란 세력들은 비에 눈 녹듯이 허물어져 내리기 시작했다. 거란의 잔당들은 결국 대부분 돌궐에 항복했다.

이상과 같이 이진충과 손만영의 거란 봉기군은 처음 영주에서 시작하여 서남진을 하면서 당나라의 본토 쪽인 지금의 허베이성과 베이징 일대를 공략하는 데 성공했는데, 그 후방에 해당하는 지역은 사실상 방치되어 있었다. 이 지역에서 발해의 역사가 시작되었다.

(2) 엑소더스

이 혼란스러운 시기 걸걸중상은 아들 대조영 등 가족과 함께 영주에 들어와 있었다. 고구려 멸망 당시 유민들이 당나라 곳곳으로 뿔뿔이 흩어지게 되었을 때 그들은 이곳으로 강제이주하였던 것으로 여겨지는데, 처음엔 그랬을지 몰라도 이후의 행동반경을 보면 노예처럼 그렇게 물리적으로 이동조차 할 수 없도록 붙잡혀만 있던 상황은 아니었던 것 같다.

이곳 영주는 600년대 초반 속말말갈의 한 지파인 궐계부의 리더였던 돌지계(突地稽, 혹은 도지계度地稽)가 고구려의 압박을 피해 다른 7개 부족들까지 수천 명의 정예병사를 이끌고 수나라에 집단 망명하였던 곳으로 이곳 근방의 여라고성(汝羅故城)을 요서군(遼西郡)으로 삼아 정착했었고, 중국식 이름을 이어받은 그의 아들 이근행(李謹行) 역시 이곳에서 660년대에 영주도독으로 근무한 바 있었다.

같은 속말말갈인들 사이에서도 그 소속의 작은 부족들 간의 정치적 성향은 서로 달랐었는데, 일부는 걸걸중상과 같이 친고구려 성향으로 고구려 제국의 일원으로서 활약하였고, 일부는 돌지계의 사례처럼 심지어 고구려와 전투도 벌이는 등 반고구려 행동파도 있었다. 따라서 동시대에 같은 영주에 머물렀다고 해서 반드시 서로 우호적이었으리라는 보장은 없다.

그래서였을까, 당의 문화에 많이 동화는 되었겠지만, 속말말갈 출신들이 아직 남아있어 문화적 통제가 가능했던 이곳 영주에 붙잡아두는 편이 소속은 고구려 출신이었어도 혈연적으로는 속말말갈과 가까웠던 걸걸중상 집단을 관리하는 데에 유리하다고 판단하였던 것은 아니었겠는가 짐작해볼 수 있다.

영주라는 도시는 요서 지역에서 고유의 상징성을 가지고 있었다. 그것은 당나라 입장에서 대 동북지역 최전선 거점이면서 동시에 다양한 인종들과 문화가 섞여드는 국제적 도시라는 독특한 위상이었다. 이곳에서는 이민족이라 하더라도 특별히 주목받아 노출될 일도 없었고, 노예 신분으로 끌려온 것은 어쨌든 아니었기에 상대적으로 생활에 자율권이 주어져 있었을 것이다. 걸걸중상은 영주에 머물면서 당나라 본토의 정보도 쉽게 접할 수 있는 동시에 구 고구려 영토인 요동 지역에서 벌어지는 미세한 움직임까지도 가장 가깝게 포착할 수 있다는 그 지리적 이점을 감안하여 영주를 굳이 이탈하지 않고 잔류하면서 모종의 기회를 엿보고 있었던 것은 아닐까 생각된다.

당시 걸걸중상은 영주에서 거란족과 가깝게 지내면서 거란어로 사리(舍利)라는 지방호족쯤 되는 관직을 부여받아 고구려 유민들을 통솔하는 역할을 맡고 있었다. 기록에 따라서는 그를 대사리(大舍利, dà-shèli)라고도 부르는데, 이를 한자식으로 표현하자면 대수령(大首領, dà-shǒulǐng)이 된다. 동지인 추장 걸사비우가 말갈인들을 이끌고 있던 것과 달리 그가 고구려 유민들을 책임지게 된 것은 아마도 고구려 멸망 후 안동도호부가 옛 고구려 지역을 관장하게 되었을 때 이를 따르지 않는 고구려 유민들이 말갈로 많이 넘어갔다고 하는데, 그 집단들을 같은 고구려 출신인 그가 이끌게 되었던 것은 아닐까 추측해볼 수 있다.

이들의 숫자는 정확히 알 수는 없지만, 좀 더 후대에 일본 승려 엔닌(圓仁)이 남긴 『입당구법순례행기(入唐求法巡禮行記)』라는 당나라 여행기록에 따르면 고구려 멸망 시 남은 무리 1,000명이 도망쳐서 나중에 발해를 세웠다는 전설이 있는데, 이를 어느 정도 역사적 사실이 반영된 이야기라고 본다면 이 1,000명 정도 되는 이들이 곧 발해 초기의 건국세력이 되었을 것으로 생각해볼 수 있다.

그럼 걸사비우가 이끈 말갈인들은 누구였을까? 걸사비우의 성이 걸걸중상과 비슷한 것으로 보아 속말말갈인들이었을 수도 있지만, 굳이 특정 부족을 명시하지 않은 것으로 유추해보면 범(凡) 말갈인들이었을 가능성이 좀 더 크지 않을까 싶다. 그렇다면 아마도 후대에 편입되게 되는 만주 북부의 말갈인들은 우선 제외하고 속말말갈을 포함하여 그들과 지리적으로도 가까웠던 백산말갈까지 아우르는 남부의 말갈인들이 그 대상이었으리라 생각해볼 수 있겠다.

걸걸중상과 그가 이끄는 집단은 고구려의 부흥을 목표로 그간 암암리에 활동을 벌이고 있었던 것으로 보인다. 이유는 다음과 같다.

고구려의 멸망으로부터 거란의 영주 봉기가 있기 전 그사이인 677년의 봄 2월, 옛 고구려땅인 요동 지역의 신성(新城)에 고구려의 마지막 태왕인 보장왕 고장(高臧)이 당나라로부터 새로 발령을 받아 도착하였다. 이곳 신성은 불과 얼마 전 안동도호부가 옮겨져서 설치된 곳으로, 그 조직의 목적은 당초 당나라가 무너뜨린 고구려의 유민들을 다스리는 역할이었다. 그렇기에 그의 파견에 앞서 당나라 본토로 옮겨졌던 고구려 유민들도 다시 이곳 옛 고구려의 터전으로 많이들 돌려보내졌다.

보장왕에게 부여된 정식 직함은 요동도독 겸 조선군왕이었고, 그가 파견된 사유는 예상할 수 있다시피 수시로 반당 운동을 벌이는 말썽 많은 고구려 유민들의 반발을 옛 고구려 태왕의 허명이라도 빌려 누그러뜨리고자 하는 것이었다. 그는 명색은 요동도독으로 안동도호부의 책임자로서 발령받아 온 것이었지만, 사실상 실권은 없이 오히려 여러모로 감시받는 처지라는 점을 본인도 잘 알고 있었다. 그렇긴 해도 고구려의 멸망 후 모처럼 고향 땅에 돌아온 심정은 남달랐을 게 분명하다.

그런 그가 먼저 접근한 것인지 아니면 그에게 접근해온 것인지는 알 수 없지만, 어떤 형태로 진행되었든 어느 순간부터 보장왕은 비밀리에 반당 성향의 말갈 세력과 독립 운동을 모의하기 시작하였다. 하지만 그에게는 일생 동안 그러했듯이 역시나 행운이 따르지 않았다. 감시의 눈을 피해 조심스럽게 일을 진행한다고 하였지만, 결국엔 일이 탄로 나고 만 것이다. 이 때문에 보장왕은 저 멀리 지금의 중국 쓰촨성 지역인 공주로 유배를 떠나게 되었고, 그를 따르던 사람들 역시 중국땅 이곳저곳으로 분산해서 강제로 이주당했다.

이 일이 있었던 것은 불과 1년도 채 지나지 않은 시점인 677년 하순 내지 678년 초경으로 보이는데, 왜냐하면 즉시 연개소문의 아들 연남생이 후임으로 발령받아 왔다가 어느 정도 터를 닦아나가던 와중인 679년 정월에 병으로 세상을 뜨기 때문이다. 시점이 중요한 이유는 바로 보장왕 사건 직후로 보이는 일이 678년에 있었기 때문이다.

678년 고구려의 남은 무리들이 모여 북쪽으로 태백산 아래에 의지하여 나라를 발해라 하였다. (『삼국유사(三國遺事)』, 『구 삼국사』를 인용함)

나라 이름은 후대의 일과 겹쳐져서 기록된 것으로 보이지만, 그것을 빼고 보면 결론적으로는 발해가 정식으로 세워지기 전에 이미 고구려 유민들 혹은 말갈계 고구려인들이 보장왕과 비밀리에 결탁하여 고구려의 부흥을 모의하였고, 보장왕이 부득이 탈락하게 되면서 노선을 변경하여 독자 세력화를 추진하였음을 말해주는 것이다. 이보다 얼마 전인 670년에 있었던 검모잠과 고구려 왕족 안승의 고구려 부흥운동을 떠올려보면 무장세력과 왕족의 결합이라는 측면에서 비슷한 점이 엿보인다.

이 당시 신라는 670년을 시작으로 하여 당나라와 전쟁을 벌여 675년 매초성 전투와 676년 기벌포 해전에서 승리함으로써 한반도 중남부의 지배권을 확립하는 데 성공하였고, 당나라는 평양에 있던 안동도호부를 요동성으로 그리고 웅진도독부는 건안성으로 철수함으로써 사실상 한반도 내의 지배력을 잃게 되었다. 그 여파로 고구려 유민 집단에게도 행동의 기회가 왔던 것이다. 이처럼 모든 사건은 서로 연결되어 있었다.

그리고 이보다 좀 더 늦게 시점 차이는 있지만, 다른 기록에서도 우리가 알고 있는 발해라는 나라의 건국 이전에 고구려 유민 세력들의 사전 결집 움직임이 발견된다.

> 고구려의 옛 장수 대조영은 태백산 남쪽의 성에 의거하여 684년에 나라를 세우고 이름을 발해라 하였다. (『제왕운기』)

이상의 두 가지 경우 모두 지금은 전해지지 않는, 즉 기존 사서 이전의 책을 참고한 것인데, 건국 사실은 후대의 일까지 합쳐서 적느라 포함되었을 수 있으니 감안해서 보자면 오히려 후대의 역사서보다 동시대에 가까운 신빙성 있는 정보라고 할 수 있을 것이다.

두 사건의 발생 시점이 불과 6년 차이밖에 나지 않아 둘 중 하나는 잘못 기록된 것일 수도 있지만, 둘 다 어느 정도 당시의 현실을 반영한 것으로 본다면 678년은 보장왕 유배 직후 부득이 독자적인 세력 결성을 결정한 상황을 말하고 684년은 이들의 독립운동이 규모를 이루어 본격화된 시점을 말하는 것은 아닐까 싶기도 하다. 고구려 멸망 당시 장수였던 대조영이 최소한 약관의 나이였다고 가정해보면, 678년에는 서른 살 정도밖에 안 되지만 684년에는 30대 중반을 넘어서게 되어 좀 더 원숙하게 조직을 이끄는 역할을 수행할 수 있었지 않았을까 짐작되기도 한다.

이로부터 9년 후의 작은 기록 하나를 추가로 살펴보자. 『삼국유사』에는 693년 신라 북변에서 말갈인 '대도구라(大都仇羅)'에게 납치당한 신라인의 이야기가 나온다. 693년이면 발해 건국 불과 5년 전이니, 이 무렵쯤에는 발해의 건국준비도 한창 바빠질 때가 아니었을까 싶다. 대도구라와 대조영의 관계는 밝혀진 바 전혀 없지만, 어쨌거나 당시 한반도 북부에 대조영 집단과 같은 성씨를 사용하는 말갈인의 무리가 활약하고 있었다는 증거가 되니 요동부터 만주 너머 한반도 북부까지 발해 건국세력이 영향권을 넓히고 있었다고 추정할 수 있다.

어쨌든 보장왕과 결탁하여 독립을 꾀했던 말갈 집단은 결국 당시 요동 지역에서 보장왕 정도 되는 이가 접촉할 정도로 이름도 알려져 있고 규모와 실력도 갖추고 있어서 성공 가능성이 컸던 조직이었을 것이 당연하고, 그렇다면 시간이 좀 더 지나 심지어 당나라의 무측천도 그 존재를 인지하고 있었을 만큼 정치적 비중이 컸던 걸걸중상과 걸사비우, 즉 각각 고구려 유민과 말갈 집단을 대표하는 역할을 맡았던 이들이 바로 보장왕의 접촉 대상으로서 가장 적합했을 것으로 여겨진다.

이들은 보장왕 유배 직후든 혹은 6년이 더 걸려서든 간에 고구려 유민과 반당적 색채의 말갈 집단을 규합하여 독자 세력화에 성공함으로써 요동 지역에서 나름의 조직을 갖추게 되었고, 이후 거란과 우호적 관계를 유지하면서 당나라로부터 독립을 쟁취할 것을 준비해오던 중 거란의 영주 봉기가 발발하자 기다리던 그 순간이 드디어 온 것이라고 깨달은 것 같다.

거란이 영주에서 봉기를 일으킨 직후 걸걸중상과 그가 이끄는 집단의 행적은 정확히 알려져 있지는 않다. 다만 추측해보자면 서남쪽으로의 진출을 목적으로 했던 손만영 군과 행동을 같이하진 않은 것으로 보아 이 봉기와 관련해서 고구려 유민 세력이 적극적 개입은 하지 않았음은 거의 확실하다. 그리고 당나라 측에 이들의 활동에 대한 기록이 남아 있지 않은 것 역시 손만영 군의 종횡무진 공세에 온통 신경을 빼앗긴 서남쪽 일대가 아니라 이들은 오히려 반대편인 동쪽으로 세력 확장을 주로 하였던 것은 아닐까 짐작해볼 수 있다.

관련하여 참고할 만한 기록이 거란의 역사서인 『요사(遼史)』에 나온다. 거란의 영주 봉기 당시에 걸걸중상이 거란의 이진충에게 핍박을 받아 요수를 건너가 스스로를 지켰고, 이후 대조영이 세력을 물려받아 도읍을 세우고 정식으로 건국하였다는 내용이다. 자세한 설명이 없어서 이다음부터는 추측할 수밖에 없지만, 걸걸중상으로 대변되는 고구려 유민 세력은 이진충과 손만영이 주축이 된 거란 봉기에서 어떤 이유에서인지 주류에서 밀려났고, 차라리 이 기회를 활용하자는 생각에서였는지 영주를 벗어나 동쪽으로 요수를 건너 어떻게 상황이 급변할지 모르니 당분간은 돌아가는 사태를 예의주시하고 있었던 것으로 보인다. 아마도 여러 이민족들과 같이 영주에서 생활하면서 이진충, 손만영 등 거란족들과도 직접

한 데에서 겪어보다 보면서 거란 주축의 봉기군의 현실적인 한계를 이미 예견했던 것은 아니었을까.

이 당시 무측천은 전통적인 분할하여 지배하라(Divide and Rule)는 전략에 기반하여 반란을 일으킨 무리 중에서 거란족과 다른 집단을 분리함으로써 그 세력을 약화하고자 하는 목적으로 걸걸중상은 진국공(震國公), 걸사비우는 허국공(許國公)이라는 이름뿐이긴 하지만 제후로 봉하겠다는 의사를 전해왔다. 보통은 지역의 명칭을 따서 이름을 부여하는데, 걸걸중상의 근거지는 진국, 걸사비우의 근거지는 허국이라 칭했던 것으로 보인다. 정확한 위치까지는 현재로서는 파악할 수가 없다.

어쨌든 당나라의 황제가 걸걸중상과 걸사비우의 존재를 인지할 정도면 그 세력이 결코 작지만은 않았음을 미루어 짐작할 수가 있다. 이는 간접적으로 이들이 거란 봉기군의 일개 분파가 아니라 일정 규모를 갖춘 독자적인 세력이었을 가능성을 말해주는 것이기도 하다.

또한 무측천의 제안은 단순히 제후로 봉한다는 1차원적인 수준이 아니라 사실 거란을 뒤에서 치라는 음험한 의도였음이 분명했다. 이에 걸사비우는 거부 의사를 명확히 하고 무측천의 제안을 일언지하에 거절하였다. 걸걸중상의 반응은 알려져 있지 않지만, 무응답으로 일관했거나 아니면 이때 이미 걸사비우와는 일종의 운명공동체처럼 같이 행동하고 있었기 때문에 최종적으로는 걸사비우와 같은 결정을 하였을 것으로 보인다.

이렇게 걸사비우에게 앙심을 품은 무측천은, 697년 극적으로 거란의 봉기를 제압하는 데 성공하면서 그 전에 이미 항복한 거란인 이해고를 옥검위장군으로 삼고 중랑장 색구와 함께 고구려와 말갈

잔당을 공격하라는 명을 내린다. 특히 이해고는 칼과 활 같은 무기를 잘 다룰 줄 알았고 당나라 군대를 대파할 정도로 군사적 재능이 뛰어났던 자여서 무측천이 그의 재능을 아껴 죽이지 않고 오히려 장군으로 발탁했을 정도였다. 이해고 역시 영주를 드나들던 거란족 출신으로 아마도 영주에서 걸걸중상이나 걸사비우와도 마주친 바 있을 것으로 여겨지는데, 거란에 대한 생리뿐만 아니라 고구려와 말갈에 대한 필드에서의 경험과 정보를 가지고 있었기에 기용되었을 가능성이 커 보인다.

실제로 이해고는 무측천의 기대에 적극적으로 부응하여 고구려-말갈 연합군을 쫓는 전투에서 여러 차례 승리를 거두었고, 무측천에게 모욕감을 주었던 걸사비우는 이해고에게 격파되어 끝내 전사하고 만다.

도중에 걸걸중상마저 노령에 따른 병환으로 세상을 떠나고 결국 그의 아들 대조영이 걸사비우가 이끌던 세력까지 규합하여 고구려인과 말갈인의 연합체를 이끌게 되었다. 숫자상으로는 똑같은 힘이더라도 두 집단이 각자 행동했을 때보다 한 명의 리더가 지휘체계를 일원화하여 통솔할 때의 차이는 확연히 달랐을 것이 분명하다. 그것도 심지어 명성과 능력을 동시에 갖춘 리더라면 그 시너지 효과는 더 커질 수밖에 없을 것이다.

대조영은 고구려 멸망 당시 이미 고구려의 장수가 되어 있었고, 용맹스럽고 용병(用兵)에 능하다는 평을 듣고 있던 재원이었다. 그의 정확한 나이는 현재로서는 전혀 알 수가 없다. 다만 동시대인인 고구려의 연남생이나 연남산 등 최고권력자 연개소문의 아들들이 중리대형이라는 지위를 부여받은 공통된 나이가 18세였음을 감안해서 대략 추정해보면, 앞서의 추정처럼 고구려가 멸망한 668년에 대조영이 약 20세였다고 가정했을 때 696년 거란 봉기 시에는 50세가 되고, 이를 통해 걸걸중상은 못해도 70대 이상의 고령으로 사망한 것으로 볼 수 있을 것이다. 걸걸중상도 결국 세상을 떠나고 걸사비우도 이해고와 색구의 토벌군에 희생을 당하여 고구려와 말갈의 병사들을 통솔하는 것은 자연스럽게 대조영의 몫이 되었던 것 같다.

대조영의 고구려-말갈 연합군은 당장은 쉽사리 당나라 토벌군을 이길 수 없다고 판단하여 원래의 출신지인 고구려와 말갈의 옛 땅을 바라보며 동쪽으로 더 동쪽으로의 엑소더스를 감행했다. 이해고 역시 걸사비우에 이어 걸걸중상의 후계자인 대조영까지 처리할 수 있다면 거란족이 촉발한 영주 봉기를 자신의 손으로 종결지을 수 있다는 공명심에 들떠 조바심을 내며 이들 잔당 추적에 열을 올렸다.

역사에서는 이 이후의 전투를 '천문령 전투'라고 부른다. 『손자병법(孫子兵法)』에서는 이렇게 말하고 있다.

지형에는 여러 가지 종류가 있다. 절벽으로 막힌 골짜기, 깊게 파인 분지, 험준한 산으로 둘러싸인 지역, 초목이 빽빽이 우거진 곳, 지대가 낮은 진흙탕 지형, 그리고 계곡 사이의 협소한 장소가 있으면 곧바로 피해가거나 절대로 가까이 가지 않으며 그곳에 머물러서는 결코 안 된다. 아군은 이러한 지형에서 멀리 벗어나고, 적군은 그곳으로 유인해야 한다. 또 아군은 이러한 지형을 앞에서 바라보고, 적군은 그곳을 등지고 서도록 만들어야 한다.

이때 고구려-말갈 연합군을 이끌고 있던 대조영은 적군을 의도적으로 천문령으로 유인하여, 아군은 천문령을 바라보고 적군은 천문령을 등지게 하는 전략을 세웠다. 역사의 평가대로 대조영은 용병(用兵)에 능한 인물이었다.

대조영은 이처럼 천문령을 넘어 이동하였고, 여기까지 쫓아온 토벌군을 상대로 접전 끝에 크게 승리를 거두었다. 천문령 전투의 자세한 진행과정은 알 수 없지만, 이해고가 천문령을 넘은 다음에 전투가 일어났다고 하니 당나라 군대가 천문령을 넘은 직후에 들판으로 나아가기 전 숲길에서의 대대적인 매복공격이었을 수도 있고, 혹은 개활지로 나온 다음 지친 당나라 군대와 대규모 회전을 벌인 것일 수도 있다. 어떤 경우이든 당나라 군대는 대패를 당해 사령관인 이해고와 일부만이 목숨을 건지고 도망칠 수 있었을 뿐이다.

지금까지 천문령의 정확한 위치는 밝혀지지 않았는데, 대략 요수 건너부터 동모산에 이르는 중간 지점일 것으로 생각된다. 요수 동쪽 멀지 않은 천주산(天柱山)이 하늘의 기둥(天柱)이라는 뜻답게 하늘의 문(天門)이라는 뜻의 천문령과 비슷한 느낌이 있는데 혹 이곳 근처는 아니었을까. 당대의 발해 행정구역 중 장령부(長嶺部)가 발해 영토의 서쪽 끝에 있었고 이름 그대로 이 지역 자체가 산맥들이 연이어 있는 곳이어서 천문령도 이곳 어딘가에 있었을지 모르겠다.

이후 이해고는 어떻게 되었을까? 그는 그 끈질긴 생명력 덕택에 발해 건국 세력에 의한 치욕적인 완패를 당하고서도 살아남았다. 무측천이 그를 저버리지 않고 다시 한번 기회를 준 것이다. 700년에 그녀는 좌옥검위대장군 이해고 및 그와 함께 투항해왔던 우무위장군 낙무정을 거란 잔당의 토벌군으로 파병하였다. 이들은 원래부터 유능한 장수여서 반란군에 몸담고 있을 때에 여러 차례 당나라 군대를 힘들게 한 바 있는데, 이때에 드디어 제대로 공적을 세워 당나라로부터 인정을 받게 되었다고 한다. 결국 무측천으로부터 연공(燕公)의 지위를 얻고 심지어 무씨 성까지 하사받을 정도였으니 시류를 읽는 날카로운 눈과 군사적 실력까지도 확실히 타고난 듯하다.

(3) 건국

대조영이 이끄는 무리는 태백산(현 백두산) 동북쪽으로 이동하였다. 그리고 오루하(奧婁河) 근처에서 성벽을 쌓고 수비에 만전을 기울였는데, 원래 속말말갈 출신으로 고구려 치세하에서 속말수(현재의 쑹화강)에 거주하였기에 지리를 잘 아는 곳으로 피신한 것으로 보인다. 오루하는 발해인들이 홀한하라고 부른 강이었다.

어쨌든 승리의 기쁨을 만끽하며 대조영은 걸사비우의 말갈인 집단까지 아울러 동모산(東牟山)에 거처를 마련하였다. 이때의 동모산의 위치는 대략 지린 성 둔화 시에 있었던 것으로 보고 있다. 당나라를 상대로 한 대승과 마침내 이루어진 독립의 소식을 들은 고구려, 말갈인들은 그 휘하로 줄지어 찾아오기 시작했다. 후대에는 이곳을 처음 개국한 지역이라는 의미에서 구국(舊國)이라고 부르게 된다.

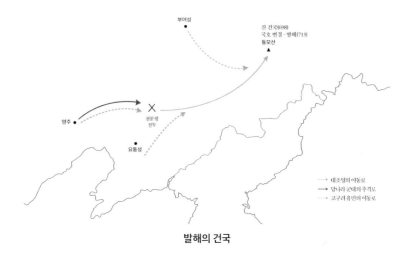

발해의 건국

　어느 정도 규모가 되자 대조영은 서쪽으로 돌궐에 사신을 보내어 외교관계를 개설하였고, 남으로도 신라와 사신 교류를 하였다. 여담이지만, 최치원의 말을 그대로 믿는다면 700년경 전후로 보이는 이때 대조영은 신라로부터 17개 관등 중 5등급인 대아찬 지위를 받았다고 하는데, 과연 기분 좋게 받아들였을지는 의문이다. 그나마 6두품은 오를 수 없고 진골만이 가질 수 있는 관등에 해당하는 것이어서 신라 입장에서는 고구려의 후예라고 자임하는 신생 세력에게 줄 수 있는 나름 최선의 선택이었을지도 모르겠다.

　그와 동시에 대조영은 적극적인 군사작전을 펼쳐 부여, 옥저, 변한, 조선 등 옛 고구려 영토였던 지역 10여 곳을 정복하였다고 한다. 부여나 옥저는 그래도 이해가 되는데, 변한과 조선, 즉 고조선 지역은 조금 의외이다. 그런데 참고할 만한 내용이 『고려사(高麗史)』와 『고려사절요(高麗史節要)』의 태조 왕건과 관련된 대목에서 공통적으로 발견된다. 896년의 일이니, 발해 건국으로부터 거의 200년 후의 기사이다.

　궁예는 고구려의 땅을 차지하고 철원(鐵圓)에 도읍하여 국호를 태봉
(泰封)이라고 하였다. 용건은 송악군(松嶽郡)의 사찬(沙粲)으로서 군(郡)
을 거느리고 궁예에게 귀부하였다. 궁예가 기뻐하면서 곧 금성태수(金
城太守)로 삼았다. 용건이 이어 궁예를 설득하기를, "대왕께서 만약 조
선(朝鮮)·숙신(肅愼)·변한(卞韓) 땅의 왕이 되고자 하신다면, 먼저 송악에
성을 쌓고 제 맏아들을 성주(城主)로 삼는 것만 한 것이 없습니다."라고
하였다. 궁예가 그 말을 따라 태조로 하여금 발어참성(勃禦槧城)을 쌓
게 하고 이어서 그를 성주로 삼았다.

　'부여'는 만주에서도 북쪽이니 남쪽에 치우친 고려의 관심 대상이
아니었을 수 있다고 보고, 오늘날 고조선으로 부르는 '조선'과 '변한'
은 글자 그대로 일치하며, 발해의 '옥저'와 고려의 '숙신'이 다른 부분
이지만 중국의 정사인『삼국지(三國志)』나『후한서(後漢書)』에 따르면 옥
저는 동옥저와 북옥저로 나뉘고 숙신, 즉 후대의 읍루가 그사이에
위치하였다고 하니 크게 보아 동·북옥저를 합친 그 땅은 숙신의 고
토를 포괄하는 너른 지역으로 해석할 수 있다. 따라서 만주 북방을
제외한 나머지 영토가 발해 고왕 대조영이나 궁예 및 용건이 꿈꾼
똑같은 지역이라고 볼 수 있다.

　그럼 구체적으로 이들 지역은 어디였을까? 약간의 오차 가능성
을 염두에 두고 이해를 돕기 위해 조금 거칠게 설명하자면, 부여는
만주 북부, 조선은 만주 서부, 옥저는 만주 동부 겸 한반도 동북부,
변한은 원래 삼한의 일부이지만 여기서는 한반도를 상징하는 표현
으로 사용된 것으로 보인다. 즉 고왕 대조영이 차지하였다는 발해

영토는 만주의 북부, 서부, 동부, 그리고 한반도 북부까지 아우르는 옛 고구려 영토에 가까운 넓은 땅을 지칭했음을 알 수 있다. 물론 대조영이 처음부터 이 모든 곳을 전부 다 정복한 것은 아니었음은 바로 다음 대에 그의 아들이 정복사업을 최종 완수하게 된다는 사실로 미루어 알 수 있다.

그렇다면 용건이 궁예에게 말한 조선, 숙신, 변한의 땅이란 것은 결국은 만주 중남부지역부터 한반도까지를 통칭한 것이었던 셈이다. 이들이 꿈꾼 것은 단순히 신라의 영토를 재통일하겠다는 것이 아니라 한반도의 나머지 영토부터 만주까지 포괄하는 전성기 때의 고구려 영토의 복원이었다. 용건은 궁예에게 그가 아직 차지하고 있지 못하던 땅, 그래서 차지하고 싶어한 땅을 언급하며 다음과 같이 설득하였다. 이미 도읍으로 정한 철원을 포함하여 한반도의 고구려 영토 일부는 궁예가 다스리고 있었고 그 이하 지역도 신라와 후백제가 나누어 가지고는 있었지만, 야심만만했던 궁예에게는 사실 그렇게 먼 미래의 영토가 아니었다. 따라서 조선, 숙신, 변한이라 지칭된 궁극의 목표는 지금 당장 공략할 곳이 아니라 차후에 야망을 이뤄나갈 더 먼 미래의 지향점으로 해석해야 문맥상 올바른 독해가 될 수 있고, 결국 이는 개성 이북 즉 한반도 북부부터 더 나아가 만주지역까지를 말하는 것일 수밖에 없다. 즉 고구려, 백제, 신라의 영토를 다 통일한 이후에 고조선의 영토, 말갈의 영토 등 북방영토 개척을 청사진의 모델로 가슴에 품었다는 사실을 알 수가 있다.

이 중에 우리가 흔히 고(古)조선으로 알고 있는 조선의 전체 강역은 워낙에 넓었기 때문에 이해를 돕기 위해 구체적인 위치를 특정해보도록 하겠다. 그러기 위해서는 이 지명이 기록된 당나라 당시의 관점에서 '조선'이라 불린 지역을 찾아보는 게 좋을 것 같다. 그렇다면 잠시긴 했지만 조선군왕으로 임명된 보장왕이 통치한 지역이 곧 당나라인들이 인식한 조선 지역일 게 거의 분명하다. 당시 보장왕은 고구려 신성(新城)과 요양 일대에 직할 치소를 두고 있었으니 좁게 보자면 요수 동쪽부터 요동 반도까지 닿는 그 지역이 '조선'으로 불린 지역이었을 것으로 짐작해볼 수 있다.

실제로 발해 바로 다음 이 지역을 차지했던 거란의 기록인 『요사』에 따르면 "동경요양부는 원래 조선의 땅이었다(東京遼陽府本朝鮮之地)"라고 명시하고 있다. 그럼 동경요양부는 어디까지를 포괄하는 지역이었을까? 당대의 표현으로 동·서·남의 3면이 바다로 둘러싸여 있다고 하는데 이런 지역은 지금의 요동 반도밖에는 없다. 즉 오늘날 랴오양시(遼陽市)를 중심으로 서쪽과 남동쪽이 바다와 접해있는 요동 반도를 아우르는 영토가 바로 당시에 조선이라고 불렸던 지역인 것이다. 그럼 대조영은 최소한 요동 반도 전체는 아니더라도 중북부까지는 이미 치세 말에는 세력권 내로 끌어들였다고 해석할 수 있다.

이를 간접적으로 입증해주는 기록이 있다. 바로 714년에 당나라가 요동 지역의 신성에 있던 안동도호부의 치소를 요서 지역인 평주로 후퇴시켰다는 것이다. 앞서 고구려의 멸망과 동시에 평양에 처음 설치했던 안동도호부를 그 지역이 직접 운영하기 어려울 정도로 위태로워지자 결국 676년 요동 지역인 요동고성(오늘날 랴오양)으로 한 차례 옮겼던 사례로 비추어보면, 치소를 재차 요서까지 물렸다는 이야기는 이곳 요수 동쪽의 요동 지역도 평양과 마찬가지로 더 이상 당나라에서 관리할 수 없는 지경에 이르렀음을 의미하는 것이다. 이는 곧 이곳의 실효적 지배를 당나라는 하지 못하고 있었고, 이 당시 각지로 세력을 확장하고 있던 존재는 결국 발해밖에 없으니 요동 지방에 발해의 힘이 이때 이미 닿고 있었음을 알 수 있다.

참고로 713년에 발해에 왔던 당나라 사신 최흔이 714년에 귀국했던 경로도 이곳 요동 반도의 끝자락을 통해서였다. 그가 이곳에서 배를 타고 당나라 본토로 돌아갈 수 있었던 데에는 이곳이 거란 등 여타 세력이 아닌 바로 발해의 지배권하에 놓여 있었음을 간접적으로 말해주는 것이다.

698년, 드디어 국호를 진(震 또는 振)이라 하고 대조영은 그 국왕으로 등극하였다. 진국의 수도는 홀한(忽汗)이라 불렸는데, 중국 영주로부터 동쪽으로 대략 1,000리, 즉 500㎞가량 떨어져 있는 곳이었다.

이로써 이후 나라를 물려줄 무렵에는 인구 40만 명에 가구의 수로는 10여 만이었고, 병력은 수만 명 정도 되는 국력을 갖출 수 있었다. 이 정도면 고구려 멸망 당시 69만 호, 30만 병력의 대략 1/6 규모쯤 될 것이다.

제1대 고왕 대조영(?~719. 3, 재위 698~719. 3)
- 아버지 : 걸걸중상
- 어머니 : (미상)
- 아내 : (미상)
- 형제자매 : 남동생 대야발
- 자식 : 아들 대무예, 대문예(숙위705~713), 대술예(숙위 718~), 대창발가, 대보방, 대호아, 대림, 대랑아

그리고 이는 순전히 나의 추측이지만, 이때 발해의 왕가는 건국

과 동시에 고유어로도 동시에 사용되던 성씨를 한자식으로 단일하게 사용하기 시작한 것이 아닌가 싶다. 걸걸(乞乞)이라는 토속적인 성에서 크고 크다는 그 뜻은 살리면서 중국식 한자로 표현하여 대(大)로 성을 삼았다고 생각된다.

지금의 한국어에도 힘차고 호탕하다는 뜻의 '걸걸하다'라는 말이 있다. 이를 중국어로 표현하면 다팡(大方, dà·fang)이 되는데, 여기서도 대(大)라는 한자를 사용한다. 이로 미루어 짐작해보자면 걸걸중상의 성을 한자로 표현할 때 걸걸이라는, 본래의 단어에 해당하는 동일한 뜻의 한자로 '대'를 선택하였던 것이 아닐까.

고구려어에서는 크다(大)는 말이 '근(ken)', '간'으로 발음되었는데 상대적으로 '걸(乞)'과 유사하다. 오히려 약간 시대는 나중이지만 말갈어의 자식뻘인 여진어에서는 크다는 것을 표현하는 단어의 발음이 amba-an이었고 그보다 더 후대의 언어인 만주어 역시 amba, amban이라고 발음하였으니, 오히려 걸걸은 고구려어 쪽에 가깝지 않았을까 여겨진다. 또한 '걸(乞)'의 중국 발음은 '치(qǐ)'이고 뜻도 구걸한다는 것이기 때문에 중국어로 성을 삼은 것은 아닌 게 분명하다.

이러한 추측이 맞다면 속말말갈인 대조영이 고구려의 별종이라고 표현한 것이 꼭 틀린 것은 아닐 수도 있겠다는 생각이다. 일찍부터 고구려에 동화하여 고구려와 언어도 비슷하게 사용할 정도로까지 문화적으로 가까워졌던 것일 수도 있으니 말이다. 발해의 지역명을 당시에 '홀한(忽汗)'이라고 불렀는데, 이 역시 고구려어에 가까운 형태여서 이들 건국세력은 대체로 고구려어를 사용하는 사람들로 구성된 집단이었을 가능성이 커 보인다.

다른 의견으로는, 걸걸중상이 거란으로부터 대사리(大舍利)라는 직책을 받았었기에 그 명칭에서 대(大)를 따서 성으로 삼았다는 설도 있지만, 그는 이미 고구려 때부터 장수로 활약하였었기 때문에 그 당시 이미 성이 있었을 것으로 보여 이는 아닌 것이 분명하다. 게다가 대사리의 직책을 가진 이로 발해 말기의 고모한(高模翰) 같은 사례들이 더 존재하기 때문에 이는 억측에 지나지 않는다. 직책명에서 따서 자신의 성을 만들었다는 것은 무시해도 너무 무시하는 처사이다. 대사리는 그저 대수령의 거란 식 표현이었을 뿐이다.

신생국가인 진국에 다행이었던 점이 두 가지가 있는데, 첫째는 이 무렵 진국과 당나라 사이에 해당하는 요서 지역에서 해(奚)와 거란이 모두 당나라에 재차 반기를 들어서 길이 끊겼기에 당나라로서는 진국을 토벌하고 싶어도 할 수가 없었다는 것이다. 그리고 또 하나는 당나라 내부의 변화였다.

당나라에서는 705년 무측천이 죽고 중종 이현(中宗 李顯, 656~710, 재위 705~710)이 즉위하여 시어사(侍御史) 장행급(張行岌)을 진국에 파견하였다. 중국 본토의 역사에서 유일무이한 여성 황제의 사망은 당나라 국내에 큰 파장을 불러일으켰다. 그간 강한 카리스마로 정국을 주도했고 한때나마 당나라 대신 주나라라는 이름으로 무 씨 황조를 구축하였던 그가 결국 조카가 아닌 아들에게 황위를 물려주면서 다시 당나라는 제 궤도로 돌아오게 되는데, 그 바통을 이은 이가 바로 중종이었다. 당연한 얘기지만 그로서는 천신만고 끝에 겨우 물려받은 권력을 공고히 할 필요가 있었기 때문에 지금 당장은 정권 안정화가 최우선이 될 수밖에 없었다.

이는 진국 입장에서도 나쁘지 않은 환경이었다. 대조영도 아직 신생국가인 진국의 토대를 다지는 데에 이러한 기회가 도움이 된다고 생각했는지, 친당 정책의 필요성을 절감하고 자신의 둘째 아들 대문예(大門藝)를 당나라에 보내어 궁중에 머물도록 하였다.

이를 숙위(宿衛)라고 표현하는데 일종의 인질인 셈이었지만 어쨌거나 대문예에 대한 당나라의 처우는 매우 극진했던 듯하다. 잠정적 왕위계승자인 형 대무예는 발해 국내에 남아 왕위계승 수업을 받게 하고 둘째 아들을 대신 보낸 것이었는데, 이후 대문예는 당나라 내부에서 그 거대한 힘을 직접 보고 느끼게 되면서 이후 형과는 다른 노선을 걷게 된다.

참고로 706년경에 그려진 무측천의 둘째 아들 이현(李賢, 651~684), 곧 장회태자(章懷太子)의 묘가 1971년에 발굴되었는데, 이곳에 남아 있는 그림 중에는 고구려 계통의 인물로 보이는 이가 그려져 있다.

장회태자묘(오른쪽 두 번째의 조우관을 쓴 인물)

700년대 초는 이미 고구려가 멸망한 지도 30년 이상 흐른 시점이어서 고구려인을 직접 그렸을 리는 없고, 신라의 사신으로 보기도 하지만 모자가 조우관(鳥羽冠)의 형태여서 오히려 동시대의 발해인이라는 설이 좀 더 설득력이 있다. 우연찮게도 대문예는 705년에 당에 들어왔다가 713년에 귀국하였으니 이 그림이 그려진 시점과 정확히 일치한다.『발해국 흥망사』의 저자 하마다 고사쿠의 추론에 따르면, 이 당시에 당나라에 와 있던 발해인은 곧 대문예가 대표적이니 혹 그를 그렸던 것은 아니었을까 하는 가능성도 지적해둔다.

어느덧 당나라도 '개원의 치(開元之治)'라는 번영의 시기를 이루는 제6대 현종 이융기(李隆基, 685~762, 재위 712~756)의 시대로 접어들어 있었다. 그는 713년 2월 정5품의 낭장 최흔(崔忻)을 종3품의 홍려경으로 높여서 진국에 사신으로 파견하였다. 참고로 홍려시라는 부서의 장인 홍려경은 기본적으로 외국사절의 접대 등 경조사를 담당하여 외국의 흥망성쇠를 기록하고 조정에서 임금을 뵐 때 그 등급을 구분하는 일을 맡았고, 또 외국의 왕이 기존 직책을 물려받을 때 적통과 서자를 구별하는 것과 그 나라가 책봉을 받을 일이 있을 때에는 책봉문서를 전달하기 위해 해외로 가는 것이 주된 임무였다.

이때의 사절단은 당 황제의 명을 받들어 대조영을 좌효위대장군(정3품) 발해군왕으로 임명하고, 진국의 영토를 홀한주(州)라고 명명하여 홀한주도독(都督)까지 제수하였다. 이때부터 진(震)이라는 국명 대신 발해(渤海)를 사용하게 되었다고 전해진다. 그리고 그의 첫째 아들 대무예(大武藝)는 발해식 표현으로 계루군왕, 즉 왕위계승자로 공식 인정을 받았다.

그리고 718년 2월에는 최흔과 함께 귀국한 대문예를 대신하여 대술예(大述藝)가 교대로 숙위하러 당으로 들어갔다.

발해의 뜻

이 당시부터 공식적으로 사용된 발해라는 이름은 유래가 어떻게 되는 것일까? 본래 발해(渤海)는 중국 한나라 때의 군(郡) 이름이었다. 요동 반도와 산동 반도가 둘러싸고 있는 바다가 발해만이었으며, 이 주변 지역을 다스리는 명칭에서도 이를 따서 발해군이라는 표현이 존재해왔다. 여담이지만『삼국지』의 원소가 맡았던 직책 중에 발해태수도 있었다. 하지만 발해의 땅은 발해 바다 건너 만주 내륙에서 시작되었다. 원소가 맡은 기주(冀州)의 발해군은 베이징보다 남쪽에 있었으니 그리 연관성이 느껴지지 않는다. 이는 곧 발해라는 국명이 당나라에서 생각하는 그 발해와 달랐다는 의미로 해석할 여지가 있음을 말해준다.

간단하게 증명할 수도 있다. 당나라 현종 때의 공신인 고력사(高力士)는 당시 발해국이 뻔히 존재하던 시기에 발해군공(渤海郡公)에 봉해진 적이 있는데, 물론 그는 발해국과 아무런 관련도 없는 인물이었다. 이를 보면 당나라에서 발해가 처음 세워졌을 때 국가명으로 발해를 인정해준 것은 당나라 내지의 발해군과는 전혀 무관한 일임을 쉽게 알 수 있다. 그럼 발해라는 이름은 어디서 온 것일까?

어떤 학자들은 발해(渤海)가 작은 바다를 뜻한다는 점에서, 발해의 중심지인 홀한하가 때로 홀한해(忽汗海)라고도 불린다는 사실에 주목하여 이 일대를 작은 바다 즉 발해라고 불렀을 것이라고 추측하기도 했다. 일리 있는 생각이다. 발해 상경에서 가까운 징포호(鏡泊湖, 경박호)는 남북의 길이는 45㎞, 동서의 폭은 6㎞로 총면적 95㎢에 달하며 최대 수심 62㎡로 상당히 큰 호수이다. 작은 땅 한반도에서만 살아온 사람들은 잘 모르겠지만, 외국에 나가보면 강이나 호수가 아주 클 때에는 그곳에도 정말 파도가 친다. 그런 것을 보면 충분히 작은 바다라고 불렀음 직도 하다.

하지만 이 논리는 한 가지를 설명하지 못한다. 그 전이든 후든 이곳 만주 지역을 발해나 혹 다른 표현을 사용해서라도 바다의 이름으로 부른 사례가 또 있어야 하는데, 발해국만이 만주 역사에서 바다 이름을 사용한 유일한 나라라는 사실이다. 발해국만이 오늘날 징포호에 가까운 무단강(牡丹江, 모란강) 유역에 자리 잡은 국가여서 그렇다고 주장할 수도 없는 노릇이다. 발해의 초기 수도는 지금의 상경성이 아니라 그보다 남서쪽의 구국(舊國)이라 부르는 동모산 일대로, 작은 바다라 부를 만한 징포호와는 거리가 있었기 때문이다.

중국의 유명한 발해전문가 진위푸는 발해와 말갈이 사실상 같은 표현이라고 보았다. '발(bó)'과 '말(mò)'이 비슷하고, '해(hǎi)'와 '갈(hé)' 역시 중국어에서는 닮았기 때문이다. 한국 발음으로 옮겨보자면 각각 '보하이'와 '모흐어'가 되어 굳이 비슷하다면 비슷하다고 할 수 있을지도 모르겠다. 발해가 말갈인들이 주축인 국가였으면 일면 타당한 논리일 수 있었겠으나, 이 추측에서의 단점은 고구려의 존재이다. 발해 건국 초기의 지명들을 보면 고구려식 명칭들이 많이 사용되고 있어서 공용어로 고구려어가 사용되었지 않았을까 하는 추정도 가능하고, 대 씨 일가도 고구려의 장군 출신이고 또 발해 귀족층에서 고구려의 고 씨가 차지하는 비중이 가장 컸는데 이런 이들이 단순히 말갈과 발음이 비슷하다는 이유로 발해라는 한자식 표현을 국가명으로 선택하였으리라는 것은 아무래도 설득력이 매우 떨어진다.

그렇다면 다른 측면에서 바라볼 여지는 없을까?

참고 삼아 조선이 개국할 때를 생각해보자. 이성계가 조선을 처음 건국하던 당시 세계의 중심이었던 명나라에 '조선(朝鮮)'과 '화령(和寧)' 두 개의 안을 보내 선택해달라고 요청하였던 적이 있었음은 널리 알려진 사실이다. 발해도 이처럼 당나라로부터 외교적으로 국가로의 인정을 받기 위해 국명의 결정과 연관해서 모종의 협상을 벌였지 않았을까 하는 것이 나의 생각이다.

발해라는 국명으로 확정되기 이전의 이름인 진(震)은 해가 뜨는 동쪽을 상징한다. 해가 뜬다는 직관적인 명칭인 일본(日本)이나 아침 조(朝) 자를 쓰는 조선이 그러한 것처럼, 해가 뜨는 동쪽은 처음이나 근본을 의미한다. 더 나아가 약 400년 후의 일이긴 하지만 발해 유민들이 발해 부흥운동을 펼칠 때 대발해국을 세우면서 한자로 대원국(大元國)이라고 병기하기도 했는데, '발해'에 대응되는 한자 '원(元)'은 근원 내지 시초라는 뜻이다. 이는 근원, 처음, 시작에 해당하는 발해의 고유어가 혹 한자로 표현된 '발해'가 아니었을까 생각하게 한다.

이로 유추해보면 발해는 국명으로 원래의 발음은 알 수 없지만, 자신들의 언어로 '발해'를 사용할 것을 희망하였고 당시 당나라에서 마침 발해의 지리적 위치도 발해(渤海)를 건너야 닿는 곳이라는 점을 연상하여 바다 이름을 본떴거나 혹은 당나라 내지에 존재했던 실제 발해군의 이름만 빌려 그들의 한자식 표현인 '발해(渤海)'로 추인한 것은 아니었을까. 그리고 이를 알리기 위해 외교사절로 최흔이 발해를 공식 방문하는 것으로써 발해라는 국명이 최종 확정되게 된 것으로 보인다.

여기서 발해인들이 제안한 자신들의 언어로 '발해'를 표현한 것은 무엇이었을까? 아마도 그것이 바로 '홀한'이 아니었을까 싶다. 발해(渤海)의 오늘날 중국식 발음은 '보하이(Bó-hăi)'인데, 정말 개인적인 추측이지만 '홀한'을 듣고 혹은 홀한의 중국식 발음인 '후한(Hū-hán)'과 비슷한 발음으로 '보하이'라고 기록하게 되었던 것은 아닐까. 이를 들은 당나라 조정에서는 영토의 명칭은 발해인들이 원하는 대로 '홀한주(州)'라는 이름으로 수용하고 국가의 명칭으로는 보다 중국식에 가까운 '발해'로 수정해서 승인되게 되었던 것은 아닐까 하는 추측이다. 나중의 일이긴 하지만 933년 후당(後唐)에서 고려 태조 왕건에게 보낸 국서에서 발해인을 지칭하면서 '홀한인(忽汗人)'이라고 표현한 바 있는데, 이는 발해를 곧 홀한이라고 보았던 역사적 사실을 말해주는 하나의 사례이기도 하다.

이러한 추정이 맞다면 아마도 당나라에서는 이들과 통교하기 위해서는 당시 육로로는 막혀 있어 부득이 발해를 건너야만 교류가 가능했던 상황이어서 바다 너머 그 지역의 자치를 인정한다는 뜻으로 봐서도 진국 대신 발해(渤海)라는 이름을 사용하는 것에 흔쾌히 동의하였을 것으로 생각된다. 더욱이 발해의 초기 국명인 진(震)이 『삼국유사』에서 인용한 『통전(通典)』의 기록대로 진단(震旦)의 약칭이었다면 이는 곧 세상의 중심이라는 뜻으로 해석할 수도 있는데, 그것은 인도에서 중국을 일컬을 때 치나스타나(chinasthana), 한자식으로는 진단(震旦), 즉 동방의 나라로 불렸었기 때문이다. 당나라에서 보기에는 진(震)보다는 발해가 훨씬 나은 선택이었을 수밖에 없었을 것이다.

사실 대조영 등 건국세력 입장에서도 당시 고구려 유민들과 다양한 부족 출신의 말갈인들을 조화롭게 공존할 수 있도록 구심점을 가지고 통합해야 하는 중립적인 의미에서의 국가 명칭에 대해서 고민했을 테고, 발해라는 고유어이자 한자로도 표기 가능한 국명이 순수 한자식 이름인 진(震)보다는 괜찮은 대안으로서 받아들여졌을 수도 있을 듯하다.

당나라에서는 한동안 발해를 그저 종족 명칭으로서의 말갈이라 불렀고, 일본과 처음 외교관계를 개설할 때에만 해도 발해는 스스로 고려, 즉 고구려를 병칭하기도 하였였던 것처럼, 스스로의 정체성을 어떤 형태로 가져갈 것인지에 대한 고민은 그 이후에도 한동안 계속되었던 것으로 보인다. 그 때문에 처음에는 발해가 그저 단순히 국명을 정하기 위해 선택된 명칭이었지만 말갈도 아니고 고구려도 아닌 제3의 통합된 정체성을 찾아 나가는 과정에서 발해라는 국명이 자연스럽게 범(凡) 민족을 지칭하는 명칭으로서 정착한 것으로 추정해볼 수 있겠다.

어쨌거나 이때 당나라의 사신으로 발해에 갔던 최흔은 이듬해 늦봄 귀국 도중 지금의 랴오닝성 뤼순 황금산 기슭에 비석을 세웠다. 홍려정비(鴻臚井碑)라고도 불리는 이 최흔의 석각은 러일전쟁 당시 이곳 뤼순에 진주했던 일본군이 전리품으로 가져가 현재는 일본 궁내성 내부의 앞뜰에 보존되어 있는데, 아무나 접근할 수 없도록 통제를 하고 있다고 한다.

칙지절(勅持節) 선로말갈사(宣勞靺羯使) 홍려경(鴻臚卿) 최흔이 우물 두 개를 파서 영원히 증거로 남기고자 한다(714년 5월 18일).

이 석비가 중요한 이유는, 중국 입장에서는 발해가 당대에 '말갈'이라는 이름으로 불렸다는 결정적 증거가 되기 때문이다. 당의 관점에서 바라보았을 때 발해의 중심 세력이 말갈이었음을 보여주는 것이고, 대조영 등 왕족 및 걸사비우 계열의 말갈족들이 발해의 중심축이 되고 있음을 말해준다.

그렇다면 고구려인은 어디로 갔을까? 물론 발해의 중앙부터 지방에 이르기까지 각 지역에 그대로 다 있었을 것이다. 그들은 사라진 것이 아니다. 다만 고구려에 대한 체질적 공포감을 가지고 있던 당에게 굳이 고구려를 부각해 그들의 거부감을 조장할 필요까지는 없었을 테니, 혈연적으로는 말갈에 뿌리를 둔 발해 왕가를 전면에 내세워 대당 외교를 하면서 '말갈'을 강조하는 정책을 사용하였던 것으로 보인다.

이를 정확히 인지했던 후대의 신라인 최치원(崔致遠, 857~?)이 당나라에 국서를 보낼 때에 매번 발해는 고구려의 후예라는 점을 적시하였던 것도 단순히 발해의 고구려 계승을 인정해주고자 순진하게 그랬던 것이 아니라, 정확히는 당시까지도 당나라인들이 가지고 있던 고구려에 대한 반감을 자극하려고 일부러 그랬었던 것으로 해석해보면 이해하기 쉬워진다.

그러는 한편으로 발해는 일본에게는 '고구려'를 강조하는 정책을 가져간다. 이 경우는 거꾸로 고구려와 역사적 관계가 깊었던 일본한테는 발해가 곧 '고구려'임을 보여줌으로써 친밀감을 형성하고 원활한 외교관계를 유지할 수 있다는 판단을 하였기 때문일 것이다.

이처럼 발해인들은 자신들이 옳다고 생각하는 것만 밀고 나가는 이상주의자가 아니라 얼마든지 현실에 따라 외피를 갈아입을 수 있었던 현실주의자들이었다. 필요하면 고구려인으로, 또는 그래야 한다면 말갈인으로 자신들의 정체성을 포장할 줄 알았다. 시간이 흘러 굳이 그런 가면이 필요가 없어지게 될 즈음에 이들은 '발해인'으로 거듭나게 된다.

어쨌든 이후 발해는 유주절도부를 통해 당나라와 사신을 왕래하게 되어 긴 세월 동안 외교관계를 유지하게 된다. 그러는 한편으로는 부여부에 주력 군대를 주둔시켜서 또 다른 잠재적 위협요소라 생각했던 거란을 방비토록 하였다. 하지만 바로 아래의 신라와는 어떤 외교적 태도를 가져갔는지는 명확하지 않다. 역사기록이 미비하여 앞으로 많은 연구과 자료조사가 필요한 부분이다.

이처럼 혼란한 시대에 고구려 유민과 말갈인들을 이끌고 한 나라의 개창까지 이루어낸 대조영은 719년 3월 세상을 떠난다. 668년 고구려의 장수로 역사에 이름을 올린 이래, 696년 거란의 영주 봉기 때 아버지 걸걸중상과 함께 고구려 유민을 이끌었고, 697년 걸사비우 휘하의 말갈인들까지 통솔하면서 드디어 698년 발해의 건국을 이루어내는 데 성공한 이후 21년간의 통치 끝에 신생국가 발해를 반석 위에 올려놓은 한 위대한 인물의 죽음이었다. 추측건대 그의 나이 약 70세 전후의 일이다.

돌이켜보면 30년간의 인고의 세월과 2년간의 건국 투쟁, 그리고 21년의 국가 안정화까지 총 53년이라는 기나긴 세월을 그는 오직 독립을 위해 보낸 것이었다. 분명 견디기 힘든 일도 많았을 것이고 위기의 순간도 매번 찾아왔겠지만, 그는 끝까지 좌절하지 않고 그 하나의 목표를 위해 경주해왔다. 그에게는 불굴의 도전은 있어도 결코 포기란 단어는 없었다.

그가 비교적 장수하였던 것도 발해로서는 행운이었다. 만약 그의 통치 기간이 짧았더라면 어떻게 되었을까? 그렇다면 국가의 안정적 기반을 차기 국왕에게 물려주지 못했을 것은 분명하고, 이후에 벌어지게 되는 당나라와의 치열한 대치상황을 과연 아직은 떠오르는 샛별에 불과했던 발해가 이겨낼 수 있었을지 의문이다.

발해라는 새로운 세상을 위한 대조영의 꿈은 그의 장남이자 공식 후계자인 계루군왕 대무예가 이어나간다. 그는 아버지에게 발해라는 국가의 창업자로서의 업적을 기려 위대한 군주라는 뜻으로 '고왕(高王)'이라는 시호를 바쳤다.

발해는 고구려인가 말갈인가

발해는 고구려의 후예인가, 아니면 말갈인의 국가인가? 쉽게 대답할 수 없는 문제이다. 발해가 차지했던 영토가 지금의 북한 지역부터, 중국, 그리고 러시아 연해주까지 넓게 펼쳐져 있어 각국이 자신들의 역사 소유권을 주장하고 있고, 심지어 일본조차 당시 발해와의 외교관계가 적극적으로 이루어졌었다 보니 발해 시기에 관심을 많이 가지고 있는 상황이다.

우선 각국의 입장부터 간략히 정리해보자면, 우선 남한과 북한은 당연히 고구려의 후예 쪽에 방점을 찍고 있다. 인구 구성상으로 지배층은 고구려인 그리고 피지배층이 말갈인이었다고 보고, 개국의 주체인 대조영조차 혈통은 몰라도 출신상으로 고구려의 옛 장수라고 주장하고 있기 때문이다. 그런데 북한은 시간이 흐르면서 주체사상을 강조하는 경향이 강해지면서 발해의 주민들 역시 대다수 고구려인들이었을 것이라고 주장하게 되고, 남북국시대론에 대해서는 남한과 의견을 같이하지만, 대신 북한 지역까지 영토가 걸쳐 있었던 발해를 의도적으로 당대 역사의 주체로 인식하고 있다.

중국은 거꾸로 본다. 대조영은 우선 속말말갈인이 분명하고, 고구려인의 협력은 있었지만, 지배층조차 말갈인이 다수를 차지하고 있었기에 사실상 말갈인의 나라였다고 보는 것이다. 더욱이 발해 자체를 당시 당 제국의 지방정부로 간주하고 있다. 고로 지역적으로도 발해가 차지했던 만주가 현재 중국의 영토이니 속지주의상 중국의 역사가 되고, 대다수의 말갈인조차도 시간이 흘러 중국인에 동화되었기 때문에 속인주의상으로도 중국의 역사가 맞다는 입장이다.

러시아는 중국 편을 들지는 않지만 그렇다고 한국 편도 아니다. 엄밀히 말해 러시아는 중국처럼 발해가 말갈인의 나라라는 점에서는 비슷한 생각이지만, 중국의 속국이 아닌 독립된 나라로 보는 관점이 강하다. 즉 역사상 말갈인 최초의 독립국가라는 측면을 강조해서 본다. 그래야만 현재 연해주 지역을 차지하고 있는 러시아 입장에서 아직도 그 지역에 살아가고 있는 후예들이 지금의 러시아인이 된 만큼 최초의 말갈인 나라를 연구하는 이유가 될 수 있기 때문이다. 러시아 학자들은 문헌보다는 고고학적 접근에 좀 더 치우쳐져 있는데, 기본적으로는 말갈이 주체가 되는 역사로서의 발해에 관심을 두고 있다고 볼 수 있다.

일본은 1900년대 초반 동아시아의 역사를 연구할 때 대동아공영권 주장의 근간으로서 일본과 조선, 그리고 만주를 연관지어 보는 자신만의 역사 관점을 만들어냈다. 즉 이를 통해 동아시아 전체를 아우르는 대일본제국을 완성할 때 하나의 제국으로 공통된 문화적 가치관을 주장할 수 있었기 때문이다. 따라서 일부러 의도한 것은 아니어도 만주와 한반도를 하나로 잇는 역사적 시각을 가지고 있는데, 이는 기본적으로 일본의 동아시아 지배를 합리화하기 위한 불순한 목적이 내포되어 있었기 때문에 유의해서 볼 필요는 있다. 그리고 발해는 당시 일본의 속국이었다는 또 다른 왜곡된 중화주의 관점도 가지고 있다는 점 역시 참고해야 하겠다.

그렇다면 실제는 어떠했을까? 발해인 스스로 남긴 기록과 될 수 있는 대로 지금보다는 당대에 가까운 시점의 사람들이 남긴 기록, 즉 그들의 관점을 통해서 이 문제를 바라보는 것이 좀 더 객관적 판단에 도움이 될 것이다.

우선 발해인이 남긴 기록부터 살펴보자. 무왕 대무예가 727년 일본 쇼무 천황에게 보낸 글의 일부이다.

… 고구려의 옛 터전을 회복하고 부여의 풍속을 지니게 되었습니다.

강왕 대숭린이 798년 일본 간무 천황에게 보낸 글에도 비슷한 표현이 나온다.

  … 고구려의 발자취를 뒤따를 수 있었습니다.

뿐만 아니라 툭하면 발해를 고구려와 비교한다. 예를 들어, 대문예가 형 무왕 대무예의 흑수말갈 정벌을 반대하면서 했던 다음과 같은 부분이 그러하다.

  … 지금 발해의 인구는 고구려의 3분의 1에 지나지 않습니다.

게다가 발해에서 사용했던 용어들의 상당수가 고구려의 것이었다. 발해의 태자를 지칭하는 계루군왕이라는 표현은 고구려의 계루군을 그대로 가져다 쓴 것이며, 현도주나 목저주 같은 지방행정단위 역시 고구려 때의 것들이었다.

그럼 이제 발해와 국경선을 마주하고 있던 신라의 동시대 인물의 언급도 한번 살펴보자.

  … 고구려의 잔당이 규합하여 북쪽으로 태백산(太白山) 아래에 의지하면서 국호를 발해라고 하였습니다.

  … 옛날의 고구려가 바로 지금의 발해인 것입니다.

이는 발해가 번성하던 시기에 동시대에 신라에 살았던, 발해에 대한 것이라면 거의 알레르기 반응을 일으킬 정도로 감정적으로 발해를 싫어했던 최치원의 의견이다. 다만 그는 이와는 또 다른 관점도 가지고 있었는데 이는 아래에서 다시 살펴보도록 하겠다.

또한 당대 일본인의 관점도 참고해볼 수 있겠다. 일본 쇼쇼인(正倉院, 정창원)의 문서나 헤이세이궁(平城宮) 유적지에서 발굴된 몇 편의 목간들을 보면 다음과 같다.

고려객인(高麗客人, 762년), 견고려사(遣高麗使, 758년), 발해사와 교역(渤海使 交易, 727년)

이처럼 당시 기록에서도 발해와 고려, 즉 고구려를 병칭했던 것을 알 수 있다. 참고로 고려는 후대의 그 고려가 아니라 고구려를 말한다.

더욱이 일본에는 고구려에서 귀화하여 살고 있던 고구려 유민들이 많았고 이들 중에는 귀족계층으로 편입되어 발해 당시에 외교를 담당하기도 했는데, 발해 사신들이 고려를 칭하여 일본을 방문하였을 때에 이들이 자칭 고구려 칭하는 발해에 대해 아무런 반론도 제기하지 않는 것으로 보아 이들 역시 발해의 고구려 계승에 대해 이견이 없었던 것으로 보인다.

발해와 동시대에 중국에 다녀온 일본 승려 엔닌(圓仁)의 여행기를 보면, 신라의 8월 15일 명절에 대한 기원을 얘기해주면서 과거 신라가 발해, 즉 고구려와 전쟁을 벌여 승리했던 날을 기념하는 것이라고 하며 북쪽으로 쫓겨갔던 이들이 돌아와 건국한 것이 오늘날 발해라고 말한다. 역시 동시대인들에게는 고구려의 후예가 곧 발해였던 것이다.

또 한 가지, 797년에 일본의 관찬 역사서인 『속일본기(續日本紀)』가 완성되면서 이를 축하하는 글을 올릴 때 나오는 부분이 있다.

… 마침내 어짐이 발해(渤海)의 북쪽에까지 닿아 맥 종족(貊種)으로 하여금 귀복(歸服)할 마음을 갖게 하였고….

즉 발해의 종족을 맥(貊)인이라고 하는 고구려인이 주축이 된 것으로 보았다는 말이다.

그렇다면 발해 당시는 아니어도 그에 가까운 후대의 기록에서는 어떻게 나타나고 있을까? 가장 대표적인 국내의 기록인 고려 시대 때 지어진 『삼국유사』에서 부분 인용한 (구)『삼국사』와 『신라고기』를 각각 보면 다음과 같다.

  고구려의 남은 자손들이 한데 모여 북쪽으로 태백산 밑을 의지 삼아 나라 이름을 발해라고 하였다.

  고구려의 옛 장수 조영의 성은 대 씨니 남은 군사를 모아 태백산 남쪽에서 나라를 세우고 나라 이름을 발해라고 하였다.

다만 『삼국유사』를 지은 일연은 이 기록들과 별개로 발해를 말갈의 별종으로도 보고 있다는 점도 같이 알아두어야 한다.

마찬가지로 고려 시대 때의 이승휴가 지은 『제왕운기(帝王韻紀)』의 기록도 보자.

  전 고구려 옛 장수 대조영이 태백산 남녘 성에 씩씩하게 근거 삼아 주나라 무측천 때 개국하여 이름 지어 발해로 일컬었다.

또 다른 고려인의 사례로 여진 정벌로 유명한 윤관의 아들 윤언이가 남긴 글도 참고할 만하다.

  … 연호를 제정하자는 청원은 임금을 높이 받들고자 하는 지극정성에서 기인한 것입니다. 고려왕조에서도 태조, 광종 때에도 그러한 사실이 있었고, 과거의 문건을 상고하건대 신라와 발해가 그랬는데….

고려인의 눈에는 신라와 발해가 고려의 앞선 사례로 생각되었다고 짐작해볼 수 있는 부분이다.

그 외에 중국의 기록도 마찬가지로 살펴보자. 고려를 방문했던 서긍의 『고려도경(宣和契使高麗圖經)』 서문에 나오는 부분이다.

… 훗날 무측천이 장수를 보내 그 (고구려)왕 걸사비우를 죽이고 걸걸중상을 왕으로 세웠으나 그 또한 병으로 죽었다. 그리하여 중상의 아들 조영이 즉위하였고, 조영은 백성 40만을 차지하여 읍루에 웅거하여 당나라의 신하가 되었다. 중종 때에 와서 홀한주를 설치하고 조영을 (홀한주) 도독 발해군왕으로 삼으니, 그 뒤부터 이름을 발해라고 하였다.

즉 고려의 역사를 기록할 때 고구려 멸망과 고려의 건국 사이에 바로 발해의 역사를 함께 적은 것은 그가 발해를 고구려와 고려를 잇는 국가로 인식하고 있었음을 말해주는 것이다.

그러나 이에 반하는 내용을 담은 기록들도 만만치 않다. 우선 당대의 금석문부터 살펴보자.

다음은 당나라에서 발해로 713년에 사신으로 파견하였던 최흔(崔忻)이 714년 5월 18일 귀국 도중 지금의 중국 랴오닝성(遼寧省) 뤼순(旅順)의 황금산(黃金山) 기슭에 세운 석각의 내용이다.

칙지절 선로말갈사 홍려경 최흔이 우물 두 개를 파서 영원히 증거로 남기고자 한다.

보다시피 발해를 말갈로 지칭한 바로 그 당시의 기록이다. 이런 것이 또 있다. 일본 미야기현(宮城縣) 다가죠시(太賀城市)에 있는 다가성(太賀城)의 남쪽 작은 언덕에 놓여 있는 비석에 나오는 일부이다.

말갈국의 경계(靺鞨國界)로부터 3,000리 떨어진 거리에 있다.

762년 12월에 세워진 비석인데, 여기서의 말갈국이 흑수말갈이나 다른 부족을 가리키는 게 아니라면 당시 일본의 발해에 대한 인식을 엿볼 수 있는 증거가 될 수도 있는 일이다.

그리고 동시대 신라인들의 또 다른 발해관에 대해서도 알아보기 위해 앞서 언급했던 최치원이 쓴 「사불허북국거상표(謝不許北國居上表)」에 나오는 부분을 읽어보자.

발해의 원류는 고구려가 망하기 전에 본래 사마귀만 한 부락이었고, 말갈의 족속이 번영하자 그 무리 중에 속말이라는 작은 변방 부족이 있어 항상 고구려를 복종해왔는데, 그 수령 걸사비우 및 대조영 등이 … 문득 황야 지역을 점거하여 비로소 진국(振國, 발해 초기 명칭)이라 명명했다. 그때 고구려의 남은 무리로서 물길(勿吉, 말갈) 잡류의 올빼미들은 … 처음에 거란과 손을 잡아 악을 행하고 또 이어서 돌궐과 통모하여 … 여러 번 요수(遼水)를 건너서 항쟁을 했다가 늦게야 중국에 항복했다.

고구려의 일부는 맞지만 말갈 출신에 방점이 찍혀 있음을 느낄 수 있다.

중국 역사서들은 좀 더 적극적으로 발해 말갈설을 보여준다. 가장 많이 인용되는 『구당서』와 『신당서』의 발해를 소개하는 글은 각각 다음과 같이 시작된다.

발해말갈의 대조영은 본래 고구려의 별종이다.

발해는 본래 속말말갈로서 고구려에 부속하였으며 성은 대 씨다.

… 이때부터 말갈이라는 이름을 없애고 발해라고 하였다.

앞서 이미 언급한 것처럼 『삼국유사』에서도 옛 기록과 다른 의견을 담고 있는 게 있다.

『통전』에 이르기를, '발해는 본래 속말말갈로서 그 추장 조영에 이르러 나라를 창건하고... 비로소 말갈이라는 이름을 버리고 발해로만 불렀다.'

같은 책의 다른 부분 및 『삼국사기』의 일부 기록에도 발해를 말갈과 연결지어 표현한 것이 있다. 각각 다음과 같다.

(733년) 당나라 사람들이 북쪽 오랑캐(즉 발해)를 치려고 신라에 청병하였는데, 사신 일행 604명이 왔다가 돌아갔다.
(733년) 가을 7월, 발해말갈이 바다를 건너 등주를 침범했다. 이에 당 현종이 … 말갈의 남부 지역을 공격하게 했다.

뿐만 아니라 마찬가지로 강동 6주로 유명한 고려인 서희 역시 거란과 담판을 지을 때 고구려의 계승자임은 강하게 주장했지만 정작 발해에 대한 언급은 일언반구도 없었다는 점을 놓칠 수 없다.

끝으로, 흑수말갈의 후예인 여진족이 세운 금나라에서는 '여진과 발해는 한 집안'이라는 점을 누누이 강조했는데, 이에 따르면 여진족은 발해인들을 최소한 친척뻘의 존재로 여겼음을 알 수 있다. 물론 일제강점기 당시 일본인들이 경제적 수탈을 위해 조선인들을 동족이라고 주장하였던 사례도 있긴 하지만 말이다.

이상과 같이 어떤 기록에서는 발해는 곧 고구려라고 하고, 또 다른 기록에서는 발해는 곧 말갈이라고 부르는 경우가 딱 보기에도 복잡하게 섞여 있다. 이는 무엇을 말하는 것일까?

발해의 건국 세력은 크게 고구려 유민과 말갈인으로 구분된다. 이에는 누구도 이견이 없다. 다만 그 구성의 비율, 즉 퍼센트의 문제만이 있을 뿐이다. 고구려의 후예를 주장하는 측은 고구려 유민의 수를 더 높여 보거나 혹은 지배층을 차지하는 고구려 출신의 수를 강조한다. 이에 반대하는 측은 말갈인의 수를 다수로 보고 지배층 역시 말갈인이 다수를 차지하였다고 주장한다. 불행인 것은 이에 대한 정확한 기록은 남아 있지 않다는 사실이다.

또 발해의 개국시조인 대조영을 고구려 장수로 보느냐 속말말갈인으로 보느냐 역시 중요하다. 대 씨 왕조가 고구려인의 후예라면 현재까지의 기록상 가장 많이 등장하는 발해인 대 씨는 고구려 출신이 되는 것이고, 말갈인으로 보는 게 맞다면 왕족부터 피지배층까지 다수를 말갈인들이 점하고 있다고 볼 수 있기 때문이다.

하지만 나는 관점을 조금 달리해서 본다. 우선 대조영은 속말말갈인이 맞다. 이 사실은 부인할 수 없다. 그러나 한편으로는 고구려 장수라는 것 역시 부정할 수 없는 사실이다. 이 둘은 서로 대치되는 것이 아니라 동시에 성립할 수 있다. 그렇기에 대조영은 고구려의 별종(別種)이라고 표현할 수 있었던 것이며, 결론적으로는 속말말갈 출신의 고구려 장수였다고 보아도 크게 틀림이 없다.

비유컨대 금나라의 시조 함보(函普)가 고려 출신이긴 하지만 여진의 완안부에 귀부하여 결국 여진인으로 살아갔던 것과 같다고 할 것이다. 또한 왕건이 신라라는 국가의 테두리 안에서 태어나고 성장하였지만, 고구려의 정체성을 가진 신라인으로 결국 고구려의 후예인 '고려'를 개창하였던 것도 참고할 만하겠다.

마찬가지로 발해의 건국 시 어떤 형태로든 고구려 유민과 말갈인이—비록 그 비중은 알 길이 없지만—공동으로 참여하였다는 점 또한 공인된 사실이다. 심지어 걸걸중상은 고구려계를 이끌고 걸사비우는 말갈계를 이끌었고, 대조영이 이 두 명의 사망 후 두 집단을 동시에 통솔하였으며, 이후 발해 건국 이후에도 마찬가지로 남아 있던 고구려 유민들과 말갈인들의 발해 유입이 계속해서 일어났다.

이것은 즉 발해는 고구려 유민과 말갈인들의 공동체였음을 말해 준다. 지배층을 차지하는 대 씨 왕조가 말갈계 고구려인이 확실하고, 그다음 많은 비중으로 지배층을 이루는 고 씨는 고구려 유민을 대표 하며 그 외에도 말갈계 이름을 가진 이들 역시 차순위로 지배층을 구성하고 있기 때문이다.

피지배층이라 하더라도 크게 다르지 않았을 것이다. 892년에 완성 된 일본 역사서인 『유취국사(類聚國史)』에서 발해 건국 후 얼마 안 된 시점으로 보이는 당시의 발해의 현실을 묘사한 것을 보자.

발해국은 고구려의 옛 땅에 있는 나라이다. 668년에 고구려왕 고 씨가 당에 의해 멸망했다. 나중에 698년 대조영이 비로소 발해를 건국하고, 713년에 당나라로부터 책봉을 받았다. 그 나라는 사방 2,000리에 걸쳐 있고 주와 현에는 관역(館驛)이 없으며, 이르는 곳마다 마을이 있는데 모 두 말갈부락이다. 백성은 말갈이 많고 본토인(土人)은 적다. 모두 본토인 으로 촌장을 삼았는데, 큰 마을은 도독이라 하고 그 다음은 자사라고 한 다. 그 아래의 백성들은 모두 수령이라고 불렀다.

이 내용에 따르면 일반 백성들은 말갈계가 더 많은 비중을 차지하 고 있었다고 생각된다. 그렇지만 그렇게 이분법적으로 정확히 나눠지 지는 않는다고 보는 게 좀 더 합리적일 것 같다. 일본에서 발해 전국 을 돌아본 것은 아니고, 동경 용원부의 일본도를 따라 발해 국내로 들어간 것이라고 본다면 사실 발해의 동부 지역을 탐방한 것일 테고, 그렇다면 일본인들이 본 곳은 고구려인들이 많이 살았던 발해의 서 부지역보다 말갈인의 비중이 더 높았을 것은 거의 분명하다. 왜냐하 면 발해의 역사는 만주 서쪽에서 시작하여 지속해서 동북방의 말갈 부족들을 흡수해가는 경로였기 때문이다.

여기서 본토인(土人)이라는 용어는 해석이 분분한데, 그 지역의 오랜 토착민을 나타내는 것일 수도 있고 사인(士人)의 오기로 보고 지배계층으로 이해하기도 하지만, 공통적으로는 고구려인을 말하는 것이 아닐까 추정해왔다. 그러나 굳이 한 문장 안에서 말갈은 고유명사로 쓰고 토인이든 사인이든 보통명사로 쓰는 것은 어색하다. 어쨌든 만주 동북방 지역의 말갈 부족들은 건국 초기가 아닌 한참 이후에 점차 발해로 편입됐으니, 일본인들이 이 지역을 탐방하였을 무렵에는 발해 중앙에서 파견 나온 발해 본토인이 이들 지역의 말갈인들을 통치하고 있던 상황을 본 것이라고 해석하는 것이 좀 더 이해하기 쉽지 않을까 한다. 즉 본토인이란 지방 말갈인에 대칭되는 본국의 발해인을 말하는 것이다.

참고로 여기서 일본인들이 본 곳에는 관역(館驛), 즉 공무로 이동하는 주요 지역에 설치된 말을 갈아탈 수 있었던 정거장(驛) 같은 건물이 없었다고 하는데, 실제로는 관역이 존재했음이 여러 곳에서 확인되고 있다. 대표적으로 당나라의 재상인 가탐이 발해의 역참을 기록한 것이 늦어도 800년경의 일이었으니 그보다 이전에 이미 발해에는 역참이 존재하였다. 고로 이는 이 기록 자체가 지방행정체계가 완비되기 전 초창기의 모습을 담고 있는 것이 아닐까 한다. 그렇다면 최소한 문왕 치세 중반 이전의 상황이었을 것으로 추정된다.

어쨌든 고구려 멸망 후 30년이 지나긴 하였어도 여전히 고구려계는 만주 전역에 여전히 거주하고 있었다고 보는 게 타당한 판단일 것이며, 다만 상대적으로 그 비중이 줄어들었을 것으로 보는 것이 좀 더 합리적이리라 생각된다. 그리고 그들은 더 이상 고구려인이 아니라 공동창업자인 속말말갈인을 포괄하는 발해인이라는 더 큰 집단적 정체성을 가지게 되었던 것으로 이해할 수 있다.

관련해서 언어의 관점에서도 이 문제에 접근해볼 수 있겠다.

우선 발해의 언어가 신라와 비슷했느냐 여부를 두고 민족 동질성을 따지기도 하는데, 이는 확인할 길이 현재로서는 없다. 역사기록에서 일본에 사신으로 간 발해인들 곁에 신라학어(新羅學語), 즉 신라인 통역 학생이 있었다는 점에서 이 신라학어가 통역을 해주었을 것이라는 추측은 있지만, 이는 가설일 뿐 오히려 연회에 신라학어 역시 그저 손님으로 참석했던 것일 수도 있는 것이기 때문에 양국 언어의 유사성을 입증할 길은 없다.

발해의 고유 언어로는 앞서 보았던 국왕을 지칭하는 '가독부'가 유일하게 공식적으로 전해지는 것인데, 이 단어만으로는 남부의 신라어와의 유사성을 판가름할 요소가 없기에 확인 역시 불가능하다. 다만 발해에서 사용했던 용어 중 고구려의 것을 계승한 것들이 상대적으로 많다 보니 고구려어와 유사했을 것으로 추정은 하고 있고, 고구려와 신라의 언어가 닮아 있었을 것으로 보아 기본적으로 의사소통이 가능한 수준의 언어를 서로 사용했던 것은 아니었겠는가 짐작해볼 수는 있겠다. 더욱이 발해 당시의 일본인이 발해어와 신라어를 구분하지 못한 사례가 전해지고 있어 실제로 발해어와 신라어가 최소한 발음 측면에서는 어느 정도 유사한 수준이었을 가능성도 크다.

그런데 여기서 한 가지 짚고 넘어갈 부분은, '풍속은 고구려와 거란과 같다(風俗與高麗及契丹同)'라고 한 당나라 역사서의 기록에 대한 해석이다. 이는 단순히 생활방식만 이야기한 것이 아니라 언어습관까지 포괄한 넓은 의미에서의 평가일 수도 있겠다는 생각이다. 실제로 『삼국지』나 『후한서』 등 중국의 역사서를 보면 '언어와 풍속이 서로 비슷하다(言語法(風)俗...同)'라는 관용적인 표현이 자주 나타나는데, 언어와 풍속은 한데 어울러 사용하는 것이 일반적인 용례였기 때문이다. 고로 발해는 많이 알려진 것처럼 고구려 유민과 말갈인들의 결합으로 탄생한 국가이고, 이 둘의 조합이 사실상 고구려의 정주민 형태의 문화와 (거란으로 표현되었지만) 북방 기마민족 특성을 보인 집단의 문화가 공존하는 사회였을 것으로 판단해볼 여지가 있지 않겠는가 싶다.

거란어의 경우 고대 몽골어의 일파로 여겨지는데, 말갈어는 비록 거란어와 직접적으로는 같은 어족에 속한다고 보기는 어렵지만, 문법이 대체로 비슷하고 어휘는 서로 관련된 부분이 많다고 한다. 예를 들어 말갈어에서는 우두머리는 대막불만돌(大莫弗瞞咄)이었고, 거란은 부족 차선임자를 막하불(莫何弗)이라고 불렀으며, 거란의 일족이자 같은 언어를 사용했던 실위(室韋)에서는 부족의 추장을 여막불만돌(餘莫弗瞞咄)이라 하였다. 이 외에도 중국의 또 다른 역사서인 『북사(北史)』, 『수서(隋書)』 등에서 "거란의 풍속은 말갈과 같다", "실위는 말갈과 같은 풍속이다"라고 했던 것으로 미루어보면 말갈과 거란, 실위 등은 모두 북방민족으로서 어느 정도의 공통점은 있었던 모양이다. 이상과 같이 유추해보면 당나라 사람들이 접했을 때 발해인은 크게 고구려어 및 거란어처럼도 들리는 말갈어를 사용하는 두 집단이 공존하고 있다고 느꼈을 가능성이 있다는 생각이다.

기본적으로 『삼국지』 등의 중국 역사서에 비추어보았을 때 고구려어는 북부의 부여, 옥저, 예의 사람들과 자연스럽게 의사소통이 가능했고 남부의 백제어나 신라어와도 거의 비슷했던 것으로 파악되는 반면, 말갈어는 그 자손뻘인 여진어, 만주어로 유추해보자면 비록 큰 범주에서 계통은 같다 하더라도 실제 어휘나 발음 등 여러 가지 측면에서 후대의 한국어나 그 사촌뻘인 일본어와 차이가 크게 나는 것을 쉽게 알 수 있다. 이는 조상에 해당하는 말갈어가 한국어의 먼 조상뻘인 고구려어와 근본적인 차이가 있는 별개의 언어였을 가능성을 말해준다. 지금도 한국어 사용자는 일본어는 못 알아들어도 일부 어휘와 기본적인 발음은 구분할 수 있을 정도는 되지만, 여진어의 자손인 만주어는 이에 비하면 더 이질적으로 느껴진다.

북부의 흑수말갈은 확실히 후대의 여진어, 곧 만주어에 가까웠으리라 보는데, 그렇다면 다민족이 결합한 발해 사회 안에서 고구려 유민과 다수의 말갈인은 이원화된 복수의 언어체계를 갖고 있었던 것으로 추정해볼 수 있지 않을까. 물론 백산말갈이나 속말말갈처럼 만주 지역에서도 남부에 거주했던 말갈인들은 고구려와 역사적으로 오랫동안 교류가 있었고 일부는 고구려에 귀속되기도 하였기에 좀 더 고구려어에 가깝지 않았을까 짐작은 해볼 수 있지만, 이는 불분명하다.

어쨌든 발해라는 한 국가 내에서 "풍속은 고구려와 거란과 같다"라고 한 것을 조금 넓게 해석을 해본다면, 고구려의 언어습관과 거란으로 지칭된 북방 기마민족 특성의 언어습관을 사용하는 두 부류의 집단이 두루 공존하였다는 사실을 말해준 것이라고 볼 여지가 있을 듯하다. 마치 오늘날 캐나다처럼 한 국가 내에서 영어 사용자들과 퀘벡의 프랑스어 사용자들이 공존하는 그런 사회 구성이었지 않았을까 싶다.

그리고 시일이 흘러 건국한 지 100년이 넘어 800년대 초반에 들어서면 '발해어(渤海語)'라는 공식 명칭이 등장한다. 이를 배우는 별도의 일본 학생들이 생길 정도였으니, 당시 고구려 유민들도 일본에 다수 살고 있었음에도 따로 발해어를 학습시킨 것은 말갈어와 합쳐지면서 고유의 언어로 점차 분화해나간 것이 아니었을까 짐작해볼 수 있다. 기본적으로 어족은 서로 달랐을지 몰라도 고구려어나 말갈어 모두 [주어-목적어-술에의 문장구조였고, 함께 생활한 지 오래될수록 사용하는 단어들의 일치성도 점차 높아졌을 테니 공통어로서 발해어를 받아들이는 것이 아주 불가능한 것은 아니었을 것이다. 이는 단순히 언어의 결합이었을 뿐만 아니라 고구려 유민과 말갈인의 구분이 사라지는 단일한 발해인의 탄생임을 말해주는 것이기도 하다.

비유하자면 캐나다식 인종의 모자이크(mosaic) 형태에서 미국식으로 인종의 용광로(melting pot)로 녹아들어 하나의 미국인으로 거듭난 것을 연상해보면 될 것이다.

이렇듯 발해는 두 건국 주체와 이후에 참여한 동·북부 말갈인들이 조화로운 공존을 통해 긴 시간 동안 평화로운 시기를 보내면서 '발해인'이라는 하나의 아이덴티티를 가지게 되고, 이것이 발해 멸망 후에도 다시 200년 넘는 세월 동안 발해 유민 스스로가 '발해인'으로서 자각하게 되는 기반이 된 것이 아니었을까 한다.

　한 국가의 멸망 후 200년이 넘도록 자신의 본래의 정체성을 잃지 않고 다른 사회 안에서 살아가기는 정말 힘든 일이다. 하지만 발해인들은 발해가 멸망한 이후에도 거란의 요나라 그리고 여진의 금나라를 거치면서 끝내 자신들이 누구인지를 잊지 않았다. 끝까지 동화하지 않고 스스로에 대한 정체성 인식을 가지고 생존해낸 그들의 강인한 생명력에는 경의를 표하지 않을 수 없다.

2. 제국의 팽창

(1) 역동적 발해의 시작

발해 역사상 가장 역동적인 시대를 만들어낸 대무예는 대조영의 맏아들로 그다음 왕위를 잇는 지위를 상징하는 '계루군왕'(桂婁郡王)이었다.

잠깐만 부연설명을 하자면, 영국에서 왕위계승을 하는 서열 1위가 바로 웨일스공(Prince of Wales)인데, 별도로 왕세자라는 자리를 두기보다는 다음 왕위계승자를 웨일스공으로 삼아 공식화하는 것이 일종의 관례이다. 마찬가지로 발해에서도 다음 왕위를 이을 왕자는 먼저 계루군왕으로 삼아 왕위계승 순서를 명확히 하는 관례가 있었던 듯하다. 그리고 그 명칭은 고구려식 표현에서 온 것인데, 고구려의 5부 중에 계루부가 있었기 때문이다. 발해의 고구려 계승성을 보여주는 것 중 하나이다.

제2대 무왕 대무예(?~737, 재위 719~737)
- 아버지: 대조영
- 어머니: (미상)
- 아내: (미상)
- 형제자매: 남동생 대문예, 대술예, 대창발가(숙위 725~727), 대보방(숙위 727~?), 대호아(숙위 729~?), 대림(숙위 729~?), 대랑아(숙위 730~733), 대번(사신 735)
- 자식: 대도리행(사신 720, 숙위 726~728, 사망 728), 대의신(사신 726), 문왕 대흠무, 대욱진(숙위 739~?)

어쨌거나 719년 6월 당나라가 좌감문솔(左監門率) 상주국(上柱國) 오사겸(吳急謙)에게 홍려경(鴻臚卿)이라는 오늘날 외교부장관 정도 되는 직책을 부여하여 발해로 조문을 보내었다. 이때 발해에 와서 대무예가 아버지에 이어 '좌효위대장군 홀한주도독 발해군왕'을 잇는 것을 공식적으로 인정하였다.

대무예, 곧 무왕(武王)은 국왕으로 등극하자 어질고 평안한 국정을 운영하겠다는 뜻에서 '인안(仁安)'으로 연호를 삼고, 지역의 행정 체계를 정리하였다. 우선 곳곳에 촌락을 설치하고 말갈인을 백성으로 거느렸는데, 큰 촌락의 책임자는 도독(都督), 그 아래는 자사(刺史)라 하였다. 일반 민중들은 그 책임자들을 통칭해서 수령(首領)이라고 불렀던 것 같다. 수령도 범위가 넓어서 큰 촌락에 대해서는 별도로 대수령(大首領)이라고 부르기도 하였다.

일각에서는 도독, 자사, 수령의 세 단계로 지방행정관의 등급이 있다고 보기도 하는데, 후대에는 그렇게 분화되었을 듯하지만, 초기에는 그렇지 않았으리라 본다. 일본 천황이나 당나라 황제가 발해에 보낸 국서에 "왕과 수령, 백성은 모두 평안하시오"라는 표현이 자주 나오는 것을 보면 발해의 계층을 크게 셋으로 구분하고 있음을 알 수 있다. 즉 국왕과 지배층인 수령, 그리고 피지배층인 백성을 두루 언급하여 전체 발해인을 포괄하는 것이니, 수령은 도독과 자사의 하위 개념이 아닌 범용적 표현으로 봄이 타당할 것이다.

그리고 왠지 수령이라고 하면 마치 말갈인들을 지칭하는 것처럼 들리지만, 꼭 그렇지는 않다. 고재덕이나 고다불처럼 고구려 유민 출신인 고 씨들에게도 수령이라는 직책이 부여된 사례가 발견되기 때문이다. 다만 시간이 흐르면서 지방행정에 체계가 잡혀 나가는 과정에서 점차 고위직보다는 하위직들에게 수령이라는 호칭이 사용되는 경향이 나타난다. 예컨대, 62개 주(州)보다 더 아래의 현(縣)에 현승이라는 지방관이 존재하고 별도로 그 아래 수령들이 등장하는 사례가 이를 입증해준다.

즉위 다음 해인 720년 6월 무왕은 첫째 아들인 대도리행을 당나라로 보냈고, 대도리행은 이번 사행에서 '계루군왕', 즉 아버지가 발해의 국왕이 되자 당으로부터 발해 태자가 되는 것을 공식적으로 인정받았다. 당나라에서도 장월(張越)을 사신으로 발해에 파견해왔다.

그리고 721년 11월에는 대수령을 철리말갈과 불열말갈과 함께 당나라로 파견했고, 722년 11월에는 대신 미발계(味勃計)를 사신으로 보내었는데 특산물로 매를 가져간 그는 당에서 대장군 직위와 함께 비단과 금어대를 받고 돌아왔다.

724년에는 신하 하조경(賀祚慶)을 보내 새해를 축하하였는데 2월 당나라로부터 유격장군을 받고 비단 50필을 선물로 받아왔다. 725년 정월에는 수령 오차지몽(烏借支蒙)을 신년하례사로 당나라에 보내었는데, 이때는 흑수말갈의 장군 오랑자(五郎子)를 대동하였다. 이해 4월에 당나라를 방문한 수령 알덕(謁德)은 흑수말갈 수령인 낙고몽(諾固蒙, 혹은 낙개몽諾箇蒙) 일행과 함께 갔는데 절충부 과의도위를 받았고, 5월 무왕의 동생 대창발가(大昌勃價)는 좌위위장군(종3품)과 함께 자포와 금대, 어대를 받고 당나라 조정에 숙위로 남았다.

무왕은 자신의 시호 그대로 정책 기조의 중점을 '무(武)'에 두었다. 지금의 작은 국가로 만족하지 않고 더 큰 발해제국(帝國)으로 발돋움하기 위해 여러 말갈 부족들이나 실위(室韋)와 같은 북방민족들을 공격하거나 위협하여 흡수통합하는 데 많은 힘을 썼다. 비록 그것이 주변국을 자극할지라도 그는 발해의 국왕으로서의 자신의 소명을 다하기로 결심한다.

그런데 그의 제국 건설을 위한 공격적 확장 정책은 필연적으로 그 주위 대상자들의 반발을 불러일으킬 수밖에 없었다. 이미 714년 2월부터 불열, 월희, 철리 등이 당나라와 접촉하기 시작하였는데, 일부는 발해의 사절단과 동행한 사례도 있어 제외되겠지만, 대략 이 무렵부터 발해의 확장에 대한 위기감을 느껴서 생존을 위한 방책을 모색하였던 것으로 보인다. 이들의 무왕 대 움직임을 정리해보면 다음과 같다.

722년 불열부의 말여가, 철리부의 매취리와 가루계가 각각, 철리부의 가루계, 흑수부의 예속리계, 10월에는 월희부의 무리몽이 당나라를 방문했다. 이중 예속리계는 발리주자사(勃利州刺史)라는 새로운 직책을 부여받고 이후 비밀리에 당나라와 외교협상을 추진한다.

723년 역시 월희부에서는 발시계, 불열부는 주시몽, 철리부는 예처리 등이 파견되었고, 724년에도 또 철리부의 오지몽, 월희부의 노포리와 12월 파지몽이 각각, 불열부의 어가몽, 흑수부 수령 옥작개가 당나라에 들어갔다. 725년도 다르지 않았다. 대수령 오소가몽과 낙개몽, 직흘몽에게 벼슬이 주어졌다는 기록이 남아 있다. 철리부에서도 대수령 봉아리, 월희부는 필리시, 불열부는 설리몽이 당나라에 왔다.

한 해 건너 727년, 철리부의 미상과 실이몽이 또 당나라에 왔고, 730년에는 흑수부의 아포과사 및 예속리계 등 10여 명이 당나라를 들렀다. 이해에 불열부에서는 수령 올이가 말 40필을 바쳤다고 하며, 이후 737년에 그 수령 올이에게 당나라는 벼슬을 내려주었다. 736년에도 월희부의 사신이 당으로 향했다.

이 중에서도 흑수말갈은 발해의 건국 주체인 속말말갈이나 다른 말갈 부족보다도 더욱 용맹한 것으로 유명했는데, 그들은 가혹한 기후와 척박한 환경에서 살아남아야 했기에 자연스럽게 강인한 생명력을 지녔던 것은 아닐까 생각해볼 수 있다.

흑수말갈이 살았던 지역은 이름 그대로 흑수(黑水), 즉 지금의 아무르강이 흐르는 곳으로, 만주에서도 북부에 위치하고 있으며, 발해와 대립하던 당시에는 발해의 덕리진(德里鎭)과 맞닿아 있었다. 서쪽으로는 실위가 있었고, 동쪽과 북쪽에는 바다가 있었다고 하니 꽤 넓은 지역에 터전을 마련하고 있었던 것으로 보인다. 당시 기준으로 대략 남북으로 2천 리(약 1,000㎞) 그리고 동서로 1천 리(약 500㎞) 가량 되는 지역이었다고 한다.

흑수말갈은 발해의 전성기에 결국 발해에 종속되기는 하지만 발해 멸망 시 다시 독립하여 이후 금나라, 나아가 청나라까지 이어지는 끈질긴 생명력을 보여준다. 후대의 만주족, 그 전의 여진족의 직계조상은 바로 흑수말갈이지 엄밀히 말해 발해는 아니었다. 다만 흑수말갈보다 먼저 국가 체제를 성립한 발해가 친척뻘의 말갈족이 주축이었던 발해였기에 금나라나 청나라에서도 발해라는 나라에 상대적으로 관심을 많이 가지게 되었다.

한편으로는 발해의 이러한 대외팽창 정책에 위기감을 느꼈던 신라에서는 제33대 성덕왕 김흥광(金興光, ?~737, 재위 702~737)의 치세 때인 721년 가을 7월에 하슬라도(지금의 강릉)의 장정 2천 명을 징발하여 발해와의 국경지대에 장성, 일명 북경장성(北境長城)을 쌓게 하였다. 그리고 시점은 불분명하지만 735년 이전에 패강(浿江)에 군영을 건설하는 작업에 들어갔다. 신라는 이처럼 발해와의 동쪽과 서쪽 국경선에 각각 군사시설을 마련한 것이다.

당 현종이 성덕왕에게 735년에 보낸 국서에 따르면 이러한 신라의 움직임은 분명 발해와의 유사시를 대비하였음을 분명히 알 수 있다.

> (성덕왕이) 패강에 군영을 설치하려는 것을 알게 되었소. 그곳은 발해에 대응할 수 있는 요충지이면서 안록산과도 서로 마주 보는 곳이니 이는 아주 훌륭한 대책이라 할 것이오. 발해가 예전에 토벌을 피해 도망친 것이 그간 계속 마음에 남았었는데, 이와 같은 조치는 매우 기쁜 일이오.

그리고 이 해에 당 현종은 늦었지만 신라에게 패강 이남의 영토에 대한 지배권을 공식적으로 인정해주었다. 과거 신라와 당나라는 백제와 고구려의 멸망 이후 서로 전쟁까지 벌여가며 다투었던 사이였지만, 공동의 적으로 발해가 등장하자 다시 한번 의기투합한다. 결국 당나라로서는 바다 건너 발해의 남부를 담당해줄 전략적 파트너로서 신라의 중요성을 새삼 재인식할 수밖에 없었다.

그렇다면 무왕 당시의 최대 영토는 어디까지였을까? 우선은 고왕 대조영이 만주부터 한반도 북부에 이르기까지 넓은 영토를 선점하였음은 이미 본 그대로이다. 여기에서 무왕은 좀 더 확장을 하였던 것으로 보인다.

먼저 서쪽을 살펴보자면, 이후 해상활동을 벌이는 것으로 보아 분명 요동 반도까지 실효적 지배가 미치고 있었음은 쉽게 알 수 있다. 왜냐하면 대규모로 선박을 운용하려면 그만한 규모를 정박시킬 수 있는 부두는 물론 제조 공장과 기술력을 갖춘 기술자들이 마련되어 있어야 한다는 뜻이고, 이는 결국 해안가를 완벽하게 지배권하에 두고 있음을 말해주는 것이다. 732년 대규모 함대를 운영한 것을 보면 그 이전에 이곳에 그만한 준비가 이미 되어 있었을 것이다. 결국 요동 반도는 완벽하게 발해가 통치하는 지역이었다.

남쪽은 신라의 북경장성 축조로 보건대 그 이상의 어느 지점까지 하강해왔던 모양이다. 지역을 특정할 수는 없지만 대략 한반도 중북부까지로 우선은 추정해보도록 하자. 발해와 신라는 중간에 오늘날 DMZ와 같은 넓은 지역의 무인지대를 두긴 하였겠지만 사실상 양국 간 국경을 맞댄 상황이 된 셈이었다.

그리고 동쪽으로는 이때 이미 솔빈의 땅 너머 오늘날 연해주 끝단까지 세력이 미쳤는데, 이는 무왕 대에 동해를 거쳐 일본으로 외교사절을 파견하는 것으로 자연스럽게 알 수 있다. 즉 동해안까지 실효적 지배력이 미치고 있었기에 주변의 안전이 확보되어야 가능한 해상을 통한 외교의 시작이 이루어질 수 있었던 것으로 생각되기 때문이다.

끝으로 북쪽으로는 흑수말갈과 접할 정도로 영역이 확장되었다. 다만 흑수말갈보다 좀 더 가까운 불열, 월희, 우루, 철리 말갈 등은 복속되었다기보다는 발해의 지배권하에 들어오는 정도로 조치가 된 것 같다. 이들이 아들 문왕 대까지도 당나라와 독자적인 외교관계를 지속하는 것을 보면 군사적 정복이 아닌 발해를 정점으로 하는 일종의 속국으로 위상이 정해진 것이 아닌가 싶기 때문이다.

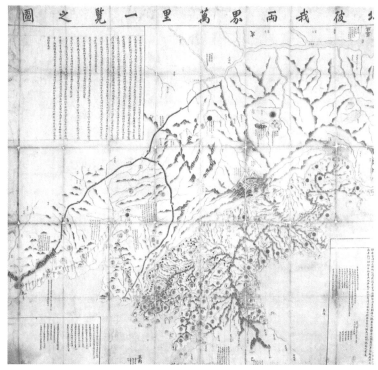

서북피아양계만리일람지도(18세기) 국립중앙도서관
한반도 북부 및 만주와 연해주를 포괄하는 조선 후기의 대표
적인 관방지도로, 발해의 영토와 거의 중첩된다

(2) 흑수말갈 정벌

725년 당나라 평주(平州)의 안동도호 설태(薛泰)가 당 조정에 722
년부터 시작된 흑수말갈과의 그간의 외교협상 내용을 보고하면서
흑수말갈의 영토에 흑수부(黑水府)를 설치해달라고 요청하였고, 이
제안이 받아들여져 726년 흑수말갈은 이제 정식으로 흑수부가 되
었다. 또한 그 수령은 흑수부의 도독(都督)으로 임명하였고, 중국에

서는 현지에 장사(長史)를 두어 흑수부를 직접 담당토록 하였다.

물론 이러한 조치들은 무언가 실체적인 변화가 있었다기보다는 이름만 부여되는 형식적인 측면이 컸고, 실제로『만주원류고(欽定滿洲源流考)』와 같은 역사서에서는 이런 도독이나 자사 등의 명칭이 주어진 행위들은 모두 허울뿐으로 그저 이름만 빌린 것으로 평가절하하기도 한다.

무왕 재위 8년 차에 접어든 726년의 어느 날, 발해 조정에도 이 소식이 전해졌다. 그간 발해를 고분고분 따르고 있던 흑수말갈이 당나라와 몰래 연락을 주고받으며 친당 정책을 추진해왔음이 뒤늦게 밝혀진 것이다. 정보에 따르면 흑수말갈의 사자가 그사이 비밀리에 당나라에 방문하여 황제인 현종을 만났고, 당나라에서는 흑수말갈의 지역, 지금의 흑룡강 일대를 흑수주(黑水州)로 명명하고 감독관으로 장사를 파견하였다고 했다. 바로 전년인 725년 초만 해도 흑수말갈의 사신이 발해의 신년축하사절과 함께 당나라를 방문하는 등 이면공작을 해서 감쪽같이 발해를 속였으니 그 배신감은 이루 말할 수 없었을 것이다.

이에 대노한 무왕은 신하들을 불러 강한 어조로 이 사실을 비판했다.

당초 흑수말갈은 우리 땅을 지나 당나라와 교류를 하였고, 또한 돌궐과 외교관계를 틀 때에도 우리에게 먼저 알리고 우리 사신을 대동하였었다. 그런데 이제 와서 우리에게는 사전에 알리지 않고 당나라에 감독(長史)을 요청하였다고 하니, 이는 당나라와 손을 잡고 우리를 앞뒤에서 공격하려는 것이 분명하다.

그리고 그는 앞서 713년경 당나라에서 발해로 돌아와 있던 바로 아래 동생 대문예와 외삼촌 임아상(任雅相)에게 군대를 주어 흑수말갈 정벌을 명하였다.

그런데 문제는 대문예가 거의 8년간 당나라에 체류하면서 당나라의 힘을 눈으로 직접 보고 몸으로 실제 겪었다 보니 다른 발해인들보다 현실주의적 관점을 가지고 있었다는 사실이다. 그는 무왕의 명령에도 불구하고 당나라 군대와 싸워 이길 수 없다는 자신의 의견을 개진하며 전쟁 반대를 주장하였다.

흑수말갈이 당나라와 독자적인 외교관계를 구축하였다고 해서 그들을 당장 정벌하는 것은 곧 당나라와의 대립을 초래하는 셈이 됩니다. 당나라는 인구가 많고 군사력도 강하기 때문에 이들과 척을 지는 것은 우리 스스로 자멸하는 길입니다. 지난날 고구려가 전성기였을 때에도 강병 30만으로 대항하다가 당나라의 공격에 멸망했는데, 지금 발해의 군사력은 그보다 3분의 1 수준으로 당나라에 대적하는 것은 위험할 수밖에 없습니다.

그런데도 무왕은 이 의견을 무시하고 오히려 강권하여 그를 흑수말갈 정벌전에 보냈지만, 흑수말갈과의 경계에 이르러서도 대문예는 계속 글을 보내 전쟁 반대를 주장했다.

결국 참다못해 분노가 터진 무왕은 친척 형(從兄) 대일하로 지휘관을 교체하고 대문예에게는 즉시 복귀를 명하였다. 그의 처지에서는 그보다 먼 미래의 일이지만 고려왕조 말기 이성계의 위화도회군 같은 일이 발생하지 않도록 미연에 방지를 할 필요가 있기도 했을 것이다.

여기에서 대일하는 아마도 대조영의 동생 대야발의 아들로 무왕과 같은 항렬이지만 조금 더 나이가 많았던 것은 아닐까 싶은데 정확한 사실은 전해지지 않는다. 혹은 역사에는 전해지지 않지만, 대조영에게 먼저 죽은 형이 있어서 그의 아들이었을지도 모르겠다.

그렇다면 당시에는 누가 옳았던 것일까? 둘 다 사실 일리가 있는 주장이었다.

무왕의 주장은 위기감의 발로였다. 발해가 건국된 지 겨우 한 세대에 불과한 27년밖에 지나지 않은 시점으로, 신생국가에게 있어 세계제국 당나라의 위협은 그만큼 컸다. 이것을 이겨내지 못하면 발해에게 더 이상 미래는 없었다. 한번 밀리면 그것으로 끝이었다. 여기서 굴복했을 때 얼마나 더 숙이고 들어가야 할지 모를 일이었다. 판돈이 적은 약자의 입장에서는 강자와의 도박에서 알음알음 잃는 것만으로도 생존에 큰 위협이 된다. 대적과 싸울 때는 강한 저항만이 살 길이었다. 얼마나 많은 집단들이 독립을 꿈꾸다가 대국의 공세에 무력하게 쓰러져갔는지는 역사가 충분히 말해주고 있었다.

그와 동시에 그런 위기의식만큼이나 이제는 자립할 수 있다는 강한 자신감과 의지가 충만해 있던 시점이기도 했다. 승산이 얼마나 될지는 아직 예측하기 어렵지만 제반 여건을 고려해본다면 대당 투쟁에서 결코 지지 않을 객관적 준비가 되어 있다고 말할 수 있을 정도로 정비되어 가고 있다는 내부 판단이 있기도 했다.

한편 대문예의 화평론도 충분한 근거가 있는 의견이었다. 당나라는 유일무이한 세계제국이었다. 대문예 자신이 당나라의 수도에서 생활하며 직접 눈으로 보고 몸으로 겪은 사실이었다. 과장은 되었지만, 솔직히 당나라의 군사력은 이미 발해를 압도하고도 남음이 있었다. 당장 얼마 전인 705년 당시 당나라의 인구 규모만 보더라도 615만 호 정도였던 데 반해 발해는 건국 이후 10여 만 호에 불과했고 무왕 때에도 인구수는 100만을 좀 더 넘어섰을 만큼 양국 간의 국력 차이는 어마어마했으리라는 사실을 쉽게 알 수 있다. 몸집 큰 어른과의 상대에서 힘없는 어린아이가 이길 수는 없는 노릇이다. 유명한 『손자병법』에서도 이처럼 말하지 않았던가.

> 병력이 적보다 적으면 싸우지 않고 전장에서 벗어나야 하며, 상황이 뜻대로 되지 않는다면 전투 자체를 피해야 한다.

소수로 다수를 이기는 것은 드라마틱하긴 하지만 현실에서는 좀처럼 있기 힘든 일이라는 사실을 합리적 판단이 가능한 사람이라면 누구나 알고 있었다. 싸우지 않고도 이기는 방법, 지금은 전쟁을 피하더라도 장기적으로 생존을 담보받을 수 있는 그 방법을 찾아야 한다는 것이 대문예의 주장이었다.

이는 단순히 당사자 개인들의 이해관계를 떠나서 국가의 장기적인 정책에 대한 대립이자 세계관에 대한 갈등이었다. 이 두 가치관은 좀 더 국가가 안정화된 다음이었으면 차분한 의논과 토의를 거쳐 의견의 조율과 합리적인 방안을 도출하는 것이 가능했을지도 모르지만, 지금은 준 전시상황이었다. 자칫 외부요인에 의해 내부의 혼란이 발생할지도 모른다는 불길한 예측도 있을 수 있는 상황이었던 셈이다.

무왕은 이로써 마음속으로 동생이 돌아오는 대로 처단할 생각을 하게 되었다. 무왕으로서는 자신이 국왕인데 아무리 바로 밑 동생이라 하더라도 자신의 지시에 거역하는 대문예를 그대로 놔둘 수는 없는 노릇이었다. 그리고 설혹 봐주었다가 발생할지 모를 불상사는 미연에 방지할 필요가 있었다. 큰 위기 앞에서는 무엇보다도 조직의 일치단결된 대응이 필수불가결했다. 이런 상황에서는 돌발적일 수도 있는 예외에 대한 허용은 지극히 위험하다고 받아들여졌다.

어쨌거나 이후 흑수말갈 정벌의 경과는 정확히 알려지지 않았지만, 이 이후에도 흑수말갈과 당나라 사이에 교류가 이루어지고 있는 것을 보면 정벌 계획 자체가 취소되었거나 아니면 시도는 했으나 실패로 돌아갔던 것은 아니었나 싶다.

얼마 후인 728년에 당나라에서는 흑수부 수령에게 중국식으로 이헌성(李獻誠)이라는 이름을 내림과 함께 운휘장군 겸 흑수경략사로 임명하였다. 사실 그 중국식 이름의 뜻은 정성을 바친다는 것으로, 곱씹어보면 치욕적인 의미일 수도 있는데 기꺼이 받아들였다는 사실 자체가 놀랍기도 하다.

그러나 시간이 지날수록 당나라와 흑수말갈의 교류 빈도는 줄어드는데, 최종적으로 연락이 끊기게 되는 시점은 815년 이후가 된다. 그리고 약 100년 동안 소식이 전혀 전해지지 않다가 발해 멸망 즈음인 900년대에 접어들면서 다시 흑수말갈의 존재가 수면에 떠오르는데, 그때에는 흑수말갈은 단순히 변방의 야인이 아니라 역사의 중심으로 한층 다가온 모습으로 나타난다.

(3) 왕제(王弟) 망명 스캔들

한편 스스로 위험을 감지한 대문예는 수도로 돌아오는 대신 도중에 몰래 지름길로 당나라로 망명을 떠났다. 정확한 시점은 역사에 기록되어 있지 않지만 학자들은 이때를 730년경으로 추정하고 있다.

이는 똑같은 왕족의 이탈이어도, 고려 시대에 국왕의 동생 의천이 중국으로 불교를 공부하러 몰래 도항했던 사건과는 비교도 할 수 없을 만큼 큰 스캔들이었다. 적국으로 바로 국왕의 동생이 망명을 한 것은 발해 사회에 커다란 충격을 가했음이 틀림없다.

당나라로서는 잠재 적국인 발해에서 친당 성향의 왕족이 이탈해 왔으니 환호할 일이었다. 이에 대문예에게 좌효위장군(종3품)을 내리고 그의 가치를 인정해주었다. 대문예는 당나라가 발해를 분열시키는 데 아주 좋은 역할을 할 수도 있었고, 또한 만에 하나 발해가 붕괴할 경우 대안으로 왕위에 앉힐 수도 있는 중요한 카드였기 때문이다.

이를 잘 알고 있던 무왕은 마문궤(馬文軌)와 총물아(蔥勿雅)를 당나라에 사신으로 파견하여 그들 편으로 국서를 보내어 대문예의 죄상을 낱낱이 밝히고 그를 즉시 처단해야 한다고 강하게 주장하였다.

당 현종은 마찰을 피하려고 대문예를 안서 지방(현재의 중국 신장성 일대)으로 비밀리에 보내면서, 이 사실을 숨기기 위해 발해에서 온 두 사신은 수도에 머물러 있게 하고, 따로 홍려소경(외교를 담당하는 홍려시의 차관, 종4품) 이도수(李道邃)와 원복(源復)을 사신으로 발령내고 발해 정부에 파견하여 다음과 같이 변명토록 하였다.

대문예는 먼 곳에서 귀순해왔기 때문에 인정상 죽일 수가 없고, 대신 영남(지금의 중국 광둥 성 일대)으로 유배시키는 조치를 취하였소.

하지만 무왕도 나름의 정보원들이 있어서 본래의 사실을 알아내고 다시 신하 이진언(李盡彦)을 파견하여 항의문서를 통해 당나라를 압박하였다.

대국이라면 모름지기 신뢰를 중시해야 하는데 어찌 거짓을 말한단 말이오? 지금 대문예가 영남으로 가지 않았다는 사실을 들었습니다. 즉시 그를 처단해주시기 바랍니다.

외교 담당자들의 부실한 업무 태도로 이 사실이 유출되었다고 생각한 현종은 이도수와 원복에게 책임을 물어 그 즉시 지방관직으로 좌천시키고, 부득이 대문예는 실제로 영남으로 보낸 다음 사신을 파견해 다음과 같이 발해에 통지하였다.

경이 격노하여 형제간에 다투다가 대문예가 곤궁에 처해 내게 온 것인데 어찌 받아주지 않을 수 있겠소? 그래서 서쪽 변방에 있게 하고 또한 경을 위해 부드럽게 말로 무마하려 한 것이오. 왜냐하면 경은 비록 바다 건너에 살지만 중국의 풍속을 익혔으니 형제가 서로 우애하고 공경하는 것을 잘 알 것 아니겠소. 가족 간의 일은 깊어 어찌할 수 없는 일이오.
대문예가 비록 잘못이 있다 해도 반성하고 고치도록 하면 될 일인데, 경은 끝내 그를 붙잡아 본국으로 돌려보내라 요청하니 기어코 죽이고

자 하는 것을 내 어찌 들어주겠소? 이는 경의 명예를 위해 그러는 것이지 고작 도망자 하나를 보호하고자 그러는 것이 아니오.

경이 믿을 것이라고는 거리가 멀다는 것뿐이라는 사실을 잊지 말아야 할 것이오. 나는 지금까지 널리 관용으로 나라를 다스려 왔는데, 경이 실수를 반성하고 분노를 가라앉히면 크게 문제 될 것은 없을 테지만, 그런데도 겉으로는 순응하는 척하면서도 마음은 오히려 집착에 빠져 있어 '대문예를 죽인 뒤에 귀국하겠다'고 요청하는 것은 대체 어떻게 이해하여야겠소?

경의 글을 보면 충분히 이성적인 사람임이 분명하니 부디 심사숙고해주기를 바라오. 이제 내사(內使)에게 충분히 설명하여 이런 나의 뜻을 전하도록 하겠소. 사신 이진언에게는 내가 직접 다 설명하였소. 추워지는 가을에 경과 관리(衙官), 수령, 백성들 모두 평안하기를 바라오.

무왕은 더 이상 같은 요청을 반복하지는 않았지만, 이로써 발해의 명예를 실추시킨 당나라와 대문예 모두에게 반드시 응징하겠다는 마음을 굳힌다. 하지만 그는 당나라의 관심을 돌리기 위해서였는지, 의도적으로 사신 파견은 멈추지 않았다.

이러한 문제들과 상관없이 그 사이에도 발해의 사신 파견은 지속되었다.

726년 3월, 계루군왕 대도리행이 다시 한번 당나라를 찾았는데 좌무위대장군(정3품)을 받고 숙위에 들어갔으며, 그 해 11월에는 왕자 대의신(大義信)이 추가로 당나라에 방문했다. 727년 4월, 앞서 와 있던 대창발가와 수령들이 귀국할 때에 당에서는 그에게 양평현(襄平縣) 개국남(종3품)이라는 직위를 수여하면서 비단 50필을 주었고, 국서와 함께 채색비단 100필을 무왕 앞으로 보내었다. 이해 8월에는 무왕의 또 다른 동생 대보방(大寶方)이 배턴터치 하듯이 당에 들어갔다.

728년 9월, 수령 어부수계(瘀夫須計)가 당에 사신으로 갔다. 729년 2월, 무왕의 동생 대호아(大胡雅)가 당에 와서 유격장군과 함께 자고, 금대를 받고 숙위로 남았다. 3월에는 사신단이 당에 선물로 매와 숭어를 가지고 가서 비단 20필을 받아왔고, 8월에는 무왕의 동생인 대림(大琳)이 당에서 중랑장을 받고 숙위로 남았다.

730년 1월에는 무왕의 동생 대랑아(大郎雅)가 신년축하를 위해 당에 방문하였다가 숙위로 남았고, 2월에는 대수령 지몽(智蒙)이 말 30필을 전하면서 중랑장과 함께 명주 20필과 비포, 은대를 받아왔다. 5월에는 오나달리(烏那達利)가 바다표범가죽 5장, 담비가죽 3장, 마노잔 1개, 말 30필을 당에 선물하였다.

731년 2월에도 발해의 사절단이 당에 도착하여 비단 100필을 받았고, 10월에도 무왕은 대취진(大取珍) 등 120명의 사신단을 당으로 파견하였는데 그들은 과의도위를 받았고 각각 비단 30필을 얻어 귀국하였다.

그런데 무왕의 첫째 아들이자 왕위계승권자인 대도리행은 흑수말갈 문제로 한참 소란스러웠던 726년 당나라에 파견되어 숙위 중이었는데, 불과 2년 후인 728년 4월 병으로 사망하여 아들의 죽음으로 무왕은 큰 충격을 받은 듯하다.

당에서는 오해를 불러일으킬 수도 있는 상황이라 생각해서인지, 대도리행의 죽음을 특별히 애도하며 특진(정2품)을 추증하고 홍려경으로 예우하며 비단 300필, 곡식 300석을 부의로 주는가 하면, 관리에게 명하여 조문하고 상여를 만들어 발해로 호송하여 귀국시키도록 하였다. 당으로서는 이례적인 조치였다.

무왕의 입장은 일국의 태자가 외국에 가서 사망한 일대 사건이니 아무래도 마음 편히 받아들이기는 어려웠으리라 보인다. 얼마 후 동생은 당나라로 비밀리에 망명했고 첫째 아들이자 발해왕을 이을 맏아들은 바로 그 당나라에 가서 죽었으니, 당에 대해 무왕이 가지게 될 감정은 굳이 물어보지 않아도 알 수 있을 듯하다.

(4) 발해의 외교

제1차 발해 사신단

무왕은 바로 이 무렵인 727년 발해 건국 후 최초로 일본에 사신단을 파견한다. 그의 목적은 서남부의 당나라와 국경을 접하고 있는 신라 혹은 관계가 악화되고 있던 흑수말갈과 당에 대응하여 원교근공(遠交近攻)이 가능한 우군을 확보하기 위함이 아니었을까. 그가 파견한 사절단의 수장이 문관이 아닌 무관이었다는 사실로 미루어보면 단순히 국가 간의 친선만이 목적이 아니었을지도 모르겠다.

때는 일본 제45대 쇼무(聖武) 천황(701~756, 재위 724~749)의 집권 초기로, 그의 나이 27세였다. 그는 당시 신흥귀족이었던 후지와라 가문과 관계가 깊은데, 어머니가 바로 일본 역사에서 유명한 후지와라 노 후히토(藤原不比等, 659~720)의 딸이었다. 그의 치세기에 견당사를 파견하여 당의 문화를 적극적으로 받아들이고 불교진흥에 힘쓰는 등 일본의 선진화를 위해 많은 노력을 기울인 인물이었다.

이 당시의 일본 역사를 잠시 짚고 넘어갈 필요가 있다. 일본은 고대부터 한반도의 정치·경제·문화·사회적 영향을 크게 받을 수밖에 없는 지리적 위치에 있었다. 그래서 처음에는 가야, 후대에는 백제와 밀접한 관계를 맺고 다각도로 교류를 추진해왔는데, 그것은 660년 백제의 멸망과 함께 사실상 갑작스럽게 끝나버리게 된다. 663년 현재의 금강 하류로 추정되는 백촌강 일대에서 벌어진 백제 부흥군과 일본의 연합군과 신라와 당나라 연합군이 맞선 전투는 일본과 한반도의 마지막 연결고리가 끊긴 역사적 순간이었다. 일본은 패배 후 백제 유민들과 함께 본토로 귀환했고, 더 이상 한반도에 물리적 개입을 하지 않게 된다.

그러면서 독자적인 사회를 구축하고 한반도와 분리된 자국만의 역사를 만드는데, 그것이 곧 천황제의 탄생이다. 670년 12월 왜(倭)라고 불리던 국호를 드디어 정식으로 일본(日本)으로 정하고, 정확한 시점은 이견이 많지만 대략 600년대 말경에는 그동안 대왕('미코토')이라 부르던 존재는 이제 천황('덴노')이 되어 한반도와는 관계가 끊긴 자신들만의 위상을 새롭게 창조해낸다. 그것이 바로 오늘날 우리가 일본이라고 부르는 국가의 탄생이다. 차례로 694년 최초의 왕경(王京)인 후지와라쿄(藤原京)가 건축되었고, 701년 다이호 율령을 반포하여 율령국가를 완성하였으며, 마침내 710년 당시 국제표준인 당나라식의 헤이조쿄(平城京)로 천도하여 나라(奈良) 시대를 엶으로써 일본의 고대사회 성립을 사실상 선언한다. 그 결과물이 역사 조작으로 악명이 높은 『고사기(古事記)』(712)와 『일본서기(日本書紀)』(720)이다. 이를 위해 학자들까지 동원하여 수많은 왜곡으로 점철된 자신들만의 역사도 만들어내었고, 그렇게 왕 위의 천황이라는 존재도 새롭게 상정한 것이다.

발해 사신단이 방문한 것은 그 직후 얼마 지나지 않은 시점이었다. 이제 신생국가로 재창조된 일본은 이러한 발해의 방문을 어떻게 받아들일지 내부적으로 고민이 필요한 상황이었다. 신라와는 지속해서 교류를 해오긴 하였으나 그 관계는 우호적이라기보다는 적대적인 때가 훨씬 많았기 때문이었다. 신라와는 달리 발해는 고구려를 계승한다는 점을 분명히 한 존재였다. 적의 적은 친구가 될 수도 있었다. 일본은 과연 이를 어떻게 받아들였을까?

727년 9월 21일 일본의 데와 지역(出羽國, 오늘날 혼슈 북서부 아키타 지방)에 발해의 사신단이 도착했다. 사신은 수령 고재덕(高齋德, 혹은 고제덕高齊德) 등 8명이었다. 일본 정부에서는 사신을 보내어 안부를 묻고 새 옷을 주었다.

당시의 항해 기술은 오늘날처럼 발전되기 전이어서 배를 띄우려면 자연의 힘을 빌어야 했다. 이를 실제로 시험한 이들이 있었다. 1997년 12월 31일, '발해 1300호'로 명명한 뗏목을 타고 네 명의 한국인 탐험대가 러시아 블라디보스토크의 크라스키노 항을 출발하여 망망대해를 건너 일본으로 향한 것이다. 이들은 24일간의 악전고투 끝에 1월 23일 오키섬 인근까지 왔지만, 기상악화 속에 높은 파도 때문에 결국 모두 안타깝게도 익사하고 말았다. 이들 탐험대의 숭고한 노력 덕분에 발해의 항해선들이 어떻게 일본에 올 수 있었는지가 밝혀진 점은 가히 추앙해 마땅한 일이다. 이를 통해 오늘날 우리는 발해인들이 시행착오 끝에 나중에는 겨울에 북서풍을 이용하여 동해를 건넌 점과 함께 발해를 출발하여 일본에 도착하기까지 걸린 시간이 대략 한 달 가까이 될 것이라는 사실도 더불어 알 수 있게 되었다.

데와 위키피디아

　이때의 발해 사신단은 당초 영원장군(寧遠將軍) 고인의(高仁義)를 필두로 하여 총 24인으로 구성된 사절단이었는데, 불행히도 배가 일본 동북방에 다다르면서 이곳의 원주민이었던 에조(蝦夷)의 공격을 받아 고인의 등 16명은 살해당하고 지휘관이 아니라 실무자급의 수령 고재덕 등 8명만이 겨우 도망쳐 살아남을 수가 있었다. 에조는 에미시라고도 부르는데 일반적으로 일본 동북지방의 원주민들을 지칭하는 용어로, 근세에는 아이누족을 가리키는 말이었다. 홋카이도(北海島)가 메이지유신 이후에 지금의 이름으로 바뀌기 전에는 에조인들의 영토로 인식하여 에조가시마(蝦夷ヶ島)나 에조치(蝦夷地)라 불렀을 정도로 이들은 오랫동안 일본열도에 존재했던 토착민이었다.

　이렇듯 동해의 넓은 바다도 위험을 무릅쓰고 건너야 했지만, 일본열도도 마찬가지로 완전한 통일이 이루어진 상태가 아니어서 위험천만한 사행길이 될 수밖에 없었다. 앞으로도 이와 비슷한 사건

사고들은 무수히 벌어진다. 교류 초기에는 잘 몰랐지만, 시간이 흐르면서 차츰 해류와 바람의 방향 등을 종합적으로 고려해 겨울에 발해를 출발했다가 여름에 일본에서 돌아오는 일정이 자리 잡으면서 사고의 위험성은 많이 경감되게 된다.

제1차 발해 사신단 구성
- 기간: 727년 9월 도착(데와) → 헤이조쿄 방문 → 728년 6월 출발
- 총원: 24명 (16명 사망, 도착은 8명)
- 대사: 영원장군 낭장 고인의(사망)
- 부사: 유장군 과의도위 덕주(사망)
- 직책 미상: 별장 사나루(사망) 등
- 수령: 고재덕(대사 역할 대행) 등

3개월 후인 12월 20일이 되어서야 발해 사신단이 일본의 수도인 나라(奈良) 지역의 헤이조쿄(平城京)에 도착하였고, 29일에는 사신을 보내 또다시 발해 사신단에게 새 옷과 머리에 쓰는 관(冠), 그리고 신발을 주었다.

헤이조궁 미니어처 위키피디아

일본인들은 이때 이미 발해가 옛 고구려의 후예임을 알고 있었다. 일본 역사서에는 다음과 같이 기록되어 있다.

발해군은 옛 고려국이었다.
渤海郡者舊高麗國也

아직 이 당시까지만 해도 발해가 당나라를 중심으로 한 국제사회에서 정식국가로 인정받지는 못하였기 때문에 군(郡)이라고 표기는 되어 있지만, 일본에서는 발해를 곧 고구려의 계승국가로 인식하였음을 관찬 역사서에 공식적으로 기록하였던 것이다. 이들은 668년 당에 의해 고구려가 멸망한 이후 외교가 자연히 끊겨 있다가 이제 다시 관계가 복구되는 것으로 이해하였다. 이후에도 일본의 역사서에는 지겨울 정도로 발해와 고려, 즉 고구려를 혼칭하는 기록들이 나타난다.

728년 봄 1월 3일, 천황이 대극전(大極殿)에서 신하들과 발해 사신들을 포함해 신년축하 조회를 열었다. 1월 17일에 천황이 중궁(中宮)에 나왔을 때 고재덕 등이 무왕의 국서와 선물을 전달하였다. 당시 국서의 내용은 다음과 같았다.

대무예가 말씀드립니다. 산하와 국토는 서로 다르지만, 대왕(大王)의 명성은 익히 들어왔기에 우러러보는 마음만 더욱 커져갈 따름입니다.

대왕의 나라는 하늘로부터 명을 받아 일본이 건국된 이후 해가 갈수록 빛을 내고 백세토록 이어져 내려왔습니다. 대무예는 큰 나라(列國)를 맡아 여러 번국(諸蕃)을 아우르면서, 고구려의 옛 터전을 회복하고 부여의 풍속을 지니게 되었습니다.

하지만 멀리 떨어져 있어 길이 막히고 바다까지 가로막고 있어 지금 껏 소식을 통하지 못하고 경조사를 제대로 듣지 못하였습니다. 서로 돕고 의지하며 사신을 통해 이웃나라 간 교류하는 것을 이제야 시작하게 되었습니다.

영원장군 낭장 고인의, 유장군 과의도위 덕주, 그리고 별장 사나루 등 24명에게 이 국서와 함께 담비가죽 300장을 가져가도록 하였습니다. 물품이 비록 보잘것없지만 작은 정성이나마 표현하고자 한 것이며, 가 죽제품이 진귀한 것이 아니어서 조롱거리나 되지 않았으면 할 뿐입니다. 일을 추진하는 데에도 한계가 있고 뵙고자 하여도 기약할 수는 없지만, 때때로 소식을 주고받으며 영원히 좋은 관계를 유지해나가길 바랍니다.

아직 발해는 일본이 천황제의 국가임을 인식하지 못하였던 모양이었다. 일본에서 '천황'이라는 용어가 사용되기 시작한 시점은 정확지는 않지만 대략 600년대 후반으로 보고 있다. 지금은 '대왕'이라고 상대방을 호칭하고 있으나 일본 국내의 사정을 잘 알게 된 이후에는 '천황'으로 정확히 부르게 되는데, 발해는 아직 '군왕'이어서 공식적으로는 동급은 아니지만, 문왕 대에 정식 '국왕'이 되었을 때도 일본은 계속 '천황' 즉 황제로 불러야 했다. 그리고 이러한 상황때문에 발해는 일본과의 관계 설정에 애를 많이 먹을 수밖에 없었다. 이는 차후에 좀 더 살펴보도록 하자.

여기서 중요한 것은 무왕이 위에 강조했듯이 역사에서 유명한 발해가 고구려를 이은 나라라고 명확히 선언한 문장이다. 이는 단순한 선언이 아니라 그 이후의 발해 역사를 결정짓는 첫 행로가된다. 더욱이 그는 놀랍게도 여기서 발해가 여러 번국, 즉 제후국가를 둔 사실상의 제국(帝國)임을 말하고 있다. 이때 콧대 높은 일본 측에서 발해 국서의 이런 센 발언을 별문제 삼지 않고 순순히 받아들였다는 것도 놀라운 일이다.

여기서 번국은 여타 말갈 부족들을 의미한다. 이보다 조금 후대의 일이긴 하지만, 798년 당나라로 간 사신의 직책으로 우루(虞婁)말갈을 번(番)으로 표현한 우후루번장·도독(虞侯婁蕃長都督)이 등장하는 것, 그리고 779년 철리말갈을 대동하고 일본으로 갔던 압령사 고반필이나 792년 당나라에 사신으로 간 발해압말갈사(渤海押靺鞨使) 양길복처럼 발해인이 관리책임자로서 말갈인들을 통솔하는 역할로 등장하는 사례들을 보면, 발해제국을 중심에 두고 우루말갈이나 철리말갈 등 주위의 말갈 부족들을 일종의 주변국으로 삼아 하나의 완성된 제국 체계를 형성하고 있었음을 알 수 있다.

천황은 고재덕 등 사신단에게 모두 정6위(位)상의 품계와 함께 의복을 내려주었다. 그런 다음 5위 이상의 관리들과 고재덕 등에게 연회를 열고 활쏘기 대회와 음악공연을 선보였으며, 연회가 끝나자 상여품(禄)을 나눠주었다.

당시 동양사회에서는 당나라의 경우 품(品), 발해는 질(秩)이라는 명칭으로 관리의 등급을 매겼는데, 일본에서는 그 단위가 위(位)였다. 오늘날의 공무원 등급처럼 숫자가 작을수록 높은 것이었으며, 숫자의 앞에 붙는 정(正)과 종(從) 중에서는 정이 높았다. 뒤에 붙는 상(上)과 하(下)는 물론 상이 높은 것이었다. 숫자만 있으면 1부터 9까지 9개 등급밖에 나올 수 없지만, 정과 종을 구분함으로써 두 배인 18개, 상과 하를 붙이면 더 확장되어 36개 등급으로 구분할 수 있어서 이처럼 등급을 세분화하여 운영하였다. 그리고 사실 외국사신들에게도 이런 품계를 부여한 것은 그들이 일본조정에서 실질적인 관등이 주어진 것이라기보다는 오늘날의 명예박사와 같은 개념처럼 그런 명예스러운 의미만 있는 것이라고 보면 된다.

2월 16일, 종6위하 히케타노 무시마로(引田虫麻呂)를 송발해객사(送渤海客使), 즉 발해 사신 전송책임자로 임명하였고, 여름 4월 16일에는 고재덕 이하 8인에게 각각 비단과 면, 그리고 상여품을 주었다. 그러면서 이들에게 무왕에게 보낼 편지를 주었다.

> 천황이 발해군왕에게 안부를 묻습니다. 보내 주신 국서는 잘 읽었습니다. 옛땅을 회복하고 옛날의 우호를 다시 잇게 되니 저 역시 기쁘게 여깁니다. 마땅히 어질고 의로운 마음으로 영토를 다스리고, 비록 거친 파도가 가로막고 있다 하여도 끊임없이 왕래하여야 할 것입니다. 수령 고재덕 등이 돌아가는 편에 편지와 함께 선물로 비단 20필, 명주 20필, 실 100구, 솜 200둔을 보냅니다. 그리고 전송할 사신이 함께 가도록 하였습니다. 점차 무더워지는데 평안하시기를 바랍니다.

2개월 후인 6월 5일에 발해 사신단과 총 54명의 일본사신단이 동시에 일본을 출발하였다.

그로부터 2년 만인 730년 8월 29일, 견발해사(遣渤海使) 정6위상 히케타노 무시마로 등이 발해로부터 돌아왔다. 며칠 후인 9월 2일, 천황이 중궁(中宮)에 나왔을 때 무시마로가 무왕의 선물을 대신 전하였다. 이를 받은 천황은 9월 25일에 발해의 선물을 여섯 곳의 천황 무덤(山陵)에 바치게 하고 천황의 외할아버지이기도 한 고(故) 태정대신(太政大臣) 후지와라노 후히토의 무덤에 제사 지내게 하였는데, 그는 두 여동생을 천황가에 시집보냄으로써 외척 관계를 맺게 되고 일본의 율령을 완성한 공으로 후지와라 가문의 특권적 지위를 구축했던 인물이었다. 또 다음 달인 겨울 10월 29일에는 나머지 선물들을 여러 지역의 유명한 신사(神社)에 바치도록 하였다. 아마도 모처럼 들어온 해외로부터의 선물이었으니 그만큼 소중히 여겼던 것은 아니었을까.

그렇다면 왜 일본은 발해 사신을 반갑게 맞이하였을까? 물론 그럴 만한 이유가 있었다. 신라와의 관계가 줄곧 안 좋았기 때문이었다. 섬나라인 일본으로서는 바다를 통해서만 외국과 교류를 하며 새로운 문물을 받아들일 수가 있었는데, 당시의 바닷길은 지금과 달리 매우 험난하였기에 직접 목적지로 향하는 원양항해는 매우 위험천만한 일이었다. 고로 일본으로서는 신라의 영토를 끼고 연안항해를 하는 것이 제일 안전한 길이었다. 하지만 신라는 일본과 전통적으로 사이가 안 좋았고 심지어 적대적인 사이로 발전하는 경우도 부지기수였다.

그런데 신라를 우회할 수 있는 발해라는 경로가 나타났으니 반가울 수밖에 없었다. 더욱이 이들은 과거 고구려의 계승국이라고 하니, 고구려라면 이미 고대부터 일본과 교류가 있었고 고구려 유민들도 일본에 많이 귀화해온 상태였기에 문화적으로 이질감도 크지 않았기에 활용도는 분명 있으리라 판단했을 것이다. 더 좋은 것은 천황제가 자리잡아가는 동시에 주변국들을 일본 제국의 부속국으로 인식하는 사상체계가 발달해가면서 사실상의 외교를 조공으로 슬쩍 바꿔서 대내에 보여줄 수 있다는 점이었다. 물론 이는 이후 줄곧 발해와 마찰을 빚는 요인이 되지만 말이다.

어쨌든 이렇게 처음 개설된 일본과의 외교관계는 이후 문왕 대에 그 길었던 치세에 비례하여 상당히 많은 사신단 교환이 이루어지면서 전성기를 맞이한다. 그리고 무왕은 일본과의 외교를 통해 동아시아 국제사회에서 두루 관계를 맺는 데 성공하고, 이후 다시 대당 문제에 집중한다. 드디어 보복의 순간이 온 것이다.

(5) 사상 첫 해외원정

비밀스러운 준비 끝에 그는 발해 역사상 다시 없을 충격적인 사건을 일으킨다. 732년 9월, 재위 14년 차의 무왕은 장군 장문휴(張文休)에게 명하여 해군을 이끌고 발해 바다를 건너 당나라의 등주(登州), 지금의 산둥 반도 펑라이(蓬萊) 지역을 침공하도록 한 것이다. 이 갑작스러운 공격에 미처 준비가 안 되어 있던 당나라는 지역 총책임자인 등주자사 위준(韋俊)이 전사할 정도로 치명적인 피해를 입었다. 심지어 등주 옆의 내주까지 그 공격의 여파가 미쳤다. 말 그대로 지금의 산둥 반도 일대가 발해군의 급습에 쑥대밭이 된 것이었다. 이때 포로로 잡아들인 선원들을 전쟁 종료 후 반환해주는 것을 보면 단순히 공격만 한 것이 아니라 상당수의 포로를 포획하였던 것으로 보인다.

『손자병법』의 한 구절을 읽어보자.

> 적이 전혀 방어할 생각을 하지 못하는 곳에 공격을 집중하여야 하며, 적의 의표를 찔러 전혀 예상하지 못한 방향으로 진출해야 한다. 이것이 전쟁에서 승리를 취하는 길이다.

무왕이 이 구절을 직접 읽었는지는 알 수 없지만, 그는 이 말 그대로 행하였다. 당나라는 외국으로 해상 원정은 나가봤을지언정

역으로 바다를 통해 본토를 침공받았던 역사가 없었다. 이는 그 전에도 없었고 그 이후에도 없었던 일로 가히 충격적인 사건이었다. 어느 누구도 감히 시도해볼 생각조차 하지 못했던 방식으로 무왕은 당나라 원정을 감행하였다. 발해의 과감한 도발에 당나라로서는 예상치 못한 혼란에 빠져들 수밖에 없었다.

48세의 원숙한 나이였던 현종으로서도 이 굴욕적인 패배는 국제적으로 완전히 체면을 구기는 일이었기에 즉시 반격을 준비했다. 그는 좌령군장군(종3품) 개복순(蓋福順)에게 등주를 공격해온 발해군의 토벌을 명하였지만, 얼마 후 발해군이 퇴각하여 별다른 공은 못 세우고 전투는 싱겁게 끝났다.

또한 현종은 전통적인 이이제이(以夷制夷)의 수단도 활용코자 하였다. 733년 1월, 영남에 가 있던 대문예를 불러들여 유주(幽州, 베이징 부근)로 가서 지역 군사들을 동원해 서쪽으로부터의 발해 토벌을 명하였는데, 이것이 실제 실행되었는지는 기록이 없어 알 수는 없다. 당시 돌궐이 당과 발해 사이를 차지하고 있어서 물리적으로 토벌이 불가능하기 때문이다. 아마 실행되었다 하더라도 어떤 사유로 소득 없이 종결되었거나 혹은 연이어 발발하는 다른 전투로 유야무야되었을 가능성도 있다.

그리고 동시에 내사(內史) 고간(高侃), 하행성(何行成)과 신라에서 와 있던 태복원외경(太僕員外卿) 김사란(金思蘭)을 다시 본국인 신라에 사신으로 파견하여 성덕왕을 개부의동삼사(開府儀同三司, 종1품) 영해군사(寧海軍使) 계림주대도독으로 임명하면서 남쪽으로부터의 발해 공격을 종용하였다.

발해는 겉으로는 우리에겐 제후국으로 칭하면서 속으로는 다른 마음을 품고 있어 이에 군사를 동원하여 그 죄를 묻고자 하니, 신라도 군사를 징발하여 발해 남쪽 국경을 공략하도록 하시오. 듣기로는 옛날 김유신의 손자 김윤중이 있다고 하니 이 사람을 지휘관으로 삼음이 좋겠소.

당나라에도 이름이 알려져 있던 김유신의 자손까지 동원하라고 제안하면서 금과 비단을 선물로 보내왔다. 당나라로서도 어지간히 급했던지 고구려와의 전쟁을 함께 치렀던 김유신의 이름까지 빌리고자 했다.

성덕왕은 당나라의 의견에 따라 733년 겨울 김윤중과 동생 김윤문(金允文) 등 네 명의 장군에게 명하여 군대를 이끌고 북진하도록 하였는데, 이때 당나라 군사도 신라군과 함께 참전하였던 것으로 보이지만 규모 등 알려진 것은 전혀 없다. 그러나 굳이 겨울철에 발해 공격을 추진한 것이 실책이었다. 기상이변 수준으로 폭설이 내려 산길이 거의 막히고 이 때문에 얼어 죽은 병사가 태반이어서 중도에 포기하고 귀환하였다.

어쨌거나 무왕의 등주 침공은 신라에도 숨통을 틔워주는 간접적 역할을 하였는데, 당시까지만 해도 신라와 당나라는 전쟁을 하였던 전적 때문에 아무래도 사이가 좋은 편이 아니었지만, 이 사건 이후로 당나라는 발해를 견제하기 위해서라도 다시 신라라는 존재의 필요성을 절감했고 그 덕분에 신라는 당나라에서 우대를 받는 위치로 올라섰기 때문이다. 마치 오늘날 미국이 중국이나 러시아를 견제하기 위해 이들과 지리적으로 가까운 대한민국 및 일본과 전략적 파트너 관계를 유지하는 것과 비슷하다고 할 것이다.

그리고 발해는 곧바로 등주 침공 다음 해인 733년 4월, 또다시

만리장성의 끝자락인 요서 지방 산해관에 가까운 '마도산(馬都山)' 지역(지금의 허베이성 동부에 있는 도산都山)을 급습하였다. 이전에는 이 마도산 전투를 발해군의 영주를 통한 육로 침공으로 해석해왔지만, 등주를 침공했던 해군의 활약처럼 발해만 내의 연안 이동을 통한 바다로부터의 공격이었을 가능성도 없지 않다.

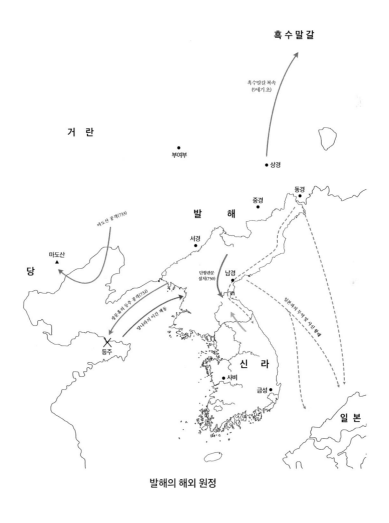

발해의 해외 원정

그 증거로 당대의 묘비에 따르면 "발해가 <u>해상(海上)에서</u> 소란을 <u>일으키고 마도산에까지 도달하였다.</u> 관리와 백성들이 일을 버리고 도망쳐버렸다. 오승자(吳承泚)가 소속 병사들을 이끌고 400리에 걸쳐 들판에 참호를 파고 돌을 쌓아서 그 길을 막았다. 침입한 자들이 전진하지 못하였으며, 나중에 백성들은 그들이 살던 곳으로 돌아왔다. … <u>발해왕 대무예가 해안가로 나와 마도산에 이르러 성읍을 함락하고 도륙</u>"하였다는 내용이 나오는데, 군이 애써 원정공격에 나섰던 해군은 철수시키고 굳이 육군을 따로 파병하였을까 싶었던 의문을 어느 정도 해소해주는 부분이다. 그렇다면 이때의 전투도 장문휴 장군의 지휘로 이루어졌을 가능성이 크다.

그런데 사실 마도산 전투는 발해와 당나라 간의 이슈가 아니라 국제적인 분쟁의 형태를 띤 것이었다. 우선 공격은 발해 단독으로 한 것이 아니었으며 거란·돌궐도 참전하였다. 발해가 평로(平盧)와 접전을 벌였을 무렵 거란의 가돌우(可突于)도 돌궐의 군사를 이끌고 동시에 육로로 마도산을 공격하고 있었고, 유주 장사와 부총관들이 1만 명의 기병과 해(奚)의 병사들까지 동원해 맞서 싸웠지만 중간에 해가 배신함에 따라 당 측은 부총관 두 명이 죽고 대부분 병사가 몰살당하는 대패를 당한다. 즉 당시의 상황은 발해가 등주를 침공했던 해군(海軍)을 재차 동원하여 상륙작전을 벌였고, 거란과 돌궐은 동시에 자신들이 차지하고 있던 육로를 통해 당나라를 공격해온 것이었다.

더욱이 방어 측도 단지 당나라 군대만이 아니었다. 해족 병사들도 참전하였지만, 더 멀리에서 흑수말갈과 실위의 기병 5천도 당군을 지원하기 위해 파병되었다. 이들이 어떻게 거란 혹은 발해의 영토를 뚫고 지나왔는지는 미지수이지만, 아마도 기병으로 구성된 것을 보면 속도전을 위해 신속한 이동으로 공격 측의 영토를 통과하여 후방을 급습하는 역할을 수행하였던 게 아닐까 짐작된다. 이렇듯 마도산 전투는 국지전이 아니라 국제전의 성격이었다.

당나라 입장에서는 다행이었는지 평로의 선봉 오승자가 요충지를 차지하고 큰 돌로 둘레 400리에 달하는 참호를 만들어 발해군의 발을 묶어버리는 치밀한 방어작전을 썼다. 당시의 400리면 지금으로 치면 약 200㎞ 정도 될 텐데, 숫자의 단위가 잘못 기재된 게 아닌가 싶을 정도로 지나치게 길긴 하다. 어쨌든 이에 기세등등하였던 발해군도 돌파할 방법을 찾지 못한 채 주변 지역을 마음껏 약탈한 후 발길을 돌릴 수밖에 없었다.

다시 한번 『손자병법』의 한 구절을 인용하자.

> 전쟁을 할 때에는 속전속결로 승리해야만 한다. 전쟁이 지속되면 병사들은 곧 피로해지고 사기가 떨어지게 되며, 적군의 성을 공격하다 보면 부득이 병력을 많이 잃을 수밖에 없다. 또한 군대를 외국에 파병해 오랫동안 군사작전을 벌이면 국가의 재정이 고갈되는 것은 당연한 이치다. … 그러므로 지구전은 최대한 피하도록 해야 한다.

무왕은 격언 그대로 해외원정에 있어 가장 치명적인 지구전은 피하였다. 좀 더 오래 끌었으면 물론 기회가 찾아올 수도 있었겠지만, 다른 한편으로는 그 이상의 위기상황도 얼마든지 발생할 수 있는 것이 전쟁이었다. 발해군은 본국에서 멀리 떨어진 적지에서 원정 전투를 벌이고 있던 상황이었던 만큼 당나라 군대에 비해 보급선이 길고 병사의 수가 제한되어 있다는 점이 결정적 약점이었다. 고로 조기 퇴각은 당시로서는 현명한 판단이었다.

명목상 이러한 발해의 공격은 선왕, 즉 대조영에 대한 치욕을 씻는다는 명분을 들어 추진되었지만, 사실은 동생의 망명 사건으로 깊은 원한을 갖게 된 무왕이 그 분풀이를 위해 일으킨 것으로 당시 당나라에서는 파악하였다.

하지만 그뿐이었을까? 결과를 보자면, 발해는 영토 확장을 하지는 못하였지만 상대방에게는 막대한 피해를 입히고 자신은 큰 피해 없이, 즉 적은 비용으로 국제사회에 자신의 존재감을 확실히 각인시켜주는 효과를 거둔 셈이고, 피해자격인 당나라는 영토 방어 외에는 사실상 얻은 게 전혀 없었으며 오히려 국제적으로 체면만 구겼을 뿐이다. 결국 이 전쟁은 겉보기에는 발해의 대외 실력 과시용 이벤트였다고 볼 수 있을 듯하다.

그러나 정확히는 이때의 발해군의 실제적인 목표는 발해를 공격해올지 모르는 당나라 군대의 거점을 붕괴시키는 데에 초점이 맞춰져 있었던 것으로 보인다. 우선 바다를 건너 당나라의 해군기지를 급습하여 파괴하는 데 성공하고서도, 대비가 전혀 안 되어 있던 당나라 군대를 상대로 좀 더 승리를 거둘 수 있었는데도 굳이 점령군으로서 내륙까지 진출하지 않고 철군한 것은 당초의 목표가 '바다'에 있었음을 말해주는 것이다. 당시 당나라에서 직접 발해를 정복하려면 바다를 건널 수밖에 없었다. 발해는 그 해군기지를 섬멸한 것이다.

그러는 한편으로 연안 항해 또는 만에 하나 육로를 통한 발해 침공 역시 가능성은 언제나 존재하므로, 발해에서는 그에 대한 선제 대응으로서 마도산 일대까지 공격하여 당나라의 공격 거점들을 하나하나 파괴했다. 이렇게 놓고 보면 발해가 왜 굳이 애써 승리하고도 그 승리를 영토 기반으로 확대하지 않고 철군하였는지 설명이 가능해진다. 발해 입장에서는 굳이 그럴 필요가 없었다. 당 제국군의 발해 공격의 기반만 물리적으로 분쇄해두면 복구하는 데 시일이 걸릴 수밖에 없으니, 그사이 내실을 다질 여지도 생기고, 이렇게 국제적으로 발해군의 실력을 보여주었으니 무시 못 할 세력으로 성장한 발해의 위상을 만천하에 알리는 효과도 있었을 것이다.

이후 당나라는 발해에 복수하고자 하였으나 해군기지가 파괴되어 직접 공격을 할 수가 없었고, 육로로 반격 시늉만 한 것을 제외하면 기껏 한다는 것이 신라의 힘을 빌리는 정도였다. 이처럼 보란 듯이 무왕의 전략은 성공을 거두었다.

하지만 무왕은 아직 여기서 만족할 수 없었다. 그는 다시금 누구도 예상치 못한 카드를 빼 들었다. 이번엔 암살 시도였다.

낙양(洛陽)으로 훨씬 많이 알려진 당나라 시대의 동도(東都)는 수도 장안(長安)의 동쪽에 있는 당나라 제2의 도시여서 그렇게 불렸다. 조선 시대 김만중(金萬重, 1637~1692)이 지은 소설 『구운몽(九雲太)』에서는 주인공 양소유가 기생 계섬월을 만나는 장소로 등장하는 곳이 바로 이곳 낙양의 천진교(天津橋)이다. 소설 속에서는 낭만적인 장소로 나오지만 발해 때는 이곳이 피비린내 나는 암살의 현장이 되었다.

무왕은 이곳 동도로 사자를 밀파하여 현지에서 비밀리에 자객을 고용케 하였다. 이들의 목표는 대문예였다. 이들은 천진교 남쪽에서 대문예를 기다렸다가 지나가는 그를 저격하였던 것이 이 사건의 대략적인 내용이다. 하지만 대문예도 발해인답게 무예가 보통이 아니었던지 천만다행으로 자객들의 공격을 물리치고 목숨을 건질 수 있었다. 옛 서적들을 통해 전해지는 세간의 평 중에 발해인들은 지혜와 용맹이 남달라서 발해인 셋이 있으면 호랑이 한 마리를 당해낼 수 있다는 유명한 말이 있는데, 대문에 스스로 이 평가가 진실임을 몸소 증명해준 듯하다. 어쨌거나 이 사건을 보고받은 현종은 동도를 관장하는 하남부(河南府)에 명하여 그 자객들을 모조리 검거하여 처단토록 했다.

대낮에 타국의 한복판에서 망명 왕족을 향해 칼부림이 일어난 초유의 사건이었다. 이로 인해 등주와 마도산에서의 대규모 전쟁은 물론 본국 한복판에서의 암살 시도에 이르기까지 무왕은 발해인 특유의 끈질긴 집념을 당나라에 확실히 인식시켜줄 수 있었다. 그 효과는 컸다.

여기서 현종이 고작 할 수 있었던 일이라고는 앞서 당나라에 숙위하러 와 있던 대랑아를 남쪽 지방인 영남으로 귀양 보내는 것뿐이었다. 물론 일종의 화풀이성 조치였다.

그런데 무왕은 영리하기까지 했다. 그는 채찍과 당근을 적절히 사용할 줄 알았다. 733년 곧바로 대성경(大誠慶)을 파견하여 앞서의 전쟁 도발에 대한 공식 사과와 함께 화해의 제스처를 보인 것이다. 더욱이 당나라와 북방에서 대립 관계에 있던 돌궐이 발해에 거란과 해의 토벌을 요청하였다는 사실을 당나라에 의도적으로 흘림으로써 발해의 활용가치를 부각하는 것도 잊지 않았다.

현종은 결국 발해의 사과를 받아들였다. 정확히는 받아들일 수밖에 없었다. 어차피 발해 정벌은 불가능한 상황이었고 오히려 발해가 당나라의 체면을 살려주었으니 당장은 그것으로 된 것이었다. 이에 영남으로 귀양 보냈던 대랑아를 본국으로 송환하였다.

하지만 마음속까지 화해를 한 것은 아니었다. 당시에 신라에 보낸 국서를 보면 발해를 '도적'이니 '악'이니 하며 비난하는 정도가 꽤 셌기 때문이다. 물리적으로 정벌할 길이 없다 보니 어쩌지 못해 참을 따름이었다.

무왕은 735년 3월에는 왕자 대번(大蕃)을 당나라에 들여보냈는데 그는 태자사인(太子舍人, 정6품)과 함께 비단 30필을 받았다. 736년 11월에는 수령 율기계(聿棄計)가 사신으로 가서 관직과 비단 50필을 받고 돌아왔다. 737년 1월 역시 대수령 목지몽(木智蒙)을 보냈고, 4월에는 신하인 공백계(公伯計)를 통해 매를 선물하였다. 그해 8월에는 다몽고(太蒙固)를 파견하면서 등주 전투 때 사로잡은 것으로 보이는 당나라 선원들을 돌려보냈는데, 좌무위장군(종3품)을 받고 자포, 금대, 비단 100필 등 각종 선물을 얻어 귀국했다. 한 마디로 실속은 실속대로 챙기면서 상대방에게는 면피용으로 체면을 세워주는 양면 전략을 쓴 것이었다.

이후 당나라는 다시는 발해에 대해서는 군사적 공격을 시도할 생각조차 하지 않게 된다. 이미 당나라는 고구려를 정복하던 그 강력한 국력을 자랑하던 당나라가 아니었다. 해외원정은 고사하고 당 현종의 마지막 전성기를 지나 얼마 후면 불어닥칠 안록산의 난과 그 직후 펼쳐지게 되는 절도사들의 횡포에 국력을 소진할 일만 남아 있기 때문이다.

시간이 흘러 737년 무왕은 다사다난했던 생을 마감하였다. 기록에 따르면 병명은 알 수 없지만 어떤 병으로 인해 사망한 것이라고 한다. 발해 역사상 가장 역동적이고 공격적인 정책을 펼쳤던 무왕은 본인이 뜻했던 바대로 제 말갈 부족들을 발해의 번국으로 삼아 외형 확장에 성공하였고, 당나라와의 대립을 확고히 하기 위해 거란과 친밀한 관계를 유지하였으며, 배신자에 대한 철저한 응징을 보임으로써 신생 발해국의 위상을 동아시아에 드높일 수 있었다.

그리고 대외 확장 이후의 안정된 국가 확립은 그 아들이 물려받아 완성을 이루게 된다.

　이해 8월 발해 조정에서는 당나라에 사신을 보내어 국왕의 부고를 알렸다. 그의 시호는 정복군주라는 이미지 그대로 '무왕(武王)'으로 정해졌다.

발해는 제국인가 왕국인가

이 질문에 답하기 전에 우선 해결해야 할 이슈가 한 가지 있다. 발해는 중국의 지방정권인가 아니면 독립국가인가를 먼저 짚고 넘어가자.

발해는 현재 중국학계에서 강력하게 주장하고 있는 것처럼 중국의 한 지방정권일까, 아니면 남북한 학계에서 공통적으로 믿어 의심치 않아 하듯이 독립국가였을까? 정확한 정의를 내리기는 힘들다. 한국사람이라면 분명 독립왕국이라고 생각할 것이고, 중국인이라면 당연히 중국의 속국이었다고 주장할 것이다. 최대한 객관적으로 정의를 해보려면 우리 스스로 편견을 걷어내고 제로 베이스에서 한번 살펴보는 수밖에는 없다.

우선 당대 기록을 살펴보면, 아무래도 중국 측 기록이 대다수여서 마치 발해를 중국의 지방정권처럼 묘사한 기록들이 눈에 많이 띈다. 하지만 과연 글자 그대로 해석하는 것이 마땅할까? 아니다. 한국은 미 제국의 속국이라는 주장이 예전 운동권 출신들로부터 나왔었는데, 외국의 군대가 주둔한다고 해서 혹은 경제적 영향력이 크다고 해서, 그리고 미국 정치권의 눈치를 많이 볼 수밖에 없는 '을'의 관계라는 점 등을 들어 그렇게 주장하는 것은 한 측면을 침소봉대한 것일 뿐 전혀 합리적이지 못하다.

당시 중국에 대해 조공체제에 속하지 않은 나라가 우선 없다. 실제 전쟁까지 벌인 독립국이었던 신라도 그랬고, 동아시아의 변방에 불과했던 일본이든 어느 곳이든 중국은 주변국을 모두 기본적으로 '속국' 취급하는 문화를 가지고 있었는데, 그렇게 함으로써 세상의 중심이라는 중화사상을 기반으로 제국 체제를 유지할 수 있었기 때문이었다.

최대한 공정한 평가를 하고자 한다면 우린 '발해인'의 관점에서 이 문제를 바라볼 필요가 있다. 그들은 '발해'를 어떻게 생각했을까?

당대에 독립국인지 여부를 보는 가장 큰 지표는 시호와 연호이다. 시호는 전 임금이 죽게 되면 후손이 그의 치적을 고려하여 붙이는 명칭이고, 연호는 지금의 기원전, 기원후처럼 연도에 이름을 붙이는 제도이다. 발해는 시호도 사용하였고 연호도 사용하였다.

조선에서 전 국왕에 대해 시호를 부여하자 당시 명나라에서 이의 제기를 하였던 사례나, 신라나 고려가 연호를 사용한 것에 대해 사대주의자들이 결사반대를 하였던 사례들이 이를 잘 말해준다. 시호나 연호는 그 기본 사상이 중국의 제국과 별개로 독자적인 세계관을 가진 제국을 위한 제도였던 것이다.

즉 발해는 외부적으로는 중화 중심적 세계관을 가진 당나라와 마찰 없이 외교를 추진하기 위해 비록 한발 물러서는 전략을 구사하였으나, 실제로 발해의 국왕을 당나라가 사후 추인하는 방식만 있었을 뿐 결코 내정에 간섭을 할 수 없도록 자율적으로 국정 운영을 하였던 독립적인 국가가 맞다.

발해는 신라와 더불어 당나라의 빈공과(賓貢科)라는 외국인 대상 시험에 응시해야 했던 나라였고, 독립국가였던 신라와 마찬가지로 당나라와 조공과 책봉이라는 전통적 방식의 세계관을 국가적 이익을 위해 어느 정도 수용하였을 따름이다. 발해가 일본에 대해서도 때에 따라서는 저자세를 보이는 경우도 있었는데 이는 실리를 위해 명분 정도는 잠시 접어둘 줄 알았던 유연한 태도를 보여주는 것일 뿐 결코 발해가 일본의 속국이었다는 점을 방증해주는 사례가 될 수 없다는 사실과 같은 것이다.

자, 그렇다면 이제 질문을 바꿔보자. 발해는 제국이었을까, 아니면 왕국이었을까?

'제국'에는 두 가지 정의가 존재한다. 하나는 전통적인 동양의 것으로, (왕국보다 상위 개념에서) 황제가 다스리는 나라(帝國)라는 뜻이다. 또 하나는 근대 서양의 관점인데, 보통은 제국주의의 정치/경제/문화/군사적 측면에서 팽창주의와 식민주의 등이 결합하여 대외정책으로서 제국(Empire)을 추구하였느냐는 것이다.

일반적으로 발해를 제국으로 볼지 왕국으로 볼지, 혹은 지방정권 내지 속국으로 볼지 판단할 때의 그 제국은 동양적 가치를 전제하지만, 여기서는 서양 기준에서의 제국적 측면도 같이 검토해보고자 한다.

(1) 발해는 황제국이었는가?

나의 판단은 사실 간단하다. 대내적으로는 그렇지만, 대외적으로는 그렇지 않다.

우선 대외적으로 왕으로 호칭한 사례가 많다. 일본으로 보낸 국서도 그렇고, 중국과 주고받은 글들에서도 모두 왕으로 부르고 있다. 이는 부정할 수 없는 사실로, 발해는 확실히 왕국으로서 대외관계를 이끌어간 점을 알 수 있다.

그러나 대내적으로는 다른 국가체제를 운영하였다. 국왕을 황상이라 부르고, 왕후가 아닌 황후로 호칭하였으며, 주변 민족들을 정벌하거나 속국화하여 사실상 왕 위의 왕, 즉 황제로 스스로를 자리매김하였기 때문이다.

여기에는 당연히 그럴 만한 이유가 있을 텐데, 가장 합리적 해석은 대외관계에서는 주변국들과의 원만한 외교 유지와 경제적 실리를 얻기 위해 나름 스스로를 낮추는 전략을 취하고, 대내에서는 왕실의 권력 유지와 권력의 공고화 그리고 국가 내 체제 안정을 위해 왕 중의 왕인 황제로 스스로를 높이는 정책을 추진하였다고 하는 것이다.

이는 광종 당시의 고려와 비교해볼 수 있는데, 그것은 대외적으로는 고려왕국으로 포지셔닝하였지만 대내적으로는 연호와 각종 명칭, 예를 들어 황도(皇都)나 태자(太子) 등 황제국에서 사용하는 용어들을 사용한 것에서 엿볼 수 있듯이 제국 체제로 이원화하여 운영한 사례이기 때문이다. 금석문에서도, 그의 아들인 경종 때의 '금상황제(今上皇帝)'라는 표현이나 현종과 관련된 현화사비의 '만승(萬乘)'의 위치, 즉 천자(天子)라는 뜻의 표현이 사용된 바 있어서 이를 직간접적으로 입증해준다.

조선 시대의 대표적인 실학자인 정약용도 발해의 역사를 보면서 "혹시 본국 안에서 아버지가 황제 칭호를 참칭해 스스로 연호를 세우고 그 아들을 왕으로 봉했던 것은 아닌지 모르겠다."라고 마찬가지 생각을 하기도 했었다.

게다가 관례로 왕위계승을 하기 전 왕태자가 '계루군왕'의 지위에 올라 있었던 사실이나 '허왕부(許王府)'라는 조직이 존재하였던 것 등을 보아도 왕 위의 왕이 곧 발해국왕이었다는 점을 알 수 있다. 왕 밑에 왕이 있었으니 그 윗 왕은 결국 황제였다는 말이다. 그리고 정혜공주, 정효공주의 묘지석이나 효의황후, 순목황후의 비석처럼 당시 자료들에서도 '황상'이나 '황후'라는 명칭을 쓴 것이 발견되어, 실제로 발해는 제국의 체제로 운영하였음을 말해준다.

또한 동양의 황제국 체제에서만 존재하는 태위(太尉), 사도(司徒), 사공(司空)의 3공이 발해에도 존재했다는 증거가 남아 있다. 당나라의 기록에 따르면 3공이란 "천자를 보좌하고 음양을 다스리며 나라를 평안히 하고 통괄"하는 존재였다. 이는 발해가 내부적으로 일반 왕국이 아닌 실질적인 제국 체제로 구성되어 있었음을 입증해준다. 고려 역시 왕국이면서도 3공을 도입하여 이원화된 제국 체제를 만드는데, 고려 초기에 발해 유민들의 참여가 많았으니 혹 발해의 사례를 벤치마킹하였던 것은 아니었을까.

명목상으로뿐만 아니라 운영시스템상으로도 실제 제국이 되기 위해서 발해는 건국 초기 다수의 말갈족들을 그 통치권하에 거느리고자 노력하였다. 이 정책에 반기를 들었던 흑수말갈과의 갈등을 무력을 동원해 진압하는 과정에서 당나라와의 트러블이 생기기도 하였다.

즉 대외적으로는 주변국들과의 관계에 부정적 영향을 끼칠 수가 있으니 단순히 '왕(王)'으로 칭하고 왕국이라는 인식을 심어주되, 대내적으로는 황제가 통치하는 제국 체제로 이원화하여 국가를 운영하였다.

(2) 발해는 패권주의 제국이었는가?

결론부터 말하자면, 일정 부분 그렇다. 당 제국으로부터 독립하여 국가로 자리매김하던 그 초기 시점부터 발해는 대외 확장정책을 펼쳤다. 무왕 때 독자 노선을 추구하던 흑수말갈에 대한 정벌을 추진하였던 것은 유명한 일화이고(비록 끝내 복속을 시키지 못한 것이 미래에 여진족 독립과 금나라 및 이후 청 제국의 개창까지 이어지게 되는 점은 역사의 아이러니이지만), 그 외에도 다른 여러 말갈족들을 통합하고 흡수하여 최종적으로는 '발해인'이라는 정체성을 만들어내는 데에까지 이른다. 이는 근대의 대영제국이 전세계적으로 세력을 뻗어나가면서 동시에 자신들의 정체성을 확장해나간 것과 일면 유사하다고 할 수 있겠다.

발해 멸망 이후 그 민족 구성은 하나로 통합된 '발해인'만 남을 뿐, 더 이상 고구려인이나 타 부족 말갈인의 명칭은 남지 않는다. 단순히 정복 및 착취의 대상으로서 대외팽창 정책을 추진한 것이 아니라, 상대적으로 짧은 기간 동안 하나의 공통된 정체성을 이끌어내기까지 한 점은 지금 봐서도 놀랍기 그지없다.

여담인데, 고구려 때도 사실 제국주의를 추구는 하였으나, 광개토태왕(廣開土太王) 당시 백제와 신라의 침공 이후 병합은 하지 않은 점이나, 멸망 당시까지도 말갈 부족들을 고구려인으로 받아들이는 데 제한적이었다는 점 등으로 보건대 민족적 융합 단계까지는 나아가지 못했거나 아니면 그럴 의도가 없었던 것은 아닐까 싶기도 하다. 나름의 이유가 있겠지만, 이 점에서는 발해의 민족 통합 정책이 좀 더 진일보하였다는 생각이 든다.

3. 제국의 안정

(1) 무(武)에서 문(文)으로

　문왕 대흠무는 대무예의 아들로, 국왕으로 즉위하자 대흥(大興)으로 연호를 고쳤다. 나라를 크게 흥하게 하겠다는 의지의 표명인 셈이었다. 치세 후반 즈음인 774년에 한 차례 연호를 더 바꾸었다가 다시 대흥으로 돌린 것이 눈에 띄는데, 자세한 이야기는 나중에 하도록 하자.

　738년 5월 당나라에서 내시 단수간(段守簡)을 보내와 문왕을 좌효위대장군 홀한주도독 발해군왕으로 책봉하였다. 이때의 당나라 황제의 조문 글이 남아 있다.

　　경의 돌아가신 아버지를 생각해보면 충성과 절의에 힘썼으며 더불어 친선하는 데에 잘못이 없었습니다. 이제 전왕의 죽음에 이르러 생각할수록 애도하는 마음이 실로 깊어집니다. 경은 적장자이니 마땅히 아버지의 지위를 이어 충성과 효도를 따르고 선인의 발자취를 계승해야 할 것입니다. 이에 사신을 보내 조문합니다.

책명은 이러했다.

　　군주는 안에 있으면서 바깥을 지켜야 하기 때문에 반드시 국경 밖에 군사를 두어 머나먼 변방을 안정시켜야 하오. 그대 고(故) 발해군왕의 적자(嫡子) 대흠무가 왕업을 이어받게 되었으니 일찍이 능력이 있다는 말을 들어왔소. 지난날 경의 아버지는 당나라에 신의를 보여주었고 이제 왕위가 경에게 이어졌으니 마땅히 그 지위를 감당해야 할 것이오. 어찌 적자라는 이유만으로 왕이 되는 것이겠소? 현명한 자를 선택한 것이라고 봐야 할 것이오. 경에 대한 좋은 평가도 있지만, 황제의 법도도 잘 따라주어야 할 것이오. 이에 그대를 발해군왕으로 인정하니 그대는 왕으로서의 맡은 바 역할에 최선을 기울여주기 바라오. 영원히 우군이 되어 오랫동안 믿음을 가지고 본 조정에 성심성의를 다해준다면 아름다운 풍속을 이어가는 것이 어찌 훌륭하다 하지 않을 수 있겠소.

문왕은 이를 기념하여 국내에 사면령을 내렸는데, 이는 추정이지만 그 대상에는 아마도 대문예를 지지했던 친당파들이 다수 포함되어 있었지 않았을까 싶다. 대당 외교에 중점을 둔 문왕의 통치 초기였던 만큼 그러한 유화적 태도를 보였을 것으로 짐작된다.

그리고 윤 8월에는 사신에게 담비가죽 1,000장과 말린 문어 100마리를 가지고 단수간을 따라 당나라에 가서 황제를 알현하도록 하였고, 현종은 추가로 문왕에게 좌금오위대장군을 수여하였다.

제3대 문왕 대흠무(?~793. 3. 4, 재위 737~793. 3. 4)
- 아버지 : 무왕 대무예
- 어머니 : (미상)
- 아내 : 효의황후
- 형제자매 : 형 대도리행(사망 728), 대의신(사신 726), 동생 대욱진(숙위 739~?)
- 자식 : 첫째 아들 대굉림(사망 774?), 둘째 딸 정혜공주(738~777), 셋째 아들(추정) 대영준(숙위 773?~774), 넷째 딸 정효공주(757~792), 다섯째 아들(동궁 즉 태자, 이름 미상), 대정한(숙위 791~?)

이때의 사신단은 같은 해 6월 당나라에 부탁하여 732년에 완성된 새 책인 『당례(唐禮)』 즉 『대당개원례(大唐開元禮)』 150권과 『삼국지』, 『진서(晉書)』, 『36국 춘추』 등 여러 서적들을 필사해갔는데, 아마도 중국의 여러 제도들과 역사를 배우기 위해서라는 명목으로, 거의 반당적 태도로 일관했던 무왕과 달리 문왕 정권의 발해는 정책 기조를 문(文)에 두고 친당적 자세를 보이겠다는 간접적 제스처였던 것은 아닐까. 과거 신라에서도 삼국통일을 위해 적극적으로 당나라의 제도와 문물을 받아들여 친당 정책을 펼쳤던 것을 떠올려 볼 수 있을 것 같다. 어쨌든 이렇게 배운 당나라의 제도를 능동적으로 받아들여 발해 고유의 형태로 발전시켜나간 것은 그들 나름대로의 생존전략이었다고 생각된다.

739년 2월에는 문왕의 동생 대욱진(大勖進)이 매를 선물로 가지고 당나라를 방문하여 내전에서 환영연을 받았고, 좌무위대장군(정3품)의 부여와 함께 자포, 금대, 비단 100필을 선물받은 후 당 조정에 숙위하였다. 같은 해 10월에는 신하 우복자(優福子, 혹은 수복자受福子)가 감사인사차 당나라를 방문하였다. 그도 과의(果毅)라는 관직을 받고 자포와 은대를 선물로 받은 다음 귀국하였다.

740년 10월 담비가죽과 다시마를 당나라에 선물로 가져갔고, 741년 2월에는 신하 실아리(失阿利)를 당에 보내 새해를 축하하였으며, 4월에도 사신이 가서 매를 선물하였다. 743년 7월에는 무왕 치세 때에도 당나라를 찾은 적이 있었던 무왕의 동생 대번이 당나라에 가서 좌령군위대장군(정3품)을 받고 숙위하였다.

그 이후에도 문왕은 부왕 시절 당나라와의 첨예했던 대립상황을 마치 기억에서 지우기라도 하듯이 온건한 태도로 당나라와의 외교관계를 원만히 가져가기 위해 만전을 기했다. 당 현종이 재위하였던 756년까지만 29회에 걸쳐 당나라와 왕래하였다고 하는데 이는 매년 사신을 보내었다는 셈이니, 무던히도 당나라와의 관계 개선에 공을 들였음을 알 수 있다.

당나라는 740년대부터 750년대까지 누차에 걸쳐 문왕을 특진(정 2품), 태자첨사(정3품), 태자빈객(정3품)으로 임명하였다. 이러한 직책들이 상징하는 바가 있는데, 바로 그 전까지 받았던 무관 직책들이 이 때부터는 문관으로 바뀌었다는 것이다. 이는 발해가 더 이상 '무(武)'를 앞세우는 국가가 아니라 '문(文)'에 점차 가까워지고 있음을 말해준다. 이렇게 앞세대인 무왕 시절 당나라와의 대결주의에 집중했던 정책에서 극적으로 과거 대문예 식의 화평주의로 발해의 국정기조가 전환된 것이다.

기록에 따르면 그의 통치 기간 중 당나라와의 외교를 위한 사신 파견이 평균적으로 거의 매년 이루어졌다고 할 만큼, 문왕은 대결을 우선으로 하는 '무(武)'가 아닌 평화를 중시하는 '문치(文治)'에 훨씬 많이 관심을 두었다. 이를 보면 대무예가 아니라 대문예의 가치관이 승리한 것으로 보아야 하는 건 아닌가 하는 생각이 들기도 한다.

하지만 문왕도 기본적으로 '무'를 통치의 수단으로 잘 활용하였다. 『책부원구(冊府元龜)』라는 책에 따르면 철리부는 740년, 월희부와 불열부는 741년을 끝으로 한동안 당나라와의 교류 기사가 없어진다. 이는 곧 이 당시를 끝으로 발해에 의해 1차 복속이 되었음을 의미하는 것인데, 바로 문왕의 치세 전반기에 해당한다. 다만 이때의 복속은 무왕과 마찬가지로 완전한 흡수합병이 아니라 독자적 외교권을 없애는 수준의 강화된 지배체제가 적용된 것으로 보인다. 예컨대 746년과 779년에 발해가 철리말갈인들을 대동하여 일본과 무역을 하는 모습이 포착되고 있고, 775년에는 당나라의 동북아 외교주체인 평로치청절도사의 관리지역에서 흑수말갈이 제외되는데 이 역시 말갈에 대한 발해의 상대적 우위를 공식적으로 인정한 것이었다. 또 790년대에는 발해 사신의 직책명에 발해압말갈사, 말갈도독, 우후루번장·도독(虞侯累蕃長都督) 등이 등장하는 것으로 보아 당시에 발해는 우루말갈 같은 말갈 부족들을 번(蕃)이라는 일종의 속국처럼 관리하고 있었음이 목격되기도 한다.

이와 같이 발해는 문왕 치세를 거치면서 말갈의 여러 부족들을 휘하에 거느리는 동북아의 제국(帝國)으로 자리매김하는 데 성공하였다. 다만 이들이 완전히 발해에 복속되는 것은 제10대 선왕 대인수를 기다려야 한다.

(2) 대(對) 일본 외교

제2차 발해 사신단

당나라뿐만 아니라 739년에는 일본에도 사신단을 파견하였다. 아버지 무왕 때의 첫 외교관계 개설에 이은 2차 방문이었다. 아직 일본은 이해에 39세가 된 제45대 쇼무 천황이 집권 중이었다.

739년 가을 7월 13일, 발해 사신 부사 운휘장군(雲麾將軍) 기진몽(己珎蒙) 등이 데와국(出羽國, 혼슈 동북방의 아키타)에 도착했다(그의 성인 기(己)는 한자를 판독하기에 따라서 이(已)씨로 보기도 한다).

제2차 발해 사신단 구성
- 기간 : 739년 7월 도착 (데와) → 헤이조쿄 방문 → 728년 6월 출발
- 총원 : ○명 (다른 배 1척에 탄 대사, 수령 등 40명은 도중에 익사)
- 대사 : 약홀주도독 충무장군 서요덕 (사망)
- 부사 : 운휘장군 기진몽 (대사 역할 대행)
- 수령 : 기알기몽 (사망)

겨울 10월 27일, 발해 사신단이 이보다 앞서 당나라에 사신으로 갔던 판관(判官) 외종5위하 헤구리노 히로나리(平郡廣成)와 함께 수도에 들어왔다. 이 당시 일본의 수도는 아직 헤이조쿄(平城京)였다.

11월 3일, 헤구리노 히로나리가 발해 사신들과 같이 귀국하게 된 사정을 설명하였다. 그는 원래 733년 대사 다지히노 히로나리(太治比廣成)를 수행하여 당나라에 갔다가 다음 해인 734년 10월에 임무를 마치고 귀국하기 위해 4척의 배를 타고 당나라 소주(蘇州, 상하이에서 가까운 장쑤성 쑤저우)에서 출발하여 바다를 항해하던 중 갑자기 강풍이 불어와 배들이 서로 길을 잃게 되었다. 히로나리의 배에 탔던 115명은 동남아시아(崑崙國)에 불시착하였다가 현지 병사들에게 붙잡히게 되었다. 배에 있던 사람들은 살해되거나 살기 위해 도망쳤고, 나머지 90여 명은 열병에 걸려 죽었다. 히로나리 등 네 명만 겨우 죽음을 면하고 곤륜왕을 만날 수 있었는데, 이때 겨우 약간의 식량을 지급받고 악조건 속에 머무르게 되었다.

735년에 당나라 흠주(欽州, 광둥성 친저우)의 관리가 그곳에 도착하였고, 이때 몰래 배를 타고 탈출하여 당나라로 돌아갈 수 있었다. 그곳에서 일본 유학생 아베노 나카마로(阿倍仲滿, 698~770)를 만나 그간의 사정을 설명하여 당나라 황제를 만날 수가 있었다. 당나라에서

발해로 가는 경로인 '발해로(渤海路)'를 통해 귀국할 것을 청하였더니 황제가 허락하였고 배와 양식을 주어 드디어 일본으로 출발하게 되었다. 여기에서 발해로라는 명칭은 중요한 기록이니 나중에 다시 한번 자세히 살펴보게 될 것이다.

738년 3월, 산동 반도 등주에서 바다로 나와 5월에 발해 경계에 다다를 수 있었다. 그 당시 마침 문왕 대흠무는 자신의 즉위 사실도 알릴 겸 해서 사신을 일본 정부에 파견하려고 하던 참이어서 함께 출발하게 되었다. 풍랑이 소용돌이치는 바다를 건너는데 도중에 발해의 배 한 척이 파도를 맞아 뒤집히는 바람에 대사 충무장군(忠武將軍) 서요덕(胥要德) 등 40명이 물에 빠져 죽고 나머지 사람들은 겨우 데와국에 도착할 수 있었다. 동해는 목숨을 걸고 넘어야 할 만큼 위험한 길이었다.

이때 등장한 아베노 나카마로는 역사에 이름이 알려진 인물인데, 717년에 스무 살의 나이로 당나라에 유학하여 과거에 급제하고 당 현종을 가까이서 모셨다. 그는 현종의 총애를 받기도 했고 당대의 유명한 시인 이태백과도 친한 사이였다. 그는 신라를 견제해서 일본 사신이 당나라에 왔을 때 신라 사신보다 낮은 자리에 앉는 것을 싫어하여 건의를 통해 순서를 바꾸는 등 일본의 권익을 위해 힘쓰기도 하였다. 그는 일본에 귀국하지 않고 죽을 때까지 당나라에 머물렀는데, 일본이 더 이상 신라의 신세를 지지 않고 또 굳이 한반도를 경유하지 않고 직접 당나라와 교류를 하였던 당시의 현실을 상징하는 존재이기도 하다.

어쨌든 12월 10일 드디어 발해 사신 기진몽 등이 일본 조정에 출석하였다. 문왕의 국서와 선물을 가져왔는데, 국서의 내용은 다음과 같았다.

대흠무가 말씀드립니다. 산천은 아득히 멀고 국토도 멀리 떨어져 있지만, 그저 우러러보는 마음만 커질 따름입니다. 천황의 넓은 아량 덕택에 세월이 흐를수록 백성들에게 널리 그 혜택이 미치게 됩니다.

대흠무는 선조의 대업을 계승하여, 나라를 다스림이 한결같고 아울러 의리와 정이 깊어지도록 매양 돈독한 관계를 유지하였으면 합니다.

지금 귀국의 사신들이 강풍에 길을 잃고 이곳까지 표류해왔는데, 수차례 후하게 대접하면서 돌아오는 봄에 귀국시키고자 하였었습니다. 그러나 사신들이 굳이 올해 꼭 돌아갔으면 한다고 청하는데 그 호소가 진실되고, 또 이웃나라와의 의리는 결코 가벼울 수 없는 것이어서 준비가 되는 대로 곧 출발할 수 있도록 했습니다.

더불어 약홀주도독(若忽州都督) 서요덕 등을 사신으로 임명하여 헤구리노 히로나리 등과 함께 일본으로 가도록 하였습니다. 그편에 호랑이 가죽과 곰가죽 각 7장, 표범가죽 6장, 인삼 30근, 꿀 3곡을 같이 보내오니, 부디 잘 받아주셨으면 합니다.

앞서 무왕 때의 첫 번째 사신단을 통해 일본은 왕국이 아니라 천황제의 국가라는 사실을 알고는 이번에는 그들의 표현대로 '천황'이라는 용어를 사용하였다.

인삼은 지금처럼 양식이 되지 않던 시절이니 곧 산삼을 의미하는 것이고, 30근이면 요새 기준으로는 대략 9kg 정도 될 것이다. 곡(斛)의 경우 용량을 재는 단위인데 시대에 따라 기준이 달라서 이때의 정확한 양을 알기는 어렵지만, 1곡이 10말(斗)이자 100승(升)이니 3곡을 오늘날 기준으로 환산해보면 6백 리터(ℓ) 정도 되었을 것 같다.

여기서 약홀주는 위치가 알려져 있지 않지만, 주(州)급임에도 도독이라는 고위직이 관장하였던 것을 보면 먼 지방이 아니라 수도와 관련된 중앙의 대형 주가 아니었을까 짐작된다. 그렇다면 당시 발해의 중심지를 홀한주라 하였으니 그 인근의 어느 한 주가 아니었을까. 어쨌거나 이름이 고구려 스타일인 것으로 보아 옛 고구려 영토 안에 있었던 지역으로 보인다. 참고로 후대의 발해 대사들 중에 주를 맡아서 다스리는 이들은 도독보다 아래인 자사들이 나타난다.

740년 봄 1월 1일, 천황이 대극전(大極殿)에서 신년축하 조회를 열었을 때 발해 사신과 함께 신라학어(學語)도 행렬에 참석했다. 여전히 일본은 아직 발해를 발해국(國)이 아닌 발해군(郡)으로 인식하고 있었다. 발해가 정식국가로 인정되는 것은 이보다 조금 더 나중의 일이다. 그런데 이때의 신라학어, 즉 일본어 통역을 배우기 위해 신라에서 온 학생의 존재는 조금 의외이다. 학생에 불과한 인물은 조정의 큰 행사에 참석할 만한 급은 아니었기 때문이다. 그 때문에 일부 학자들은 그가 발해 사신과 일본인의 통역을 맡기 위해 초청되었다고 보고, 그래서 발해어와 신라어가 소통이 가능했던 언어였던 것으로 이해하기도 한다.

1월 7일, 일본 조정은 기진몽 등에게 관위를 주었다. 그리고 조당(朝堂)에서 연회를 베풀고 문왕에게 미노(美濃)산 명주 30필, 비단 30필, 실 150구, 솜 300둔을 선물하고, 기진몽에게는 명주 20필, 비단 10필, 실 50구, 솜 200둔을 주었으며 나머지 사신들에게도 적절히 나누어주었다. 1월 13일, 외종5위하 오토모노 이누카이(大伴犬養)를 견발해대사(遣渤海大使)로 임명하였다.

1월 16일, 천황이 여러 관리 및 발해 사신들에게 조당에서 연회를 베풀었고, 또 1월 17일에 천황이 대극전 남문에 나아가 활쏘기 대회를 관람하는데 5위 이상의 관리들이 활쏘기를 마치자 발해 사신 기진몽 등에게 활을 쏘게 하였다.

1월 29일, 사신을 객관(客館)으로 보내어 안타깝게 죽음을 맞이한 발해 대사 서요덕에게 종2위를, 수령 기알기몽(己閼棄蒙)에게는 종5위하를 추증하였다. 기알기몽은 부사 기진몽과 성은 같은데도 관위가 없는 것으로 보아 하급 수령이었던 것 같다. 그리고 다음날 천황이 중궁(中宮) 합문(閤門)에 나왔는데 기진몽 등이 발해의 음악을 연주했다. 이에 비단솜(帛綿)을 선물로 주었다. 아마도 이때에 일본에 발해의 음악을 전수해주었던 것 같은데, 왜냐하면 일본에서는 사신단이 귀국한 이후에도 자체적으로 내부행사에서 발해의 음악을 연주했다는 기록이 있기 때문이다.

이틀 후인 2월 2일, 기진몽 등이 드디어 헤이조쿄를 떠났다. 그리고 두 달 후인 여름 4월 20일, 견발해사 오토모노 이누카이 등이 출발을 보고하였다. 견발해사는 이때 기진몽 등의 발해 사신들과 함께 일본 열도에서 출항했을 것이다. 그리고 이로부터 6개월 후인 겨울 10월 5일에 일본 견발해사 일행이 귀국하였다.

일본의 율령제

여기서 잠시 이후로도 계속 나오게 될 일본의 율령제(律令制)에 대해 한번 짚고 넘어가도록 하자. 형법을 뜻하는 율(律)과 제반의 제도에 관한 규정인 령(令)으로 이루어진 율령은 일종의 국가적 성문법 체계를 말하는데, 율령제는 곧 이를 기반으로 운영한 국가 체제 전반을 아우르는 표현이다. 관료기구부터 지방행정체계, 신분제까지 국가를 이루는 모든 것을 규정하는 것이 바로 율령제이다.

그중에서도 중앙의 관료기구는 대개 이를 2관8성(二官八省)이라고 부르는데, 당나라에서 발전된 3성6부(三省六部)를 벤치마킹하여 일본식으로 새롭게 만든 방식이었다. 제사를 담당하는 신기관과 국정을 총괄하는 태정관(太政官, 다이죠칸)이 2관을 구성하고, 그리고 태정관 아래에서 실질적인 행정을 책임지는 8성(省)이 존재하였다. 한눈에 보아도 태정관이 가장 권력의 핵심을 차지하고 있음을 알 수 있는 구조이다.

지방은 국(國)과 군(郡) 등으로 체계를 잡고, 기타 외교 등의 특수업무를 전담하는 다자이후(大宰府)와 같은 별도기관을 두었다.

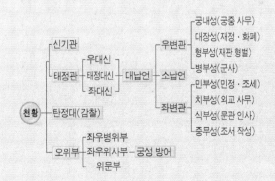

일본 율령제

굳이 외워둘 필요는 없으나, 종종 일본관리들의 관직명이 등장하였을 때에는 참고 삼아 같이 보면 이해에 도움이 될 것이다.

746년에는 발해인과 철리말갈 총 1,100여 명이 일본으로 찾아왔다. 일본 정부에서는 데와국에 우선 이들을 머물게 하고 옷과 양식을 주어 돌려보냈다. 정확한 사정은 알 수 없지만 33년 후인 779년도에 또다시 발해인과 철리말갈이 일본을 대규모로 방문하는 것으로 보아 공식사절단이라기보다는 무역을 목적으로 한 민간에서의 움직임이 아니었을까 생각된다. 이다음 발해 사신단이 전하는 문왕의 언급을 보면 이들의 방문은 공식적인 국가 차원의 것은 아니었음이 확실하다. 이때의 자세한 사정은 알려져 있지 않아 보다 구체적인 확인은 어려운 상황이다.

제3차 발해 사신단

시간은 또 흘러 752년, 이제 일본은 제46대 고켄(孝謙) 천황(718~770, 재위 749~758)의 치세로 접어들어 있었다. 그녀는 바로 직전인 쇼무 천황의 딸로, 일본 나라 시대의 마지막 여성 천황이다. 그녀 이후에 다시 여성 천황이 등장하려면 에도 시대까지 800여 년을 더 기다려야 한다. 그녀는 즉위 시에는 실권을 갖지 못해 후지와라노 나카마로(藤原仲麻呂, 706~764)에게 권력에서 밀려 후계자도 나카마로의 뜻에 따라 결정해야 했지만, 이후 상황이 된 그녀와 나카마로의 대립 와중에 나카마로가 반란을 일으켰을 때 이를 제압하는 데 성공하고 다시 한번 제48대 천황으로 등극하는 독특한 이력의 소유자이다.

이해 9월 24일, 제3차 발해 사신단을 이끌고 보국대장군(輔國大將軍) 모시몽(慕施蒙) 등이 에치고국(越後國)의 사토 섬(左渡嶋)에 도착하였다. 다음 달인 겨울 10월 7일에 정6위상 사카노우에노 로우히토(坂上忌寸老人) 등을 에치고에 보내어 발해 사신의 소식을 물었다.

제3차 발해 사신단 구성
- 기간 : 752년 9월 도착(에치고) → 헤이조쿄 방문 → 753년 6월 출발
- 총원 : 75명
- 대사 : 보국대장군 모시몽
- 부사 이하 : ○명

에치고 위키피디아

753년 5월 25일, 모시몽 등이 조정에 들어와 선물을 바치면서 문

왕의 인사말을 전하였다.

발해왕은 일본을 통치하는 성스러운 천황께 말씀드립니다. 사신을 파견한 지 벌써 10여 년이 흘렀습니다. 이에 모시몽 등 75인에게 선물을 가지고 찾아뵙도록 하였습니다.

이틀 후인 27일에 모시몽 등에게 조당에서 연회를 베풀어 그들에게 각각 관위(官位)와 상여품을 주었다. 그리고 6월 8일, 모시몽 등이 귀국하였다. 이들 편에 일본은 다음과 같이 국서를 전송하였다.

천황은 발해국왕에게 인사드립니다. 저는 부족함에도 천명을 받들어 백성을 거느리고 세상을 다스리고 있습니다. 국왕께서는 바다 멀리에 계시면서도 여기까지 사신을 보내오시니 정성스러운 마음이 지극하여 매우 감사히 여깁니다.

그런데 **보내주신 글을 살펴보니 신하로 지칭하지 않았습니다.** 그래서 고구려의 옛 기록(高麗舊記)을 찾아보면 나라가 안정되었을 때의 글에는 '족속으로는 형제이고 의리로는 군신(君臣)'이라고 하며, 혹 지원병을 청하거나 천황 등극을 축하할 때에는 예절을 갖추어 정성을 다해왔음을 확인하였습니다. 그래서 우리 선조(先朝)에서도 그 곧은 절개를 높이 평가하여 특별히 대우해왔던 것입니다. 생각하면 알 수 있는 것들이니 굳이 다 말로 할 필요가 있겠습니까? 이런 까닭에 앞서 사신이 돌아갈 때 이미 국서를 보내었는데 어찌 올해는 국서 없이 보낸 것인지요? 예의를 갖추어야 함은 어디든 차이가 없을 테니 국왕께서는 깊이 생각하시기 바랍니다. 늦여름이 매우 무더우니 병환 조심하시기 바라며, 사신이 지금 돌아가기에 제 뜻을 전하였으며, 아울러 별도로 선물을 보냅니다.

이 당시 모시몽은 국서 대신 구두로만 발해왕의 뜻을 전한 것이 었는데 이에 대해 회신한 내용이었다. 어쨌거나 일본에서는 발해를 고구려의 후예로 인식하고 있었기 때문에 과거 고구려가 일본에 하였던 외교절차를 그대로 따를 것을 요구한다는 뜻이었는데, 한 마디로 일본은 위에 있고 발해는 아래에 있다는 위계질서를 확립하고자 하는 그런 의도였다. '고려구기(高麗舊記)', 즉 고구려의 옛 기록이 무엇을 의미하는지는 알 수 없지만, 당시에 이미 편찬된 『일본서기』 등의 책을 보면 고구려가 일본의 아래에 있는 것처럼 기술되어 있는데, 이와 같은 자료를 보고 당시 일본은 발해도 고구려의 선례를 따를 것을 요구한 것이었다. 물론 발해로서는 굳이 무조건적으로 일본에 복종할 까닭은 없었다.

당장은 이렇게 에둘러 넘어는 갔지만, 이후에도 이 일은 지속적으로 양국 간 외교 마찰의 사유가 된다.

(3) 안록산 전쟁

741년 8월 **안록산(安祿山)**이 영주자사로 발탁되어 평로군사와 거란, 해, 발해, 흑수를 아우르는 경략사에 동시에 임명되었다. 중국의 동북방 지역에 드디어 역사에 한 획을 그은 안록산이란 영걸이 등장한 것이다. 동양의 클레오파트라라 불리는 양귀비와 당 현종의 로맨스는 워낙에 유명한데, 여기에 안록산까지 끼면서 로맨스는 비극으로 끝나게 된다.

그의 등장은 다이내믹했다. 중국식으로 발음하면 '안루샨(An Lushan)'이 되는 그는 일설에 따르면 마케도니아의 알렉산드로스 대왕(Alexander the Great, B.C.356~B.C.323)의 이름을 따서 지어진 이름이라는 이야기가 있을 정도로 자신감 넘치는 야심가였다. 이란계 소그드인 아버지와 돌궐족 어머니 사이에서 태어난 그는 국제적인 환경에서 자라난 덕분이기도 하겠지만 6개 국어를 능수능란하게 할 정도로 비상한 두뇌를 타고났다.

안록산은 발해의 역사가 시작된 곳이기도 한 영주를 기반으로 이곳에서 출세에 대한 야망을 키워나갔다. 수차례 목숨을 잃을 뻔한 위기를 겪으면서 처세에 눈을 뜨고 특유의 넉살과 유머로 점차 당나라 조정에 자신의 존재감을 드러내기 시작했다. 평로병마사, 유주절도사 등을 거쳐 나중에는 현종에게까지 총애를 얻었는데, 안록산의 튀어나온 배를 보고 현종이 그 안에 무엇이 들어있냐고 물어보자 "폐하를 향한 충성심이 들어있습니다."라고 재치있게 대답했다는 것은 유명한 일화이다. 더 나아가 현종의 총애를 받는 양귀비의 양자까지 되는 파격적인 행보를 보인 그는 결국 출세해서 평로절도사에 범양절도사, 그리고 하동절도사까지 겸하게 되었다. 이 세 진의 병력이 약 18만여 명으로, 당시 당나라 전체 병력이 60만에 조금 못 미치던 상황이었으니 대략 1/3에 해당하는 규모였다고 한다. 그는 이곳들을 군사적 기반으로 삼아 당나라에 반란을 일으켰다.

원래는 반란까지는 생각지 않았을 수도 있지만, 한편으로는 오랫동안 거병을 준비해왔다는 설도 있다. 이 무렵에 양귀비의 사촌 오빠 양국충이 정권을 잡고 지방 절도사들의 권한을 대폭 축소하는 작업을 시작하자, 이에 위기를 느낀 안록산이 오히려 선수를 쳐서 본인의 군사력을 믿고 한번 인생의 도박을 건 것이었다. 이때가 755년 11월 9일이었다. 그는 간신 양국충을 토벌한다는 것을 명분으로 삼아 15만에서 20만 명에 달하는 대군을 이끌고 빠른 속도로 진격했다. 이 전쟁의 시작을 『자치통감』에서는 이처럼 묘사하였다.

> 안록산은 마차에 몸을 싣고 그 앞뒤로 정예 보병과 기병이 따르도록 명했다. 끝이 보이지 않을 정도로 모래 먼지는 사방에 자욱이 일어났고 북소리는 온 세상에 울려퍼졌다.

안록산 전쟁은 그 자체로도 매우 흥미진진하지만, 여기서는 아쉽더라도 발해와 관련된 내용만 다루도록 하겠다. 요약하자면 안록산의 갑작스러운 공격에 당나라는 제정신을 못 차리고 잘못된 판단을 수차례 하면서 그를 막을 수 있었던 명장들을 잃은 것은 물론 제2의 수도인 낙양 및 수도 장안으로 가는 마지막 요충지 동관까지 빼앗기고 말았다. 결국 당 현종은 저 혼자 살기 위해서라도 촉 지역으로 경황없이 급하게 피난을 떠나야 했고, 후에 숙종으로 불리게 되는 아들이 황위에 올라 현종을 상황으로 물러나게 했던 그 시점이 756년 7월이었다.

이 무렵 평로유후사, 즉 임시 평로절도사 서귀도(徐歸道)가 장원간(張元澗)을 발해에 보내 다음과 같은 메시지를 전해왔다.

> 올해 10월 안록산을 칠 것이니 발해왕은 군사 4만 명을 지원하여 역적을 평정하는 것을 돕도록 하시오.

문왕은 서귀도의 낌새가 이상함을 느끼고 장원간을 억류시켰다.

사실 서귀도는 안록산의 심복으로서 안록산이 중원으로 공격을 떠나고 남은 지역에 평로절도사로 임명되었던 인물로, 당연히 서귀도가 안록산을 친다는 이 내용 자체가 거짓말이었다. 문왕은 다른 루트를 통해 현재의 중국 내부의 정확한 정세를 파악하고 있었던 셈이다.

756년 12월, 서귀도가 과연 유정신(劉正臣)을 북평(북경 서남쪽)에서 독살하고, 몰래 안록산 및 유주절도사 사사명(史急明)과 함께 당나라를 공격하고자 공모하였다. 안동도호 왕현지(王玄志)가 그 공모를 알고 정예병사 6천여 명을 거느리고 평로절도사가 있던 유성을 함락시켜 서귀도를 참수하는 데 성공하였다. 그리고 스스로 평로절도사를 칭하며 북평에 주둔하였다.

그리고 757년 1월, 마침내 안록산은 아들 안경서(安卿緒)에 의해 암살당했고 그가 일으킨 전쟁은 예상 밖의 국면으로 흘러갔다. 우선 당장 안록산의 중요한 파트너였던 사사명이 안경서와 별도로 독자 행동에 나섰고, 무능력한 당 현종을 대신해 전면에 나선 숙종이 자신의 브랜드에 걸맞게 국민적 지지를 받으면서 점차 반란 세력을 압도하기 시작했다. 때마침 숙종에게 위구르의 원병이 합세하면서 결정적인 반전을 기할 수가 있었다. 그들은 이해 9월 그간 빼앗겼던 수도 장안을 탈환하는 데 성공하였다. 연이어 10월에는 절망한 안경서가 낙양을 포기함으로써 손쉽게 낙양을 수복할 수 있었다.

그러던 중 758년 4월, 이번에는 평로절도사 왕현지가 장군 왕진의(王進義)를 발해에 보내왔다.

황제(현종의 아들 숙종)께서는 이미 서경(당나라 수도 장안)으로 돌아오셨고, 피신해 있던 태상황(즉 현종)을 족에서 맞이하여 별궁에 거처하시게 하였으며, 적의 무리를 소탕하게 함에 따라 저를 보내어 아뢰게 하였습니다.

그러나 문왕은 이 말 역시 믿지 못하여 왕진의를 머무르게 하고, 따로 사신을 보내서 자세히 알아보도록 하였다. 이처럼 발해는 당나라와 반란군 사이에서 어느 쪽에도 가담하지 않은 채 철저히 중립외교를 지켰다.

이제 안록산 전쟁은 종막을 향해 가고 있는 듯했다. 하지만 전황은 아직 그렇게 쉽게 끝날 분위기가 아니었다. 758년 6월, 잠시 당나라에 귀부하였던 사사명이 재차 반기를 들고 위기에 빠져 있던 안경서를 구하였고, 759년 3월에 안경서마저 제거하고 스스로 황제의 자리에 올랐다. 꺼져가던 반란의 불꽃은 사사명에 의해 다시 타오르기 시작했다. 그가 760년 윤 3월 낙양을 점령함으로써 당나라의 장안과 마주 보고 대립하는 형국이 연출되었다.

그러나 운명은 아직 당나라의 편이었다. 761년 3월 사사명 역시 안록산과 마찬가지로 자신의 아들에게 살해당하면서 정국은 다시 한번 반전을 맞았다. 그의 뒤를 이은 사조의(史朝義)는 그래도 부하들의 신망을 얻고 있어 762년 9월까지는 낙양에서 버틸 수는 있었지만, 이후 전세가 밀려 범양으로 도피하였다가 763년 1월 결국 죽음에 이르고 말았다.

그렇게 안록산과 사사명 두 집안을 통해 연쇄적으로 일어난 '안록산 전쟁'은 거의 8년 만에 결국 이처럼 허무하게 종결되고 말았다. 하지만 이 전쟁은 부수적으로 발해에게는 큰 기회를 안겨주었다. 문왕의 중립외교가 빛을 발한 것이었다. 정확히는 반란군에 가담하지 않고 당나라 조정에 사신을 파견하여 정황을 알아보려고 했던 노력이 마치 친당적 노선으로 인식되었던 덕이 컸다.

762년 당나라에서 내상시(内常侍) 한조채(韓朝彩)를 파견하여 발해를 발해군(郡)에서 발해국(國)으로 공식 인정하였다. 이에 따라 문왕을 발해국왕으로 올렸고, 더불어 검교태위(정1품)를 제수하였다.

이제 와서 당나라가 발해를 공식 독립국가로 인정하는 제스처를 보인 까닭은 단순하다. 안록산이 불러온 국내 지방행정체계는 물론 중앙집중적 외교관계가 사실상 붕괴함에 따라 갖은 방식으로 당나라와 황제를 중심으로 하는 질서를 재확립하고자 노력할 수밖에 없었고, 이를 위해 외연에 존재하던 발해에게도 유화정책을 통해 정식국가로 인정해줌으로써 당나라의 패권적 질서 내에 어떻게든 남겨두고자 하는 의도였다. 더욱이 전쟁 기간 내내 발해가 안록산이나 사사명의 편을 들어 반당 행위를 하지 않은 것도 긍정적 요인이었을 것이다. 비록 적극적으로 반군의 뒤를 공격하지 않은 것은 밉보일 일이었겠지만 말이다.

여담이지만 이때 한조채는 일본의 학문승 가이유(戒融)와 함께 발해에 왔었는데, 이후 가이유가 일본으로 출발한 사실을 알지 못한 상태로 그는 신라로 떠났다. 경로를 살펴보자면, 상경을 떠나 서경을 거쳐 압록강 하구에서 배로 이동하여 서해안을 따라내려가 당은진(唐恩津, 지금의 경기도 화성시 서쪽)에서 내륙으로 이동 후 764년 봄 신라의 수도에 다다랐던 것으로 보이는데, 이 길은 곧 당나라 재상 가탐이 기록했던 서해를 통해 당나라와 신라가 교류하였던 바로 그 경로이다. 그는 도착 후 신라 정부에 부탁해 가이유의 행방을 알아보았다. 이를 통해 가이유가 763년 10월에 일본으로 귀국하였음을 알게 된다. 이를 보면 서해안을 따라서도 발해와 신라의 교통로가 있었던 것 같지만, 추가적인 정보는 아쉽지만 나와 있지 않다.

어쨌거나 발해 측도 당나라를 중심으로 하는 국제질서를 굳이 깨뜨릴 생각은 없었다. 아마도 문왕이 아니라 무왕 때 안록산의 난이 발발했다면 상황은 분명 달랐을 것이다. 하지만 문왕은 국제질서의 수용을 통한 발해의 평화를 최우선으로 생각했다. 평화 속의 번영을 위해 발해는 당나라와의 외교관계 복원에 동참했다.

발해는 767년부터 775년까지 한 해 걸러 혹은 한 해에 두세 번씩도 사신을 당나라로 보냈다고 한다. 이 기간에만 20여 차례 사신 교류가 있었으니, 안록산 전쟁이 끝나고 그 이전의 적극적 외교관계로 돌아간 셈이다.

이제부터는 발해의 국내 상황을 들여다보자.

(4) 상경성의 시대

문왕은 755년경 수도를 당초 고왕 대조영이 동모산(오늘날 지린성 둔화시 인근)에 웅거했던 초기 도읍인 구국(舊國)에서 300리, 즉 170km 가량 떨어진 홀한하의 동쪽에 있는 상경(오늘날 헤이룽장성 닝안시 발해진)으로 옮겼다. 앞서 구국에서 중경(오늘날 지린성 허룽시 서고성으로 추정)으로 한 차례 옮긴 바 있는데 그 시기는 명확지 않으나 중경이 문왕의 치세에 접어든 740년대에는 이미 수도로서 기능하고 있었으니 문왕의 즉위를 전후한 시점에 천도가 이루어졌던 것으로 보인다. 그렇다면 중경은 아버지 무왕 때에 이미 준비되고 있었음을 알 수 있다.

그다음으로는 780년대 후반 즈음에 상경에서 동경(오늘날 지린 성 훈춘 시 팔련 성으로 추정)으로 한 차례 옮겼다가 10년도 채 지나지 않아 다시 794년경에 상경으로 돌아오는 것을 끝으로, 상경성은 발해와 거의 그 역사를 같이하면서 발해가 극적으로 멸망할 때 마지막 수도가 된다. 이처럼 그가 집권하던 당시에 대략 5경이 완성된 것으로 보인다.

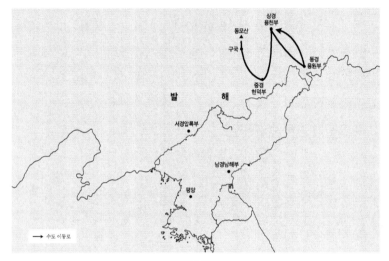

발해의 천도

다만 서경(西京)과 남경(南京)은 발해의 정식 수도가 된 적이 없었다. 왜 그럴까? 짐작건대 고구려 멸망 당시 수없이 반복되는 당나라와의 전쟁으로 인해 국경지방인 요동 지역과 수도권인 평양 일대가 말 그대로 황폐화하면서 물리적 재건이 어려운 지경에 처했고, 발해 건국 이후에도 그때의 피해에 대한 잔재가 남아 있던 상황이었기에 당나라와 상대적으로 가까운 위치에 수도를 두고자 하는 생각을 하지 않게 되었던 것은 아니었을까? 구국의 위치도 그렇고,

상경과 중경, 동경과 같이 국경과 멀리 떨어진 지역에만 수도를 이전하였던 것은 그러한 현실적이면서 동시에 정서적인 배경이 있었던 것으로 여겨진다.

참고로 5경 체제에 대해서는 몇 가지 이론들이 있는데, 대개 중국학자들은 발해의 5경이 당나라의 체제를 모방한 것으로 여기고 있지만, 그보다 이전에 고구려에서 5부 체제로 운영한 바 있어서 당나라보다는 고구려를 전례로 삼았을 가능성이 더 커 보인다. 그외에도 고대 한반도에서는 백제의 5방, 신라의 5소경 등 숫자 5를 기반으로 한 체제가 좀 더 보편적이었음을 같이 말해둔다.

문왕은 중앙행정체계도 당나라의 3성6부제를 참고하여 정비하였다. 759년 중대성, 762년 정당성, 776년 사빈시 등의 존재가 발견되는데, 이는 문왕 당시에 이러한 중앙행정기구들이 자리를 잡았음을 말해준다. 더불어 문왕은 지방행정체계도 손을 보았다. 상경에 머무르던 당시로 추측해볼 수 있는데, 759년 현도주가 등장하는 것을 마지막으로 언제부터인가 주(州)의 이름들이 당나라식의 한 글자 명칭으로 변경된다. 777년 남해부(南海府)라는 5경 15부 62주 체제에서의 확정 명칭이 등장하는 것을 보면 그보다는 이전에 지방행정체계는 전반적으로 자리를 잡았을 것으로 보인다. 시점을 정확히 말할 수는 없지만 759년과 777년 사이의 언젠가일 테니, 대략 문왕이 발해군왕에서 정식으로 국왕이 된 762년 무렵이 아닐까 여겨진다. 참고로 신라는 이보다 조금 더 앞서서 757년 12월에 기존 주(州)의 명칭들을 두 글자에서 당나라식의 한 글자로 바꾸었다.

특이한 점은 수령의 존재인데, 당초 수령은 지역유지의 우두머리를 지칭하는 용어이지만 발해 초기 아직 국가의 체계가 제대로 정리되어 있지 않던 시절에는 이들이 관리나 사신의 역할까지 동시에 수행하는 등 다양한 활동들을 보였지만, 시간이 점차 지나면서 중앙의 관직들과 이격이 되고 사회적으로 중하급에 위치하는 경향이 엿보인다. 이는 고려 시대 때를 예로 들자면 지방호족들이 차츰 행정 체계의 완비와 동시에 지역의 호장들로 격이 낮춰지게 되는 것과 마찬가지의 사례가 아닐까 한다. 발해에서도 후대에는 대수령과 수령으로 계층이 구분되기도 하는데, 일반적인 수령은 소규모 지방관인 현승이나 심지어 일개 관리보다 낮은 대우를 받게 되는 모습도 발견된다. 이때쯤 되면 수령은 사실상 교역의 실무자 정도로 포지셔닝이 된다. 중앙집권적 행정 체계로 정비가 되면서 발생하는 자연적인 현상이었을 것이다.

다시 상경성으로 관심을 돌려보자면, 755년경부터 785년 무렵까지 최소 30년과 794년부터 발해가 멸망하는 926년까지의 132년을 합치면 총 162년 이상이고, 이는 발해의 역사에서 70%가 넘는 기간에 해당한다. 그만큼 상경성은 발해 역사에서 정치, 경제, 문화 그 모든 것의 중심지였다.

학자들에 따라서는 상경성이 시대에 따라 단계별로 조성되었다고 보기도 하는데, 전체적인 구조상 처음부터 지금의 형태를 상정하고 설계하고 건설되었지 않았을까 싶다. 발해 상경성이 조성된 시기는 처음 천도를 하였던 755년보다 이전일 테고, 이보다 앞선 사례로는 당나라의 수도인 장안성(長安城)이 654년에 완공된 바 있어 이를 모델로 하였음이 거의 분명하다. 비슷한 사례로는 발해 상경성보다 좀 더 늦은 794년에 일본이 오늘날 교토의 헤이안쿄(平安京)로 수도를 이전한 것이 있다.

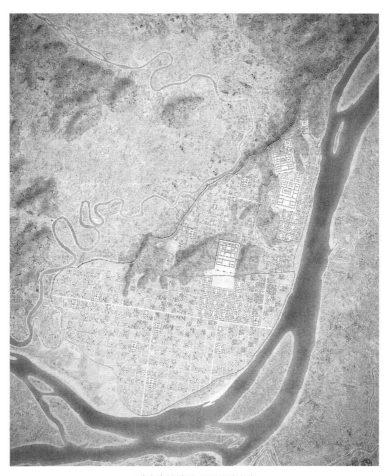

평양성(복원도) 동북아역사넷

　이들은 모두 장안성과 비슷한 구조를 하고 있다는 것이 유사점이다. 크게 정방형에 가까운 외곽을 가지고 있고, 북쪽에 궁성이 조성되고 있으며, 가운데를 세로로 크게 대로가 나누고 있다는 점이 그것이다. 당시에는 당나라가 사실상의 국제 표준의 역할을 하고 있었기 때문에 이를 벤치마킹한 것은 지극히 당연한 일이었다.

발해 이전 고구려의 도성 하면 주로 당시에는 당나라처럼 장안성이라고 불렸던 평양성을 떠올리는데, 현재의 평양성으로 이전한 것은 정확히는 586년이고 그 전에는 427년부터 안학궁에 거처하였었다.

　안학궁의 경우 둘레 2.5㎞ 정도로 그리 크지 않은데, 왜냐하면 궁성만 존재할 뿐 민가 지역까지 둘러싸는 외곽의 성이 없기 때문이다. 평양성은 이에 반해 둘레 약 23㎞로 훨씬 대규모이다. 그렇지만 형태만 보더라도 평양성은 지형을 그대로 활용하여 축성했지만 발해 상경성은 네모 반듯한 모양을 하고 있어 외관상의 연관성을 찾기는 힘들다. 오히려 평양성은 조금 더 뒤인 고려의 개경 쪽과 더 닮아 있어 보인다.

　어쨌든 다른 국가의 도성들과도 크기를 비교해보자면, 당나라 장안성은 동서 9.5㎞, 남북 8.5㎞, 즉 총 둘레 36㎞로 가장 크며, 다음으로 일본 헤이안쿄의 경우 동서 4.5㎞, 남북 5.3㎞로 총 둘레가 거의 20㎞에 달한다. 발해 상경성은 완전히 네모 반듯하진 않지만 대략 동서 4.6㎞, 남북 3.4㎞로 총 둘레가 16.3㎞이고, 면적은 15.6㎢에 이른다. 여담이지만, 고려 시대로 넘어가게 되면 개경을 둘러싼 나성의 총 둘레가 약 23㎞가 되어 상경성을 뛰어넘는 규모를 보이게 된다.

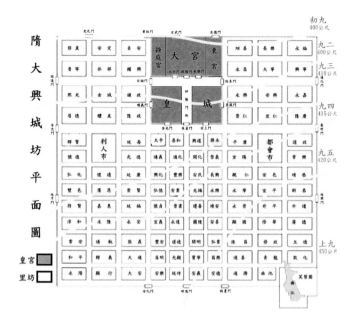

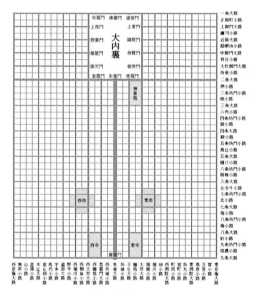

장안성 평면도 위키피디아

헤이안쿄 시가지 위키피디아

우리는 쉽게 이 도성의 이름을 상경성이라고 부르고 있지만, 사실 당시의 호칭은 상경성이 아니라 '홀한성(忽汗城)'이었다. 처음 발해가 건국할 당시에도 발해의 영토를 홀한이라고 불렀는데, 이는 아마도 발해인의 언어로 자신들의 땅을 부르는 호칭이었을 것이다. 발해가 멸망하던 당시 거란군이 침공하였을 때 마지막으로 공격하여 국왕 대인선의 항복을 받아낸 성이 바로 홀한성이었다. 이는 수도를 이전하더라도 성의 명칭은 그대로 가져가서 붙였던 것이 아니었겠는가 하는 짐작을 하게 해준다.

(5) 이정기 가문과의 제휴

앞서의 '안록산 전쟁'의 여파는 컸다. 난이 진정된 이후에도 당나라는 제국의 재건을 위한 본질적인 체질 개선에 나설 수 있는 상황이 못되었다. 그리고 항상 이런 혼란 속에서는 누군가 성공의 기회가 있기 마련인데, 그 기회를 잡은 이 중에 한 명이 바로 고구려인 이정기(李正己)였다.

그는 고구려 유민 출신으로 733년 평로(平盧, 지금의 랴오닝성 차오양시 일대) 지역에서 태어났다. 758년에 평로절도사 왕현지가 죽자 그는 동료 군인들과 함께 후희일(侯希逸)을 군대의 우두머리로 추대하여 평로절도사가 될 수 있도록 적극적으로 도왔다. 후희일의 어머니가 이정기의 고모였으니 이 둘은 같은 집안 출신으로 볼 수도 있지만, 부계 쪽으로 후희일은 한족이었다.

이들은 안록산의 바로 배후에 있었던 데다가 당나라 본토와 단절된 상황이어서 독자적인 힘으로 공격을 버텨내야 했는데, 해(奚)

족의 군대가 영주 지방을 휩쓸자 어쩔 수 없이 평로 지역을 포기할 수밖에 없었다. 결국 761년 이정기는 후희일 및 2만 명의 군사들과 함께 발해 바다를 건너 산동 반도의 등주에 상륙하여 치주와 청주 일대를 장악하였다. 이미 지방에 대한 통제력을 상실한 당나라 조정에서는 762년 사후 승인의 형태로 후희일에게 청밀절도사도 부여하고 치기절도 및 그 관할하의 5주를 폐지하고 치청평로절도로 통합하였다. 이때 이정기는 절충장군이 되었으며, 얼마 후 사사명의 아들인 사조의를 토벌하는 데에도 공을 세워 정주(鄭州)까지 세력권을 넓히는 데 성공하였다. 그는 매우 용맹하고 힘이 셌는데, 한번은 다른 절도사들도 함부로 하지 못하던 위구르인과 힘을 겨룰 때 상대방이 기가 눌려 오줌을 흘렸다는 이야기가 있을 정도였다.

765년에는 후희일에게 치청평로절도에 더하여 압신라발해양번사를 겸임하게 하였다. 원래 후희일은 이정기의 고종사촌 관계여서 이정기를 병마사로 삼았었는데, 그가 후희일보다 군중들의 인심을 더 많이 얻자 이를 시기해서 그를 병마사에서 해임하였다. 이를 본 군인들은 이정기의 해임이 부당하다고 주장하며 들고일어났고 후희일은 놀라 달아날 수밖에 없었다. 이에 이정기가 새로운 우두머리로 추대되었다. 이어 조정에서는 그를 후희일의 후임 절도사로 인정하고 평로치청절도관찰사 해운압신라발해양번사 검교공부상서 어사대부 청주자사로 임명하였다. 이때부터 이정기는 본명인 이희옥(李懷玉) 대신 이정기라는 이름을 사용하게 된다.

775년 2월에는 추가로 검교상서 우복야 요양군왕까지 명칭이 주어졌다. 그리고 776년 10월, 검교사공 동중서문하평장사까지 내려졌다. 778년에는 이정기가 당나라 황족으로 편입되기를 청하자 조정에서 받아들였다. 정사를 처리하는 데 있어 매우 엄격하게 집행하여 그가 있는 곳에서는 아무도 감히 그를 바라보고 말을 하지 못할 정도였다고 한다.

후희일을 축출했을 당시 이미 산동 반도에 위치한 치주, 청주, 제주, 해주, 등주, 내주, 기주, 밀주, 덕주, 체주 10부를 차지하고 있었고, 전승사, 영호창, 설숭, 이보신, 양숭의 등 주변 지역의 번진들과 결탁하여 꾸준히 힘을 길렀다. 이후에 설숭이 죽고 이영요가 반란을 일으키자 여러 절도사들과 함께 공격하여 얻은 땅을 서로 분배했는데, 777년 이때 이정기는 조주, 복주, 서주, 연주, 운주 5주를 더 얻어 도합 15개 주를 거느렸다. 산동 반도를 넘어서는 방대한 영토를 다스리게 된 것이다.

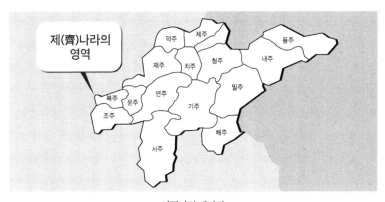

이정기의 제나라

안으로 그 지역을 똑같이 대우하였고, 그 시장에서는 발해의 명마를 사고파는 것이 끊임없이 해마다 이어졌다. 시장이란 등주에 있던 등주도독부 성의 시장일 것이고, 발해 측에서 보내는 교관선을 통해 수송된 물품들이 발해관을 통해 공급되었을 것으로 보인다. 그리고 발해는 솔빈부의 말이 유명했으니 이 명마는 곧 솔빈의 말들이었을 것이다. 법령을 잘 만들고 세금 부과를 줄여주니 다른 번진들과 비교해서 가장 강성하다고 평가받았다. 또 다른 지역의 절도사였던 전승사를 공격한 일이 있는데 그 위세가 주위의 경쟁자들을 제압할 정도였다고 한다. 그에게는 검교사공 좌복야 어사대부에 평장사 태자태보 사도의 벼슬이 더해졌다.

이해에 청주에서 더 서쪽 즉 당나라의 수도에 좀 더 가까운 곳인 운주로 치소를 옮기고, 아들 **이납**(李納)에게는 청주와 그 일대를 사촌형 이유(李洧)에게는 서주를 맡기는 등 심복 장수들에게도 나머지 땅을 나누어 다스리게 하였다.

이처럼 이정기의 세력이 계속 확장일로를 걷자 당나라 조정에서도 위기감을 느끼지 않을 수가 없었다. 치밀하게 세력을 쌓고 있는 이정기의 야심이 사실은 당나라 조정을 향해 있는 것을 깨달은 것이었다. 780년 당나라는 이정기의 근거지인 운주와 가까운 지역인 변주에 성을 쌓기 시작했는데, 이는 곧 이정기에 대한 견제 수단임을 누구나 다 알 수 있었다. 이에 이정기는 다른 군벌들과 연합해서 맞섰는데, 특히 전격적으로 남북을 잇는 대운하를 장악해 수도로의 물자 수송을 차단해버리는 초유의 일까지 벌였다. 이 때문에 당나라 수도로의 물자 공급에 차질이 빚어지자 물가는 치솟고 경제공황이 당나라를 덮쳤다. 사실상 당나라의 목줄기를 움켜쥔 셈이었다.

하지만 이정기의 운도 여기까지였다. 781년 8월 그는 한창때인 49세의 나이에 등창, 즉 악성 종기로 죽고 말았다. 역사에 가정은 없다지만 아마도 그가 조금만 더 장수하였다면 중국의 역사는 뒤바뀌었을지도 모를 일이다.

어쨌든 그다음 아들 이납이 아버지의 유산을 물려받았다. 그는 정식으로 제(齊)나라를 선포하고 스스로 왕위에 올랐다. 이후 이납 사후에는 아들인 이사고(李師古)와 이사도(李師道)가 연이어 왕위를 물려받았지만, 당나라가 이정기 가문을 무너뜨리고 중국을 재통일하기 위해 815년 토벌군을 파병하였고, 마지막 왕인 이사도 역시 강력하게 맞서다가 819년 2월 전투 중 부하의 배신으로 4대에 걸쳐 56년 동안 지켜온 정권은 결국 무너지게 되었다.

이들이 지배했던 산동 반도 일대는 경제적으로 풍요로운 지역이었다. 이 지역의 주민만 해도 83만 가구에 539만 명에 달했다는데, 이는 당나라 전체 인구 중 약 10%를 차지하는 수준이다. 또한 자원도 풍부해서 소금, 철, 구리는 물론 비단 등 많은 생산물들을 기반으로 막강한 경제적인 힘을 가지고 10만 명의 대군을 상비군으로 운영할 수 있었다. 10만이면 발해 무왕 대의 총병력 규모와 맞먹는 수준이었으니 이정기 가문의 제나라가 얼마나 강대했었는지 충분히 알 수 있을 것이다. 이러한 점 때문에 이정기 집안은 당나라 조정의 눈치를 보지 않고 자신들만의 왕국을 건설할 수 있었다.

여기서 주목해볼 만한 점은 고구려 유민 출신인 이정기와 발해와의 관계이다. 발해의 명마가 끊이지 않고 이곳 제나라의 영역이던 산동 반도로 수출되어 왔음은 이미 알고 있는 사실이고, 약간 시간 차이는 있지만, 제나라 멸망 후 불과 20년 후인 839년에도 발해에서는 왕자가 이끄는 사신단이 교관선, 즉 무역선을 타고 산동 반도로 들어가는 모습이 포착된다. 즉 발해는 이정기 가문과 적극적인 무역을 통해 부를 쌓아왔는데, 사실 이는 꼭 이정기가 고구려 유민 출신이어서라기보다는 실제로 이익이 되기 때문에 거래를 하였을 것이다. 그렇기 때문에 제나라 멸망 후에도 발해는 당나라와의 무역을 중단하지 않고 계속 이어간 것으로 해석할 수 있다.

혹여나 같은 고구려 유민 집단이라고 해서 반드시 친밀한 관계라고 볼 수는 없으며 실리적인 측면에서 긴밀한 협조를 하였다고 봄이 더 옳을 듯하다.

(6) 후기 외교

이 당시 대당 외교와 관련해서 두 가지의 에피소드가 전해진다.

첫 번째는 773년의 곤룡포 절도 사건이다. 문왕이 일종의 인질로 보냈었던 왕자(質子) 대영준이 이해 윤 11월에 용이 그려진 황제의 옷인 곤룡포(袞龍袍)를 훔친 것이다. 그는 붙잡히자 "중화의 문물을 우러른 나머지 훔치게 된 것입니다."라며 선처를 호소하였고, 당나라 제8대 황제인 대종 이예(李豫, 726~779, 재위 762~779)는 이를 용서하면서 그냥 옷을 갖도록 내어주라고 하였다. 그는 다음 해인 774년 2월에 대종에게 귀국인사를 하고 돌아갔다.

결론은 해피엔딩이었지만 대영준의 대담한 행동은 지금 봐도 참으로 놀랍기 그지없다. 발해 왕가의 역사에서도 비교 대상을 찾기 어려운 정말 독특한 캐릭터이지 않을까 싶다. 혹은 억측일 수도 있지만, 한편으로는 이것이 정말 고작 개인의 소행이었을까 하는 생각이 들기도 한다. 다른 것도 아니고 황제의 옷이라면 자칫 죽음에 이를 수도 있는 아주 위험한 행동인데, 발해의 왕가에 속하는 이가 그 정도도 모를 리 없었을 것이니 말이다. 그렇다면 분명 의도적인 것이었을 텐데, 혹 이를 참고하여 발해왕조에서 국왕의 의복을 황제의 급으로 새로 제정하려던 계획에 따른 것은 아니었을까?

두 번째는 777년 일본 무녀(舞女)의 진상이었다. 사람을 바친다는 것은 마치 인신매매와 같은 느낌이 있지만, 당시는 지금과 같이 인권을 존중하는 사회가 아니었음을 이해해야 한다. 이해 봄 정월에 문왕은 일본 무녀 11명과 토산품을 당나라에 선물로 보냈다.

　무녀란 음악에 맞추어 춤을 추던 일종의 여성 무용수들인데, 기록상으로는 일본에서 발해로 건너간 무녀의 존재가 나타나지 않는다. 그래서 여러 가지 추측들이 있을 수밖에 없는데, 그나마 가능성을 보자면 759년에 귀국하는 양승경 일행에게 일본 조정이 주었다는 여악(女樂)이 그들이 아닐까 싶다.

　다만 시점 차이가 크다는 점이 조금 걸리는데, 그게 아니라면 이일이 있기 전 마지막 발해 사신단은 771년에 도일한 일만복 일행이었으니 이들과 연관이 있지 않을까. 이들이 773년 다시 귀국할 때 어떤 형태로든 데리고 간 것이 아니었겠는가 하는 설이다. 이들 발해 사신단은 325명이 배 17척에 나눠타고 왔을 만큼 대규모였는데, 일본 조정에서 국서의 내용을 문제 삼자 위기를 모면하고자 국서를 임의 수정하는 사건을 벌였었기에 이것이 알려질 경우를 대비할 만한 모종의 대책이 필요했을 것이고, 그래서 일본의 무녀들을 어떻게든 구해서 마치 본국에 헌상하는 형태로 가장하였던 것일지도 모르겠다. 또는 이들을 발해로 송환할 때 수행해갔던 일본 사신 다케후노 도리모리(武生鳥守)가 파견될 당시에 무녀 11명을 일종의 선물로 대동하고 건너간 것은 아니었을까? 정확한 기록이 발견될 때까지는 다만 짐작만이 가능할 따름이다. 어쨌거나 이들 11명의 무녀가 그 이후 어떻게 되었는지는 역사에 전해지지 않는다.

　이외에도 일반적인 교류는 계속되었다.

　777년 4월과 12월에 또 사신을 보내자, 당나라에서는 문왕에게 사공과 태위를 추가하여 제수하였다. 779년 5월 당나라에서는 대종이 사망하고 제9대 덕종 이괄(李适, 742~805, 재위 779~805)이 즉위하여 발해와 신라에 매를 선물로 보내오던 것을 그만하라고 알려왔다. 780년에도 발해의 당 사신 파견이 있었다.

782년 5월에도 사신을 보냈고, 791년 정월에는 신년축하 사절로 왕족 대상정(大常靖, 혹은 대상청大常淸)을 보냈는데 5월에 당나라에서 위위경(종3품) 직위를 받고 돌아왔다. 같은 해 8월 문왕의 왕자 대정한(大貞翰, 혹은 대정간大貞幹)이 당나라에 가서 숙위하였다.

792년 윤 12월에는 발해 압말갈사 양길복(楊吉福) 등 35명이 당나라에 갔다. 직책으로 보아 일행 안에는 말갈인들이 다수 포함되어 있던 것으로 보인다.

또한 처음으로 신라와의 외교관계를 튼 공적도 문왕의 것이다. 다만 항상 우호적인 관계였던 것은 아니고, 사실은 긴장관계가 훨씬 더 길었다고 봄이 옳을 것이다.

신라 제35대 경덕왕 김헌영(金憲英, ?~765, 재위 742~765)의 치세 때인 748년 가을 8월, 아찬 정절(貞節) 등을 보내 북쪽 변경을 살펴보게 하고, 처음으로 대곡성(大谷城) 등 14개 군과 현을 두었다. 대곡성은 현재의 황해도 평산(平山)에 있던 곳이고, 782년에 가서 패강진(浿江鎭)의 본영이 설치되는 곳이다. 그리고 14개 군현은 예성강 이북에 설치된 것으로, 전반적으로 발해를 향한 군사적 대비였을 것으로 추정된다.

757년 12월에는 발해와의 경계에 해당하는 지역에 탄항관문(炭項關門)이 설치되었다. 구체적 장소는 고구려 당시 천정군(泉井郡)이자 경덕왕 때에 정천군(井泉郡)으로 이름이 바뀌게 된 그곳으로, 함경남도 남부 정도로 추정된다. 이 탄항관문에 대한 해석은 크게 엇갈리는데, 보통 긍정적으로는 아버지 성덕왕 때이자 발해 무왕의 치세기에 구축되었던 북경장성(北境長城)에 문이 생기면서 발해와의 교류를 상징하는 것으로 해석하기도 하지만 명확하진 않다.

762년 여름 5월에는 예성강 이북에서 대동강 이남에 이르는 지역에 6개 성을 쌓고 태수를 파견하였다. 이 역시 북쪽 국경의 방어를 충실히 하려는 노력으로 보인다. 이런 것을 보면 발해와의 관계가 원만하였다기보다는 잠재 적국으로 대하였을 가능성이 훨씬 컸지 않았을까 짐작해볼 수 있다.

하지만 한 세대가 바뀌어 제38대 원성왕 김경신(金敬信, ?~798, 재위 785~798) 치세인 790년 3월에는 일길찬 백어(伯魚)를 북국(北國), 즉 발해로 사신으로 보내왔다. 일길찬은 17등급 등 7등급으로 신라의 골품 기준으로는 6두품까지 가질 수 있는 관등이었다. 이는 신라가 일본에 보내던 사신들과 비슷한 등급이었으니 신라는 일본과 발해를 동급 정도로 여겼던 것 같다.

어쨌거나 이것이 신라 단독의 제스처인지 발해와의 교감하에 있었던 일인지까지는 알려져 있지 않다. 그리고 발해 측의 답방 사절도 전혀 기록에는 없는데, 당나라나 일본과의 교류를 참고해 보았을 때에는 아마도 발해 역시 이에 대해 신라 측에 사신을 파견하였을 것으로 보인다. 내용에 대해서는 구체적으로 알 수 없어 아쉽긴 하지만, 최소한 사신의 교환은 군사적 대립보다는 우호적 관계로 해석할 수 있는 좋은 시그널이다.

제4차 발해 사신단

또한 일본과의 외교도 본격화되고 있었다.

앞서 발해 사신단이 되돌아간 지 5년 후인 758년 9월 18일, 견발해대사 오노노 다모리(小野田守) 등 68명이 발해에서 돌아왔다. 그는 일본의 전문 외교관이었던 듯 753년에 신라에 다녀왔던 경험과 함께 이번에는 758년 초에 발해에 사신으로 갔던 인물이다. 제4차 발해 사신단인 대사 보국대장군 겸 목저주자사(行木底州刺史) 겸 병서소정(兵署少正) 개국공(開國公) 양승경(揚承慶) 이하 23인이 오노노 다모리와 함께 도착하니 에치젠국(越前國)에 머무르게 하였다. 참고로 목저주는 과거 고구려의 영토였던 곳이다.

에치젠 위키피디아

이 무렵은 일본도 정권이 또 바뀌어 제47대 준닌(淳仁) 천황(733~765, 재위 758~764)이 집권을 시작한 해였다. 앞서도 한 차례 언급했듯이 그는 26세의 젊은 나이에 후지와라노 나카마로의 후원을 통해 천황에 등극한 인물인데, 불과 6년간의 집권 후 전임자인 제46대 고켄 천황이 764년 9월에 일어난 나카마로의 반란을 진압하고 같은 편이었던 그를 천황 자리에서 끌어내림으로써 불운한 인생을 마감하게 된다.

제4차 발해 사신단 구성
- 기간 : 758년 9월 도착(에치젠) → 헤이조쿄 방문 → 759년 2월 출발
- 총원 : 23명
- 대사 : 보국대장군 겸 목저주자사 겸 병서소정 개국공 양승경
- 부사 : 귀덕장군 양태사
- 판관 : 풍방례
- 녹사 이하 19명

겨울 10월 28일, 종5위하 오노노 다모리는 종5위상으로, 부사 정6위하 다카하시노 오이마로(高橋老麻呂)는 종5위하로 승진하였고, 나머지 66인도 마찬가지였다. 모두 이번 사행길에 대해 공로를 인정받았던 것이다. 12월 10일, 견발해사 오노노 다모리 등이 당나라의 소식을 보고하였다.

755년 11월 9일 어사대부(御史大夫) 겸 범양절도사(范陽節度使) 안록산이 모반하여 군대를 동원하여 반란을 일으켜 대연(大燕)제국의 성무황제(聖武皇帝)라 자칭하고 연호를 성무(聖武)라고 정하였습니다. 자신의 아들 안경서를 범양군사(知范陽郡事)로 남겨두고, 안록산은 정예기병 20여 만을 이끌고 남쪽으로 출병하였습니다. 12월에 곧바로 낙양(洛陽)

에 쳐들어가 새롭게 정부를 구성하였습니다. 천자(곧 현종)는 안서절도사(安西節度使) 가서한(哥舒翰)을 파병하여 30만 병사로 동진관(潼津關, 오늘날 산시성과 허난성 사이의 요충지)을 수비하도록 하고, 대장군 봉상청(封常淸)은 15만 병력을 이끌고 따로 낙양을 포위하게 하였습니다.

756년 안록산이 장군 손효철(孫孝哲)에게 기병 2만을 거느리고 동진관을 공격하게 하였습니다. 가서한은 동진관의 언덕을 무너뜨려서 황하(黃河)에 떨어뜨려 그 통로를 끊고 귀환하였습니다. 하지만 손효철은 산을 뚫어 길을 만들어서 병사들을 이끌고 신풍(新豊, 산시성 시안 동쪽)까지 진출하였습니다.

6월 6일 천자는 급하게 검남(劍南, 쓰촨성 방향)으로 피신하였습니다. 7월 12일에 황태자 이여(李璵, 사실 739년에 이미 이형李亨으로 개명함)가 영무군도독부(靈武郡都督府, 영주靈州라고도 하며, 오늘날 닝샤 후이족 자치구)에서 황제(곧 숙종)에 즉위하여 지덕(至德) 원년으로 개원하였고, 14일 후 천자는 익주(益州, 쓰촨성)에 이르렀습니다.

평로유후사(平盧留後事) 서귀도가 과의도위(果毅都尉) 행유성현(行柳城縣) 겸 4부경략판관(四府經略判官) 장원간을 발해에 파견해 군대를 요청하면서 '금년 10월 안록산을 치려는데 국왕께서는 기병 4만을 파병하여 역적을 토벌하는 것을 도와주십시오.'라고 하였습니다. 발해는 다른 속셈이 있을까 의심하여 그를 억류시켰습니다.

12월에 서귀도가 결국 유정신을 북평(北平, 지금의 베이징인 유주幽州 내)에서 죽이고 몰래 안록산과 내통하였습니다. 유주절도사(幽州節度使) 사사명이 천자를 치려고 모의하였는데, 안동도호(安東都護) 왕현지가 그 모의를 알아채고 정예병사 6천여 명을 거느리고 유성(柳城, 랴오닝성 차오양시)을 쳐부수고 서귀도를 목 베 죽였습니다. 스스로 임시 평로절도(權知平盧節度)라 칭하고 곧이어 북평을 제압하였습니다.

758년 4월 왕현지가 장군 왕진의를 발해에 보내서 현재 상황을 전하기를 '천자(숙종)는 서경(장안)으로 돌아갔습니다. 태상천황(太上天皇, 현종)을 촉(蜀, 곧 익주)으로 맞아들여 별궁(別宮)에 머무르시게 하였습니다. 적들을 완전히 멸하고자 저를 보내어 명령을 알리도록 하였습니다.'라고 전하였습니다. 발해왕은 그 소식 역시 아직은 믿기 어렵다고 판단하여 왕진의도 붙잡아두고는 따로 사신을 파견하여 자세히 확인토록 하였습니다. 사신이 아직 돌아오지 않아 상황 파악을 정확히 할 수는 없었지만, 대신 당나라에서 발해국왕에게 국서를 보낸 것을 가지고 왔습니다.

당나라도 다급했던지 아직 발해를 국가로 인정하지 않던 기조였는데 급한 마음에 '국왕(國王)'으로 호칭해가면서 도움을 요청할 정도였다. 이처럼 일본 사신들이 파악한 정보는 모두 당나라와 인접해 있는 발해를 통해 얻은 것들이었다.

여담이지만 이때 안록산의 군대를 진압하기 위해 파병된 군을 지휘한 봉상청은 탈라스 전투로 유명한 고구려 유민 고선지 장군의 부하였던 인물이다. 그는 안타깝게도 반란군 진압을 위해 투입되었던 고선지와 함께 간신의 모함으로 억울하게 죽임을 당하게 된다. 여기서는 언급되지 않았으나 안록산 전쟁에서 당나라 조정 편에 서서 활약한 또 다른 고구려 유민 출신 장군으로 왕사례(王思禮, ?~761)가 있다. 그는 불리한 환경에서도 여러 차례 전투에서 승리를 거둠으로써 반란 진압에 큰 역할을 하였고, 그 공적을 인정받아 고선지와 달리 최고명예직인 사공(司空, 정1품)에까지 올라 편안하게 생을 마감하는 인물이다.

어쨌거나 이에 천황은 규슈 북쪽의 하카타에 있던 주로 외교를 담당하는 다자이후(大宰府)에 다음과 같이 명령을 내렸다.

　　안록산은 미친 오랑캐이자 교활한 놈이오. 하늘을 어기고 역모를 일
　　으켰으니 상황은 반드시 그에게 불리하게 돌아갈 것이오. 하지만 혹
　　서쪽에서 성공을 거두지 못하면 방향을 바꾸어 동쪽으로 일본(海東)
　　을 칠 지도 모를 일이오. (중략) 다자이후에 중임을 맡기겠소. 미리 이
　　러한 상황을 파악하고 묘책을 세우도록 하시오. 설사 공격해오지 않는
　　다 하더라도 미리 대비해두는 것이 꼭 불필요한 일은 아닐 것이오. 준
　　비할 만한 좋은 계획과 구체적인 대비책들을 세밀히 마련하여 보고하
　　도록 하시오.

다자이후 유적 위키피디아

　12월 24일, 발해 사신 양승경 등이 수도에 도착하였다. 해가 바
꾸어, 759년 봄 1월 1일 대극전에서 신년축하 조회를 열 때 일본 조
정의 관리들과 함께 발해(高麗) 사신들도 의례에 따라 인사하고 축
하를 나누었다. 1월 3일, 천황이 임석한 가운데 발해 사신 양승경
등이 선물을 바쳤다. 다음은 문왕이 전하는 내용이었다.

고려국왕 대흠무가 말씀드립니다. 일본에서 세상을 비추던 성명황제(聖明皇帝)께서 승하하셨다는 소식을 듣고 슬프고 추모하는 마음에 가만히 있을 수가 없었습니다. 이 때문에 보국장군 양승경과 귀덕장군(歸德將軍) 양태사(揚泰師) 등을 선발하여 이 글과 선물을 가지고 가서 조문드리게 합니다.

성명황제는 발해 사신단을 처음 맞이하였었고 얼마 전인 756년에 세상을 떠난 제45대 쇼무(聖武) 천황을 말한다. 천황은 다음과 같이 답하였다.

고려국왕께서 멀리서 전왕이 천궁으로 승하하였다는 소식을 듣고 가만히 있을 수 없어 양승경 등으로 하여금 와서 위문하게 하였다는 말씀을 듣고 나니 마음이 아프고 추모하는 마음이 더욱 깊어지는군요. 다만 이제 해가 바뀌었고 나라에 길운이 따르니 그것을 슬픔으로만 받지는 않겠습니다. 또 옛정을 잊지 않고 사신을 보내 선물까지 주신 점 정성이 지극하여 매우 감사히 여깁니다.

1월 18일, 천황이 임석하여 발해대사 양승경에게 정3위를, 부사 양태사에게 종3위를, 판관 풍방례(馮方禮)에게 종5위하를 주었다. 녹사(錄事) 이하 19인에게도 각각 차등 있게 주었고, 또 발해국왕과 대사 이하에게 모두 상여품을 주었다. 5위 이상 관리들과 발해 사신 및 주전(主典, 일본 율령제에서 태정관 내의 장관, 차관, 판관 다음의 실무자급) 이상에게 조당에서 잔치를 베풀었다. 여악(女樂)을 무대에서 연주하고 궁중음악을 담당하는 내교방(內教坊)의 답가(踏歌)를 뜰에서 연주하게 하였다. 답가란 새해를 축하하기 위해 궁중에서 노래하고 춤을 추던 행사를 말했다. 모든 게 끝나자 또 상여품을 선물하였다. 다음 날인 1월 19일에는 궁 안에서 활쏘기를 하였는데 발해 사신들을 불러 함께 쏘게 했다.

1월 27일, 당시 에미노 오시카쓰(惠美押勝)로 불리던 대보(大保, 일본 관직인 우대신의 당나라식 명칭) 후지와라노 나카마로가 자신의 사저인 다무라다이(田村第)에서 발해 사신들에게 연회를 베풀었다. 후지와라노 나카마로는 당대의 명문가인 후지와라 가문의 개창자인 후지와라노 후히토의 손자로, 앞서도 얘기했다시피 제47대 준닌 천황을 옹립하여 권력의 정점인 태정대신에까지 오르지만, 전임 천황인 고켄 상황과 대립하여 군사를 일으켰다가 패하여 사망하게 되는 비운의 인물이다. 이때 천황의 명으로 궁중의 여악과 솜 1만 둔이 주어졌다. 당대의 문사들이 시를 지어 송별하는데 부사 양태사 등이 시를 지어 화답하였다.

일본에서도 유명한 양태사의 시 두 편이 남아 있는데 한번 감상해보자.

밤에 다듬이 소리를 듣고

서리 내린 밤하늘에 달이 비치고 은하수도 밝은데
나그네는 돌아갈 생각으로 시름이 깊어라
긴 밤을 앉아 기다림도 지루해 죽을 듯한데
어디선가 문득 이웃집 여인의 다듬이 소리 들려온다
소리는 바람 따라 끊어질 듯 이어지고

밤이 깊어 별이 지도록 잠시도 멈추지 않네
고국을 떠난 후로 저 소리 듣지 못했는데
이 밤 타향에서 들려오는 저 소리 똑같구나

방망이는 무거운지 가벼운지
푸른 다듬잇돌 고른지 안 고른지
저 멀리 가냘픈 몸 구슬땀에 젖었을 테니
옥 같은 두 팔 힘겨운 줄 알겠구나
단별의 나그네를 근심해서인가
외로이 혼자 있는 시름 잊고자 함인가
그대 모습 그려보지만 확인할 길 없고
부질없는 생각만 그저 깊어갈 뿐

외국 땅에 와 낯선 고장에서
그대 마음 떠올리며 긴 탄식을 하네
이 시간에 홀로 규방에서 들려오니
이 밤에 누가 알까 안타까운 설움을
그리운 마음은 지극하지만
다시 들려오는 소리 뜻을 알 수 없는데
꿈에서라도 저 소리 찾아가고 싶지만
오로지 시름만 깊어져 잠도 들 수 없구나

기(紀)공의 시에 화답하며

지난밤 용구름이 피어오르더니

오늘 아침 하얀 눈 학이 되어 내려앉았네

나무 끝에 핀 꽃을 바라만 볼 뿐

봄을 알리는 새소리는 들리지 않는구나

휘도는 눈 그림자는 신들린 무녀의 춤인 듯

드높은 바람 소리는 뛰어난 가객의 솜씨인 듯

그윽한 난초 향의 품격은 따르기 어려우니

본받고자 하여도 결국 흉내에 그칠 뿐

이처럼 발해의 문화적 소양은 지극히 높았고 일본 사회에 잔잔한 감동을 전해주었다. 지금까지도 양태사는 발해의 시인 중 으뜸으로 꼽히고 있다.

이후에도 줄곧 지켜보게 되겠지만, 이러한 발해 사신단은 한참 후인 조선 시대에 일본에 파견되었던 조선통신사(朝鮮通信使)와 유사한 문화사절단의 역할을 수행하였다. 처음에는 외교 목적으로 시작된 발해의 사신단은 이후 교역이 중심이 되긴 하지만 동시에 문화를 교류하는 단계에까지 이르게 된다. 이때의 양태사 외에도 수많은 발해 시인들이 일본 문인들과 문학적 교감을 이룸으로써 양국 간의 관계는 정치를 뛰어넘는 고차원적인 수준으로 격상되는 것이다.

1월 30일, 외종5위하 고겐토(高元度)가 영입당대사(迎入唐大使)로 임명되었는데, 이는 일본의 입당사절을 영접해오는 역할이었다. 그리고 2월 1일, 사신단에게 문왕에게 보내는 국서가 전달되었다.

천황이 고려국왕에게 문안드립니다. 양승경 등이 멀리 바다를 건너와서 국상(國喪)을 조문하고 정성을 다 보이니 아픈 마음이 더해집니다.

아울러 보내주신 선물은 잘 받았습니다. 그리고 돌아가는 사신 편에 비단 50필, 미노산 명주 50필, 실 200구, 솜 300둔을 보내 귀국의 우호에 대한 감사를 표합니다. 또 넉넉히 비단 4필, 양면비단 2필, 꽃무늬비단 4필, 흰색비단 10필, 채색비단 40필, 흰색꽃무늬비단 100첩을 보내니 물건은 비록 보잘것없지만 깊이 생각한 것이니 받아주시기 바랍니다.

국사(國使)가 왔으나 태워 보낼 배가 없어 사신 한 명을 택해 발해로 돌려보내고자 합니다. 또 그곳에서 전년에 당나라에 입국했던 대사 후지와라노 기요카와(藤原淸河)를 맞아들이고자 하니 적절히 서로 돕도록 해주시기 바랍니다. 추위가 물러가지 않았으니 국왕께서도 항상 건강하시기를 빕니다. 이만 줄입니다.

2월 16일, 양승경 등이 발해로 귀국할 때 일본 측 입당사로 정사 고겐토와 부사 구라노 마타나리(內藏全成) 등이 따라갔다.

그런데 이 당시 일본은 후지와라노 나카마로가 주축이 되어 신라정벌계획이 구체화되던 시점이었다. 그래서 많은 역사가들은 이 무렵 일본은 발해에 신라정벌을 제안하였고, 좀 더 교류가 이어지다가 762년 제6차 발해 사신단 왕신복이 가져온 부정적 답변과 함께 추진의 주체였던 후지와라노 나카마로의 권력 누수로 인해 더 이상 추진되지 않은 것으로 보고 있다. 그 이전까지만 해도 발해 사신들은 무관으로 구성되어 있었는데, 마침 이때의 왕신복부터는 문관으로 사신단의 성격이 바뀌기 때문에 그러한 심증을 사실상 굳혀주었던 것이다.

하지만 이는 사실일까? 개인적인 의견으로는 이에 대해 부정적이다. 우선 발해 사신들과 신라정벌 이야기를 한 기록 자체가 발견되지 않는다. 극비사항이어서 기록되지 않았다고 볼 수도 있겠지만, 엄연히 조정 내에서 있었던 신라정벌에 대한 논의는 기록하면서 외교사절단과의 이야기는 빠트린다는 것이 상식적으로 이해가 되지 않기 때문이다.

또한 발해 입장에서는 바로 옆에서 일어난 '안록산 전쟁'이 겨우 마무리되는 것은 763년이 되어서였다. 수년간 중원의 혼란을 지켜보면서 그것이 기회라면 기회였는데도 전혀 군사적 관여를 하지 않았던 것은 허튼 데 한눈팔지 않고 내실을 쌓는 데에만 주력하기 위함이었다. 그런데 이제 와서 인접국인 신라를 굳이 공격할 이유가 있겠는가? 상대적으로 성공의 가능성이 높았던 당나라 내란에 대한 개입도 하지 않았었는데, 그보다 훨씬 안정적인 신라를 침공하여 얻을 이익이 군사력 소모라는 투자 대비 얼마나 높을지도 의문이다.

더욱이 문왕은 당시 친당 노선을 견지하고 있던 상황이면서도 당나라의 안록산 토벌전에 참여하라는 제안을 이런저런 핑계로 사실상 거부했다. 그런데도 이제 와서 당나라의 제안은 묵살하면서 일본과 협동하여 신라 정벌전에 참여한다는 것은 당나라와 그동안 쌓아온 신뢰관계를 무너뜨리겠다는 뜻이 되기에 득보다 실이 많을 수밖에 없는 전략이었다.

실제로 불과 5년 후에는 당나라 사신이 발해에서 신라로 곧장 이동한 기록이 있는데, 이는 당시 두 나라의 사이가 사실 적대적이었다고 보기는 어렵다는 점을 말해준다. 당나라 사신의 편의를 봐준 발해 측의 배려와 이를 문제 삼지 않은 신라 측의 정책적 허용이 있었기에 가능한 이동 경로였으니 말이다.

끝으로 발해 사신이 무관에서 문관으로 바뀐 이 시점은 마침 문왕이 당나라로부터 발해군왕에서 국왕으로 승격되어 인정을 받고 그 자신이 무관직에서 문관직으로 바뀐 것과 같은 시점이어서, 굳이 말하자면 마치 까마귀 날자 배 떨어진 격일 수가 있는 일이다.

여러모로 발해는 일본의 신라정벌계획에 굳이 참여할 필요성이 없었다. 이런 상황을 모르고 일본이 발해와의 공동작전을 꿈꾸었다면 그건 한낱 백일몽에 불과했을 것이다. 아마도 발해 입장에서는 실제로 제안을 받았다 할지라도 적절히 답변을 회피하면서 교역에 따른 실리는 얻고 상황변화를 봐서 적당히 거절하는 것이 합리적인 판단이었을 것으로 보인다.

제5차 발해 사신단

이 해(759년) 10월 18일, 후지와라노 기요카와를 맞이하러 간 사신인 판관 구라노 마타나리가 발해로부터 귀국하던 도중 바다에서 풍랑을 만나 쓰시마에 표착하였다. 이들과 함께 제5차 발해 사신 보국대장군 겸 현도주자사(玄菟州刺史) 겸 압아관(押衙官) 개국공(開國公) 고남신(高南申)이 와서 내조하였다. 참고로 앞서의 목저주와 마찬가지로 현도주도 과거 고구려의 영토였던 곳이었다.

유념할 부분은 이때의 발해 사신단은 한반도 중남부의 신라 해군과 조우 없이 쓰시마까지 올 수 있었다는 점이다. 이 길은 나중에 발해에서 중요하게 사용할 일이 생기게 된다.

제5차 발해 사신단 구성
- 기간 : 759년 10월 도착(쓰시마) → 헤이조쿄 방문 → 760년 2월 출발
- 총원 : ○명
- 대사 : 보국대장군 겸 현도주자사 겸 압아관 개국공 고남신
- 부사 : 고흥복
- 판관 : 이능본, 해비웅, 안귀보
- 녹사 이하 : ○명

이때의 고남신이 지니고 온 발해 중대성의 공문은 이렇게 되어 있었다.

후지와라노 기요카와를 맞이하러 간 사신이 모두 99명이었습니다. 당나라의 안록산이 먼저 반란을 일으켰고 사사명이 뒤를 이으면서 안팎으로 혼란에 빠져 평정되지 않은 상황에서 이들을 들여보내면 혹 피해를 입을까 우려되고, 그렇다고 본국으로 그냥 되돌려보내자니 이웃 간의 의리를 어기게 될까 걱정되었습니다. 이에 대표인 고겐토 등 11인은 우리 측 사신과 함께 당나라에 가서 후지와라노 기요카와를 맞이하도록 보내고, 판관 구라노 마타나리 등 나머지 88명은 귀향시키는데 마찬가지로 우리 측 사신을 따라가게 합니다.

10월 23일, 발해 사신단은 다자이후로 들어갔다. 12월 19일, 고남신과 구라노 마타나리 등이 오늘날 오사카의 나니와 강(難波江) 입구에 다다랐다. 다시 5일 후인 24일에 고남신 일행이 수도에 도착하였다.

760년 봄 1월 1일, 대극전에서 신년축하 조회를 열었는데, 관리들

과 함께 발해 사신이 의식에 따라 축하를 하였다. 그리고 1월 5일, 천황에게 발해국사 고남신 등이 선물을 바치면서 문왕의 말을 다음과 같이 전하였다.

국왕 대흠무가 말씀드립니다. 일본 조정에서 당나라에 보낸 대사 특진(特進) 겸 비서감(秘書監) 후지와라노 기요카와가 올리는 보고서와 통상의 선물을 전하기 위해 보국대장군 고남신 등을 사신으로 선발하여 방문드리게 합니다.

천황 역시 다음과 같이 답하였다.

당나라에 보냈던 대사 후지와라노 기요카와가 오랫동안 돌아오지 않아서 답답하였는데, 고려에서 고남신을 통해 기요카와의 보고서를 전하도록 해주시니 국왕의 노고에 감사드립니다.

1월 7일, 제46대 천황이었지만 자리에서 물러난 고켄 상황과 현재의 제47대 준닌 천황이 함께 합문(閤門)에 나왔다. 5위 이상 관리들과 발해 사신이 예식에 따라 줄지어 섰다. 조칙을 내려 발해국 대사 고남신에게 정3위, 부사 고흥복(高興福)에게 정4위하, 판관 이능본(李能本), 해비응(解臂鷹), 안귀보(安貴寶) 세 명에게 모두 종5위하를 주었으며, 녹사 이하에게도 각기 주었다. 참고로 여기서의 이능본은 바로 다음 사신단이 파견될 때에는 부사로 승진하여 다시 한번 일본을 방문하게 된다. 차후에도 발해 사신단 구성에서 이전 사신단의 경험자가 다음 사신단에 승진하여 참여하게 되는 경우가 종종 있었다.

이날 발해국왕, 즉 문왕에게는 비단 30필, 미노산 명주 30필, 실 200구, 솜 300둔을 선물하였으며, 대사 이하에게도 적절히 선물을 주었다. 5위 이상 관리들과 발해 사신들에게 잔치를 베풀고 상여품을 내렸다. 17일에는 발해 사신이 궁내 활쏘기 대회를 관람하였다. 그리고 2월 20일에 발해 사신 고남신 등이 귀국길에 올랐다. 이때 함께 떠났던 외종5위하 아코노부노 히토레이큐우(陽侯史玲瑠)는 그해 11월에 발해로부터 돌아왔다.

761년 8월 12일, 후지와라노 기요카와를 맞이하러 간 사신 고겐토 등이 당나라에서 돌아와서 다자이후에 머물렀다. 갈 때는 발해를 경유해서 갔었는데, 돌아올 때에는 발해를 거치지 않고 당나라에서 바다를 건너 곧장 일본으로 돌아오는 길을 택한 것이 이색적이다.

처음에 고겐토가 사신의 임무를 부여받아 759년 겨울 발해도(渤海道)를 통해 당나라로 가는 신년축하사절(賀正使) 양방경(揚方慶)을 따라 당나라에 같이 갔는데, 일을 마치고 귀국하려고 하니 안전을 위해 병기로 갑옷 1구, 대도(代刀) 1구, 창 1간, 화살 2척을 고겐토에게 주었다. 앞서 여기서의 발해도는 한 차례 '발해로'라는 표현이 사용되었던 것과 마찬가지로 당나라와 발해 간의 해상 이용로를 지칭하는 용어이다. 또 내사(內使)가 조서(勅)를 전하여

특진 비서감 후지와라노 기요카와는 이제 사신이 전한 바에 따라 본국으로 돌려보내고자 한다. 다만 반란군 잔당이 아직 평정되지 않아 가는 길에 어려움이 많을까 우려되니, 고겐토는 남로(南路)를 통해 먼저 돌아가도록 하라.

라고 하였다. 그리고는 황제의 접견 담당자인 중알자(中謁者) 사시

화(謝時和)에게 명하여 고겐토 등을 데리고 소주(蘇州, 쑤저우)로 향하게 하였다. 그곳의 자사(刺史) 이점(李岾)과 의논하여 길이 20여 미터(8丈)에 달하는 배 한 척을 만들고, 또한 9명의 선원과 무관 등 30명을 지원해주어 고겐토 등이 무사히 귀국할 수 있도록 해주었다.

겨울 10월 22일, 종5위하 고마노 오야마(高麗大山)를 견고려사(遣高麗使)로 임명하였다. 성을 보면 고구려 출신임이 분명한데, 그에게 견고려사, 즉 발해 방문 사절의 임무를 부여한 것을 보면 발해를 고구려의 계승국으로 인식하고 있음은 여전했다.

제6차 발해 사신단

762년 겨울 10월 1일, 부사 정6위상 이키노 마스마로(伊吉益麻呂) 등이 발해로부터 일본으로 돌아왔다. 제6차 발해 사신단인 자수대부(紫綬大夫) 정당성 좌윤(行政堂省左允) 개국남(開國男) 왕신복 이하 23인이 함께 도착하였다. 에치젠국의 가가군(加賀郡)에 머무르게 하고 생필품을 공급하였다.

제6차 발해 사신단 구성
- 기간 : 762년 10월 도착(에치젠 가가) → 헤이조쿄 방문 → 763년 2월 출발
- 총원 : 23명
- 대사 : 자수대부 정당성좌윤 개국남 왕신복
- 부사 : 이능본
- 판관 : 양회진
- 품관 : 5질 달능신
- 기타 수행원 ○명

가가 위키피디아

이해 가을쯤 출발했던 이들 중 일본 측 대사였던 고마노 오야마는 떠나던 날 배 위에서 병으로 몸져누워 있었는데 사리요쿠노쓰(佐利翼津)에 다다를 즈음에 죽었다.

11월 1일, 정6위상 다지히노 고미미(太治比小耳)를 사신단의 귀국을 담당하는 송고려인사(送高麗人使)로 임명하였다. 12월에는 사망한 견고려대사 고마노 오야마에게 정5위하를 추증하였다. 부사 이키노 마스마로에게 외종5위하를 주고, 판관부터 선원들에게까지 혜택을 주었다. 윤 12월 19일, 발해 사신 왕신복 등이 수도에 도착하였다.

763년 봄 1월 1일, 대극전에 나와서 조회를 열었는데, 관리들 및 발해사절(高麗蕃客)은 각각 의식에 따라 새해를 축하하였고, 이틀 후인 1월 3일에 발해 사신 왕신복이 선물을 바쳤다. 이때까지도 일본은 발해를 고려라고 부르고 있는데, 발해의 사신들을 고려로 혼칭하는 것은 당대의 일본인들의 시각에서 발해와 고려가 연이은 나라로 이해하고 있었기 때문이었다. 다만 번객(蕃客) 즉 일본의 일종의 제후국처럼 인식한 부분은 일본을 세상의 중심이라고 보는 중화사상의 일본 버전이었다. 이는 차후에 점차 외교적 문제로 떠오르게 된다.

1월 7일, 천황이 합문에 나와 발해대사 왕신복에게 정3위, 지난번 사신단에 판관으로 왔었고 지금은 부사로 온 이능본에게 정4위상, 판관 양회진(揚懷珍)에게 정5위상, 발해의 품계상 5질쯤 되는 관리인 달능신(達能信)에게 종5위하를 주었다. 발해국왕 문왕은 물론 사신의 종자(從者)들까지도 상여품을 나누어주었다. 5위 이상 관리 및 발해 사신들에게 잔치를 베풀고 뜰에서 당나라 음악이 연주되었다.

1월 17일, 천황이 합문에 나와 5위 이상 관리 및 발해 사신과 주전(主典) 이상에게 조당에서 연회를 베풀었다. 당나라의 음악이 연주되었고, 내교방에서 답가(踏歌)를 연주하였다. 연주가 끝나고 또 답가를 같이한 관리들과 발해 사신들에게 상여품이 주어졌다.

이날 발해대사 왕신복이 당나라의 내부상황을 전하였다.

이가(李家, 즉 당 황실)의 태상황(太上皇, 현종)과 소제(少帝, 숙종)가 모두 사망하고 광평왕(廣平王, 곧 대종)이 대신 국정을 담당하고 있습니다. 그런데 해마다 흉년이 들어 백성들이 서로 잡아먹는 실정입니다. 사가(史家)의 사조의는 스스로 성무황제(聖武皇帝)라 칭하고 있는데 성품이 인자하고 자애로워 사람들의 인심을 많이 얻는 상황이고 또 군대가 매우 강하여 감히 당할 자가 없을 지경입니다. 등주(鄧州, 허난성 내)와 양양(襄陽, 등주와 가까운 후베이성)은 이미 사가(史家)에게 넘어갔고, 이가(李家)는 오직 소주(蘇州, 쑤저우)만을 보유하고 있어서 방문하러 가는 것이 매우 어렵습니다.

발해의 사신 입으로 당나라 안에서의 안록산 전쟁을 설명하면서 당나라를 '이가(李家)', 사조의 측을 '사가(史家)'로 칭한 것은 매우 놀라운 일이다. 이는 발해가 이번 사태에 대해 당나라에 치우치지도 않고 그렇다고 반란세력에 동조하지도 않는 철저히 중립적인 입장에서 상황을 지켜보고 있었음을 말해주는 것이다. 즉 발해는 결코 후대의 중국인들이 주장하듯이 당나라의 지배를 받는 속국이 아니었다. 오히려 발해는 당나라 밖에서 이러한 상황을 제3자의 관점에서 객관적으로 바라볼 수 있었던 독립국이었음을 이 일화를 통해 알 수 있다.

어쨌든 발해 사신을 통해 국제정세를 파악하게 된 일본 조정은 다자이후로 조서를 내렸다.

> 당나라가 크게 어지럽고 두 가문이 자웅을 다투고 있으니 평화를 되찾는 것을 아직 기대하기는 어렵겠고 사신 파견 역시 힘들겠다. 심유악(沈惟岳, 앞서 고겐토를 따라 일본에 들어와 있던 당나라인) 등은 마땅히 모시고 가서 머무르게 하고 후하게 생필품을 공급해주도록 하라. 계절마다의 의복은 모두 다자이후의 창고(府庫)에서 공급하라. 만약 고향을 생각하는 마음이 깊어 고향으로 돌아가기를 원하는 이는 마땅히 탈 배과 선원들을 주어 일을 헤아려 떠나보내면 된다.

1월 21일, 발해 사신이 활쏘기 의식에 참여했다. 2월 4일 태사(太師) 에미노 오시카스, 즉 후지와라노 나카마로가 발해 사신들에게 연회를 베풀었다. 천황의 명으로 사신을 보내어 여러 가지 모양의 겹옷을 30개나 되는 궤짝으로 선물해주었다.

그리고 이달 20일 발해 사신 왕신복 등이 발해로 돌아갔다. 이

타후리노 가마쓰카(板振鎌束)가 수행하였다. 그는 발해에서 당나라 유학을 마치고 돌아오던 중인 승려 가이유를 만나 그를 데리고 일본으로 돌아갔다.

그런데 시간이 흘러 10월 6일, 앞서 8월에 정7위하 이타후리노 가마쓰카가 발해로부터 돌아올 때 사람을 바다에 던져버렸다는 이유로 이날 감옥에 가두었다.

처음에 왕신복이 발해로 귀국하는데 타고갈 배가 낡고 약해서 송사(送使)인 판관 헤구리노 무시마로(平群虫麻呂) 등이 그 위험성을 걱정하여 정부에 보고하고 남아 있게 해달라고 요청하였다. 이에 사생(史生, 문서 담당자) 이상이 모두 떠나는 것을 미뤘다.

결국 배를 수리하고 이타후리노 가마쓰카를 선사(船師)로 삼아 왕신복 등을 수행하여 떠나도록 하였다. 일을 마치고 돌아오는 날에 발해에서 음악을 공부한 일본학생 고노 우치유미(高內宮)와 그 아내 고(高) 씨 및 아들 히로나리(廣成), 갓난아기인 여아 하나와 유모 한 명, 그리고 입당학문승(入唐學問僧)인 가이유와 우바새(優婆塞, 출가하지 않고 불제자가 된 사람) 한 명이 발해를 거쳐 함께 본국으로 돌아오는데, 바다 한가운데에서 폭풍을 만나 방향을 잃었다. 키잡이와 선원마저 바다에 빠져죽자 이성을 잃은 가마쓰카가 주장하기를 "다른 나라(異方)의 여자들이 지금 이 배에 타고 있고, 또 저 우바새는 다른 사람들과 달리 한 끼에 몇 알의 곡식만 먹는데 며칠이 지나도록 허기를 느끼지 않소. 폭풍의 재앙은 이로 인해 말미암은 것이 분명하오."라고 하며, 곧 선원들로 하여금 우치유미의 아내와 갓난아이, 유모, 우바새 네 사람을 잡아다가 바다에 던지게 하였다. 그러나 바람의 기세는 오히려 더 강해져 10여 일을 표류하다가 겨우 오키국(隱岐國)에 도착할 수 있었던 것이다. 아마도 부인은 발해인이 아니었을까 생각된다. 어쨌든 이타후리노 가마쓰카는 미신을 믿고 잘못된 판단을 한 책임을 물어 무거운 처벌을 받아 마땅했다.

이 잔인하고도 불행했던 사고의 배경을 보면, 일본에서 당나라를 오고 가는 길로 발해를 경유하는 루트가 사용되고 있음을 알 수 있다. 당나라와 일본은 남로(南路)라고 하여 한반도보다 더 남단에서 직접 바다를 건너는 길도 있었지만, 바다는 그 항해 길이에 비례하여 너무나 위험성이 컸기에 보통은 이처럼 최대한 바다는 짧게 건너고 육로인 발해내륙을 거쳐 당나라로 가는 경로를 선택하고 있었다. 물론 신라를 경유하는 연안항해가 가장 거리도 짧고 안전할 수 있었겠지만, 당시의 일본은 신라와 관계가 안 좋았기 때문에 이 길은 이용할 수가 없었다.

제7차 발해 사신단

공식 사절단으로는 사상 최대 규모의 파견이 이때 있었다.

771년 6월 27일, 제7차 발해국 사신 청수대부(靑綬大夫) 일만복(壹萬福) 등 325명이 배 17척을 타고 데와국에서도 북부에 속하는 에조의 지역인 노시로 항(野代湊)에 도착하였다. 계산해보면 발해의 선박은 한 척당 20명 정도씩 탔던 모양이다. 이전이나 이후에도 평균적으로 20여 명, 40명 내외, 60여 명, 100여 명 정도로 20의 배수로 사신단이 구성되는 것으로 보면 이 당시 일반적인 발해 선박의 기본 승선인원은 20명 내외였을 것으로 추정된다. 간혹 대형 선박의 경우 40명 내지 60명까지 탄 사례도 발견된다.

제7차 발해 사신단 구성
- 기간 : 771년 6월 도착(데와) → 헤이조쿄 방문 → 772년 2월 출발 (9월
  풍랑으로 회항, 773년 재출항)
- 총원 : 325명(배 17척)
- 대사 : 청수대부 일만복
- 부사 : 모창록(귀국 시 사망)
- 판관 : 대판관 1명, 소판관 1명
- 녹사 : ○명
- 역어 : ○명
- 품관 : 8질 이하 ○명
- 수령 : ○명 (명시되어 있지 않으나 인원수가 많아 포함되었을 것으로 추정)

히타치 위키피디아

일본 정부에서는 이들을 좀 더 남부의 히타치국(常陸國)에 옮겨 머무르게 하고 생필품을 공급하였다. 에조와의 마찰을 피해 좀 더 안전하게 내륙으로 옮겨야 했던 모양이다. 이곳 히타치 즉 한결같은 땅이라는 이름은, 사람들이 다니는 도로가 강이나 해안의 나루터로 가로막히지 않고, 지역의 경계가 산과 바다로 봉우리와 계곡으로 이어져 있어 이동이 쉽다는 뜻에서 붙여진 것이라고 한다.

이때는 제48대 쇼토쿠(稱德) 천황(재위 764~770)을 지나 제49대 고닌(光仁) 천황(709~781, 재위 770~781)의 치세가 막 시작되었을 무렵이었다.

이해에 63세가 되었으니 늦은 나이에 천황이 되었지만 73세까지 살았으니 당시 기준으로도 꽤나 장수한 셈이다.

10월 14일, 아직 히타치에 머물고 있던 발해 사신단에게 일만복 이하 40명까지 새해를 축하하는 조회에 참석하라고 전하였고, 두 달 남짓만인 12월 21일에 일만복 등은 수도에 도착하였다.

772년 1월 1일, 천황이 대극전에서 조회를 열었다. 일본 측 관리들과 발해의 사신단 그리고 무쓰(陸奧)·데와 지역의 에조인들이 각각 의례에 따라 절하고 새해를 축하하였다. 1월 3일, 천황이 임석하자 발해국사 일만복 등이 선물을 바쳤다.

그런데 1월 16일, 일만복에게 발해국왕의 국서가 예법에 어긋남을 지적하였다.

일만복 등은 분명 발해왕의 사신인데, 보내온 편지는 어찌 그리 예에 어긋나고 무례한 것이오. 이 때문에 국서는 받아들일 수 없소.

일만복이 당황하여 이처럼 사정하다시피 대답하였다.

신하의 도리는 군주의 명령을 어기지 않는 것입니다. 이 때문에 국서를 문제 삼지 않고 바로 올린 것입니다. 그런데 이제 예에 어긋난다고 하여 국서를 받지 않겠다고 하시면 저희는 매우 당황스러울 수밖에 없습니다. 이에 간곡히 말씀드립니다. 군주는 모두 똑같습니다. 저희가 본국에 돌아가면 반드시 벌을 받게 될 것입니다. 지금 이미 멀리 바다를 건너와 이곳에 있으니 가볍든 무겁든 처벌을 면할 길이 없습니다.

사실이었다. 이대로 외교관계가 냉각되게 되면 이들 사신단이 1

차적으로 모든 책임을 지게 될 것은 불을 보듯 뻔한 일이었다.

그렇다면 도대체 일본은 무엇을 문제 삼았던 것일까? 첫째, 국서 내용에 일본에서 부여한 관품이 기재되지 않았다는 점, 둘째, 발해 국왕이 천손(天孫)이라고 자신을 표현한 점이었다. 우선 일본의 관품을 적는다는 것은 곧 발해국왕이 일본의 신하에 해당한다는 뜻이 되니 나름 대등한 관계를 상정하고 있던 발해 입장에서는 참으로 난감할 수밖에 없는 일이 되는 것이었다. 또한 천손이라는 표현은 과거 고구려에서도 광개토태왕의 비문을 보면 똑같이 나오는 표현이지만, 일본 입장에서는 스스로가 천황(天皇)이나 천자(天子)라는 중국의 황제와 같은 표현을 사용하고 있었기 때문에 발해국왕이 마찬가지로 천손을 사용할 경우 서로의 세계관이 충돌하는 문제가 있었다.

문왕은 앞서 여러 말갈 부족들을 병합하는 데 성공하였고, 당나라와도 안록산 전쟁을 기회로 외교에서 유리한 고지를 점하게 됨에 따라 크게 자신감을 얻은 상태였기에 '천손'이라는 강한 자부심을 표출할 수 있었다. 이후 그는 여기에 탄력을 받아 가속도를 더해 '통합 발해'를 완성하는 데 집중하게 된다.

1월 19일, 일본 정부에서는 앞서 받았던 발해국의 선물 일체를 일만복에게 반환하였다. 궁지에 몰려 다급해진 사신단은 해서는 안 될 일을 하고 만다. 1월 25일, 이들은 국서를 임의로 수정하고는 문왕을 대신하여 사과하였다. 우선은 오늘을 넘기자는 심리에서였을까. 잠재적으로 지속되어온 양국 간의 상대방에 대한 기대치가 서로 불일치하는 데 따른 부작용이 드디어 불거진 것이다. 이는 앞으로도 두고두고 반복될 문제가 된다.

2월 2일, 조당(朝堂)에서 5위 이상 관리 및 발해의 사신단에게 연회를 베풀고 음악을 연주하게 하였다. 일만복 등이 들어와 자리에 나아가서 말하였다.

"앞서 국서가 상례(常例)에 어긋난다고 하여 국서와 선물을 모두 거절하셨습니다. 그런데 이제 천황께서 저희를 불쌍히 여기시어 은혜를 베풀어주시고 다시 손님으로 초청해주시면서 또 관직과 상여품도 더해주셨습니다. 너무도 기쁜 마음에 대궐의 뜰에서 이렇게 감사의 인사를 드립니다."

대사 일만복에게는 종3위를 주고, 부사 모창록(慕昌祿)에게 정4위하, 대판관에게 정5위상, 소판관에게 정5위하, 녹사와 역어(즉 통역)에게 모두 종5위하를 주었다. 녹색 관복을 입은 품관(발해에서는 8질에 해당) 이하에게도 차등 있게 주었다. 발해국왕에게 미노산 명주 30필, 비단 30필, 실 200구, 솜 300둔을 선물하고, 대사 일만복 이하에게도 마찬가지로 선물을 주었다.

그리고 사신단이 귀국하기 전날인 28일, 천황이 문왕 앞으로 보내는 국서를 주었다.

천황이 고려국왕에게 안부를 묻습니다. 저는 선대의 뒤를 이어 왕위에 올라 천하를 다스리면서 혜택이 두루 미치기를 바라며 백성을 편안하게 하였으니, 온 나라가 하나로 화합하고 온 천하가 혜택을 입어 먼 이웃나라라 하더라도 차별이 없도록 하였습니다.

옛날 고구려의 전성기 때에 고 씨 왕조는 조상 대대로 바다 건너 멀리 있으면서도 형제처럼 친밀하고 군신(君臣)처럼 의리를 나누어, 바다를 지나 산을 넘어 교류를 계속해왔습니다. 그런데 말기가 되어 고구려가 망한 이래로 소식이 끊어졌습니다.

그러다가 727년에 이르러 국왕의 돌아가신 아버지 좌금오위대장군 발해군왕(즉 무왕)께서 사신을 보내와 비로소 외교관계를 열었습니다. 쇼무 천황께서는 그 참된 마음을 감사히 여겨 더욱 융성하게 대우하였습니다.

국왕께서는 유풍(遺風)을 계승하고 전왕의 유업(遺業)을 이어 정성을 다해 교류해오면서 가문의 명예를 높여왔습니다. 그런데 이제 보내온 글을 살펴보니 갑자기 부친이 행하던 법식을 고쳐, 날짜 아래에 관품과 이름을 쓰지 않고 글의 말미에서는 말도 안 되게 천손(天孫)임을 칭하고 있습니다.

국왕의 뜻을 헤아려보면 어찌 이럴 수 있을까 싶으면서도, 굳이 짐작해보면 착오가 아니었을까 싶습니다. 그러므로 담당 관리에게 명하여 손님에 대한 예우를 우선 멈추도록 하였습니다. 다만 사신 일만복 등은 이전의 잘못을 깊이 뉘우치고 국왕을 대신하여 사과하므로 멀리서 온 것을 불쌍히 여겨 이를 받아주기로 하였습니다. 국왕께서는 이러한 뜻을 이해하고 앞으로 좋은 계획을 생각해주시기 바랍니다.

고구려의 고 씨 왕조 때에는 병란이 그치지 않아 우리 조정의 이름을 빌려 그쪽에서 형제를 칭하였다지만, 오늘날 발해의 대 씨 왕가에서는 아무런 연유도 없이 임의로 친척 사이라고 칭하는데 그것은 실례입니다. 다음번 사신부터는 다시는 그래서는 안 됩니다. 만약 지난 잘못을 고치고 스스로 깨우친다면 우호를 끝없이 이어나갈 수 있을 것입니다.

봄날의 날씨가 점점 따뜻해지고 있습니다. 국왕께서도 즐겁게 지내시기를 바랍니다. 이제 돌아가는 사신 편에 이런 뜻을 전하고 아울러 별도로 선물을 보냅니다.

이처럼 일본은 스스로를 발해의 위에 두고자 하였기 때문에, 이는 지속적으로 발해와 충돌하는 문제가 된다.

그리고 29일, 드디어 발해의 사신단이 귀국길에 올랐다. 다케후노 도리모리(武生鳥守)가 수행하였다.

이 해 9월 21일, 송발해객사인 정6위상 다케후노 도리모리 등이 발해 사신단과 함께 바다로 나아갔는데 갑자기 폭풍을 만나 노토(能登國)에 표착하였다. 사신단 대표인 일만복 등은 간신히 죽음을 면하여 곧 노토 반도 서안의 후쿠라항(福良津)에 머무르게 하였다.

노토 위키피디아

773년 2월 20일, 발해 부사 모창록이 죽어서, 사신을 보내어 조문하였다. 그를 정4위하에서 종3위로 추증하였다. 이때까지도 발해 사신단은 귀국을 하지 못하고 일본에 머무르고 있었다. 이들이 일본을 떠날 수 있었던 것은 여름 무렵이 되어서였다.

그리고 10월 12일, 일만복을 환송하기 위해 따라갔던 사신 다케후노 도리모리가 발해에서 돌아왔다. 그 사이 또 다른 발해 사신단과 길이 엇갈렸다.

제8차 발해 사신단

같은 해인 773년 6월 12일, 노토국에서 조정으로 보고를 올렸다. 제8차 발해 사신단의 도착 관련이었다. 이번에는 배 한 척에 40명이 타고 왔다고 하니 좀 더 대형 선박이었던 모양이다.

발해국사 오수불(烏須弗) 등이 한 척의 배를 타고 이곳에 도착하였습니다. 사신을 보내어 조사하니 오수불 등이 글로 말하기를 '발해와 일본은 오랜 동안 사이 좋은 이웃으로 왕래하며 형제처럼 지냈습니다. 근래에 일본의 우라오(內雄) 등이 발해국에 머물러 음악을 배우고 본국으로 돌아갔는데, 이제 10년이 지나도록 안부를 알리지 않아 이 때문에 대사 일만복 등을 일본으로 보내어 조정에 나아가 의논하게 하였습니다. 그런데 4년이 지나도록 본국으로 돌아오지 않으므로 대사 오수불 등 40인을 다시 파견하여 직접 국서를 전달토록 하였습니다.'라고 하였습니다. 덧붙여서 선물과 국서는 모두 배 안에 있습니다.

제8차 발해 사신단 구성
- 기간: 773년 6월 도착(노토) → 즉시 출발
- 총원: 40명
- 대사: 오수불
- 부사 이하: ○명

6월 24일, 태정관에서 사신을 보내어 발해대사 오수불에게 전하였다.

> 태정관이 처분하여 지난번의 사신 일만복 등이 전해온 국서의 말이 교만하였기 때문에 그 정황을 알리고 물러가게 한 일이 있었소. 그런데 지금 노토국에서 보고하기를 발해대사 오수불 등이 보내온 국서도 예에 어긋나고 무례하다고 하니, 이 때문에 조정에 부르지 않고 바로 본국으로 돌려보내려 하오. 다만 국서가 예에 어긋나는 것은 사신들의 잘못이 아니고, 바다를 건너 멀리까지 온 일이 가상하므로, 이에 상여품과 길을 가는 동안의 양식을 주어 돌려보내도록 하겠소. 또한 발해의 사신이 이 길(에치젠에 도착하여 노토를 거쳐 가가로 내려오는 북쪽 길)을 통해 오는 것은 전부터 금한 일이니, 지금 이후부터는 마땅히 예전대로 쓰쿠시의 길(筑紫道, 규슈 북부의 다자이후를 경유하는 남쪽 길)을 따라 오도록 하시오.

마지막 부분의 발해에게 규슈의 다자이후를 거쳐서 오라고 요구한 것은 사실 현실성이 없는 이야기였다. 그렇게 하려면 발해 입장에서는 안전하게는 동해 연안을 따라 내려와야 하는데, 이는 명백히 신라 영해의 침범에 해당하기 때문이다. 과거 고구려가 다자이후를 경유해 일본을 방문하였던 사례들은 분명 있었으나 그때도 국제상황에 따라 어쩌다 가능하였던 것이지 항상 그랬던 것도 아니었다. 그리고 물론 동해를 멀리 돌아서 가는 방법도 있긴 했지만, 항해의 위험성이 매우 높을 수밖에 없는 일이었다. 일본이 알고도 그렇게 요청한 것인지 여부는 알 수 없으나, 결론적으로는 발해는 이를 무시하기로 한다.

제9차 발해 사신단

776년 12월 22일, 제9차 발해 사신단으로 발해국의 헌가대부(獻可大夫) 사빈소령(司賓少令) 개국남(開國男) 사도몽(史都蒙) 등 187명이 일본에 왔다. 조금 늦었지만 바로 직전의 사신단을 통해 알게 된 제49대 고닌 천황의 즉위를 이번에 축하하고 아울러 문왕의 왕비(王妃)의 죽음을 알려왔다. 일본의 해안에 막 도착하려는데 갑자기 풍랑이 불어와 키가 부러지고 돛이 떨어져 표류하다가 100명도 넘게 죽고 겨우 46명만이 살아남았다. 곧 에치젠국의 가가 군에 머무르게 하고 생필품을 공급하였다.

제9차 발해 사신단 구성
- 기간: 776년 12월 도착(에치젠 가가) → 헤이조쿄 방문 → 772년 2월 출발
- 총원: 187명 (120명 사망, 도착은 46명)
- 대사: 헌가대부 사빈소령 개국남 사도몽
- 부사: 이름 미상 1명(사망 추정)
- 판관: 대판관 고녹사, 소판관 고울림, 판관 고숙원(사망)
- 녹사: 대녹사 사주선, 소녹사 고규선, 소녹사 이름 미상 1명(사망)
- 기타 수령 등 41명
- 선원(추정) 등 21명

이때 알려온 문왕의 부인은 바로 효의황후(孝懿皇后)였을 텐데, 그녀가 곧 정혜공주와 정효공주의 어머니였을 것이다. 문왕 즉위 다음 해(738년)에 정혜공주를 낳았을 때를 대략 20세라고 가정해보면 정효공주를 출산한 757년에는 약 40세 정도가 되었을 것이고, 그

렇다면 이번에 사망한 것은 60세 전후의 나이 때의 일이 아니었을까 생각된다. 그녀의 묘지가 발굴은 되었는데 아직 중국 측에서 내용을 공개하고 있지 않기 때문에 정확한 사정은 당장은 알 수 없지만 가까운 시일 내에 발표가 있기를 기대해본다.

777년 1월 20일, 사신을 보내어 발해 사신 사도몽 등에게 전하였다.

> 773년 오수불이 본국으로 돌아가던 날에 태정관이 조치했던 대로 발해에서 온 사신은 이제 이후로는 마땅히 예전대로 다자이후로 향하고, 북로(北路)를 거쳐 오지 않도록 하였소. 그런데 지금 이 약속을 어겼으니 어찌 된 일인가?

사도몽이 다음과 같이 변명하였다.

> 오수불이 돌아와서 전한 내용에 대해서는 잘 알고 있습니다. 그래서 저희는 본국의 남해부(南海府, 발해 남경) 토호포(吐號浮)에서 출발하여 서쪽으로 쓰시마(對馬島)를 향해 갔는데, 바다 한가운데에서 폭풍을 만나 금지구역에 도착하게 된 것입니다. 약속을 어긴 죄는 변명하기 어렵다는 점도 알고 있습니다.

이는 사실 거짓이었다. 당시의 항해기술로는 동해 연안을 따라 내려오지 않는 한은 그렇게 정교하게 동해의 망망대해를 원하는 대로 자유롭게 항해할 수가 없었기 때문이다. 이들은 그저 기존처럼 똑같이 떠난 것이었고 도착해서 변명한 것에 불과했다. 이후에도 발해 사신단은 줄곧 동일한 루트로 일본을 방문한다.

2월 20일, 발해 사신단 중 사도몽 등 30명에게만 조정으로 들어오라는 전갈이 왔는데, 사도몽은 다음과 같이 회신을 하였다.

저희 160여 명은 멀리서 천황의 즉위를 축하하고자 바다를 건너오던 중 갑자기 폭풍을 만나 표류하게 되어 죽은 사람이 120명이고, 요행히 살아남은 사람은 겨우 46명뿐입니다. 험한 풍랑 속에서 구사일생으로 살아났으니, 천황의 은택이 있었기에 가능했던 일이라고 믿습니다. 더욱이 천황을 궁궐에서 뵐 수 있었던 것 역시 혜택을 받았기 때문이니 천하에 이처럼 운 좋은 이들이 어디에 또 있겠습니까.

죽지 않고 살아남은 저희 40여 명은 몸과 마음을 하나로 하고 즐거움과 고통을 함께할 것을 기약하였었습니다. 그런데 명을 받기로는 16명은 따로 남아 해안에 머무르라고 하시니, 비유하자면 한 몸을 둘로 갈라놓는 것처럼 느껴집니다. 부디 천황의 은혜를 다 함께 받을 수 있도록 저희 모두에게 수도 방문을 허락해주실 것을 간곡히 부탁드립니다.

간지러울 정도로 아부스럽긴 하지만 어쨌든 이 요청은 잘 전해져서 천황은 요청대로 조치해주었다. 그런데 앞서 187명이 왔다고 했는데 여기서는 166명뿐이니, 21명의 차이는 아마도 일반 선원들이어서 정식 사절단에는 포함을 안 시킨 것으로 보인다.

4월 9일, 발해 사신 사도몽 등이 수도에 들어왔다. 다음날인 10일, 태정관이 사신을 보내어 사도몽 등을 위문하였다. 4월 22일, 발해 사신 사도몽 등이 선물을 전하면서 다음과 같이 인사를 하였다.

발해국왕은 먼 조상 때부터 일본과 교류를 시작하여 오늘날까지 멀춘 적이 없습니다. 이번에 국사(國使) 일만복이 돌아와 전하는 말을 들으니 천황께서 새로 즉위하셨다고 하기에 기쁜 마음에 곧바로 헌가대부 사빈소령 개국남 사도몽을 보내어 인사드리도록 하고 아울러 선물을 가지고 천황의 궁궐에 찾아뵙도록 하였습니다.

4월 27일, 천황이 임석하여 발해대사 사도몽에게 정3위를 주고, 대판관 고녹사(高祿急) 및 소판관 고울림(高鬱琳)에게는 모두 정5위상, 대녹사 사주선(史遒仙)에게 정5위하, 소녹사 고규선(高珪宣)에게 종5위하를 주고, 다른 참석자들에게도 차등 있게 주었다. 발해국왕에게 상여품을 주면서 국서를 갖추어 적었다. 사도몽 이하에게도 마찬가지로 상여금을 주었다. 여기에는 총 46명의 방문자 중 5명의 이름은 나와 있지만, 나머지 인원들의 존재는 밝혀져 있지 않은데, 아마도 수령 등 교역을 목적으로 하는 이들이 다수 포함되어 있을 것으로 추정된다.

5월 7일, 천황이 중합문(中閤門)에 나와 활쏘기와 말타기를 관람하였는데, 발해 사신 사도몽 등을 불러 함께 활 쏘는 장소에 모이도록 했다. 5위 이상 관리들에게 한껏 꾸민 말을 타고 달리게 하고 무대에서는 전무(田儛, 고대에 밭갈이하면서 노래 부르며 추던 춤)를 추게 하였다. 발해 사신 역시 본국의 음악을 연주하였다. 끝나고 대사 사도몽 이하에게 비단(綵帛)을 선물하였다.

이때의 작은 일화가 있다. 당시 20세의 다치바나노 기요토모(橘清友, 758~789)라는 양가의 자제로 자태가 좋았던 젊은이가 사신 접대를 맡고 있었는데, 발해 대사 사도몽은 관상을 잘 보아서 그를 보고 통사사인(通事舍人) 야마노우에노 노카미(山於野上)에게 말을 걸었다.

"저 청년은 어떤 사람인가요?"

"그저 일개 서생일 뿐입니다."

사도몽은 관상을 잘 보았는데, 노카미에게 예언과도 같이 말하였다.

"이 사람은 골상이 뛰어나므로 자손 가운데 크게 귀한 사람이 있을 것이오."

노카미는 이런 사도몽의 말을 진지하게 듣지는 않았던 모양이다. 장난 삼아 다른 질문을 던졌다.

"그의 수명이 어느 정도 될지 여쭙겠습니다."

"32세에 재앙이 있을 것인데 이를 지나면 괜찮을 것입니다."

나중에 기요토모는 다구치(田口) 집안과 결혼하여 다치바나노 가치코(橘嘉智子, 786~850)란 이름의 딸을 낳았고 그해에 천황의 경호업무를 담당하는 내사인(內舍人)이 되었다. 789년 그는 병이 들어 집에서 죽었는데 마침 그때의 나이가 32세였다. 정말 사도몽의 예언대로 된 것이었다. 그리고 그의 딸은 절세미인으로 유명했는데 나중에 제52대 사가 천황과 결혼하여 황후가 되었고, 또 제54대 닌묘천황까지 낳게 된다. 사도몽의 예언은 이중으로 적중하였다.

일본 헤이안 시대의 대표적인 장편소설 『겐지 모노가타리(源氏物語)』를 보면 고려인 관상가가 홍려관에 머물고 있을 때 주인공인 어린 히카루 겐지(光源氏)가 그를 만나는 일화가 나오는데, 이 관상가가 곧 일본에서 관상으로 유명해진 발해인 사도몽을 모티브로 한 것이라는 주장도 있으니 함께 소개해둔다.

어쨌든 이보다 더 후대의 일이지만 제25차 발해 사신단을 이끌고 일본을 방문한 왕문구 역시 비슷한 식으로 관상을 통해 예언을 하여 맞추는 일화가 또 나오는데, 아마도 발해에서는 관상을 보는 것이 보편화되어 있어서 그런 것인지 꽤 확률이 높은 듯하다.

5월 10일, 발해의 판관 고숙원(高淑源) 및 소녹사 한 사람의 시체가 떠내려와 해안에 도착하였다. 앞서의 표류 때 익사하였던 사람들이었다. 일본 조정에서는 각각 정5위상과 종5위하를 추중하고 법에 따라 부의(賻儀)를 하였다. 이후에도 종종 이때 익사한 발해인들의 시신이 발견되곤 했다.

5월 23일, 발해 사신 사도몽 등이 본국으로 돌아갔다. 대학소윤(大學少允) 정6위상 고마노 도노쓰구(高麗殿繼)를 송고려사(送高麗使)로 삼고, 문왕 앞으로 국서를 보냈다. 송고려사 고마노 도노쓰구도 고구려의 후예로 밝혀져 있으며, 고구려 소노부(消奴部) 출신이라고 한다. 그가 고구려어로 사신 접대가 가능했기 때문에 발탁된 것인지는 불분명하지만, 최소한 출신 지역 때문에 선발된 것임은 거의 확실해 보인다.

천황이 발해국왕에게 안부를 묻습니다. 사신 사도몽 등이 멀리서 바다를 건너와 즉위를 축하해주니, 돌이켜보건대 스스로 많이 부족함에도 어쩌다 황위에 올라 마치 큰 강을 건너는데 건널 방법을 알지 못하는 것과 같습니다.

국왕께서는 전례에 따라 사신을 보내어 천자의 즉위를 축하해주시니 그 친절함이 참으로 아름답습니다. 다만 사도몽 등이 우리 해안에 거의 닿을 즈음에 갑자기 풍랑을 만나 사람과 물건들을 잃고 타고 갈 배가 없어졌는데, 그들을 생각하면 더욱 마음이 아파옵니다. 고향으로 돌아가기를 생각하는 마음이 슬픔보다 배나 더하므로 선박을 건조하여 사신을 본국으로 돌려보냅니다.

아울러 비단 50필, 명주 50필, 실 200구, 솜 300둔을 부칩니다. 또한 사도몽의 요청에 따라 황금 소(小)100냥, 수은 대(大)100냥, 금칠(金漆) 1부, 칠(漆) 1부, 동백기름(海石榴油) 1부, 수정염주(水精念珠) 4관, 빈랑나무부채(檳榔扇) 10개를 보냅니다.

여름 햇볕이 뜨겁습니다. 편안하시기를 바랍니다.

또 왕후의 상을 조문하는 글도 덧붙였다.

죽음의 재앙은 무상합니다. 어진 왕후께서 돌아가셨다는 소식을 들으니 슬프고 또 슬픈데 부인의 죽음을 당한 분이야 어떻겠습니까. 묘 주위의 소나무와 오동나무가 아직 무성하지 않겠지만 모든 것이 점점 나아질 것이라 생각합니다. 길흉에 법도가 있으니 그것을 지킬 따름입니다. 이제 돌아가는 사신 편에 비단과 명주 각 20필과 솜 200둔을 보냅니다.

제10차 발해 사신단

778년 9월 21일, 1년 만에 송고려사 고마노 도노쓰구 등과 제10차 발해 사신단이 에치젠의 사카이군(板井郡) 미쿠니항구(三國湊)에 도착하였다. 에치젠에 조서를 내려 견고려사(遣高麗使)와 그곳 송사(送使)를 편안한 곳에 머무르게 하고 예에 따라 생필품을 공급하도록 하였다. 다만 도노쓰구 한 사람만은 먼저 수도로 들어오라고 명하였다.

제10차 발해 사신단 구성
- 기간 : 778년 9월 도착(에치젠) → 헤이조쿄 방문 → 779년 2월 출발
- 총원 : ○명 (배 2척)
- 대사 : 헌가대부 사빈소령 장선수
- 부사 이하 ○명

12월 17일, 정6위상 오아미노 히로미치(大網廣道)를 송고려객사(送高麗客使)로 삼았다.

일본에서 발해를 '고려'로 혼칭한 것은 이때가 끝이었다. 제6대 강왕 대숭린 때의 국서에서 외교적 수사로써 "옛 고구려의 발자취를 따르겠습니다"라고 한 것을 제외하면 발해는 759년에 '고려국왕 대흠무'를 국서에 기재한 것이 마지막이었고, 일본의 국서 기준으로는 772년을 끝으로 고려라는 명칭을 사용하지 않았다. 그리고 국서 외에 일본의 역사기록상으로는 778년까지는 발해와 고려라는 국명을 같이 사용하였었지만, 이후부터는 일본 측 역사에서 '고려'가 사라지고 '발해'만이 오로지 사용되게 된다.

뿐만 아니라 당나라 측 기록에서도 마치 우연의 일치인 것처럼 773년을 끝으로 발해를 지칭하는 또 다른 용어였던 '발해말갈'은 사라지고, 그 이후에는 '발해'로 단일하게 나타난다. 외교의 상대방들이 발해를 더 이상 '고려'나 '말갈'이 아닌 '발해'라는 제2의 정체성으로 인식하게 되었다는 뜻으로, 이는 물론 발해에서 지속적으로 그렇게 정체성을 포지셔닝해왔기 때문에 가능했던 것이다. 발해는 이제 더 이상 고구려도 말갈도 아닌 발해인의 나라였다.

그렇다면 그간 왜 발해는 굳이 말갈이나 고구려의 이미지를 대

외적으로 사용하였던 것일까? 여기에는 발해인들의 영리한 기교가 숨어 있다. 일본에는 그들이 잘 알고 있는 '고구려'를 강조해 외교에 유리하게 활용하였고, 거꾸로 당나라에는 그들의 고구려 트라우마를 잠재우기 위해 일부러 '말갈'을 부각했던 것이다. 한 마디로 발해인들의 의도적인 처사였다. 당시의 일본인은 말갈보다 고구려를 더 잘 알았고 오랜 기간 외교관계를 맺어왔었기에 인지도 측면에서는 고구려를 이용함이 더 유리했을 게 분명하고, 또 당나라는 고구려와 전쟁을 벌인 사이인 데다 그들의 영웅 태종 이세민이 고구려에 패배하였던 악몽을 가지고 있는 관계여서 고구려에 대한 인식이 안 좋았으니, 기왕이면 국내의 말갈 세력이 건국의 주체로 참여한 것을 포지셔닝에 이용하여 대당 외교에서는 말갈로 한동안 어필해왔던 것이다. 발해의 인적구성을 적절히 활용한 영리한 외교적 기교였던 셈이다.

한번 실제 양국에 대한 외교를 담당했던 사신들의 출신으로 이를 입증해보자.

우선 당나라에 사신으로 파견된 인물의 다수는 왕가에 속하는 대 씨였는데, 전체 인원의 50%가 넘는 비중을 차지했다. 말갈계 이름이 대략 1/4 정도 되고, 기타 이 씨나 양 씨 같은 성씨가 15% 정도이며, 자연히 고구려를 연상시키는 고 씨는 불과 한 자릿수에 그쳤다. 그나마도 고 씨는 800년대 이후에나 대당 외교에서 이름을 올리게 되고 그 전까지는 대 씨를 제외하면 말갈계 이름들이 700년대 초중반에 집중적으로 나타나는 것으로 보아, 발해가 얼마나 당나라에 고구려의 느낌을 주지 않기 위해 노력했는지 미루어 짐작할 수 있다.

그에 반해 일본에 파견된 사신 중에는 대 씨는 겨우 1명뿐이었고, 고 씨가 가장 많아서 1/3을 차지했다. 말갈계 이름도 등장은 하지만 1/4이 채 안 되고, 양 씨나 이 씨, 왕 씨와 같은 일반적인 성씨들이 다수를 점유하고 있다. 상대적으로 일본에 대해서는 고구려의 뉘앙스를 풍기려는 노력이 잘 느껴진다.

　이처럼 발해는 대외관계에서 상황에 따라 적절히 내부인력을 배치함으로써 외교의 효과를 극대화하려는 목적이 있었음을 알 수 있다. 중국 학자들이 줄기차게 주장하듯이 발해는 말갈의 나라라고 단정지을 수 없음을 이를 통해 정확히 말할 수 있을 것이다.

　어쨌거나 문왕이 재위한 지도 어느덧 40년이 넘고 외국도 충분히 발해에 대한 인지도와 신뢰를 쌓게 되었다고 판단하여 이제는 외국을 상대할 때 고구려나 말갈이라는 가림막을 없애게 되었던 것 같다. 발해만으로도 충분히 국제사회에서 인정받고 있다는 자신감이 들었던 것이리라. 추측건대 문왕이 당나라로부터 발해국왕으로 정식 인정을 받았던 762년 무렵부터 말갈이나 고구려와의 연관성을 강조하던 정책을 점차 축소, 폐지하고 발해라는 독자적 국가로서 대외에 자리매김하겠다는 프로젝트를 공식적으로 추진하였던 것은 아니었을까 싶다. 이때가 처음으로 발해인이라는 통합된 자아가 생성된 시기로 보인다.

　그리고 언제부터인지는 정확지 않지만 800년대에 접어들어 '발해어(渤海語)'라는 발해 공용어가 역사기록에 등장하는 것을 보면 이미 문왕 대부터 고구려의 단순한 계승국의 이미지를 벗어나 여러 말갈 부족인들을 규합하는 하나의 통일된 민족 정체성을 구축하겠다는 움직임이 시작되었던 것으로 여겨진다.

　779년 1월 1일, 천황이 대극전에서 조회를 열었다. 발해국 헌가대부(獻可大夫) 사빈소령(司賓少令) 장선수(張仙壽) 등이 참석하여 축하하였다. 1월 5일, 발해 사신 장선수 등이 선물을 바치며 말했다.

> "저희 국왕께서 '일본 사신 고마노 도노쓰구 등이 길을 잃고 표류하
> 다가 멀리 야인(遠夷)의 땅에 도착하였습니다. 타고 있던 배가 파손되어
> 돌아갈 방도가 없으므로 배 2척을 만들고 장선수 등을 보내어 도노쓰
> 구 등을 전송하게 하였고, 아울러 드릴 선물을 실어보냅니다.'라고 하
> 셨습니다."

아마도 야인의 땅이라 함은 발해의 관점에서 북부 말갈인들의
영토를 말한 듯하다.

1월 7일, 5위 이상 관리 및 발해 사신 장선수 등에게 조당에서
향연을 베풀고 상여품을 주었다. 천황이 발해 사신에게 다음과 같
이 전하였다.

> "발해왕의 사신 장선수 등이 내조하여 알현하니 짐은 매우 기쁘오.
> 이에 관위를 올리고 아울러 상여품과 선물을 주겠소."

1월 16일, 5위 이상 관리 및 발해 사신에게 조당에서 잔치를 베
풀고 상여품을 주었고, 1월 18일에는 궁중에서 활쏘기를 하였는데
발해 사신 역시 활쏘기에 참가하였다.

2월 2일, 발해 사신이 본국으로 돌아갔다. 문왕 앞으로 국서와
선물을 함께 보냈다.

제11차 발해 사신단

779년 9월 14일, 일본 조정에서는 제11차 발해 사신단에 대해 다음과 같이 조치할 것을 명하였다.

> 발해 및 철리의 359명이 입조해서 데와국에 있으니 예에 따라 물건을 공급하라. 다만 이번 사신은 급이 낮아 국빈으로 모시기에는 부족하니 이제 사자를 보내어 잔치를 베풀고 그 길로 돌려보내고자 한다. 그들이 타고 온 배가 만약 파손되었다면 또한 마땅히 수리하여 지체없이 본국으로 돌려보내도록 하라.

33년 전인 746년에 있었던 발해인과 철리말갈의 일본 방문을 연상시키는 일이다. 아마도 이들은 지난번처럼 민간교역을 목적으로 하되 이번에는 발해 정부의 승인을 받고 일본을 찾은 것이 아닐까 생각된다. 그래서 이들을 이끌고 온 이의 직책도 인솔자를 뜻하는 압령(押領)에 불과하여 공식 사절단이라고 보기에는 부족하지만, 실체는 의심스러워도 어쨌든 우선은 국서를 지참하여 왔다고 하니 여기서는 제11차 사신단으로 보도록 한다.

제11차 발해 사신단 구성
- 기간 : 779년 9월 도착(데와) → 779년 12월 출발 (배 9척)
- 총원 : 발해/철리말갈 359명
- 압령 고양죽, 통사 고설창, 철리 관리 1명 등

9월 27일, 무쓰와 데와 등지에 조칙을 내려 히타치, 사가미(相摸),

무쓰에서 걷은 비단, 솜, 베 등으로 발해와 철리의 사신에게 상여금을 주도록 하였다. 이것들이 아마도 이들 사신단이 얻고자 하였던 상품이었을 것이다. 그리고 다음과 같이 명령이 내려졌다.

데와 지역에 있는 발해인 등 359명은 지금 엄동설한이고 바닷길도 험난하니 만약 올해 동안은 머물러 있기를 원한다면 뜻대로 해주도록 하라.

11월 9일, 검교발해인사(檢校渤海人使)에게 조칙을 내렸다.

압령 고양죽(高洋粥, 혹은 고반필高伴弼) 등이 가져온 국서가 무례하니 마땅히 올리지 못하게 하고, 아울러 쓰쿠시도 경유하지 않고 간사한 말로 편의를 구하니 더욱 죄를 조사하여 다시는 그렇게 하지 못하도록 하라.

짐작은 했지만 역시나 이들은 공식 사절단으로서의 품위를 갖추고 있지 못했다. 심지어 국서가 정말 국왕이 내려준 것인지도 여전히 의문이다. 참고로 압령은 말갈인을 통제하는 역할이어서 아마도 여기서는 철리말갈인들의 관리자 자격이었을 것이다. 보통 말갈인이 포함된 사절단을 이끄는 자에게 압령이라는 칭호가 사용되었다.

심지어 이들은 자기들끼리 싸우기까지 했다. 다음 날인 10일, 검교발해인사가 다음과 같이 보고를 올렸다.

철리의 관리(官人)가 고설창(高說昌)의 윗자리에 앉기를 다투며 항상 오만하여 남을 업신여기는 기운이 있으니 태정관이 처분해주십시오. 발해의 통사(通事)인 종5위하 고설창은 멀리서 험한 파도를 건너 수차 례나 일본에 왔었고 언행과 생각이 바르고 성실합니다. 그러므로 높은 자리를 제수하여야지 저 철리의 아랫자리에 있게 하는 것은 특별히 대 우하는 뜻이라고 할 수 없습니다. 마땅히 그 자리의 서열을 달리하여 관품의 높고 낮음을 보여주십시오.

아마도 고설창은 앞서 몇 차례 있었던 발해 사신단에 참여하였 던 인물이라고 하는데 다른 기록에서는 발견되지 않는다. 771년 도 해한 제7차 발해 사신단에서 이름 미상의 녹사와 역어에게 종5위 하를 준 적이 있는데 이때 고설창도 녹사 아니면 역어로 참여하였 던 것이 아닐까 싶다. 혹은 기록이 미비하여 자세한 사항이 알려져 있지 않은 바로 직전 제10차 발해 사신단에 참여하였을 수도 있다. 통사는 후대에 보통 통역관을 지칭하기는 하지만 이 당시에는 역어 라는 통역관이 별도로 존재하였었기 때문에 무역 실무를 담당하 던 역할이 아니었을까 생각된다. 즉 고설창은 일본 경험이 있기 때 문에 이들 일행에 참여하게 되었으리라 본다.

어쨌거나 여기서 시선을 끄는 부분은 바로 철리의 관리가 사신 단의 통사보다 스스로 지위가 높다고 주장하였다는 사실이다. 즉 발해 안에서는 지역 부족 출신이라 하더라도 중앙 관리보다 결코 사회적 지위가 낮지 않았음을 직접적으로 말해주는 사례인 것이 다. 이는 출신에 따른 갈등으로 볼 수도 있지만 역으로 생각해보면 곧 발해 사회 내에서 지방의 말갈 출신이 구분은 되었을지언정 차 별받는 위치는 아니었다는 사실을 의미한다. 자리를 두고 다툼을 벌일 정도면 그만큼 사회적 지위가 높았다는 반증임과 동시에 최소한 동등한 권리를 주장할 수 있는 사회적 여건이 존재했음을 알수가 있는 일화이다.

12월 22일, 검교발해인사가 발해 사신 압령 고양죽 등의 "타고 온 배가 파손되어 돌아갈 길이 막연합니다. 조정에서 부디 배 9척을 내려주시어 본국으로 돌아갈 수 있도록 해주시기 바랍니다."라는 간청의 말을 전해오니 이를 받아들였다. 일본 입장에서도 조금이라도 빨리 말썽 많은 이들을 보내버리고 싶었던 모양이다.

배 9척을 359명이 나눠탄다면 한 척당 40명 정도씩 되는데, 앞서 타고 온 배의 일부를 재활용하여 9척이 더해지는 것인지 오로지 9척에 모두 나눠타는 방식인지는 불분명하다. 아마도 일본 정부와 협상 과정 중에 깎일 것을 감안해서 새로운 선박 9척이 온전히 필요하다고 어필하였을 것으로 봄이 타당할 것이다. 이를 통해 보면 이들이 타고 온 배의 숫자도 9척이었을 것이라고 짐작해볼 수있다.

제12차 발해 사신단

786년 9월 18일, 데와국에서 보고가 올라왔다. 제12차 발해 사신단에 대한 소식이었다. 이때는 일본도 제50대 간무(桓武) 천황(737~806, 재위 781~806)의 치세로 바뀌어 있던 시점이었다. 그는 제49대 고닌 천황의 아들로, 어머니는 백제 무령왕의 후손이어서 2001년 일본의 아키히토 천황도 가문의 혈통에 대한 이와 같은 내력을 인정한 바 있었다. 그의 가장 유명한 공적은 바로 794년의 헤이안(平安) 천도인데, 이에 대해서는 강왕 때에 다시 살펴보기로 하겠다.

제12차 발해 사신단 구성
- 기간: 786년 9월 도착 (데와) → 787년 2월 출발 (배 1척)
- 총원: 65명 (배 1척, 24명 사망, 도착은 41명)
- 대사: 이원태
- 부사 이하 조타수, 뱃사공 포함 64명

발해국 사신 대사 이원태(李元泰) 이하 65명이 배 한 척을 타고 표류하다가 이곳에 도착하였는데, 12명은 에조에게 살해당하고 41명이 살아남았습니다.

배 1척에 65명이 탈 정도면 대형 선박이었던 모양이다. 그리고 합치면 53명인데, 총원 65명이라 한 것은 아마도 그 차이인 12명은 표류 도중 먼저 사망했던 것은 아닐까 싶다. 어쨌든 이들은 에치고로 옮겨졌다.

787년 2월 19일, 발해 사신 이원태 등이 말하였다.

저희가 방문하던 때에 조타수와 뱃사공 등이 적들을 만나 모두 피살되었으므로 본국으로 돌아갈 방도가 없습니다.

이에 에치고국에 명하여 배 1척과 조타수, 뱃사공 등을 붙여주어 떠나보내게 하였다. 이들의 수도 방문 기록이 없는 것으로 보아 이곳 에치고에서 그대로 귀국한 것으로 추정된다.

발해가 멸망한 직후인 927년에 정리된 자료이긴 하지만, 일본을 방문하는 외국사신단에게 주는 선물의 기준표가 있어서 여기서 소개한다. 조금씩 변동은 있지만 대략 이 정도 범위에서 실제로 발해 사신단에게도 주어졌음을 밝혀둔다.

선물 수령인	비단(絹)	명주	실	솜(綿)
발해왕	30필	30필	200구	300둔
대사	10필	20필	50구	100둔
부사		20필	40구	70둔
판관		15필	20구	50둔
녹사		10필		30둔
역어, 사생(史生), 수령		5필		20둔

이처럼 문왕의 치세 동안에만 무려 11번의 외교사신 파견이 있었고, 일본 측의 답빙도 9번이나 이루어졌다. 당나라 일변도의 외교를 다원화할 필요가 있던 발해의 처지와 당나라와는 거리상 직접적인 교류가 어렵고 신라와의 관계도 악화되고 있던 일본 입장에서는 서로가 외교 파트너로서 필요했던 상황이었기에 가능한 일이었다. 이들의 관계는 문왕 당시만 해도 그렇게 불균형하진 않았지만, 점차 일본에서 외교적 우위를 점하기 위한 관계 설정을 시도하면서 조금씩 삐걱거리는 상황이 연출된다. 어쨌든 발해는 배후의 신라를 견제할 수 있고 한편으로 무역을 통한 실리도 얻을 수 있는 대일본 외교를 상대적으로 중시 여겨 이후에도 지속적으로 문을 두드렸고, 일본도 동상이몽이긴 하지만 발해의 사신들을 정략적으로 천황과 일본 조정의 입지를 높이는 것에 활용하는 데에서

그 가치를 찾았다.

어쨌거나 문왕의 신라까지 포함한 전방위적인 주변국과의 외교는 높이 평가할 만하다. 그는 자신의 죽음 직전까지 발해의 평화를 위해 열심히 노력하였던 것이다.

(7) 가족 분란의 씨앗

발해의 다른 국왕들과 달리 문왕의 경우 가족 관계가 조금은 자세히 알려진 편이다. 우선 그의 아내의 묘가 최근에 발견되었고, 두 딸의 묘 역시 역사적 발굴을 통해 널리 알려져 있다.

우선 아직 중국 측에서 묘지석을 공개하고 있지 않아 자세한 사항을 알 수는 없지만, 문왕의 부인 효의황후(孝懿皇后)의 존재가 21세기 들어 처음 알려지게 되었다. 어떤 이유에서인지 중국 학계에서는 10년이 넘도록 정보 공개를 하고 있지 않은데, 하루빨리 공개되어 역사 연구에 큰 도움을 줄 수 있기를 바랄 따름이다. 현재는 그녀가 776년 중반에 먼저 세상을 떠났다는 사실만 알려져 있다. 그런데 문왕의 재위 기간이 긴 만큼 자식들의 나이 차이도 커서 아마도 부인이 효의황후 한 명뿐인 것은 아니었던 듯싶다. 구체적인 사정을 알기 위해서는 그녀의 묘지석이 공개되는 수밖에는 없을 것 같다.

그리고 둘째 딸 정혜공주(738~777)와 넷째 정효공주(757~792)가 있다. 둘 다 인생이 기구했던지, 각각 아들과 딸이 있었는데 어린 나이에 일찍 세상을 떴고, 남편도 마찬가지로 둘 다 먼저 눈을 감았다. 이들 역시 충격이 컸던지 각각 40세, 36세에 때 이른 죽음을 맞는다.

이 둘은 시호로 같은 글자를 사용한 것으로 보아 같은 어머니의 자식이었을 것이다. 그렇다면 효의황후는 20년 터울의 두 딸을 낳은 셈이 되는데 그럼 첫째 자식과 동궁이 되는 마지막 자식까지 정실인 그녀가 모두 낳았다고 한다면, 그녀는 20세 전에 결혼하여 일찍 출산을 시작하였고 40대 초반까지는 아이를 낳은 후 60대에 사망하였던 것으로 계산해볼 수 있다.

아마도 첫째는 아들이었을 것이고 그가 곧 일찍 세상을 떴다고 한 대굉림이었던 것으로 보인다. 둘째인 정혜공주가 세상을 뜬 것이 777년인데 이때 이미 그녀의 어린 동생이 동궁(東宮), 즉 태자라고 하는 것으로 보아 대굉림은 정혜공주보다 먼저 사망하였던 것이 분명하다. 그렇다면 셋째 역시 딸이었거나 아니면 아들이었어도 두 공주처럼 이른 시기에 사망하여, 다섯째로 생각되는 아들이 동궁의 자리를 얻은 것으로 추측해볼 수 있다.

어쩌면 문왕이 중간에 연호를 대흥(大興)에서 소중한 시대라는 뜻의 보력(寶曆)으로 바꾸었던 774년이 자신의 장자인 대굉림의 죽음과 관련되어 있지는 않을까? 커다란 변화가 있을 때에 보통 연호를 개정하는데, 774년 무렵에는 발해의 역사에서 별다른 모습이 포착되지 않는다. 773년 6월에 일본에 보낸 사신도 가족사에 대해서는 별다른 언급이 없고, 776년 12월의 사신은 문왕의 아내인 효의황후의 죽음에 대해서만 전하고 있을 뿐이다. 고로 상상해보자면 774년경 적자인 대굉림이 사망하였고 슬픔에 빠진 문왕은 연호를 개정하여 이를 기렸던 것은 아니었을까?

그렇다면 대굉림이 738년생 정혜공주보다 오빠라고 했을 때, 예컨대 737년생으로 가정해본다면 20세쯤 되면 첫 아이를 생산했을 수 있으니 그의 아들 대화여는 여동생 정효공주와 757년생 동갑내기였을 수도 있다. 혹은 사망할 무렵에 뒤늦게 부인이 아기를 가졌다고 하더라도 793년 문왕이 세상을 하직하였을 때에는 대굉림의 아들 대화여가 최소 20세는 넘는 셈이니 어떤 경우이건 왕위를 잇기에 적당한 나이가 된다.

하지만 차기 왕위계승권자인 동궁은 777년 이전에 이미 정혜공주와 정효공주의 남동생으로 정해져 있었다. 정확한 나이는 알 수 없지만, 그가 정실 출신이라고 한다면 이미 효의황후가 출산하기에는 꽤 늦은 나이였기 때문에 757년생인 넷째 정효공주보다 어렸다 해도 나이 차이가 크지는 않았을 테니, 그럼 793년 무렵에는 못해도 30대는 넘었을 것이다.

즉 야심만만한 두 젊은이와 이를 둘러싼 계파세력 간에 서로 왕위계승에 대한 정당성을 주장하며 분쟁을 일으킬 만한 소지가 있는 것이다. 하지만 의외로 왕위는 문왕의 친척동생인 대원의가 잇게 된다. 이 두 세력 사이를 어떻게 파고들었던 것일까? 자세한 이야기는 다음에 살펴보도록 하자.

어쨌거나 793년 3월 4일, 문왕은 왕위에 오른 지 57년 만에 세상을 뜬다. 자신의 인생에서 반백 년 이상을 국왕으로 지낸 문왕은 발해의 전체 역사에서 1/4을 차지하는 그 긴 기간만큼 발해 사회를 안정시키고 주변국과의 평화공존체제를 구축하였다는 점에서 발해 역사상 위대한 군주의 한 명으로 손꼽을 수 있을 것이다.

그와 비교할 만한 대상으로는 고구려의 제20대 장수왕 고거련(高巨連, 394~491, 재위 412~491)을 들 수 있다. 무려 80년간이나 왕위를 지켰던 장수왕은 아버지 광개토태왕이 이룬 영토 확장의 업적을 이어받아 국가를 안정시키고 발전의 초석을 세운 인물로 마치 무왕과 문왕의 관계를 연상시키기도 하며, 재위 당시 중국의 분열된 국가들을 상대로 노련한 외교의 기술을 펼치며 고구려의 국익을 극대화한 점 역시 안록산 전쟁이 발발했을 때 철저한 중립 외교로 발해의 몸값을 드높였던 문왕과 무척 닮아있다. 또한 장수왕의 아들이 자신보다 일찍 죽어 왕위를 대를 건너 물려주어야 했던 점도 마찬가지로 문왕의 상황과 조금도 다를 바 없었다.

다만 결정적 차이점은 바로 그 후계자에게 있었다. 장수왕의 후계자는 비교적 큰 탈 없이 국가를 물려받았던 데에 반해 문왕의 후계구도는 복잡하기 그지없었다. 그의 사후에 벌어진 왕위계승과 관련된 일대 혼란은 문왕 자신이 책임을 지는 수밖에 없을 것이다.

국왕의 시호 이야기

동양에서는 보통 왕의 사후에 그 왕의 업적을 상징하는 글자를 사용하여 왕의 시호(諡號)를 부여한다. 대조영은 고왕(高王), 대무예는 무왕(武王), 대흠무는 문왕(文王) 등 그 당시의 치적을 한 글자로 요약해서 설명해줄 수 있는 시호를 적절히 선택하여 사용하는 게 일반적인데, 발해의 경우에는 그 시호에도 어떤 규칙이 있었다.

문왕의 두 딸, 정혜공주와 정효공주의 묘지석을 보면 중국 고대 주(周)나라의 위대했던 왕을 비유하여 표현한 부분들이 나온다. 바로 주 문왕(文王), 성왕(成王), 강왕(康王) 등이 그렇게 언급된 사례이다. 그런데 잘 보면 발해 역사에도 이 세 왕이 그 한자 그대로 등장한다. 문왕은 방금 언급한 대로 대흠무 자신이고, 성왕은 5대 대화여, 강왕은 6대 대숭린이다. 순서까지 같으니 놀라울 따름이다. 심지어 왕위에서 강제로 끌어내려진 폐왕(廢王)의 존재도 기나긴 시간 차이만 있을 뿐 두 나라에 모두 있다.

그뿐만 아니라, 7대 정왕(定王) 대원유, 8대 희왕(僖王) 대언의, 9대 간왕(簡王) 대명충, 10대 선왕(宣王) 대인수 등 모두 고대 중국의 주나라 왕들의 시호 그대로이다. 안타깝게도 11대 대이진부터 15대 대인선까지는 시호가 알려져 있지 않지만, 이들 역시 주나라 왕들의 시호 중에서 골라서 사용되었을 것으로 보이나, 현재로서는 이 가설을 사실로 확정 지어 말하기에는 근거가 아직 부족하다.

시점은 명확지 않지만 아마도 초창기부터 발해 왕실에서는 후대의 왕들에 대한 시호도 주나라의 사례를 참고하여 정한다는 일종의 규칙을 만들었던 것이 아닐까 생각된다. 훗날 대이진이나 대건황, 대현석 등 후반부의 왕들과 관련된 금석문 같은 것이 추가로 발견된다면, 거기에는 분명 주나라 역대 군주의 시호를 그대로 차용한 사례가 마찬가지로 있을 것이라고 확언할 수 있다.

끝으로, 문왕의 당대 호칭을 살펴보면서 국왕의 호칭에 대한 규칙도 한번 알아보도록 하겠다. 문왕의 당시 정식호칭은 '대홍보력효감금륜성법대왕(大興寶曆孝感金輪聖法大王)'이었다. 이를 분해해서 보자면, '대홍(大興)'과 '보력(寶曆)'은 문왕이 자신의 치세기에 사용하였던 연호를 말하는 것이다. 광개토태왕이 재위 당시 '영락대왕(永樂大王)'이라 불렸던 것과 마찬가지로 연호를 호칭에 반영하는 방식이다.

'효감(孝感)'은 효행과 관련된 유교적 표현이지만 정확한 용처가 불분명한데, 문왕의 재위가 워낙에 길었기 때문에 '보력'처럼 중간에 잠시 사용했던 연호일 수도 있으나 단순히 국왕을 수식하는 표현이었을 가능성이 좀 더 크다. 광개토태왕의 정식시호인 '국강상광개토경평안호태왕(國岡上廣開土境平安好太王)'의 '평안(平安)'과 같은 관례적 용어가 아니었을까 하는 부분이다. 참고로 광개토태왕의 시호에서 '평안'만큼은 호우총이나 모두루묘지에서 태왕의 시호가 언급될 때에는 생략되어 있다.

'금륜(金輪)', '성법(聖法)'은 불교적 표현으로, 문왕 및 그의 치세기에 있어서의 지극한 불교 사랑이 느껴진다. '대왕(大王)'은 국왕을 높여 부르는 것으로 왕중왕의 뜻을 내포하기도 한다. 광개토태왕의 경우 보통은 '대왕' 내지 '태왕(太王)'이라고 알려져 있지만 모두루묘지에서처럼 '호태성왕(好太聖王)', 즉 '성왕(聖王)'으로 불린 사례도 존재한다. 이는 발해에서 국왕을 '성왕'이라 하였다는 기록과 일맥상통한다고 볼 수도 있다.

이상의 호칭은 문왕이 살아 있던 당시의 호칭이지 사망 이후에 주어지는 시호는 아니다. 그의 정식시호는 다른 기록이 발견되어야 정확히 알 수 있을 테지만, 고구려에서 사용했던 방식과 많이 유사했을 것으로 추측된다.

여담이지만, 발해의 고유 글자가 있었느냐는 오랜 이슈가 있는데,

당나라의 역사서에는 발해에 문자가 있었다(渤海有文字)는 표현이 나온다. 그러나 이는 고유의 글자가 있었다고 해석할 수도 있겠으나, 한자를 사용하는 문화권에 속하여 한자를 사용할 줄 알았다는 뜻으로 광의로 해석할 여지도 있어서 사실 불분명하다. 발굴된 발해 기와들에서 한자처럼 생겼어도 한자가 아닌 글자들이 여럿 발견되고 있고, 그 생김새가 바로 다음 금나라대의 여진 문자와 비슷하게 생긴 측면은 있다. 이를 기반으로 그것이 발해 고유의 글자가 아니었겠느냐는 추정도 해볼 순 있겠지만, 그게 사실이라면 그것으로 문장이 새겨진 금석문도 발견이 되어야 하는데 오히려 지금까지 살펴본 정혜공주나 정효공주의 묘지석처럼 국가의 공식적인 기록물을 보면 발해 문자처럼 보이는 것은 전혀 없고 오로지 한자로만 기록되어 있어서 이 역시 의구심만 남기고 있다. 설혹 있었다 할지라도 활성화되지 못하고 사문화된 것은 아니었겠는가 여겨지며, 그렇다면 금나라의 여진 문자로 이어지게 되는 교량 역할을 하였을 가능성은 염두에 둘 수 있겠다.

4. 제국의 혼란

(1) 혼란의 시대

폐왕(廢王) 대원의, 발해 역사상 최초의 쿠데타를 맞은 국왕. 그는
문왕의 친동생도 아닌 친척동생(族弟)일 뿐이었다. 원래라면 그다음
국왕이 될 문왕의 아들 대굉림이 일찍 죽어 왕위계승 순서가 문왕
의 작은아들(小子, 혹은 막내아들)에게 가 있던 상황이었지만, 이를 물리
치고 직계가 아닌 대원의가 발해의 국왕이 되었다.

제4대 폐왕 대원의(?~793 또는 794 초, 재위 793 또는 793~794)
- 아버지 : (미상)
- 어머니 : (미상)
- 아내 : (미상)
- 형제자매 : (미상)
- 자식 : 아들 대청윤(사신 794)

그의 형제관계는 알려져 있지 않지만, 최소한 문왕의 친척동생이
라고 하는 것으로 봐서는 아버지 무왕의 아들이 아니라 고왕 대조
영의 또 다른 아들에서 나온 자식이었거나 아니면 대조영의 동생
대야발의 후손이었을 수도 있다.

대조영의 직계라고 했을 때의 후보군은 여럿이 있다. 고왕에게는
무왕 대무예 말고도 자식들이 많았다. 당나라로 망명한 대문예, 비
슷한 이름이어서 같은 어머니에게서 나온 또 다른 동생으로 여겨

지는 대술예, 기타 당나라와의 외교에 파견된 적이 있던 대번, 대창발가, 대보방, 대호아, 대림, 대랑아 등이 있었다.

그렇다면 대원의는 누구의 자식이었을까? 크게 둘 중 하나가 아닐까 한다. 한 가지 경우는 차기 왕위계승권자로 확정된 문왕의 작은 아들과 첫째 아들의 자식인 장손 대화여라는 쟁쟁한 경쟁자가 있었음에도 이를 힘으로 누를 수 있었던 실질적인 권력자였으리라는 추정이고, 또 한 가지는 아예 권력의 핵심에서 밀려나 있었지만, 이들 두 세력의 틈바구니에서 문왕의 죽음이라는 혼란 속에서 비밀리에 군사정변을 일으켜 스스로 권력을 쟁취하였을 가능성이다.

전자의 경우라면 대술예의 아들이었을 가능성이 높다. 왜냐하면 대술예는 대무예의 동모제(同母弟)로 혈통의 정당성이 높았고, 대외 외교를 직접 담당해보았기에 당나라와의 관계에 있어서 권력 승계를 용인받을 수 있는 자신감을 가졌을 수 있기 때문이다. 하지만 이 가정의 단점은 그렇다 하더라도 그가 동궁과 대화여를 밀어내고 왕위를 이어야 할 명분이 약하다는 것이다. 또한 대술예의 존재는 당나라 조정에도 알려져 있다 보니 역으로 생각해보면 쿠데타의 당위성 설득을 위한 타당한 사유를 만들어내기가 쉽지 않았을 수도 있다.

그렇다면 후자의 경우 두 세력의 권력다툼 와중에 자신의 실력만으로 왕위를 움켜쥘 수 있었던 인물은 과연 누구일까? 혹 당나라로 망명한 대문예의 아들은 아니었을까? 조국을 버리고 떠난 아버지의 남겨진 자식이 조국에서 어떠한 대접을 받았을지는 굳이 고민해보지 않아도 잘 알 수 있을 것이다. 보통은 장성한 자식일 경우 온 가족을 멸하는 연좌제에 의해 처형당할 수도 있는 상황이었을 것이다. 정확한 사정은 알 수 없지만 그런 위기 속에서 어린 나이어서였는지 몰라도 어떻게든 가까스로 살아남았다고 가정해본다면, 그가 발해 조정에 가지게 된 복수심은 아마도 상상치 못할 정도로 컸을지도 모를 일이다. 대무예의 망명 시 그가 갓난아기였다고 한다면 문왕의 사망 당시에는 못해도 60대는 넘었을 터인데, 그 긴 세월 동안의 와신상담 끝에 그는 두 세력이 대치하고 있는 사이에서 자신이 길러온 힘으로 강제로 정권을 탈취하였던 것은 아닐까? 당시 문왕의 사면령으로 친 대문예 세력이 정치적 압박에서는 벗어났다 하더라도, 어차피 권력의 핵심에서 밀려나 모 아니면 도라는 심정으로 일을 저지를 수 있는 궁지에 몰린 인생이 아니었겠는가. 몰락한 집안일지라도 그에게는 고왕의 직계혈통이자 정실의 자식이라는 결정적 강점이 있었지 않은가.

어찌되었든 대원의가 왕위를 이을 당시 대화여는 살아남았고 동궁은 더 이상 기록이 남아 있지 않은 것으로 보아 결과적으로는 처단당했을 가능성이 엿보이는데, 그렇다고 대원의가 대화여와 손을 잡고 경쟁세력을 제거한 다음 왕위에 오른 것은 아닐 듯하다. 왜냐하면 이 둘이 결합했다면 여전히 왕위계승의 정당성은 대화여 쪽에 좀 더 있었을 것이기 때문이다.

아마도 왕위계승이 확실했던 동궁을 물리적으로 제거한 다음 단독으로 대원의가 왕위에 올랐고, 대화여는 이 당시 신변의 안전을 위해 피해 있었던 것은 아니었을까 짐작해볼 수 있다. 권력의 비정함을 알고 있었다면 대화여는 동궁이 국왕이 되든 제3세력인 대원의가 왕위를 잇든 자신은 그들의 정권에 가장 위협이 되는 존재이니 마땅히 조심하지 않으면 안 된다는 사실을 본능적으로 잘 인식하고 있었을 것이다.

어쨌거나 대원의는 왕위에 오르는 데 성공하였다. 그는 이제 자신의 왕위계승 정당성을 증명해야 했다.

794년 1월 왕자 대청윤(大淸允)이 당나라에 가서 우위장군(右衞將軍, 종3품)을 받았고, 동행했던 30여 명도 각각 관직을 받았다고 한다. 문헌상 명시는 되어 있지 않지만, 늦어도 793년 후반에 발해를 출발하였을 테니 시기상으로 보았을 때 대청윤은 대원의의 왕자였을 것이다. 결국 이는 대원의가 자신의 왕위계승을 당나라에 알리는 사신의 행보였고, 받은 선물로 봐서는 외교적 성과도 기대했던 대로 흡족할 만한 것이었던 듯하다.

하지만 그의 정권은 오래가지 않았다. 한동안 숨어 지내던 대화여 세력의 반격이 준비되고 있었던 것이다. 국인(國人)이라는 말은 상당히 광범위한 표현이긴 하지만 일반적으로 생각하다시피 평범한 백성들을 지칭하지는 않는다. 대개는 왕이 아닌 왕족이나 귀족 같은 지배층 다수를 지칭할 때 사용되는 표현이었다. 이 국인들이 대원의가 왕위에 있은 지 불과 1년 만에 '의심이 많고 잔인하다'라는 이유로 들고일어나 그를 죽여버린 것이다.

정말 그가 의심이 많고 잔인했는지는 오늘날 우리는 정보의 부족으로 알 수 없다. 하지만 보통은 역사는 승자의 기록이라는 말처럼 바로 다음 왕위를 잇는 이들에 의해 그의 단점들이 부각되어 기록되었을 가능성도 무시할 수는 없다. 물론 그렇다고 반대급부로 그가 성군이었다고 볼 수는 없지만 정말 역사의 평가대로 악인에 불과했는지는 좀 더 고민이 필요한 문제라는 생각이다.

어쨌거나 그는 793년 3월 4일 문왕의 사후에 왕권을 획득하였지만 불과 1년만인 793년 말 혹은 794년 초경에 쿠데타로 목숨을 잃고 만다. 불운한 결말은 그에게 정당한 시호를 주지 못했다. 그래서 우리는 그를 폐위된 국왕 즉 폐왕(廢王)으로 부를 뿐이다.

결과적으로 폐왕 대원의는 발해의 지배계층, 아마도 일부 왕족과 반대세력인 귀족들로 추정되는 국인들에 의해 살해당하고, 결국 원래의 왕위계승권자 중 한 명인 문왕의 손자 대화여가 추대를 받아 왕위를 잇게 된다.

제5대 성왕 대화여(?~794, 재위 794)
- 아버지: 대굉림(사망)
- 어머니: (미상)
- 아내: (미상)
- 형제자매: (미상)
- 자식: (미상)

대화여는 왕위에 오르자 연호를 중흥(中興)으로 고치고 수도를 상경으로 되돌렸다. 연호만 보더라도 문왕의 첫 연호 대흥(大興)이 자연스럽게 연상된다. 나라를 크게 흥하게 하리라는 대흥과 다시 한 번 나라를 흥하게 하겠다는 중흥의 이어지는 맥락을 보면, 결국 대화여가 뜻한 바는 문왕의 시대로 돌아가자라는 메시지로 읽힌다. 그렇게 폐왕 대원의의 시대는 지워져야 할 존재가 되었다.

그러나 대화여 역시 단명에 그친다. 794년 초경 즉위한 그는 불과 재위 1년 만에 세상을 뜨고 마는데 정확한 나이는 알 수 없지만 대굉림이 일찍 그를 낳았다고 치고 최대치로 계산해보아도 잘해야 40세 정도 되었을 테고 대굉림 사망 당시 태어났다고 한다면 불과 20세를 갓 넘은 나이였을 뿐이다.

그렇게 왕위는 대숭린에게 넘어갔다. 그리고 대화여에게는 '성왕(成王)'이라는 시호가 주어진다. 고작 1년 동안의 치적이라고는 당시 동경에 있던 수도를 상경으로 다시 옮긴 것뿐임에도 무엇을 이루었다고 '성왕'씩이나 하는 시호가 주어졌을까? 일부 학자들은 앞서 쿠데타 세력의 주체인 '국인'이 상경의 귀족들이어서 문왕의 동경 천도를 원복시키기 위해 쿠데타를 자행하였다는 해석도 하고 있지만 대략 10년이나 지나서 다시 상경으로 돌아간 것인데 그것을 이룬 것 때문에 이들이 '성왕' 칭호를 부여했다고 보기엔 시간 차이가 많이 난다. 그렇다면 유일한 추정은 바로 대숭린에게 왕위를 성공적으로 전달해준 역할 때문이 아니었을까 하는 것이다.

성왕 때는 심지어 당나라에 왕위계승을 알리는 사신 파견도 없었다. 분명 모종의 사유가 있었을 텐데, 기본적으로는 왕위가 또 한 차례 바뀔 여지가 있어 파견을 미루었다는 해석이 가능하다. 이 말인즉슨 성왕 역시 아버지 대굉림이나 젊은 나이에 요절한 고모들처럼 건강이 썩 좋지 않았음을 의미할 수도 있고, 혹은 한창때의 나이에 생을 마친 것이니 증거는 없지만 독살이든 어떤 형태가 되었든 타살의 의심이 자연히 들 수밖에 없다. 그렇다면 바로 다음 국왕이 되는 대숭린이 이미 성왕의 치세에 깊숙이 개입하고 있어서 의도적으로 사신 파견을 막았다고 볼 여지도 있다. 깔끔하게 성왕 사후 자신의 즉위를 염두에 두고 한 일은 아니었을지 모르겠다.

이건 순전히 상상이지만 대숭린의 아들대에 보이는 권지국무(權知國務)라는 제도가 이때 처음 시행된 것은 아닌가 싶기도 하다. 권지국무란 '임시 국정 총책임자' 정도로 해석할 수 있는데, 현대 국가라고 했을 때는 대통령 유고 시 국무총리가 맡게 되는 '대통령 권한대행' 같은 의미라고 보면 되겠다. 참고로 고려의 개창자인 태조 왕건도 그렇고, 조선의 태조 이성계 역시 즉위 전에 유사하게 권지국사(權知國事)로 자칭하였다. 왕위를 잇기 전 비정상적으로 권력을 탈

취할 때에 활용되었던 방식이라는 점도 우연찮게 일치한다. 즉 대화여와 대숭린이 한 편으로 쿠데타를 수행하면서, 그때 대화여는 대통령이 되고 대숭린은 국무총리를 차지하는 식의 모종의 협상이 있었다면 가능했을 시나리오다. 곧 다음 왕위에 대한 자리 보전까지 확실히 한 냉엄한 정치의 결과가 아닌가 하는 추정이다.

어쨌든 대숭린은 이렇게 794년 말 왕위에 올랐고 새롭게 연호를 올바른 역사라는 뜻의 정력(正曆)으로 선포하였다. 그가 생각하는 잘못된 역사를 바로잡는 것을 자신의 숙명이라고 생각했던 것일까. 게다가 앞서 성왕이 문왕의 연호 '대흥'을 연상시키는 '중흥'을 채택하였듯이, 그의 연호 또한 문왕의 '보력'에 상응하는 '정력'으로 맞춘 것은 다분히 의도된 것으로 여겨진다.

(2) 혼돈 속 짧은 평화

강왕 대숭린(大嵩璘)은 문왕 대흠무의 작은아들(小子)이라고 당나라의 역사서에는 전해진다. 하지만 과연 그것이 사실이었을까? 당초 강왕은 발해의 국왕에 등극하면서 당나라에 자신의 즉위를 알려야 했는데, 앞서 794년 1월 대원의의 아들 대청윤이 당나라에 다녀오는 바람에 발해의 왕위계승이 복잡하게 꼬인 상황을 어떻게든 잘 해명해야 하는 처지가 되었다. 강왕 입장에서는 문왕 이후 폐왕과 성왕 그리고 자신과 문왕과의 관계를 당나라에 어떻게 설명해야 할지 상당히 난감해 했던 것 같다.

제6대 강왕 대숭린(?~808, 재위 795~808)

- 아버지: (미상)

- 어머니: (미상)

- 아내: (미상)

- 형제자매: (미상)

- 자식: 정왕 대원유, 희왕 대언의, 간왕 대명충

그래서 그는 결국 자신을 문왕의 작은아들로 설정하기로 하였다. 당나라는 문왕 치세에 잦은 사신교환을 통해 이미 발해의 차기 왕위계승권자 즉 동궁이 작은아들임을 알고 있었던 상황이었으니, 자신의 왕위계승 정당성을 위해 스스로를 당나라에서 동궁으로 인식하도록 그 위치에 임의로 배치한 것이다.

게다가 분명 그는 폐왕 때 당나라에 보내진 국서의 내용을 나중에 확인해보았을 텐데, 대원의가 어떠한 변명과 핑계로 스스로의 왕위계승을 설명하였는지 파악하고 있었을 것이다. 그 문맥에서 크게 벗어나지 않도록 왕위의 순서를 적절히 조작하였던 것으로 보인다.

그럼 왕실 내에서의 강왕의 원래 위치는 어디였을까? 그가 일본에 보낸 국서에서는 스스로를 문왕의 손자라고 표현한 부분에 주목해보자. 아마도 이것이 역사적 진실일 것이다. 다시 설명하겠지만, 군이 일본 측에게는 자신의 왕위계승에 대해 억지로 납득시켜야 할 의무가 없었으니 말이다. 즉 그는 문왕의 손자였음이 틀림없다(작은아들이면서 동시에 손자라는 두 가지 상충되는 조건을 모두 충족시키는 경우는 문왕과 며느리 사이의 불륜을 통해 그가 태어났거나 혹은 문왕이 손자를 자신의 자식으로

입양했을 때 가능하긴 하겠으나 둘 다 가능성이 낮아 여기서는 고려 대상에서 제외한다).

문왕에게는 대굉림과 이름이 알려지지 않은 동궁 외에 기록상으로는 최소한 대영준과 대정한이라는 아들이 더 있었다. 발해는 객지에서 사망한 대도리행을 마지막으로 더 이상 왕위계승권자를 사신으로 외국에 보내지 않았는데, 그렇다면 이들은 왕위를 이을 1순위인 동궁도 아니었고 맏아들 대굉림보다는 동생들이었을 테니, 자연스럽게 773~774년도에 당나라로 사신을 다녀왔던 대영준은 둘째 정혜공주와 넷째 정효공주 사이의 셋째아들이고 791년의 사신이었던 대정한은 그보다는 더 젊은 자식일 가능성이 있다.

대숭린은 이 둘 중 한 인물의 아들이 아니었을까 싶은데, 나이로 미루어보면 대영준의 아들이었을 가능성이 높아 보인다. 그래서 그는 자식이 없었던 대화여의 왕위계승을 먼저 이루고 그 다음 후계자가 없는 상황에서 어쨌든 마찬가지로 문왕의 손자가 되는 자신이 자연스럽게 왕위를 물려받는 시나리오를 세웠던 것은 아닐까? 물론 그의 아버지도 어린 동궁의 존재가 나타나는 777년 이전에 사망했던 것으로 여겨진다.

그렇다면 대원의를 폐하고 대화여를 추대한 세력에는 결국 대숭린도 포함되어 있었을 것이다. 아마도 그가 주축이었을지도 모를 일이다. 정확한 나이는 알 수 없지만 738년생 정혜공주보다 나중에 태어난 이의 자식이라면 빨라도 760년생 정도였을 것이고, 그의 아들들이 부자승계가 아닌 형제승계로 연달아 왕위를 잇게 되는 상황을 감안하여 역산해보아도 이 당시의 강왕은 잘해야 30대 중반쯤 되지 않았을까 추정된다.

이처럼 중간의 복잡한 즉위 과정을 설명하기에는 차마 밝힐 수 없는 어떤 치부가 있었던 것이 분명하다. 안타깝게도 기록의 미비로 제반 환경을 고려하여 이와 같이 추측은 하였지만 보다 정확한 사정은 추가적으로 역사의 기록이 발견되어야 밝혀질 것이다.

그렇다면 왜 강왕은 일본에는 굳이 자신을 문왕의 손자라고 정확히 소개하였던 것일까? 중국에는 일부러 문왕의 작은아들이라고 하면서 역사적 진실을 감추었는데도 말이다. 문왕과 강왕 사이에 성왕이 있으니 마치 부자 상속을 해온 것처럼 문서를 꾸미느라 그랬다는 설도 있지만, 굳이 당나라에는 정상적인 관계를 알리고 일본에는 따로 관계를 수정할 필요가 있느냐는 의문이 자연히 들게 된다. 이와는 거꾸로 당시 국제적 공신력을 가지고 있던 당나라에는 사실을 숨겨야 했을 것이고, 일본은 발해의 왕위계승에 간섭하는 지위가 아니었으니 굳이 사실을 알아도 무방하기에 있는 그대로 밝힌 것이 아닐까 생각된다.

795년 봄 2월 당나라에서 내상시 은지첨(殷志瞻)을 보내와 강왕 대숭린을 우효위대장군 홀한주도독 발해군왕으로 공식 인정하였다. 그런데 이상한 점은 바로 직전의 문왕만 하더라도 발해국왕이었는데, 강왕에게는 그보다 낮은 발해군왕으로 책봉을 해주었다는 것이다. 강왕은 여기에 신경이 쓰였다.

795년 12월 말갈도독 아밀고(阿密古) 등 22명을 당나라에 보내서, 중랑장을 받고 돌아왔다. 연이어 798년 3월, 강왕은 조카인 대능신(大能信)과 우-후루번장(虞侯婁蕃長) 도독(都督) 여부구를 당에 보내어 부친인 문왕이 당으로부터 인정받았던 사실들을 일일이 지적하면서 자신 역시 호칭을 높여줄 것을 적극적으로 요청하였고, 이에 당은 결국 강왕의 청을 들어주어 은청광록대부(종3품) 검교사공(정1품)을 더해서 제수하고 발해국왕으로 높여주기로 하였다. 당나라는 11

월에 대능신과 여부구에게 각각 좌효위중랑장(정4품), 우무위장군을 내려 귀국시켰다.

참고로 우후루번은 말갈 부족인 우루부(虞婁部)를 가리키며, 여부구가 이 우루말갈을 총괄하는 책임자였던 것으로 보인다. 그의 존재는 발해가 이 당시 여러 말갈 부족을 일종의 번국, 즉 속국으로 둔 제국(帝國) 체제를 갖추고 있었음을 말해주는 것이다. 좀 더 미래의 일이지만 이러한 말갈 부족들은 발해로 흡수되어 통합 발해인으로 나아가는 길을 걷는다.

어쨌든 이를 보아도 확실히 강왕은 자신의 왕위계승에 대한 정당성을 크게 신경 썼음을 알 수 있다. 보통 이런 경우는 자신의 정당성에 문제가 있을 때 자주 있는 일이다. 폐왕의 1년과 성왕의 1년은 그의 집권이 정상적인 과정을 거치진 않았음을 말해준다. 구체적인 사실이 전해지는 것은 없으나, 추측건대 역시나 본인이 왕위에 오르기 위해 피의 숙청을 거친 것이 아니었을까 하는 정황만이 있을 뿐이다. 그래서 강왕은 대내에서의 자신의 정당성을 확보하기 위해 대외 외교에 집중하는 모습을 보였으리라. 그만큼 이토록 대외 직위에 관심을 기울인 인물도 발해 역사에는 없었다.

804년 11월 당나라에 사신을 보냈고, 805년 5월 당 황제 순종은 강왕에게 금자광록대부(정3품) 검교사도(정1품)를 수여하였다. 이는 문왕을 뛰어넘는 명예였다. 805년의 사신은 강왕의 왕자였는데 이름은 전해지지 않는다. 그리고 806년 10월에 당나라는 강왕에게 또다시 검교태위를 내려주었다. 이에 대한 보답이었는지 12월에 당에 사신을 재차 보내었고, 807년에는 양광신(楊光信)을 사신으로 당나라에 파견하여 단오를 축하하였다.

강왕은 끊임없이 자신의 국왕으로서의 정당성을 외부로부터 확인받는 절차를 밟았고, 일정 정도 성공을 거둔 것으로는 보인다. 강왕의 아들은 자신과 달리 왕위를 물려받을 때 처음부터 발해국 왕으로 시작할 수 있었기 때문이다.

제13차 발해 사신단

강왕은 문왕의 뒤를 이어 일본과의 우호적 관계 유지에도 많은 노력을 기울였다.

795년 11월 3일, 데와국에서 발해사 광간대부(匡諫大夫, 혹은 정간대부庭諫大夫) 공부낭중(工部郞中) 여정림(呂定琳) 등 68명이 에조인의 땅인 지리파 마을(志理波村)에 표착했다가 공격당한 사실을 일본 조정에 보고해왔다. 제13차 발해 사신단에 대한 소식이었다. 조정에서는 데와국에 명하여 발해사를 에치고국으로 옮겨 머무르게 하고는 전례에 따라 생필품을 공급하였다.

제13차 발해 사신단 구성
- 기간: 795년 11월 도착(데와) → 헤이안쿄 방문 → 796년 5월 출발
- 총원: 68명
- 대사: 광간대부 공부낭중 여정림
- 부사 이사 67명

이 당시 일본은 여전히 제50대 간무 천황 치세 중으로, 784년에 나가오카(長岡, 교토 내)로 잠시 수도를 옮겼다가 794년에 마침내 헤이안쿄(平安京, 교토 중앙부)에 정착한 상태였다. 참고로, 헤이안쿄는 이

후 미나모토 가문이 가마쿠라 막부를 세우는 1185년부터는 사실상 정치적 중심지로서의 역할을 잃게 되지만 여전히 천황이 거처하는 황궁으로 남아있었고, 수백 년이 흐른 다음인 1868년에 가서야 천황이 도쿄로 거처를 옮겨가면서 명목상 수도로서의 역할도 끝난다.

이건 여담이지만, 이곳 헤이안쿄의 가장 남쪽의 남대문이 곧 나성문(羅城門)인데, 세월이 흘러 발음에 약간의 변화가 생겨 '라쇼몬(羅生門)'으로 많이 알려지게 되었다. 구로사와 아키라 감독의 1950년작 영화『라쇼몽(Rashomon)』이 바로 이곳을 배경으로 한 것이다.

헤이안쿄(平安京) 전경 위키피디아

796년 4월 27일, 발해사 여정림 등이 선물과 함께 당나라에 유학중인 일본승려 에이쥬(永忠)의 편지, 그리고 강왕의 국서 두 통을 바쳤다. 국서의 내용은 다음과 같다.

부음에 관한 일은 다른 편지에 적었습니다. 천황께서 하시는 일마다 행운이 따르길 빕니다.

대숭린은 구차하게 목숨을 부지하고 있던 중 갑자기 상을 당하여 왕위에 오르게 되었습니다. 관료들의 의로움에 감정을 겨우 진정시켜 선왕들의 뒤를 이을 수 있었고, 다행히 조정도 예전처럼 되고 영토도 처음과 다름이 없습니다. 가만히 생각해보면 백성을 돌보라는 무거운 짐을 진 것입니다.

푸른 바다가 아득하고 파도가 하늘까지 넘실거리니 직접 만나뵐 방도가 없어 그저 멀리서 생각만 거듭합니다. 이제 광간대부 공부낭중 여정림 등을 파견하여 바다를 건너가 옛 우호를 잇게 할 겸해서 작은 선물을 보내드립니다. 구체적인 내용은 따로 보내는 편지에 기재하였습니다만 거칠고 혼미해서 두서가 없습니다.

하늘에서 재앙을 내려서 **할아버지 대왕**(문왕)께서 대흥 57년(793년) 3월 4일에 돌아가셨습니다. 이웃나라와의 깊은 우호관계를 생각하면 서둘러 경조사를 알려야 하는데도, 바다가 가로막고 있어 이처럼 늦게야 말씀드리게 되었습니다. 대숭린은 불초의 자식으로 상을 당했음에도 스스로 죽지 못하고 불효를 저지른 죄가 커서 엄히 벌을 받아도 마땅합니다. 국서로 따로 전합니다만 정신이 혼미하여 말에 두서가 없습니다. 고손(孤孫) 대숭린이 고개 숙여 말씀드립니다.

자세한 설명은 없지만, 강왕의 할아버지인 문왕은 20세에 국왕이 되었다고 가정해도 사망 시 76세가 되므로 당시 기준으로는 충분히 장수한 것이기에 '갑자기 상을 당하여' 왕위에 올랐다고 하기에는 무언가 어색함이 있다. 여기서 주목할 부분은 '대숭린은 구차하게 목숨을 부지하고 있던 중'이 아닐까 한다. 그는 앞선 정권의 핍박을 받는 입장이었지만 어떤 과정에서인지 관료들의 추대로 왕위에 오르게 되었음을 의미하는 것으로 보인다. 폐왕 대원의가 왕위계승이 가능한 적통인 성왕 대화여를 핍박하던 당시 그도 문왕의 손자라는 사실은 동일하였으니 마찬가지로 억압받는 처지가 아니었을까. 그러던 중 쿠데타로 폐왕이 죽고 대화여가 왕위는 이었지만 그 역시 '갑자기 상을 당하여' 강왕에게 왕위가 전해졌다는 사실을 많은 부분을 의도적으로 생략하고 이와 같이 짧은 몇 마디로 표현하였던 것으로 생각해볼 수 있다.

5월 17일, 발해 사신 여정림이 돌아갈 때 정6위상 미나가노 히로타케(御長廣岳)와 정6위상 구와바라노 아키나리(桑原秋成) 등이 따라갔다. 이외에도 재당(在唐) 학문승려인 에이쮸에게 전할 사금(沙金) 300냥과 편지를 일행에게 맡겼다. 또 강왕 앞으로 보내는 국서를 통해 문왕의 상을 조문하고 새로운 국왕 대숭린의 즉위를 축하함과 함께 이전 국서의 서식이 전례와 다름을 지적하였다. 대략의 내용은 다음과 같다.

천황은 발해국왕에게 문안을 여쭙습니다. (중략) 국왕께서 새로 전왕의 기업을 이어서 옛 강토를 다스리기 시작하셨다고 들었습니다. 여러모로 신경 써주시는 말씀이 큰 힘이 됩니다. 담당관리가 전하기로는 이전의 여러 국서보다 형식이 좋고 그 내용 또한 좋았다고 하였습니다.

그러나 여정림이 가져온 국서를 살펴보면 처음과 끝이 서로 대응되지 않아 특히 옛 뜻을 어기고 있습니다. 상호 교류하는 법도는 예의와 공경을 무엇보다 중시 여겨야 하는데, 이것이 어긋난다면 굳이 무엇 때문에 왕래하겠습니까? 다만 여정림 등이 야인의 변방 지역에 표착하여 모두 약탈당하고 겨우 목숨만 건졌다고 하니 고생한 것을 생각하면 마음에 측은함이 들어, 이전과 같이 상을 주고 위로하여 돌려보내는 것입니다.

또 전왕께서 불운하게도 장수하지 못하셨다고 하니 슬픈 감정이 멈추지 않습니다. 이에 여정림 등이 돌아가는 편에 특별히 명주 20필, 비단 20필, 실 100구, 솜 200둔을 부쳐 먼 곳에서 조의를 표합니다.

여름이 무더운데 국왕 및 수령 백성 모두 편안하시길 바랍니다.

796년 겨울 10월 2일, 미나가노 히로타케 등이 발해국으로부터 돌아와서 강왕의 국서를 바쳤다.

대숭린이 말씀드립니다. 바다 건너 사신을 파견하여 귀국의 인정과 예의를 보여주시는데, 저는 그저 따뜻한 은택만 받는 것 같습니다. 천황께서 특별히 사신을 보내주시니 안부 말씀이 귀에 들리는 듯합니다. 함께 보내주신 진기한 선물 또한 이리 보고 저리 보아도 즐겁기만 할 따름입니다.

여정림 등이 불의의 사고를 미처 예상치 못하고 변방의 야인 지역에 도착하게 되었는데 천황께서 이들을 구제하여 본국으로 살아서 돌아올 수 있게 도와주셨으니 이는 모두 천황 덕분입니다.

대숭린은 많이 부족하지만, 다행히 때를 잘 만나 왕위에 올라서 선친의 관작을 이어받고 옛 영토도 그대로 통치할 수 있었습니다. 그러면서 황제의 명령을 전하는 임명장을 한겨울에 받는데, 자주색 끈이 달린 도장은 이곳 요하(遼河) 밖에서도 빛날 정도였습니다.

훌륭한 나라들과 우의를 다지고자 하였기에 귀국과도 외교관계를 맺어 계절마다 천황을 만나뵙고자 오고가는 배를 잇달아 파견하려고 했지만, 배를 만들 만한 좋은 목재가 이곳에서는 자라기 힘들기에 대신 작은 배라도 바다에 띄워 보내면 침몰하거나 위태로운 상황에 처하기 십상입니다. 또 간혹 바닷길을 잘못 가서 재난을 만나 해를 당하기도 하니, 비록 천황을 뵙고 싶어해도 이러한 난관들로 길이 막혀 어쩔 수 없는 노릇입니다.

우호 관계를 오래도록 지속하고자 하는데 예전처럼 일본과의 왕래에 동의해주셨으니, 파견하는 사신의 인원수는 20명을 넘지 않게 정원을 두도록 하겠습니다. 다만 몇 년에 한 번씩 사신을 파견할지의 문제는 귀국의 판단에 맡기고자 하오니, 결정되는 대로 사신을 내년 가을쯤에는 보내어 알려주시기 바랍니다. 사신 파견의 연한에 대해서 의견 주시면 좋겠지만, 혹여나 생각하시는 바와 달라서 굳이 동의하지 않는다고 하실 때에도 그 사실을 분명히 말씀해주시기 바랍니다.

그리고 보내주신 비단 20필, 명주 20필, 실 100구, 솜 200둔은 잘 받았습니다. 이제 미나가노 히로타케 등이 사신의 임무를 대략 끝마쳤으므로 적당한 귀국 일자를 잡아서 그 길에 우리 쪽 사람을 뽑아 귀국 사신들을 전송하는 길에 같이 파견하고자 하였습니다만, 귀국의 사신들이 본국의 지침을 받지 못하였다고 하며 극구 사양하기에 일정을 지체시킬 수도 없는 노릇이어서 그들의 의사를 따르도록 하였습니다.

귀국하는 사신 편에 선물을 함께 보내드리며, 구체적인 사항은 동봉하는 다른 편지에 적어놓았습니다. 보내드리는 물건들이 모두 보잘것 없는 것들이어서 부끄럽습니다.

이에 앞서 발해국왕의 국서가 문체에 일정한 틀이 없고 말이 불손한 것이 많다고 하여 일본 조정에서 문제를 삼았던 적이 있는데, 이번에 보내온 국서에서는 처음부터 끝까지 예의를 잃지 않고 말에 성의가 있어 보였다는 평이 많았다.

하지만 이는 거꾸로 생각해보면 강왕에게는 그만큼 외국과의 관계에서 밑지고 들어갈 수밖에 없는 내부의 상황이 있었음을 말해주는 것이다. 확실히 강왕에게는 왕위계승에서의 혼란이 끝내 그의 마음에 짐이 되었던 것이 거의 확실하다.

798년 4월 24일 외종5위하 구라노 가모마로(內藏賀茂麻呂)를 견발해대사(遣渤海大使)에, 정6위상 오쓰카이노 이마쓰구(御使今嗣)를 판관에 임명하였다. 이들은 5월 19일 조정에 들어와 작별인사를 하였다. 이들을 통해 비단과 명주 각 30필, 실 200구, 솜 300둔의 선물과 함께 발해왕 앞으로의 국서를 부쳐 발해왕이 정해줄 것을 요청하였던 방문주기 등에 대해서 인원수는 특별히 제한을 두지 않고 기간은 6년에 한 번으로 하는 것이 타당하겠다고 회답하였다.

천황이 발해왕에게 안부를 묻습니다. 지난해 미나가노 히로타케 등이 돌아와서 보내주신 글을 잘 받아보았습니다. 발해국은 망망대해를 사이에 두고 있으나 대대로 교류를 해왔습니다. 예전에는 고구려가 선조의 위업을 계승하여 서로 방문했는데, 이제는 대 씨 왕조가 국가를 세우고 기풍이 이어지니 교류가 끊이지 않고 있습니다. 그러나 중간에 국서가 옛 의례에 어긋나 문제가 되기도 했었습니다.

근간에 국왕께서는 지난날의 길을 따르면서 선조의 빛나는 업적을 이어받아 지금까지 교류를 이어왔는데, 아예 한 해 건너 한 번씩처럼 이를 상시적인 규칙으로 정하자고 제안해주셨습니다. 말씀하신 바는 뚜렷이 이해했고 그 성심성의에 탄복했습니다. 서로 지역이 멀리 떨어져 있다 해도 어찌 마음속에 그만큼의 간극이 있겠습니까? 따라서 요청하신 대로 왕래는 지속하고 또한 인원수도 굳이 제한을 두지 않겠습니다.

　다만 끝없는 대해를 건너는 것이 쉽지 않아 솟구치는 파도와 거센 바람 때문에 재난을 당할 것이 우려됩니다. 만일 한 해를 기한으로 한다면 그에 따른 고생과 근심, 후환을 감당하기 어렵겠습니다. 고로 6년이라는 사이를 두는 것이 적절할 듯한데, 종5위하 구라노 가모마로 등을 사신으로 보내 이런 생각을 전하며 아울러 선물을 함께 부칩니다.

　한여름이 매우 더운데 국왕께서는 편안하시길 바라며, 관리와 백성들도 안부를 함께 묻습니다.

제14차 발해 사신단

　그리고 어느덧 시간이 흘러 798년 12월 27일, 앞서 견발해사 가모마로 등이 제14차 발해 사신단인 위군대장군(慰軍大將軍) 좌웅위도장(左熊國都將) 상주장(上柱將) 개국자(開國子) 대창태(大昌泰) 등과 함께 오키국 지부군(智夫郡)에 가까스로 도착하였다. 이들은 일본으로 오는 길에 캄캄한 밤중 바다 한가운데에서 동서로 이리저리 이끌려 어딘지 모르는 곳으로 흘러갔는데, 멀리 불빛이 있어 그 빛을 좇아 겨우 당도할 수 있었다. 이날 대창태 등이 선물을 바치고 국왕 대숭린의 국서를 전달하였다.

제14차 발해 사신단 구성
- 기간: 798년 12월 도착(오키) → 헤이안쿄 방문 → 799년 4월 출발
- 총원: ○명
- 대사: 위군대장군 좌웅위도장 상주장 개국자 대창태
- 부사 이사 인원수 미상

대숭린이 말씀드립니다. 사신 구라노 가모마로 등이 우리나라에 잘 도착하여, 국서 및 함께 보내주신 비단과 명주 30필씩과 실 200구, 면 300둔의 선물도 잘 받았습니다. 감사의 말씀 전합니다. (중략)

대숭린은 옛 영토를 물려받고 선조들의 위업을 이어받아 멀리서 격려를 들으며 항상 수양에 매진하고 있습니다. 천황께서 멀리 거듭 사신을 보내어 은덕을 베풀어주시고, 또 마음에서 우러나오는 간절한 위로 역시 보여주셨습니다. 게다가 다시 글을 통해 전에 요청드린 것을 들어주시고, 아울러 선물도 빠뜨리지 않으셨으니, 오가는 편지에 실수를 범하지 않은 것 같아 다행입니다. 돌이켜보면 도와주시려는 마음이 과거 어느 때보다도 특별했던 것 같습니다.

물론 한낱 작은 배로 큰 바다를 항해하기가 어렵다고 말씀해주신 부분은 잘 알겠지만, 6년을 연한으로 하자는 의견은 교류의 시일이 너무 지연되는 것이 아닐까 적잖이 우려됩니다. 다시 한번 제안을 검토하셔서 기대하는 답장을 보내주시길 바라며, 기왕이면 처음에 건의하였던 대로 연한을 줄이는 쪽으로 정해주셨으면 합니다. (중략)

그리고 국서에서 말씀하신 것처럼 인원수는 제한하지 않겠다고 하셨지만, 적절히 사신 왕래의 실정을 헤아려 파견 인원은 줄이도록 하겠습니다.

위군대장군 좌웅위도장 상주장 개국자 대창태 등을 사신으로 귀국에 파견하며 그 편으로 선물도 같이 보내드리오니, 구체적인 내용은 다른 편지에 적어놓은 대로입니다. 물품에 특별한 것이 없는 것 같아 부끄러울 따름입니다.

799년 1월 1일, 천황이 대극전에서 조회를 열어 9품 이상의 문무 관리들과 발해국 사신도 포함하여 번국의 사신들에게 각기 관위를 더해주었다. 원래 조회 시에는 네 번 절하고 박수를 치는 절차가 있었는데 발해에서 왕실의 고위급 인사가 참석한 행사가 되어서 절은 두 번으로 줄이고 박수는 생략하였다. 그만큼 일본 측의 발해 사신단에 대한 예우가 이번엔 특별했다.

1월 7일, 풍락원(豊樂院, 부라쿠인)이 아직 완공되지 않았으므로 대극전 앞 용미도(龍尾道, 류비도) 위에 임시로 전각(殿閣)을 만들고 채색 비단으로 지붕을 이어 천황이 거동하였는데 번국의 사신들이 우러러보고는 장엄하고 화려하다고 여겼다. 발해국 사신 대창태 등도 여기에 참석하였다.

1월 16일, 천황이 대극전에 나와 여러 신하와 발해 사신에게 연회를 베풀고 음악을 연주하였다. 사신들에게 옷을 선물하고 아울러 뜰에 줄을 지어 답가(踏歌)를 했다. 1월 18일에는 조당원(朝堂院, 쵸도인)에서 활쏘기를 참관하였는데, 5품 이상 관리들이 활쏘기를 마친 후 발해 사신도 활을 쏘았다.

3개월쯤 지난 여름 4월 15일, 이날 발해국의 사신 대창태 등이 본국으로 돌아가니, 정6위상 시게노 후나시로(滋野船白) 등을 파견하여 호위하여 보내주게 하였다. 강왕에게 보내는 국서는 다음과 같다.

천황이 발해국왕에게 안부를 묻습니다. 사신 대창태 등이 가모마로와 함께 도착하여 보내주신 국서를 잘 읽어보았습니다. 국왕께서는 방문 연한의 재검토를 요청하셨는데, 사신들이 서로 어깨를 부딪칠 만큼 쉴새 없이 특산품들이 도착하고 있기에 매양 기쁜 마음이 들지 않을 수 없습니다. 앞서 사신을 보내 연한에 대한 의견을 드렸지만, 기간이 길다는 것을 이유로 다시 요청하셨습니다. 당초 6년으로 하자고 한 것은 왕래의 길이 힘들기 때문이었습니다. 이제 사신 파견의 연한 문제로 근심하지 않도록 하겠습니다. 지금 대창태 등이 돌아가는 길에 정6위상 시게노노 후나시로를 송사(送使)로 임명하였습니다. 아울러 선물을 함께 보냅니다. 초여름 중간이라 날씨가 덥습니다. 국왕께서는 평안하시기 바랍니다.

5월 20일, 태정관이 발해사의 방문을 6년에 한 번으로 정했던 연한을 무효화하였음을 각 지역에 통지하였다. 더욱이 이달 29일에 일본은 공식적으로 신라로의 사신파견 중단을 선언했다. 지속적인 노력 끝에 거둔 발해의 외교적 승리였다. 발해와의 교류를 통해 어느 정도 신뢰를 쌓았다고 판단한 일본은 이제 가뜩이나 말을 잘 듣지 않는 신라를 대체하여 외교통로로 발해를 활용하겠다는 정책 기조를 내부적으로 세운 것이었다. 한동안 외교적 우위를 누가 점하느냐를 가지고 지리한 밀고당기기를 거듭하였지만, 최종적으로는 발해의 실리외교 추진 방향에 이끌려 일본도 결국 발해와의 국제공조를 결심하게 된 것이다.

같은 해 9월 20일, 시게노 후나시로 등이 발해국으로부터 돌아와 강왕의 국서를 전달하였다.

대숭린이 말씀드립니다. 사신 시게노노 후나시로 등이 우리나라에 도착하였는데, 천황께서 직접 안부를 물으셨다 하니 몸둘 바를 모르겠습니다. 아울러 보내주신 비단과 명주 각 30필과 실 200구, 면 300둔도 잘 받았습니다. 두터운 마음에 감사할 따름입니다.

지난해 보내드린 국서에서 사신 파견의 연한을 정해주실 것을 요청드렸는데, 작년에 국서를 받아보니 결국 6년을 연한으로 정하신 것을 알게 되었습니다. 이에 대숭린은 재차 연한을 단축시켜주실 것을 간곡히 요청드렸고, 천황께서 의견을 접고 다른 사람을 배려하여 요청한 대로 수용해주셨습니다. 보내드린 선물은 비록 진귀한 것이 없는데도 특별히 받아주시니 기쁨은 이루 다 말할 수가 없습니다. (중략)

사신 대창태 등이 많이 부족할 텐데도 너그러이 받아주셨다고 하니 그 기쁨과 위로가 배나 되었습니다.

이제 가을 햇살이 잦아들며 찬바람이 부는 계절이 돌아와 멀리서 온 손님이 고국으로 돌아갈 생각에 그날을 학수고대하고 있습니다. 적당한 때가 되면 사신들을 지체 없이 돌아가도록 하겠습니다만, 이들을 송별해주는 것이 당연한 도리겠으나 정해진 연한이 아직 도래하지 않아 우리 쪽 사신을 동행시키지는 못하였습니다.

돌아가는 사신 편에 보잘것없는 물건이나마 보내드리며, 구체적인 것은 동봉하는 다른 편지에 적어두었습니다.

804년 6월 27일, 발해국의 사신이 노토국에 도착하는 경우가 많아, 숙소가 외지고 누추해서는 안 된다는 판단에 사신이 머물 객원(客院)을 새로 짓도록 하였다. 하지만 앞서 공식 사절단들이 도착한 곳들 중 노토는 제8차 발해 사신단 오수불 때만이었다. 오히려 데와, 에치고, 에치젠 등 좀 더 북쪽에 도착하는 경우가 많았는데, 노토의 객원을 새로 만들었다는 것은 이런 공식 사절단 외에도 발해의 민간 혹은 지방정부 차원에서의 중소규모 교류도 있었음을 말하는 것일 수도 있고, 또는 발해로 귀국하는 사절단의 출발지로서의 노토 객원 증설일 수도 있어 보다 정밀한 해석이 필요하다. 아마도 후대의 일로 미루어 짐작해보면 귀국 시의 거처로 생각함이 좀 더 합리적일 듯하다.

어쨌거나 신라에 대한 차가운 태도와 달리 일본 정부의 친발해 기류가 지속되고 있음을 알 수 있는 부분이기도 하다.

808년 후반 강왕 대숭린이 사망하였다. 집권기간 중에 특별히 이룬 것은 없었지만, 그의 사후에 다시 벌어질 발해의 혼란기 사이에 짧은 평화를 가져왔다는 점은 인정해줄 수 있을 것이다.

(3) 다시 시작된 혼란

809년 1월 당나라는 중관(中官) 원문정(元文政)을 사신으로 보내와 강왕의 아들 정왕 대원유(大元揄)를 은청광록대부(종3품) 겸교비서감(종3품) 홀한주도독 발해국왕으로 인정하였다. 처음부터 발해국왕으로 시작할 수 있었으니 아버지 강왕보다는 쉽게 왕위를 이은 셈이었다. 정왕은 즉위하여 연호를 영덕(永德)으로 정하였다. 영원한 이상향을 만들고자 하는 그의 희망이 느껴진다.

제7대 정왕 대원유(?~812 후반, 재위 809~812)

- 아버지: 강왕 대숭린
- 어머니: (미상)
- 아내: (미상)
- 형제자매: 동생 희왕 대언의, 간왕 대명충
- 자식: 아들 대연진(사신 810)

다음 해인 810년 1월 정왕은 신하 고재남(高才南)을, 11월에는 왕자 대연진(大延眞)을 사신으로 당나라에 보냈고, 812년에는 당 황제가 당을 방문한 발해 사신단 35명을 위해 연회를 베풀고 관직과 함께 그에 맞는 관복까지 선물해주었다.

제15차 발해 사신단

일본과의 교류도 계속되었다. 이때는 간무 천황의 사망 후 즉위한 제51대 헤이제이(平城) 천황(774~824, 재위 806~809)도 신병을 이유로 동생에게 양위를 하여, 제52대 사가(嵯峨) 천황(786~842, 재위 809~823)이 막 집권을 시작한 무렵이었다. 그는 24세의 젊은 천황이었다.

809년 10월 1일, 제15차 발해 사신단인 고남용(高南容) 일행이 선물을 바치고 정왕의 국서를 전하였다. 이때 강왕의 상을 알렸다.

제15차 발해 사신단 구성
- 기간: 809년 10월 도착(위치 미상) → 헤이안쿄 방문 → 810년 4월 출발
- 총원: ○명
- 대사: 화부소경 겸 화간원사 개국자 고남용
- 수령: 고다불 등

810년 4월 1일, 발해사 고남용 등에게 외국 사신의 영빈관인 홍려관(鴻臚館, 고로칸)에서 연회를 베풀었다. 그리고 4월 8일, 발해사 고남용 등이 귀국길에 오를 때 발해국왕 앞으로 국서를 보내왔다.

5월 27일, 발해사 일행과 헤어져 어떤 사유에서인지 에치젠에 잔류했던 수령 고다불(高太佛)을 엣츄(越中國)로 옮기게 하여, 사생(史生) 하구리노 마나가(羽栗馬長) 및 외국어학생(習語生)들에게 그로부터 **발해어(渤海語)**를 배우게 하였다. 이는 매우 중요한 기록인데, 이 무렵에는 고구려어나 말갈어 같은 구분이 아닌 발해어라는 독자적인 언어가 자리잡은 증거가 되기 때문이다. 언어가 통일되었다는 것은 곧 고구려와 말갈의 구분 역시 소멸되었다는 것을 의미한다. 이제 발해인은 하나의 발해인이지 개별적인 출신이 무의미해진 민족 통합의 단계에 완전히 접어들었다고 이해해도 무방할 것이다.

그리고 또한 발해어가 공식적으로 가르쳐졌다는 것은 그만큼 발해와 일본 간의 교류가 활발하였다는 것을 의미한다. 아마도 공식 기록으로 남은 양국 간 사신 파견 외에도 비공식적인 무역이 계속되지 않았을까 생각되는 부분이다.

어쨌든 그는 계속 일본에 체류하며 학생들을 가르치다가 2년여 후에는 아예 다카바노 다카오(高庭高雄)라는 일본식 이름을 받고 완전히 정착한다. 양국의 사이가 나쁘지 않던 때이므로 강압적으로

남은 것은 아닌 듯하고 아마도 그가 영구 정착을 희망하여 일본 국적을 취득한 모양인데, 아쉽게도 정확한 사정은 알려져 있지 않다.

제16차 발해 사신단

같은 해(810년) 9월 29일, 연이어 제16차 발해 사신단을 이끌고 온 화부소경(和部少卿) 겸 화간원사(和幹苑使) 개국자(開国子) 고남용(高南容)이 선물을 바치면서 국왕의 국서를 전달하였다.

　고남용 등이 돌아올 때 멀리에서 국서를 보내 안부를 물어주셨다고 들었습니다. 이에 돌아가신 분에 대한 생각이 간절해지니 저 같은 고아에게도 위로가 되면서 한편으로 슬픈 감정을 어찌할 수가 없었습니다. 선제(제50대 간무 천황)께서는 세상을 떠나시고 태상천황(제51대 헤이제이 천황)께서는 자리에서 물러나셨다고 들었습니다. 초가을의 날씨가 아직 더운데, 천황의 일상사에 행운이 가득하기를 간절히 빕니다.

　대원유는 덕분에 왕위를 이을 수가 있었고, 천황께서도 제위에 올라 백성들의 마음을 기쁘게 하여 그 의지가 나라 밖까지 미쳤습니다. 다시금 화부소경 겸 화간원사 개국자 고남용 등을 파견하여 국서로 축하의 말씀을 드리며, 아울러 선물도 함께 보냅니다. 고남용 등은 재차 작은 배를 타고 큰 바다를 건너가니 돌아오는 길에 뜻하지 않은 일이 있을까 걱정됩니다. 부디 그곳 사신을 보내주셔서 인솔하여 함께 오게 해주셨으면 합니다. 땅이 멀리 떨어져 있어 이곳에서 축하드릴 뿐 직접 찾아뵙지는 못합니다.

고남용이 같은 해에 재차 일본에 사신으로 파견된 것은 간무 천황의 사망과 사가 천황의 즉위를 알게 되어 곧바로 이에 대한 경조사를 처리하기 위해서였던 것으로 보인다. 특히나 새로운 천황의 즉위는 발해 입장에서는 꼭 챙겨야 하는 중요한 행사 중의 하나이기도 했다.

이때의 화부(和部)는 발해의 행정체계에서는 나타나지 않는 조직인데, 이름의 형태로는 6부의 하나처럼 보이지만 기록에는 없어 정확히 알기는 어렵다. 925년 당나라에 사신으로 간 배구(裵璆)가 마찬가지로 화부소경이었다는 기록으로 봐서는 분명 역사상 존재했던 것은 사실이며, 배구가 그 전에 신부소경이었던 것으로 봐서는 실존했던 신부의 이칭이었을 가능성도 있다. 화간원사 역시 명확한 설명은 없지만, 당나라와 비교해봤을 때 화간원은 당나라의 경사원(京師苑) 같은 궁전 내 정원이었을 듯하니 곧 화간원사는 이에 대한 책임자가 아니었을까 짐작된다.

12월 4일, 종6위상 하야시노 아즈마히토(林東人)를 송발해객사(送渤海客使)로, 일본 율령제의 위계에서 말단에 해당하는 실무급인 대초위하(大初位下) 가미쓰케노 쓰구마스(上毛繼益)를 녹사로 임명하였다.

811년 1월 1일, 이제 26세가 된 천황이 대극전에 나왔고, 쌍둥이 동생인 오토모 친왕(大伴親王, 후대의 제53대 준나 천황)과 신하들, 그리고 발해 사신들이 예년과 같은 의식으로 새해를 축하하였다. 1월 7일, 관위 5위 이상의 신하들과 발해 사신에게 연회를 베풀고 상여품을 각각 나누어주었다. 1월 17일, 천황이 풍락원에 거동하여 활 쏘는 것을 관람하였고, 발해 사신에게 각궁(角弓)을 주어 쏘게 하였다.

1월 20일, 당대에 뛰어난 무관으로 소문이 자자했던 대납언(大納言) 정3위 사카노우에노 다무라마로(坂上大田村麻呂, 758~811)와 중납언(中納言) 정3위 후지와라노 가도노마로(藤原葛野麻呂), 참의(參議) 종3위 스가노노 사네미치(菅野眞道) 등을 보내어 조집원(朝集院, 쵸슈잉)에서 발해 사신에게 연회를 베풀게 하고 상여품을 각기 내려주었다. 사카노우에노 다무라마로는 일본 역사상 최초로 세이이타이쇼군(征夷大將軍)이 된 인물로, 백제계 도래인의 후예였다. 그는 간무 천황의 명으로 797년 혼슈 북쪽의 에조 정벌에 나섰는데 결국 에조가 항복하여 성공적으로 개선하면서 이후 사카노우에는 무관의 상징적인 존재가 되었다. 그에게 주어진 세이이타이쇼군의 약칭인 쇼군(將軍)이 훗날 막부 시대에 많이 사용되면서 이름이 더불어 알려진다.

1월 22일, 발해국 사신 고남용이 본국으로 돌아가는 편에 발해 국왕에게 국서를 보냈다.

천황이 발해국왕에게 안부를 묻습니다. 고남용이 와서 축하해주었고, 전해온 국서는 모두 읽어보았습니다. 국왕의 자질은 위대하고 성품은 넓고 깊은 것 같습니다. 대대로 북쪽 바닷가에 살면서 다른 나라와 더불어 우호를 다지고 넓은 바다를 건너 닿을 수 있기를 희망해왔습니다. 하늘만큼 치솟는 파도를 조그마한 배로 건너와 정성을 다해

축하하는 예의를 보여주셨으니 그 정성에 감탄을 멈출 수가 없습니다.

저는 하늘의 큰 명을 받아 제위를 이었습니다. 스스로를 이기고 천하를 바라보며 크고 밝게 많은 백성들을 다스리려고 하지만 능력이 아직 부족하고 멀리 미치지는 못하였습니다. 국왕께서는 이웃나라와의 교류와 큰 나라를 생각함이 간절하여 애써 노력하는 것을 힘들어하지 않으시니 이는 선조의 업을 잘 잇고 계신 것입니다. 게다가 고남용이 재차 방문하여 사신의 명예를 떨어뜨리지 않았고, 선박이 위험한데도 곧은 뜻을 위해 더욱 힘썼으니 비록 방문을 청한 것이 아니라고 해도 어찌 그냥 못 본 척하겠습니까? 이에 귀국할 배를 새로 준비하고 우리 쪽 사신을 함께 보냅니다. 그리고 물품도 조금 부치니 도착하면 잘 받아주시기 바랍니다. 봄 날씨가 춥습니다. 국왕께서는 평안하시길 빕니다.

4월 27일, 견발해국사(遣渤海國使) 정6위상 하야시노 아즈마히토 등이 작별인사차 조정에 들어왔으므로 의복을 하사하였다. 이때 실제로 발해 사신단의 일본 출항이 이루어졌음을 의미한다.

그해 겨울 10월 2일, 하야시노 아즈마히토 등이 발해에서 돌아와 안 좋은 소식을 보고하였다.

"발해국왕의 국서가 평상시의 예에 따르지 않았기 때문에 버리고 가지고 오지 않았습니다. 그리고 녹사 가미쓰케노 쓰구마스 등이 탄 두 번째 배는 떠나던 날에 서로 놓쳐서 찾을 수 없었는데 끝내 어디로 갔는지 알 수가 없었습니다."

이때 행방불명된 가미쓰케노 쓰구마스는 결국 두 달 후 죽은 것으로 확인되었다. 어쨌거나 한동안 잠잠하다가 또다시 발해와 일본의 자존심 싸움이 재현되었다.

그리고 문왕 사후 오랜만에 신라와의 외교사절 교환도 이 시점에 있었다. 790년 일길찬 백어의 발해 방문 이후 무려 22년만인 812년 가을 9월에 신라에서 급찬 숭정(崇正)을 정사(正使)로 하여 북국(北國) 발해에 보내온 것이다. 그의 도착 시점이 정왕 때였는지 다음 국왕이 되는 희왕 때였는지는 사실 불분명하지만 보낸 시점 기준으로 보아 정왕 때로 간주하고자 한다.

이때는 어떤 목적으로 사신이 파견된 것인지는 역사에 그 기록이 남아있지 않다. 다만 문왕 대에 신라에서 파견했던 일길찬 백어보다 2등급 낮은 급찬이 온 것으로 보면 외교적 사안이 크게 중요한 것은 아니었을 수도 있다. 한편으로는 일본에도 비슷한 등급의 사신들을 보냈던 바 있기 때문에 발해를 낮춰본 것은 아니었다. 당시 신라는 제41대 헌덕왕 김언승(金彦昇, ?~826, 재위 809~826) 재위 시기인데, 본인이 809년에 쿠데타를 통해 왕위에 오른 인물이어서 당나라뿐만 아니라 발해까지도 범위를 넓혀 다양한 외교 활동을 통해 정권의 정당성을 확보하기 위함이었을지도 모르겠다. 아쉽게도 이때의 발해와의 외교적 성과가 어떠했는지는 알 수 없다.

어쨌거나 정왕 역시 불행히도 단명하고 만다. 812년 후반 그 역시 세상을 뜨고 큰동생인 권지국무 대언의가 임시로 국가 업무를 맡는다.

정왕의 나이는 알 수 없지만, 아버지 강왕의 나이와 연계해서 추정해보면 대략 이 당시 잘해야 30대 초반쯤 되었을 것으로 생각되는데, 그렇다면 정왕의 아들 대연진은 높게 보아도 갓 10대에 접어들었을 나이에 불과하다. 아들의 어린 나이 때문에 동생에게 왕위를 물려준 것이었나 싶기도 하지만 정확하진 않다. 이후 연달아 국왕들이 단명하게 되는 데에는 모종의 사유가 있겠지만, 구체적으로 밝혀진 바는 없다.

제8대 희왕 대언의(?~816 말경, 재위 813~816)
- 아버지: 강왕 대숭린
- 어머니: (미상)
- 아내: (미상)
- 형제자매: 형 정왕 대원유, 동생 간왕 대명충
- 자식: 아들 대연준(사신 815)

보통 왕위에 오르기 전 왕위가 비어 있는 동안 국왕의 대리를 할 때 대외적으로 권지국무 혹은 권지국사라고 지칭한다. 이로 미루어보자면 과거 '계루군왕' 혹은 '동궁' 등으로 차기 왕위를 이을 후계자를 미리 선정해두던 방식이 어느 순간부터는 다음 왕위를 이을 자를 국왕 다음 가는 국정 차상위 직위로 내정하는 형태로 변경된 것은 아닐까 싶다. 역사 기록상으로는 그 첫 번째 케이스가 바로 희왕 대언의였다. 이후 일종의 관례처럼 선왕 대인수 때나 대이진 때 역시 권지국무가 다음 국왕이 되는 코스가 된다.

그리고 일반화하기 어렵긴 하지만, 후대인 대이진 때 동생 대건황에게 왕위를 물려주기 전 대건황을 국정 최고기관인 정당성의 총책임자 대내상에 임명하였던 사례를 보면, 권지국무를 맡을 이는 아마도 대내상의 직위를 갖도록 하지 않았을까 추정해볼 수 있다. 자세한 사항은 나중에 대이진 집권기에 남겨진 외교문서를 통해 살펴보도록 하겠다.

또한 그는 발해 국왕들 중에 처음 형제계승을 한 것인데, 아마도 정왕의 아들이 너무 어려 동생에게 왕위를 물려준 것이 아닌가 생각되지만, 한편으로는 형의 죽음이 너무 이르다는 점 때문에 형제들을 둘러싼 세력 간 권력 다툼의 결과는 아니었을까 의심되기도 한다.

어쨌거나 813년 1월 당나라에서 내시 이중민(李重旻)을 파견하여 희왕 대언의를 은청광록대부(종3품) 검교비서감(종3품) 홀한주도독 발해국왕으로 공식 인정하였고, 희왕은 연호를 주작(朱雀)으로 고쳤다. 주작은 보통 사신도에서 볼 수 있는 봉황과 같은 상상 속의 동물인데, 고구려의 벽화에서 많이 볼 수 있는 당대에 인기 있는 아이템이었다. 정확한 의도는 알 수 없지만, 아마도 발해를 새롭게 날아오르도록 하고자 하는 마음에서 연호를 정한 것이 아닐까 싶다.

이해 12월에 왕자와 신문덕(辛文德) 등 97명이 당나라를 방문하여 연회에 초대받고 금채를 선물로 받았다. 이 신문덕을 희왕의 왕자로 보기도 하는데, 이 당시 발해인들 특히 왕실 가문에서는 두 글자의 한자식 이름을 많이 사용했기에 세 글자로 작명하지는 않았을 테고, 신(辛)과 대(大)가 형태는 비슷하긴 하지만 단순한 글자를 복잡한 글자로 오기할 가능성은 오히려 더 낮으니 왕자와 신문덕이 별개의 존재라고 이해하는 것이 좀 더 합당할 것이다.

814년 1월에는 고예진(高禮進) 등 37명이 방문했고 2월에 연회에 초대받았다. 11월에도 사신이 또 갔고, 12월에는 대효진(大孝眞) 등 59명이 각각 당나라를 방문하였다. 그리고 815년 1월에는 사신 묘정수(卯貞壽)가, 2월에는 대창경(大昌慶) 등이 당나라를 다녀왔다. 이해 7월에 왕자 대연준(大延俊) 등 101명도 사신으로 파견되었다. 816

년 봄 2월 사신 고숙만(高宿滿) 등 20명에게 당나라에서 비단과 은그릇 등의 선물과 관직이 주어졌다.

여기서 희왕의 아들도 형 정왕의 아들 대연진과 마찬가지로 이름에 연(延) 자를 쓰는데, 형제간에 자식들의 이름을 지을 때 돌림자를 쓴 것 같기도 하지만 정확한 사정은 알 수 없다. 어쨌든 정말로 대연준이 희왕의 아들이 맞다면 정왕 때처럼 역시나 잘해야 열 살에 불과한 어린 자식을 사신으로 보낸 셈이다.

제17차 발해 사신단

희왕도 일본과의 관계에 관심을 가졌다.

814년 9월 30일, 제17차 발해 사신단이 이즈모(出雲)에 머물러 국서와 선물을 보내왔는데, 이때 정왕 대원유의 죽음을 전하였다. 사신단은 11월까지 이즈모 국에 머물러 있었다.

제17차 발해 사신단 구성
- 기간: 814년 9월 도착(이즈모) → 헤이안쿄 방문 → 815년 1월 출발하였
  으나 풍랑으로 5월 귀항 → 816년 5월 재출발
- 총원: ○명
- 대사: 왕효렴(귀국 시 사망)
- 부사: 고경수
- 관관: 고영선, 왕승기(귀국 시 사망)
- 녹사: 승려 인정(귀국 시 사망), 오현시
- 역어: 이준웅
- 기타 대통사 등

이즈모(오키는 북쪽으로 50㎞ 거리의 섬) 위키피디아

815년 1월 1일, 천황이 대극전에 나와 조회를 열었다. 발해 사신에게 관위를 더해주고 시종하는 신하들에게 전전(前殿)에서 연회를 베풀었으며 의복을 주었다.

1월 7일, 5위 이상 관리와 발해 사신에게 연회를 베풀고 여악을 연주하였다. 발해국 대사 왕효렴(王孝廉)에게 종3위, 부사 고경수(高景秀)에게 정4위하, 판관 고영선(高英善)과 왕승기(王昇基)에게 정5위하, 녹사로 온 승려 인정(仁貞)과 오현시(烏賢思), 역어(譯語, 통역관) 이준웅(李俊雄)에게 종5위하를 주고 상여품을 각기 내려주었다.

이때 왕효렴이 지었다는 시가 남아 있다.

아득히 먼 발해에서 이곳까지 왔더니
천상을 뵙는 자리에 크게 취해버렸구나
일본의 궁정 주위에는 무엇이 보이는가
오색구름 피어올라 영원히 빛나는 것을

더불어 녹사였던 승려 인정의 시도 읽어보자.

귀국을 방문한 낮은 신분이 부끄러웠지만
환대받아 훌륭한 신분의 손님이 되었구나
정월 초하루에 보았던 기녀의 모습은 없으나
우아한 풍류로 온 나라가 봄이 되었네

1월 16일, 천황이 풍락원에 거동하여 5위 이상 관리 및 발해 사신에게 연회를 베풀고 답가(踏歌)를 연주하게 하였으며, 각기 상여품을 내려주었다.

천황이 신하를 통해 그에게 질문을 하였다.

"지난날 하야시노 아즈마히토를 귀국에 보내었는데 어찌 국서의 예의를 어긴 것이오?"

왕효렴이 답하였다.

"세대가 옮겨지고 국왕도 바뀌어 이전의 일은 잘 모르겠습니다."

말투는 공손하였지만, 분명히 사과의 뜻은 없었다. 어색한 상황을 연출할 바에는 그냥 모르는 척하는 것이 최선이었다.

1월 20일, 조집당(朝集堂, 죠슈도)에서 왕효렴 등에게 연회를 베풀어 접대하고 상여품을 하사하였다. 1월 22일, 발해국 사신 왕효렴 등이 본국으로 돌아가기 위해 출발했다. 그에게 희왕에게 보내는 국서를 주었는데, 여기에는 하야시노 아즈마히토가 지적했던 국서의 형식적인 문제를 지적하는 내용이 포함되어 있었다. 그 부분만 발췌하면 다음과 같다.

(전략) 지난해 고남용 등과 같이 보낸 국서에서 '고남용이 다시 작은 배를 타고 큰 바다를 건넜습니다. 부디 그곳 사신을 보내시어 함께 오도록 해주십시오.'라고 하셨었습니다. 저는 그가 멀리서 온 것을 애처롭게 여겨 요청하신 바를 받아들여, 하야시노 아즈마히토를 사신으로 임명해 두 척의 배에 나누어 태워보냈습니다. 그런데 아즈마히토가 돌아올 때 국서를 가지고 오지 않았고, 말하기를 '국서의 형식이 갑자기 바뀌어 오랜 예의에 어긋나므로 귀국할 때 버리고 가져오지 않았습니다.'라고 하였습니다.

귀국과 우호를 맺어 사신이 왕래한 지는 그 유래가 오래되었고 국서 또한 모두 전례가 있는 것인데, 갑자기 이를 어긴다는 것은 곧 오만함을 증명하는 것입니다. 예의를 회복하는 것은 성인의 가르침이고 그것을 잃게 되면 곧 망한다는 것은 고전에 내려오는 법도입니다. 만약 예의가 어긋난 것이 맞다면 어찌 교류가 이어질 수 있겠습니까?

지금 왕효렴 등에게 물으니 대답하기를 '세대가 변하고 국왕도 바뀌어 이전의 일은 모르겠습니다. 이번의 국서는 틀린 것이 없습니다.'라고 하였으나, 지난날의 예를 따르지 않고 본국에 잘못이 있음에도 그것을 인정하지 않고 오직 명령을 따를 뿐이라고만 합니다.

저는 이미 지난 일을 허물로 삼지 않고 앞날만 생각하기에 담당 관리에게 명해 평상시의 예로 대우하게 하였지만, 분명 이러한 의견을 깊이 이해해주셨으면 합니다. (후략)

하지만 이 국서는 끝내 발해까지 전해지지 못했다. 사고가 있었기 때문이었다.

참고로 이때 왕효렴이 귀국길에 이즈모에서 배웅해준 두 명의 사자에게도 시를 남겼다.

바닷길에 불어오는 남풍에 고향으로 돌아갈 생각뿐인데

북쪽 기러기(北雁)가 하늘에서 나그네의 시름을 이끄네

다행히도 쟁쟁한 두 봉황(雙鳳)이 나를 이처럼 위로하니

슬퍼할 일 없이 오래도록 변방의 정자에 머무른다

북안(北雁)과 쌍봉(雙鳳)이 대구를 이루는 시인데, 이와 같은 방식을 발해 문인들은 좋아했던 모양이다. 후대의 일이지만 제15대 국왕 대인선 때의 발해 사신 배구가 일본 문인이 안산(雁山)과 홍려(鴻臚)를 사용한 시에 감탄을 금치 못했다는 일화 속 시도 이러한 대구를 사용한 방식이었다.

어쨌거나 그의 귀국에 대한 안도와 기대가 느껴지는데, 안타깝게도 귀국길은 그의 생각처럼 순탄하지만은 않았다.

5월 18일, 발해국의 사신 왕효렴 등이 바다 한가운데에서 역풍을 만나 표류하다가 되돌아왔다. 배는 노가 부러지는 등 다시 사용할 수 없을 만큼 심하게 파손된 상태였다. 이달 23일에 에치젠국에게 큰 배를 골라 발해 사신을 태워보낼 수 있도록 준비를 시켰다.

그러나 6월 14일, 발해대사 왕효렴이 병에 걸려 결국 이국땅에서 세상을 뜨고 말았다. 그는 기존 종3위에서 정3위로 추증되었다. 이를 슬퍼한 천황이 직접 그에게 조문의 글을 남기기도 했다.

뿐만 아니라 판관 왕승기, 녹사 인정 등도 얼마 후 연달아 사망하고 말았는데, 이는 당시의 해상 이동이 얼마나 위험한 일이었는지를 절감케 해주는 일이다. 여담이지만, 왕효렴은 이 당시 일본에서 문필가로 명성이 자자했고, 그의 명성은 후대에 배정, 배구 부자가 잇는다.

그리고 1년 후인 816년 5월, 발해 부사 고경수 이하 대통사 이상에게 여름옷을 주었다. 이날 새로이 발해왕 앞으로 앞서의 국서와 비슷한 내용으로 다시 국서를 작성하여 주었다. 대략 정왕 대원유의 죽음을 애도하고, 새로운 국왕의 즉위를 축하하며, 또 사신 왕효렴 등의 죽음에 애도의 뜻을 표하는 내용이었다. 의도한 것인지는 모르겠으나 여기서는 당초 국서의 형식을 문제 삼았던 부분은 삭제되었다. 시간이 흘러 기분 상했던 것이 자연히 사라진 것이었을까, 아니면 왕효렴의 죽음으로 액땜이 되었다고 생각해서 굳이 안 좋은 내용은 전하지 않기로 하였던 것일까.

천황이 발해왕에게 안부를 묻습니다. 왕효렴 등이 와서 전한 국서를 읽고 상황을 알게 되었습니다. 전왕(곧 정왕)께서 오래 사시지 못하고 갑자기 돌아가셨다는 소식을 듣고 슬픈 감정을 억제할 수가 없습니다. 하지만 국왕의 자리가 여러 대를 지나면서 경사스러운 일 역시 후손들에게 전해지는 것입니다. 멀리서 사신을 보내어 옛날의 위업을 잇고 북해의 바람을 살펴 동쪽으로 향해 남쪽 나라의 태양을 바라보며 고래같이 큰 파도를 넘어 교류를 해오니, 그 지극한 정성을 생각하면 한없이 기뻐집니다. 구름 덮인 바다를 사이에 두고 있어 서로 만나볼 기약은 없으나 어진 분이라고 생각합니다.

작년에 왕효렴 등이 귀국하던 중 갑자기 폭풍을 만나 바다에서 표류하다가 다시 돌아왔습니다. 본선이 파선되어 바다를 건널 수 없게 되었기에 다시 배 한 척을 만들었으나 순풍을 얻지 못했는데, 그 사이 왕효렴이 병이 들어 사망하고 말았습니다. 왕승기, 승려 인정 등이 연이어 세상을 하직하니 더욱 슬픕니다.

오늘 고경수에게 다시 선물을 보냈습니다. 무더운 여름에 국왕 및 수령, 백성들 모두 편안하시기를 바랍니다.

그런데 희왕의 치세 역시 오래가지 못한다. 816년 말경에 그가 젊은 나이에 사망하고 그의 동생인 간왕(簡王) 대명충(大明忠)이 즉위하게 된 것이다. 희왕에게도 정왕처럼 어리긴 해도 아들이 있었지만 결과적으로 부자 계승이 아닌 형제 계승을 한 데에는 분명 사유가 있었을 것이나 현재로서는 기록의 미비로 확인은 불가능하다.

제9대 간왕 대명충(?~817 말경, 재위 817)
- 아버지: 강왕 대숭린
- 어머니: (미상)
- 아내: 순목황후 태 씨
- 형제자매: 형 정왕 대원유, 희왕 대언의
- 자식: (미상)

간왕은 즉위 후 태시(太姓)로 연호를 고쳤는데, 새로운 시대의 시작을 알리고 싶었던 것 같다. 가족관계가 불분명하기로 악명 높은 발해 왕실에서 문왕 외에는 그의 부인만이 유일하게 알려져 있는데, 순목황후(順穆皇后) 태(泰) 씨가 바로 그녀이다. 아직 중국 학계에서 그녀의 묘지를 공개하고 있지 않아 정확한 사실은 알 수가 없지만, 그간 발해 역사상에 태 씨가 등장한 바 없기 때문에 혹여나 대(大) 혹은 태(太)의 동음이의어로서 대 씨 왕족 간의 근친혼을 가리기 위함은 아니었을까 짐작만 해볼 뿐이다.

817년 2월, 사신 대성신(大誠愼) 등이 당나라에 왔고 3월에 당나라로부터 비단과 무명 선물을 받고 돌아왔다. 기록에는 없지만, 이들이 발해국왕의 변경을 알리는 사절이 아니었을까 싶다.

그러나 그 또한 시호에서 느껴지듯이 짧은 치세만을 남기고 817년 말경 세상을 뜬다. 그도 마찬가지로 모종의 음모가 느껴지기는 하나 명확한 증거는 남아 있지 않다. 그의 사망 직후 대연진이나 대연준 등 직계 혈통이 아직 남아 있었음에도 결과적으로 방계에서 왕위를 잇게 된 것을 보아도 무언가 의심스러운 느낌이 강하게 남는다.

어찌 되었든 비정상적인 수단으로 정권을 탈취했다 하더라도 이를 극복하여 정권의 정당성을 얻는 길은, 간접적으로 당나라와 같은 외부의 공신력 있는 인정을 받거나 혹은 이후에 탁월한 치적을 통해 스스로 국왕으로서의 가치를 입증해보이는 것뿐이다. 그렇게 간왕이 꿈꾸었던 '새로운 시대'는 자신이 아닌 바로 그다음 왕대에 가서야 열리게 된다. 오랜 혼란기를 마감하는 새로운 시대, 곧 진정한 해동성국(海東盛國)의 시대인 것이다.

발해의 교통로

　발해에는 크게 다섯 개의 대표적인 교통로가 있었는데, 용원부의 동남쪽 바다에 닿아 있는 일본도, 남해부의 신라도, 압록부의 조공도, 장령부의 영주도, 부여부의 거란도가 바로 그것이다. 다른 나라와 달리 당나라로 향하는 도로만 두 개인 이유는, 당초 육로인 영주도가 가장 안전하기도 하고 일반적인 루트였겠지만, 여러 차례 북방 유목민의 침탈로 인해 육로를 사용하는 게 사실상 불가능해졌고, 특히 결정적으로는 761년 당나라가 땅을 잃고 평로절도가 바다 건너 산동 반도 청주로 아예 이전하면서부터는 해로인 압록 조공도만 사용하게 되었다. 이 길을 통해 배를 타고 당나라를 방문한 발해의 사신들을 접한 일본 승려 엔닌이 자신의 여행기인 『입당구법순례행기』에 그 목격담을 남기기도 하였다.

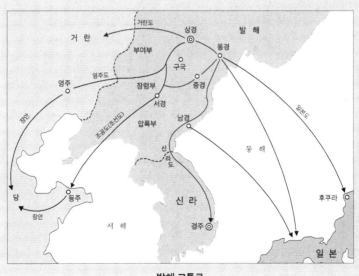

발해 교통로

각 이름들이 목적지의 지명을 가리키고 있다고 했을 때 유일하게 압록 조공도만 지명이 아닌 역할을 의미하고 있어서 당대의 누군가가 어떤 목적을 가지고 슬쩍 이름을 바꾼 것은 아닐까 의심스러운 부분이 있다. 혹은 발해를 방문한 당나라 사신에게 접대성 멘트로써 일부러 조공도라는 표현을 사용하였을 수도 있겠다. 그런데 청대의 역사서인 『만주원류고』에서 그 당시 『통고(通考)』를 참고해서 조공도(朝貢道)가 아니라 조선도(朝鮮道)가 맞다는 주장을 한 것이 남아있다.

요동 반도 일대가 과거에 고조선의 영토였고 800년대 초반까지만 해도 발해가 요동 반도를 차지하고 있던 상황이 아니어서, 산동 반도의 등주를 향해 바다로 나가기 전 이곳을 1차 기착지로 삼았기에 서경 압록부에서 요동 반도, 즉 (고)조선(朝鮮) 지역에 도착한다는 뜻으로 압록 조선도라고 하였을 수 있다. 고구려 멸망 후 당나라에서 보장왕과 그 손자를 차례대로 요동 지역의 안동도호부에 배치할 때 조선군왕(朝鮮郡王)으로 삼았다는 것을 그 근거로 본다. 마침 첫 글자인 조(朝)의 한자가 두 단어가 동일하여 어느 순간 혼동하여 그렇게 바뀌었을 수도 있었을 것이다. 이것이 맞다면 이 길은 "압록 조선도"로 고쳐 부름이 맞을 것이다.

어쨌든 문왕 대흠무 치세 후반부터 강왕 대숭린 치세 초기까지, 정확히는 785년부터 805년 사이의 당나라 덕종 치세에서 재상을 역임했던 가탐(賈耽, 730~805)은 직접 전 세계를 탐방하고 다닌 것은 아니었지만, 지리학을 워낙에 좋아해서 외국에 사신들이 다녀올 때마다 귀찮다 싶을 정도로 물어보고 각 지역의 지리에 대한 정보를 기록하는 취미가 있었다. 그렇게 그가 801년에 남긴 기록이 바로 오늘날 『도리기(道里記)』라 부르는 것이고, 다행히 이것이 『신당서(新唐書)』, 「지리지」에 실려서 전해지면서 800년 전후의 대략적인 지리를 파악할 수가 있다.

그중 장령 영주도와 압록 조선도에 대한 기록을 먼저 살펴보도록 하자. 우선 장령 영주도에 대한 기록이다. 참고로 여기서의 순서는 당나라에서 발해로 가는 방향으로 기록되어 있는데, 발해에서 당나라로 갈 때에는 이와 반대로 이동하였다고 보면 거의 틀림이 없다.

영주(營州)에서 동쪽으로 180리를 가면 연군성(燕郡城)이 나온다. 또 여라수착(汝羅守捉)을 지나 요수(遼水)를 건너 500리를 가면 안동도호부(安東都護府, 오늘날 랴오양遼陽시)에 이르는데, 옛 한나라의 양평성(襄平城) 지역이다. 동남쪽으로 평양성까지는 800리이며 서남쪽으로 도리(都里)의 바닷가 입구까지는 600리이다. 건안성(建安城)까지는 300리로 옛 평곽(平郭) 지역이다. 남쪽으로 압록강, 북쪽으로 박작성(泊汋城)까지는 700리인데 이곳은 옛 안평현(安平縣)이다. 도호부의 동북으로부터 옛 개모(蓋牟)와 신성(新城)을 지나고 또 발해의 장령부를 지나 1,500리를 가면 발해의 왕성에 닿게 되는데 홀한해(忽汗海, 오늘날 징포호鏡泊湖로 추정) 부근이다. 그 서남쪽 30리에 옛 숙신성(肅愼城)이 있고 북쪽으로 덕리진(德里鎭)을 지나 남흑수말갈(南黑水靺鞨)에 이르는 길은 1,000리이다.

대략 보면 영주에서 출발하여 요수(지금의 요하)를 건너 계속 동쪽으로 향하면 예전 안동도호부가 있던 요동고성(오늘날의 랴오양遼陽)에 다다르게 되고, 동북 방향으로 고구려의 개모성과 신성을 지나 발해의 장령부를 통과해 무려 1,500리(약 750㎞)를 가면 발해 왕성인 상경성에 도착하게 된다는 것이다. 추가적으로 상경성에서 국경지역에 해당되는 덕리진을 거쳐 흑수말갈과의 경계까지의 거리가 약 500㎞라는 정보도 알 수가 있다.

또 해로인 압록 조선도의 경로는 다음과 같다.

등주(登州)에서 동북쪽 바다로 대사도(大謝島), 구흠도(龜歆島), 말도(末

島), 오호도(烏湖島)를 지나 300리를 가서 오호해(烏湖海)를 건너면 마석산(馬石山)의 도리진(都里鎭)까지의 거리는 200리이다. 동쪽으로 바닷가를 따라 청니포(青泥浦), 도화포(桃花浦), 행화포(杏花浦), 석인강(石人江), 탁타만(橐駝灣), 오골강(烏骨江)의 800리 거리를 지난다. (중략) 압록강의 입구로부터 배를 타고 100여 리를 가서 작은 배로 갈아타고 물길을 거슬러 동북으로 30리를 거슬러 올라가면 박작구(泊汋口)에 이르는데 곧 발해의 경계이다. 또 물길을 따라 500리를 가면 환도성(丸都城, 오늘날 지안集安)에 이르니 옛 고구려 왕도이다. 또 동북으로 200리를 거슬러 올라가면 신주(神州)가 나온다. 다시 육로로 400리를 가면 현주(顯州)에 도달하는데 이곳은 (742년~755년 사이에) 수도로 삼았던 곳이다. 또 곧바로 북동쪽으로 600리를 가면 발해의 왕성에 이른다.

대략적으로 설명하자면 등주에서 출발하여 섬들을 지나면서 발해만을 직접 통과해 요동 반도로 넘어가는 경로를 나열하고 있는 것인데, 당나라 사신으로 발해를 방문했던 최흔이 요동 반도 끝자락의 뤼순에 우물을 파고 석각을 세웠던 것으로 보아 이렇게 섬들을 차례대로 건너 발해만을 직접 통과하는 루트가 보다 일반적이었던 것으로 추정된다.

어쨌든 공통적으로는 압록강 입구까지 도착한 다음 강을 따라 올라가다가 계속해서 동북쪽으로 이동하여 최종적으로는 육로로 발해 왕성까지 다다르는 경로가 된다. 환도성은 오늘날 지린성(吉林省) 지안현(集安縣)을 말하고, 신주는 서경압록부, 현주는 중경현덕부 소속이다. 이렇게 압록강부터 도합 약 1,800리, 즉 900㎞ 정도를 지나면 상경성에 도착하게 된다.

앞서도 언급했지만, 700년대 발해와 통교를 했던 일본 측 기록에 따르면 일본과 당나라를 직접 잇는 해로인 '남로(南路)'와 함께 발해와 당나라 간에 개설되어 있던 '발해로(渤海路)' 내지 '발해도(渤海道)'라는 교통로가 언급되고 있다. 당연히 이것은 당나라의 관점에서 부른 이름이었다. 이 발해로의 경로를 당시 일본인이 묘사한 것을 보면 당나라 등주에서 출발하여 배를 타고 바다를 건너 발해 경계에 도착하는 루트인데, 우리가 알고 있는 바로 그 압록 조선도와 동일한 경로이다.

어쨌든 이는 목적지를 길의 이름으로 삼는 또 다른 사례라고 할 수 있겠다.

남해 신라도도 가탐이 쓴 『고금군국지(古今郡國志)』의 내용으로 대략적인 경로를 알 수가 있다.

> 발해국의 남해, 압록, 부여, 책성(즉 용원)의 4부(府)는 모두 고구려의 옛 영토이다. 신라의 천정군(泉井郡)으로부터 책성부에 이르기까지 모두 39개의 역(驛)이 있다.

이에 따르면 발해와 신라가 통교할 때에는 상경에서 동경 용원부로 이동 후 남경 남해부를 거치면서 남쪽으로 총 39개의 역참을 지나 신라의 천정군(오늘날 함경남도 덕원)에 도달하는 코스였던 것으로 보인다. 당나라의 기준인 역 간 거리를 30리, 약 16km로 잡아보면 39역의 총 거리는 600km가 조금 넘는 정도가 될 텐데, 실제 지도상의 거리와 크게 차이가 나지는 않는 듯하다.

그런데 이 경로와 별개로 당나라 사신이 발해에서 신라로 간 경로에 대한 기록이 있는데, 이에 따르면 서경에서 압록강을 따라 나와 서해안을 타고 연안항해를 하다가 당은진(唐恩津), 즉 오늘날 경기도 화성시의 바닷가에서 상륙하여 신라의 수도에 이르는 길도 존재하였던 것 같다.

가탐 역시 "… 다시 남쪽으로 바닷가를 따라 오목구(烏牧口), 패강도(貝江島), 초도(椒島)를 지나면 신라의 서북에 있는 장구진(長口鎭)에 도달한다. 또 진왕석교(秦王石橋), 마전도(麻田島), 고사도(古寺島), 득물도(

得物島) 등 1,000리를 지나면 당은포구(唐恩浮口)에 이른다. 다시 동남의 육지로 700리를 가면 신라의 왕성에 도달한다."라고 기록한 부분이 있는데 이 경로를 말한다. 다만 이 길은 당나라 사신이 이용하였던 경로였으며, 발해인이나 신라인도 마찬가지로 이용하였는지 여부는 미지수이다.

부여 거란도는 따로 자세한 기록은 없으나, 대개 발해의 상경에서 출발하여 중경을 거쳐 부여부에 이르고 다시 거란과의 국경을 넘어가는 방식이었을 것으로 추정된다.

그리고 용원 일본도의 경우에도 용원부의 동남쪽이 바닷가였다는 기록에 근거해서 살펴보면, 상경에서 동경으로 이동해서 해로로 일본에 도착하였을 것이다. 지금까지의 유적발굴 결과로는 러시아 연해주의 크라스키노 성터를 바로 발해 사신이 일본으로 떠나기 전 마지막 머물렀던 장소로 보고 있다.

현재 만주와 북한 지역에서는 '24개 돌유적'이라고 하여 대략 장령 영주도, 압록 조선도, 남해 신라도 일부에 해당되는 지역에서 12곳 정도의 유적이 발견되기도 했는데, 이 유적의 용도에 대해서는 많은 이론이 있지만 아마도 각 교통로의 중간 쉼터와도 같은 역참이 아니었겠는가 짐작된다.

5. 제국의 부활

(1) 해동성국의 시대

　바로 직전의 간왕이 사망하자 권지국무 대인수가 국정을 담당하였다. 그는 집안의 친척어른(從父)이었는데, 정확히는 고왕의 동생 대야발(大野勃)의 4세손이었다.

　818년 2월에 사신을 당나라에 보냈고, 3월에 또다시 사신 이계상(李繼常) 등 26명이 파견되었다. 그리고 5월 당나라에서는 선왕 대인수를 은청광록대부(종3품) 검교비서감 홀한주도독 발해국왕으로 공식 인정하였다. 감사의 의미로 발해 측 답방이 이 해에 다시 있었다.

제10대 선왕 대인수(?~830 말경, 재위 818~830)
- 아버지 : (미상)
- 어머니 : (미상)
- 아내 : (미상)
- 형제자매 : (미상)
- 자식 : 아들 대신덕(사망)

　그런데 그의 즉위는 석연치 않은 점이 있다. 고왕 대조영의 직계 자손들이 멀쩡히 살아 있었음에도 그가 왕위를 계승하였다는 것은 무언가 비정상적인 움직임이 있었지 않았을까 하는 의심이 들게 한다. 대표적으로 바로 직전의 간왕은 몰라도 그 전의 희왕에게

는 왕자 대연준(大延俊)이, 또 그보다 이전의 정왕에게도 왕자 대연진(大延眞)이 있었는데, 이들이 어리다 하더라도 정당한 왕위계승권자들임은 분명한 사실이다.

그럼에도 대조영계가 아닌 대야발계인 대인수가 이들을 물리치고 스스로 국왕으로 등극하였다는 것은 모종의 강압적 행동의 결과가 아니었겠는가 짐작해볼 수 있다. 다만 기록의 미비로 이 이상 자세한 사항은 안타깝게도 알 수는 없는 상황이다. 그래도 정당한 왕위계승이 아니었다 하더라도 본인이 제대로 능력을 발휘하여 스스로 국왕으로서의 정당성을 만들어낸다면 그것은 그 나름대로 자기정당화의 방법이 아니었을까.

그는 즉위하여 건흥(建興)으로 연호를 고쳤는데, 이는 나라를 다시 한번 세우겠다는 의지의 표명이었다. 그의 소망대로 통치의 결과는 훌륭했다. 『신당서』나 『요사』 등 이 당시를 다룬 역사책에 따르면 발해는 선왕 대인수 시기에 전성기를 맞이한 것으로 나온다.

대인수는 바다 북쪽(海北)의 여러 부(諸部)를 토벌하여 영토를 크게 개척한 공이 있었다.

발해왕 대인수가 남쪽으로 신라를 정벌하고, 북쪽으로 여러 부(諸部)를 탈취하여 군읍(郡邑)을 설치하였다.

선왕은 즉위 초부터 북진하여 여러 말갈 부족들을 정벌하였고 이를 통해 발해의 영토를 크게 넓혔다. 여기서의 바다는 발해의 수도 근처인 홀한해가 아니라 아마도 만주에서 가장 큰 호수인 미타호(중국에서는 싱카이 호수, 러시아어로는 한카 호수)를 지칭하는 것일 수도 있고, 아니면 동해의 북단을 의미하는 것일 수도 있다. 개인적인 의견으로는 아마도 후자였을 것 같은데, 바로 이곳 북쪽이 철리, 월희, 불열 등이 있던 곳이었다. 『책부원구』라는 책에 따르면 월희부와 우루부는 802년, 흑수부는 815년, 그리고 철리와 불열은 841년에 당나라와 연락을 주고받은 것이 마지막이다. 이 이후 어느 시점에는 발해에 각각 흡수합병되어 발해의 지방행정구역으로 재편되었는데, 이들 기록에 따르면 대부분 선왕 때에 그리고 나머지 일부는 손자인 대이진 때에 이루어진 것으로 보는 것이다. 특히 『요사』의 인용문에서 마지막 표현으로 등장한 "군읍을 설치하였다."는 것은 이들 지역을 완전히 발해의 영토로 귀속하였음을 의미한다. 각각 철리부는 이름 그대로 철리부, 불열부는 동평부, 월희부는 회원부와 안원부, 우루부는 정리부와 안변부로 발해의 부가 되었다.

참고로 이보다 훨씬 전에 발해의 부로 편입된 솔빈부처럼 철리부도 그들의 이름이 그대로 남아있는 경우는 아마도 평화적으로 편입된 케이스가 아닌가 싶다. 그러나 그 다음부터 보면, 동평부는 그 뜻 자체가 동방을 평정하였다는 뜻이고, 회원부는 먼 지방을 회유하였다는 의미이며, 안원부는 먼 지방을 안정시켰다는 말이다. 그리고 정리부는 평정하여 다스린다는 것이고, 또 안변부는 변방을 안정시켰다는 것을 뜻한다. 즉 명칭의 한자 뜻대로 이후부터는 어느 정도 물리력까지 동원하여 발해의 영토로 편입시키셨다는 결과로 이해할 수 있을 것이다.

흑수말갈만은 조금 특이 케이스인데, 바로 다음 국왕인 대이진 때에 발해에 들렀던 당나라인 장건장의 기록에 의거해 보면 다른 말갈 부족들은 모두 발해의 일개 부로 완전히 편입되어 있지만, 흑수만큼은 그 이름이 발해 행정체계 내에 보이지 않는 것으로 보아 여전히 완벽한 복속보다는 힘으로 굴복시킨 정도로 보인다. 그렇기 때문에 한참 이후인, 912년 즉 발해가 멸망하기 얼마 전부터 흑수만은 자신의 이름으로 다시 부활하여 발해와는 다른 독립국가로의 길을 개척해나갈 수 있었던 것 같다. 그러나 어쨌든 이로써 앞서 무왕 당시 흑수말갈 공략이 사실상 실패로 돌아갔던 뼈아픈 기억을 이번 선왕 치세에서 제대로 만회한 것은 분명하다.

그리고 뿐만 아니라 남쪽으로 신라를 공격하여 땅을 탈취하였다고 하는데, 이는 적극적인 군사 행동을 말하는 것은 아닐 수도 있다. 왜냐하면 당시의 신라 측 기록을 살펴보면 특별히 발해와의 마찰이 나오지 않기 때문이다. 그렇다면 신라와의 사이에 있던 공백지대를 개척하였다고 보는 편이 좀 더 합리적인 해석일 수 있다. 좀 더 나중의 일이긴 하지만 900년대 초반까지도 평양 일대는 잡초가 무성할 정도로 황폐화된 지역이었다는 기록을 보면, 한반도 중북부 지역은 오랫동안 발해와 신라 간의 일종의 비무장지대(DMZ)로 상정되어 있었던 것은 아닌지 모르겠다.

그런데 당시 신라는 아직 헌덕왕 김언승의 치세였는데, 이 기간 중 822년과 825년에 각각 김헌창과 그 아들의 난이 일어나 신라 사회가 일대 혼란에 빠져들었던 시기이기도 하니 그 기회를 노려 발해에서는 영토 확장을 하였던 것일 수도 있지 않을까? 신라 역사에 남아 있는 821년 패강 남천의 두 돌이 부딪쳤다는 일종의 기이한 자연현상에 대한 기록은 혹여나 발해와 신라의 무력충돌을 상징화하여 우회적으로 표현했을 가능성도 분명 있다. 그래서 불과 5년 후인 826년 가을 7월 한산주(漢山州) 북쪽의 여러 주군(州郡) 소속 백성들을 1만 명이나 차출하여 오늘날 대동강 가까이에 패강장성(浿江長城)을 300리 곧 100㎞가 넘게 쌓은 것은 어쩌면 이러한 발해의 공격적인 팽창정책에 대해 방어태세를 강화하기 위한 것으로 추측해볼 수 있겠다. 패강 일대에서의 이러한 군사적 대립의 양태는 결국 발해의 평양 확보와 그에 대한 신라의 적극적 대응을 의미하는 것으로 보인다. 증거는 불충분하지만, 선왕의 공격적인 스타일로 봐서는 전면전은 아니더라도 최소한 국지전 정도의 군사행동은 있었던 것이 아니었을까?

여기서 한 걸음 더 나아가보자면, 한반도 중북부까지도 팔을 뻗칠 정도였다면 분명 그와 가까운 요동 반도도 그대로 놔두었을 리가 없을 것이다. 이 또한 정보는 불확실하지만 정황상 발해가 요동 반도를 직접적으로 통치한 시점을 추론하자면 가장 가능성이 높은 시점은 바로 선왕 때가 될 것이다. 어쨌든 이러한 활발한 대외확장을 통해 발해는 역대 가장 거대한 영토를 차지한다. 진정으로 해동성국(海東成國)을 이룩한 것이었다.

그가 즉위 초부터 이렇게 강공 드라이브를 하였던 까닭은 무엇일까? 보통은 내부의 분열이나 혼란을 해소하기 위해 의도적으로 국민들의 관심을 대외로 돌리는 방식을 정치인들은 많이 사용하는데, 혹 선왕도 마찬가지로 자신의 왕위 정당성에 대한 국내의 불신과 일부 세력들의 반발을 다독이거나 관심을 분산시키기 위해 대외 정벌이라는 국가적 프로젝트를 대대적으로 가동하였던 것은 아닐까 생각해볼 수 있겠다.

그런 면에서 선왕은 성공적인 정치인이었다. 내부의 분열도 조용히 해결할 수 있었고 국가적으로도 커다란 실리를 가져왔으니 말이다. 그리고 그가 의도한 것이든 의도치 않은 부수적 결과이든 간에 그의 대외확장 정책은 발해 역사에서 다시 없을 명성을 가져온다.

그런데 사실 어느 역사서에도 선왕 대인수의 집권기가 해동성국을 이룬 때라고 못 박고 있지는 않다. 하지만 역사에 전해지는 '해동성국'의 공을 그에게 돌리는 이유는 무엇일까?

『만주원류고』를 참고해보면 당나라의 연호인 개원(713~741년)과 원화(806~820년) 연간에 발해가 강성해져서 영토 확장이 이루어졌다는 평가가 나오는데, 전자는 1대 고왕 대조영 후기부터 3대 문왕 대흠무 초기까지를 의미하지만 2대 무왕 대무예의 전체 기간과 겹쳐 있어 사실상 무왕 대의 대외팽창기를 말하는 것으로 쉽게 이해할 수 있다.

그렇다면 후자는 어떨까? 절대적 시기로는 강왕 대숭린 후기부터 선왕 대인수 초기까지를 아우르고는 있는데, 그 사이에 정왕 대원유와 희왕 대언의 및 간왕 대명충까지 정권들이 짧은 시간 동안 여러 차례 바뀌는 혼돈기를 거치고 있기 때문에 사실상 이 혼란을 마감하고 제2의 건국을 이뤄낸 이가 곧 해동성국을 완성한 인물이라고 봐야 할 것이다. 바로 그런 인물은 선왕 대인수밖에 없다. 선왕 당시에 발해의 영토 확장이 여러 기록에 남아 있고, 다음 왕위를 이은 대이진 때에는 이미 불열, 철리, 월희 등 말갈 부족들이 발해의 행정체계 안으로 고스란히 병합되어 있기 때문이다.

즉 해동성국을 만들어낸 주역은 선왕 대인수였으며, 이를 이어받은 손자 대이진이 발해의 마지막 번영을 이뤄낸 다음 발해는 서서히 생명력이 다한 것으로 이해된다.

그렇다면 그가 해동성국을 이룩해낸 것의 핵심은 무엇이고 이후 역사에 끼친 영향은 어떠했을까?

우선 그가 단순히 영토 확장만을 한 정복군주였다고 보기 쉬운데 사실 이는 절반은 옳고 절반은 그르다. 왜냐하면 이미 무왕 때에 1차적으로 흑수말갈을 제외한 대다수의 말갈 부족들을 발해의 지배권하에 두었기 때문이다. 무왕은 과거 고구려 때의 광개토태왕이 그러했던 것처럼 정복한 다음 직접 통치하는 대신 마치 우산처럼 발해제국의 그늘하에 제 부족들을 거느리는 형태의 국가체제를 만들었다. 이는 중국식으로 표현하자면 중앙에 황제국이 존재하고 주변에 이민족들을 조공국으로 거느리는 세계관적 체계와 유사한 방식이었다.

하지만 광개토태왕 사후에 이미 이 방식의 단점은 드러나게 된다. 고구려가 백제와 신라를 무력으로 굴복시키고도 국가를 무너뜨리지 않고 고구려 제국의 한 구성원으로 받아들이는 형태로 국가를 존속시켜두었던 것이 차후에 이들 세력이 힘을 길러 고구려가 구축한 질서에서 이탈하는 모습을 보이게 되기 때문이다. 마찬가지로 무왕이 만든 발해 중심의 제국적 체제는 말갈 부족들의 체제옹호가 항상 담보되는 것이 아니었기에 이후에도 지속적인 체제불안 현상을 잠재적으로 가지고 제국이 운영되었을 것으로 보인다.

이 다원적 체제를 발해제국 안으로 흡수하여 내재화하는 방식의 통합을 추진한 이가 바로 선왕이었다. 아마도 말갈 제 부족들의 반발은 거셌을지 모르겠으나, 무력이라는 채찍과 다양한 혜택을 통한 당근이 동시에 주어지지 않았을까 싶다. 단순히 무력만 사용되지 않았으리라고 보는 이유는 이후에 이들 말갈 부족들이 발해 멸망 이후에도 크게 이탈하는 모습을 보이지 않고 대다수는 '발해인'이라는 공통된 아이덴티티를 유지하기 때문이다.

그렇다, 이들은 선왕의 해동성국 이후에 모두 하나의 '발해인'으로 거듭난다. 더 이상 우루말갈이나 불열말갈, 철리말갈 혹은 월희말갈은 존재하지 않았다. 당초 무왕이 설계했던 고구려 유민과 속말말갈이 중심이 된 협의의 '발해인'에서 이제 선왕을 거쳐 발해제국의 모든 구성원들은 광의의 '발해인'으로 재탄생한 것이다.

이는 결코 쉬운 일이 아니다. 바로 선왕 다음 대인 국왕 대이진 당시 5경 15부 62주의 국가체계가 완성되었을 때 그중 동평부, 철리부, 회원부 등이 불열, 철리, 월희의 '옛 땅'이라고 표현될 정도로 빠른 속도로 이들 말갈인들이 발해인으로 내재화하는 데 성공한 사실은 매우 놀라운 일이다. 발해 초기에 흡수합병된 솔빈부의 경우처럼 일찍 발해에 녹아들어 더 이상 솔빈말갈과 같은 구분이 무의미해진 것과 마찬가지 사례로 볼 수 있을 듯하다. 이는 예상컨대 이들 주변부의 말갈인들 역시 발해인이라는 시민권을 취득하는 것이 어떤 면에서는 유리했을 것이라는 추측은 가능하다. 발해인으로서 발해제국의 정식 시민이 되었을 때의 정확한 혜택이나 복리후생이 무엇이었는지는 알 수 없지만, 세금 납부에서의 차별 해소라든가 또는 중앙정부로의 관직 진출이나 각종 직간접적인 처우의 문제들이 대부분 이때를 기점으로 풀린 것은 아니었을까.

플루타르코스가 정확히 지적했듯이 고대 로마가 번영을 이룰 수 있었던 가장 큰 이유인 "패자들까지 자신들에게 동화"시킨 바로 그 방식이 결국 발해가 내부의 분란 없이 단합을 통해 적대적인 주변 세력의 끈질긴 위협을 이겨내고 오래도록 생존할 수 있었던 결정적 요인이 아니었겠는가 싶다.

한 국가가 멸망하고도 그 국가의 구성원이었음을 나타내는 표현을 그 국가의 이름으로 꼬리표처럼 지니고 사는 것은 분명 어려운 일이다. 온갖 부당한 차별이 공공연하게 있을 수 있고 간혹 차별로 인해 이민족에 대한 생명의 위협이 가해지는 경우도 있기 때문이다. 하지만 이렇게 통합 발해인이 된 발해제국의 구성원들은 고구려 유민, 속말말갈인, 기타 제 부족 출신임을 나타내는 말이 사라지게 된다. 이들은 발해 멸망 시 더 이상 어디 말갈이 아닌 안변부, 정리부 등 같은 발해 소속으로서 함께 거란에 대항하기도 하고, 멸망 이후에도 단일한 정체성을 가지고 '발해인'으로서 삶을 꾸려나가게 된다.

많은 나라들이 이 통합에서 실패를 거듭했다. 가깝게는 이웃나라 신라가 백제를 무너뜨리고 고구려를 멸망시켰지만, 이들을 온전히 신라 사회 안으로 끌어안지 못하고 잠정적인 2등 국민으로 만듦으로써 이후에도 계속해서 고구려, 백제, 그리고 신라로 구분되는 정체성을 남기게 된 점은 치명적인 실책이었다. 그래서 신라는 스스로의 사회적 모순을 해결하지 못하고 자중지란으로 몰락하고 말았다. 이후 고려는 이를 반면교사 삼아 발해인들을 적극적으로 끌어안는 동시에 그들의 노하우를 이어받아 통합의 길을 제시함으로써 차츰 분열된 정체성을 하나로 모으는 데 성공할 수 있었다.

과거 선조들이 그러했듯이 다양한 종류의 사람들이 평화롭게 공존하고 그 속에서 하나 된 소속감을 만들어내는 통합의 노하우를 우리는 이렇게 발해에게서 배워야 할 것이다.

제18차 발해 사신단

일본과의 외교관계는 계속되었지만, 이제 과거와 같은 가까운 관계는 다시 오지 않는다. 일방적인 발해 측의 사신 파견만이 반복될 뿐이었다. 당시 일본은 아직 제52대 사가 천황이 집권 중이었다.

818년 겨울쯤 제18차 발해 사신단인 발해사 모감덕(慕感德) 등이 일본에 갔다. 전 왕의 죽음과 새로 선왕의 즉위를 알리기 위함이었다. 그러나 바다에서 폭풍을 만나 표류하다가 겨우 일본의 해안에 닿았는데, 국서의 내용이 예의를 어겼다고 하여 수도로의 방문은 허가가 나지 않았다.

제18차 발해 사신단 구성
- 기간 : 818년 ○월 도착 → 819년 ○월 출발
- 총원 : ○명
- 대사 : 모감덕
- 부사 이하 인원 미상

다음 해 봄 일본 조정에서는 선왕에게 보낼 국서도 주지 않고 돌려보냈는데, 그나마 배려를 얻어 배를 구해서 귀국할 수 있었다.

제19차 발해 사신단

819년 8월, 발해에서는 문적원(文籍院) 소속의 술작랑(述作郞) 이승영(李承英)이 이끄는 제19차 발해 사신단을 파견하였다. 문적원은 쉽게 말해 문서 작성과 서적 관리를 담당하는 조직이었다. 사신의 소속으로 문적원이 등장하는 것은 이번이 처음인데, 하도 일본 측에서 국서의 형식과 내용을 가지고 온갖 트집을 잡고 시비를 걸어대니 아마도 이번에는 아예 문서를 담당하는 전문가를 사신으로 파견한 것은 아닌가 싶기도 하다. 문적원에는 장관급인 감(監)이 있었고, 술작랑은 그 휘하에서 글의 재료를 모아 저술하는 담당자 정

도가 될 텐데 당나라의 비서성 교서랑과 같은 것이라면 그다지 높은 직급은 아니었을 것으로 추정된다.

제19차 발해 사신단 구성
- 기간: 819년 11월 도착 → 헤이안쿄 → 820년 1월 출발
- 총원: ○명
- 대사: 문적원 술작랑 이승영
- 부사 이하 인원 미상

11월 20일, 발해 사신단은 선물을 바치고 선왕 대인수의 국서를 전달하였다.

대인수가 말씀드립니다. 중추절(즉 추석, 음력 8월 15일)이 되니 날씨가 많이 서늘해졌습니다. 천황께서도 일상에 행운이 깃들기를 기원하며 인사드립니다. 대인수는 잘 지내고 있습니다.

모감덕 등이 돌아와 보내주신 국서로 위문해주시니 충분히 위로가 되었습니다. 이번 사신이 가는 길에 폭풍을 만나 배가 부서져 며칠을 표류했습니다. 거의 살아서 돌아오기란 어려웠을 텐데도, 좋은 선물을 거듭 받고 이것저것 많이 지원받아 배를 만들 재료로 삼아 겨우 귀국할 수 있었습니다. 정성과 은혜로 감동을 받았는데 참으로 다행스러운 일입니다.

두 나라의 좋은 관계가 지속되고 오래도록 쌓이면서 비록 만 리 떨어져 있지만, 결코 우호가 변하지 않기를 바랍니다. 문적원 술작랑 이승영을 사신으로 국서를 보내 감사의 말씀을 전하게 합니다. 별지에 적은 것처럼 약간의 선물을 함께 보냅니다.

구름 덮인 바다가 가로막고 길이 멀어 만나뵐 날을 기약할 수 없습니다.

그런데 일본에서는 이승영에게 다음과 같은 공격이 있었다.

모감덕 등이 돌아갈 때 국서를 전달한 게 없는데, 지금 국서에서 '보내주신 국서로'라는 표현이 있으니 이 말이 실제로는 이치에 합당하지 않아 마땅히 돌려보내야 할 것입니다. 다만 국서의 표현이 예의를 잃지 않고 있기에 그 잘못을 용서하고 특별히 용납하기로 하겠습니다.

작년 모감덕이 귀국할 때 발해왕에게 보낸 국서가 없었는데도 선왕의 글에서 마치 존재하지도 않는 국서를 운운한 것이 사실과 다르다는 점을 문제 삼은 것인데, 관례적 표현조차도 저렇게 딴지를 걸어대니 발해 사신들이 마음고생을 많이 하였겠다는 생각이 절로 드는 부분이다. 이때 이승영은 적당히 둘러댈 수밖에 없었다.

820년 1월 1일, 발해사가 일본 측 신하들과 함께 대극전에서 신년하례를 하였다. 1월 7일, 풍락전(豊樂殿, 부락쿠덴)에서 발해사 등에게 연회를 베풀고, 대사 이승영 등에게 위(位)를 주었다. 1월 16일, 풍락전에서 발해사 등에게 연회를 베풀고 답가(踏歌)를 연주하였다.

그리고 1월 21일, 발해왕에게 보내는 국서를 사신단에게 주었다. 대략적으로, 발해국왕의 왕위계승을 축하하고 우호적인 관계를 계속할 뜻과 함께 예전 사례를 본받아 사신을 보내온 것과 이전 사절인 모감덕 일행에 대한 일본 측의 원조에 보답한 것을 칭찬하는 내용이었다.

천황이 발해국왕에게 안부를 묻습니다. 이승영 등이 와서 전한 국서는 잘 읽었습니다. 국왕께서 왕위를 이어 나라를 지키며 오랜 우호를 지속하고자 함을 알겠습니다. 지난번 사신들을 배에 태워 보냈지만 훼손되어 표류하는 바람에 바다를 건널 방도가 없기에 특별히 배 한 척을 주어 돌아갈 수 있게 해주었습니다.

국왕께서는 그 배려를 잊지 않으시고 이전의 도리를 따라 사신을 멀리까지 보내어 사례에 보답하였으니 그 정성이 감탄스럽습니다. 멀고 먼 나라 사이에 넓은 바다가 가로막혀 있어 북쪽을 바라보아도 멀어서 직접 말을 전할 길이 없습니다. 대신 사신이 돌아가는 길에 선물을 함께 부칩니다.

초봄의 남은 추위에 별일 없길 바라며 모두 평안하시기를 빌겠습니다.

1월 22일, 발해사 이승영이 귀국할 때 이들 편으로 당나라 사람 주광한(周光翰), 언승칙(言升則) 등이 고국으로 돌아갈 수 있도록 동행시키기로 하였다. 이들은 당초 당나라 월주(越州, 저장성의 상하이 남쪽)에서 신라 선박을 타고 일본으로 온 것이었는데, 이번에는 발해 영내를 통과하여 본국으로 귀국하는 여정이었다. 이와 비슷한 시기에 당나라 유학을 했던 일본 승려 엔닌(圓仁)이 목격했던 대로 이 당시 신라가 쇄국정책을 펼쳐서 외국인들의 영해 침범에 강력히 대응하던 상황이어서였는지, 일본 선박이 신라 영해를 통과하는 것에 대해 강한 반발을 우려하여 발해를 우회하는 루트를 이용하게 되었던 것 같다.

제20차 발해 사신단

821년 7월, 선왕은 제20차 발해 사신단인 정당성(政堂省) 좌윤(左允) 왕문구(王文矩)를 일본에 파견하였다. 정당성은 발해 정치체제의 핵심부처로, 최고위직인 대내상과 그다음인 좌사정, 우사정, 그리고 바로 그 아래가 좌윤과 우윤이어서, 이번 방문은 상당히 고위직이 찾아온 것이었다. 동시대의 당나라 관직과 비교하면 좌승(左丞)과 동급이었다는데, 아마도 3질(秩)은 되었을 것으로 추정되며 이번 일본 사행에서 일본 조정으로부터 동급인 정3위를 받게 되니 대략 맞는 듯하다.

제20차 발해 사신단 구성
- 기간 : 819년 11월 도착 → 헤이안쿄 → 819년 1월 출발
- 총원 : ○명
- 대사 : 정당성 좌윤 왕문구
- 부사 이하 인원 미상

11월 13일, 이들은 선물과 함께 선왕 대인수의 국서를 가져왔다. 국서의 내용은, 앞서 이승영 일행이 귀국한 일을 전하는 한편 그가 가지고 돌아온 사가 천황의 국서와 선물에 감사를 표하면서 우호관계를 지속하고 토산품(土毛)을 보내는 뜻을 말하는 것이었다. 사실 이때의 토산품이라는 용어는 아래에서 위로 헌상한다는 뉘앙스가 없는 표현이어서 콧대 높은 일본 정부에서 굳이 꼬투리를 잡으려면 잡을 수도 있는 상황이었지만 이때는 문제 삼지 않고 그냥 넘어갔던 듯하다.

대인수가 말씀드립니다. 초가을이지만 아직 무덥습니다. 천황께서도 일상에 행운이 가득하시기를 바라며 인사드립니다. 대인수도 잘 지내고 있습니다.

이승영 등이 돌아와서 전한 국서는 잘 받아보았습니다. 훌륭한 선물을 주시니 너무도 감사할 따름입니다. 귀국과 우리나라는 하늘과 바다로 가로막혀 있다 해도 국서와 선물을 이처럼 왕래할 수 있으니 관계가 이보다 더 돈독할 수는 없을 것입니다. 대인수가 비록 재능은 부족하지만, 다행히 전왕의 업적을 이어받아 친선관계가 지속되고 오랜 정성이 계속 이어지기를 바라마지 않습니다.

정당성 좌윤 왕문구 등을 사신으로 파견하여 국서를 가지고 멀리 찾아뵙고 부지런히 우호를 쌓고자 합니다. 적으나마 토산품을 별지에 기록한 대로 보냅니다.

푸른 산이 땅에 끝 닿고 푸른 바다가 하늘에 잇닿아 만나뵐 길이 없습니다.

822년 1월 1일, 발해 사신이 대극전의 신년하례식에 참석하였다. 1월 7일, 풍락전에서 발해사 등에게 연회를 베풀었다. 1월 16일, 풍락전에서 또 발해사 등에게 연회를 베풀었다. 이때 발해국사 왕문구 등이 타구(打毬)를 하였다. 타구는 격구(擊毬)라고도 하는데, 현대의 폴로 내지 하키와 비슷하다고 보면 된다. 구체적인 설명은 없어서 불확실하긴 하지만, 발해 당시에는 말을 타고 막대기로 공을 쳐서 골문에 넣는 형태의 운동경기가 아니었을까 추측된다. 왕문구 일행은 솜 200둔을 선물로 받았다.

이때의 경기를 본 사가 천황이 남긴 시 한 편을 감상해보자.

꽃피는 봄날 화창한 이른 아침

사신들이 때맞추어 경기장에 모였는데

허공을 가르는 막대기는 초승달 같고

떠오른 공 유성처럼 땅 위를 달리는구나

이리저리 주고받으며 문을 향해 경쟁하는데

무리 지어 달리는 소리 우레와 같이 울리고

북을 치고 외치면서 순식간에 지나가니

관객들은 오히려 빨리 끝나 아쉽다네

떠나기 하루 전인 1월 20일, 조집전(朝集殿, 죠슈덴)에서 왕문구 등에게 연회를 베풀었다. 그리고 1월 21일, 발해사 왕문구 등이 귀국길에 올랐다. 발해국왕 앞으로 선물과 함께 국서를 보냈는데, 내용은 주로 선왕 대인수의 덕을 찬양하고 먼 길을 두려워하지 않고 빈번하게 사신을 파견해왔음을 칭찬하면서 선린의 외교관계를 장려하는 것이었다.

제21차 발해 사신단

도착날짜로 미루어보건대 823년 8월경 제21차 발해 사신단이 발해를 출발한 것으로 보인다.

823년 11월 22일, 발해 사신단 101명이 가가국에 도착하였음을 조정에 알렸다. 일본은 이해에 제53대 준나(淳和) 천황(786~840, 재위 823~833)이 치세를 시작하였다. 그의 나이 38세의 일이었다. 이렇게 해서 제50대 간무 천황의 뒤를 이어 첫째 아들(제51대 헤이제이), 둘째 아들(제52대 사가), 그리고 이번에 셋째 아들까지 연속으로 천황이 된 것이다.

> 제21차 발해 사신단 구성
> - 기간 : 823년 11월 도착(가가) → 824년 6월 출발(가가)
> - 총원 : 101명
> - 대사 : 고정태
> - 부사 : 장선
> - 판관 : 이름 미상 2명
> - 녹사 : 이름 미상 2명
> - 기타 수령(추정) 등 인원 미상

12월 8일, 이 해에 폭설이 내려 왕래가 매우 어려우니 존문발해객사(存問渤海客使)의 파견을 정지하고, 가가국의 책임자인 기노 스에나리(紀末成) 등에게 예법에 맞춰 안부를 묻도록 했다. 가가국은 이 해 2월에 에치젠국에서 분리되어 건립된 지 얼마 안 된 신생지역이었고, 이 작업을 주도적으로 추진한 이가 바로 기노 스에나리였기 때문에 열정적인 그에게 발해 사신단의 영접을 맡겨도 좋겠다고 생각했던 듯하다.

참고로 이쯤에서 용어정리를 한번 하고 지나가자면, 존문사(存問使)는 사신단이 도착하였다는 보고를 받았을 때 파견하여 보살피는 역할이었고, 영객사(領客使)는 사신단의 제반사항을 조사하여 조정에 보고하는 역할이었다. 또 장객사(掌客使)는 사신단을 입경까지 호송하는 역할을 하였다. 그 외에도 사신단의 귀국 시 함께 수도를 떠나 출발지에서 마지막 향연을 베풀고 귀국하는 향객사(鄕客使) 등 외교사절의 접대를 위한 다양한 역할들이 존재했다.

824년 1월 5일, 발해사의 대사 이하 녹사 이상 6명에게 겨울옷을 지급하였다. 이 말을 풀어보면 대사 1명, 부사 1명, 판관 2명, 녹사 2명으로 구성되었던 것 같다. 1월 24일, 우대신(右大臣) 후지와라노 오쓰구(藤原緒嗣, 774~843)가 발해사의 방문 기한을 12년에 한 번으로 할 것을 제안하였다. 그는 이후에도 줄곧 반(反)발해 행동을 지속하는 인물이다.

2월 3일, 일본 조정에서는 근래에 여러 지역에 흉년이 계속되고 역병이 퍼지고 있는 데다가 농번기에 들었으니, 발해사의 입경을 정지하라는 명령을 내렸다.

> 천황이 발해국사에게 전한다. 발해국왕이 국가적 의례로 사신을 선발하여 보내오니, 사명을 받들고 건너온 사신들은 거센 파도를 타고 찬바람을 잊고 이곳 조정에 참석해왔다. 나에게 국정이 주어져 나라를 다스리고는 있지만, 매해 풍년이 들지 않아 백성들의 삶이 많이 피폐해진 상황이다. 또 역병이 유행하고 있는데도 그때그때 외국 사절을 받는 격식을 따라야 하는 백성들은 고통스러울 수밖에 없다. 이런 사정이 있으니 사절단은 순풍을 기다렸다가 본국에 돌아가도록 하라.

이렇게 발해 사신단은 하릴없이 가가에 머물러 있을 수밖에 없었다.

4월 17일, 에치젠국에서 발해국왕의 선물과 대사 고정태(高貞泰), 부사 장선(璋璿)의 별도 선물, 그리고 거란의 큰 개 2마리와 작은 개 2마리를 수도로 보내왔고, 이를 검토한 후 21일에 조정에서는 어떤 사유에서인지 부사 장선의 별도 공물만 되돌려보냈다. 물품이 마음에 안 든 것인지 부사 정도의 인사에게 선물을 받는 것은 예의에 맞지 않다고 판단한 것인지 잘 모르겠다.

4월 22일, 천황이 신천원(神泉苑, 신센엔)에 행차하여 발해 사신이 진상한 거란의 사냥개에게 사슴을 쫓게 해보고는 중간에 그만두게 하였다. 이곳은 원래 지하수가 샘으로 솟아오르는 연못이어서 가뭄에도 물이 마르지 않는다고 해서 이름이 신천(神泉)으로 지어졌는데, 헤이안쿄 건설 당시 왕궁의 정원으로 만들어진 것이었다. 당초 10만㎡(3.2만 평)에 달하는 넘는 엄청난 규모였다고 하나 최근까지 관리가 제대로 이루어지지 않아 지금은 연못 주변의 6천㎡ 남짓(2천 평)에 불과한 땅만 남아 있는 지경이라고 한다. 오늘날 교토역에서 멀지 않은 곳에 있다.

신센엔 위키피디아

5월 15일, 발해국왕에게 보내는 국서를 준비하였다. 5월 20일, 천황이 명하여 발해왕 및 대사 고정태에게 선물을 내릴 것과, 고정태의 귀국에 즈음해서 발해사 방문의 연한을 12년에 한 번으로 개정할 뜻을 말하며 발해국왕에게 전하도록 하라고 했다. 이는 799년 4월에 대창태가 이끈 제14차 발해 사신단에게 전했던 방문 연한에 제한을 두지 않겠다고 했던 기존 방침이 수정되었음을 의미했다. 앞서 후지와라노 오쓰구의 의견이 정식으로 채택되어 이제 발효된 것이었다.

선왕이 거의 2년에 한 번씩 사신단을 파견해오던 상황이었던지라, 일본 내에서는 이들을 맞이하는 데 들어가는 각종 비용이 과도하게 들고 지역마다 재정적 부담이 심각한 상황이어서 부득이하다는 의견이 지배적이었다. 더욱이 국가적 체면을 생각해서라도 외국의 사신단에 대해서는 완벽한 영접의 모습을 보여야 하는데 이와 같이 빈번하게 사신단이 방문해올 경우 최선을 다하지 못한다는 표면적인 이유도 있었다.

그리고 6월 발해 사신단은 머물고 있던 가가를 떠나 본국으로 귀국하였다. 이달 20일, 태정관이 관청과 지방에 발송하는 공문인 「태정관부(太政官符, 다이죠칸부)」를 각 지역(國)에 보내 발해사 방문의 연한이 12년에 한 번으로 개정된 것을 통지하였다.

799년 5월 20일에 당시 우대신이 천황의 명을 받들어 발해의 방문 연한이 6년으로 정해져 있으나 그 나라의 사신 대창태 등이 오히려 늦다고 재고를 요청했다. 이에 원하는 대로 연한을 정하지 않았고, 여러 지역들은 명을 받고 후하게 접대했다. 지금 우대신이 명을 받들어 다시 선포하니, 기한을 제한하지 않을 수 없으므로 전례를 고쳐 발해 사신의 방문 연한을 12년으로 하는 것을 규정으로 삼도록 한다. 해안가 여러 군들은 방문 사신에게 공급하기를 전례에 따라 하고, 에치젠국을 통해 사신이 왔음을 보고하도록 하라. 아울러 해마다 곡식이 여물지 않고 백성의 생활이 곤궁하여 사신을 영접하는 것을 부담스러워 하니 이들이 수도에 올라오는 것을 허락하지 않는다.

일본의 태도는 이것으로 정해졌다. 발해에 대한 대우가 박해지기 시작했다.

제22차 발해 사신단

다음해인 825년 12월 3일, 오키국에서 제22차 발해 사신단인 정당성 신부소경(信部少卿) 고승조(高承祖) 등 103명의 도착을 조정에 알려왔다. 아마도 8월경에는 발해에서 출발하였을 것이다.

제22차 발해 사신단 구성
- 기간 : 825년 12월 도착(오키) → 826년 6월 출발(가가)
- 총원 : 103명
- 대사 : 정당성 신부소경 고승조
- 부사 : 고여악
- 판관 : 왕문신, 고효영
- 녹사 : 고성중, 진숭언
- 역어 : 이릉량, 이승종
- 기타 수령(추정) 등 인원 미상

이에 12월 7일 후루노 다카니와(布瑠高庭)가 영객사(領客使)로 임명되었는데, 그는 발해 사신단에게 자신의 영객사 직책을 드러내지는 않고 안내를 맡았다. 이는 이들이 12년에 한 번이라는 방침을 어긴 사절이었으니 공식적으로는 인정하지 않겠다는 일본 정부의 입장 표명이었다.

826년 3월 1일, 우대신 후지와라노 오쓰구가 발해사 고승조 등은 12년에 한 번의 규정을 지키지 않고 방문하였기 때문에 비록 당에 있는 학문승 레이센(靈仙)의 글을 가지고는 왔다고 하나 수도로 들여보내지 말고 곧바로 귀국시켜야 한다고 주장하였다. 더욱이 그는 이들 발해 사신단이 단순히 이웃손님(隣客)이 아니라 장사꾼들(商旅), 즉 교역을 목적으로 한 상인단에 지나지 않는다고 생각했기 때문에 국가 사절로 대우하기에는 일본의 체면이 떨어진다고 반대하였다. 또한 현재 의례나 토목공사 등 국가적 행사가 빈발하고 있고 가뭄과 유행병 때문에 지금으로서는 백성을 구휼하는 것이 중요하다는 점 등을 들어 발해사의 수도 방문을 허용하여 민간의 부담을 가중시키지 말고 오키에서 그대로 귀국시켜야 한다는 의견을 표명했다.

제가 지난 824년 1월 24일에 제안한 대로 발해의 방문을 12년에 한 번으로 정하였습니다. 지금 레이센을 핑계 대고 교묘하게 약속한 시기를 어겼으니 이에 돌려보내는 것이 마땅합니다. (중략)

이들은 실은 장사하는 무리일 따름이고 이웃의 손님으로 여기기는 부족하니 저 장사치들을 손님으로 대접한다는 것은 나라의 손실이자 올바른 정치의 실현이 아닙니다. (중략)

근년에 가뭄과 역질이 연달아 일어나 사람이나 사물이 다했으니 한번 공급하자면 세금이 모자랍니다. 하물며 또 농사가 중요한 시기에

폐단이 많이 일어나 사람들은 부역에 시달리고 조세의 공급은 손실이 있습니다. 그렇다면 군주가 신하의 것을 빼앗지 않고서야 어찌 천하를 유지하겠습니까? 백성의 근심이 멎지 않으면 하늘의 재앙을 없애기 어렵습니다. 한 사람의 천하가 아니고 만인의 천하인데 지금 백성의 것에 손해를 끼친다면 후대의 현자에게 부끄러움이 있습니다.

간곡히 바라건대 발해 사신단의 수도 방문을 중지시키고 곧 도착한 곳에서 그대로 돌려보냄으로써 또한 조정의 위엄을 보여주고 백성들의 재해를 없애소서. 오직 기한에 따라 방문했을 때에만 전례대로 해야 합니다.

하지만 다행히도 그의 요청은 받아들여지지 않았다. 발해 사신단이 당나라 오대산(五臺山)에 머물고 있던 레이센의 편지와 물품을 지참한 발해승려 **정소(貞素)**를 동행해온 것이 주효하게 먹혔다. 이들은 그 덕분에 단순 사절단이 아니라 일본을 위해서 어려운 일을 대신 처리해준 선행의 존재로 포지셔닝되었기 때문이다.

사실 후지와라노 오쓰구의 의견이 꼭 틀린 것만은 아니었다. 특히 상객(商客)이라는 측면에서는 그의 의견이 오히려 옳았다. 총 103명의 발해 사신단 인원들 중 지휘부는 대사, 부사, 판관 2명, 녹사 2명, 통역 2명, 기타 11명으로 겨우 19명에 불과했고, 이후 사신단의 구성을 참고해보자면 나머지 인원 중 대략 65명 정도는 교역을 목적으로 함께 온 지방 수령들이었을 것이다. 이들은 사신단 지휘부가 일본 조정에서 외교행위를 하는 동안 현지에서 별도로 교역 활동을 하였을 것으로 보인다. 그렇지 않다면 지휘부를 제외하고 이 많은 인원들이 멀리 일본까지 와서 무엇을 하며 귀국을 기다리고 있었겠는가.

5월 8일, 발해대사 고승조 등이 수도에 들어오자 홍려관에 머물게 하였다.

5월 12일, 발해사에게 위(位)를 내렸다. 대사 고승조는 정3위, 부사 고여악(高妊岳)은 정4위상, 판관 왕문신(王文信)과 고효영(高孝英)은 정5위상, 녹사 고성중(高成仲)과 진숭언(陳崇彦)은 종5위상, 역어(즉 통역) 이륭랑(李隆郎)과 이승종(李承宗)은 종5위하, 그외 11명에게 6위 이하를 주었다.

5월 14일, 발해사가 귀국을 위해 가가국으로 향했다. 준나 천황은 발해사 고승조에게 레이센 앞으로 부치는 황금 100냥과 함께 발해국왕 앞으로 보내는 국서를 맡겼는데, 그 내용은 대략 재당 일본승 레이센의 편지와 물품을 전달해준 것에 대해 감사를 표하는 것이었다. 이 물품들은 승려 정소가 레이센에게 직접 전달한다.

천황이 발해국왕에게 안부를 묻습니다. 사신 고승조 등이 와서 당나라에 있는 학문승 레이센이 보낸 글과 물품을 전해주었습니다. (중략) 보내주신 토산품은 잘 받았습니다. 보답으로 보내는 선물은 특별한 것은 없습니다. 승려 정소의 행실 중 잘못된 것은 고승조가 다 알고 있습니다. 바람과 날씨가 한창 무더운데 별일 없으시기를 바랍니다.

국서상에 승려 정소의 행실 중 잘못된 것이 무엇인지는 나와 있지 않은데, 무언가 조정에서 한 실수가 있을 수도 있지만 구체적인 설명이 없어 정확히 알 길이 없다. 일부 학자들은 정소가 자신의 임무를 최종적으로 잘 수행했기 때문에 잘못된 것이 '없음'을 말하려고 한 것에서 글자가 누락된 것으로 보기도 한다.

제23차 발해 사신단

827년 12월 29일, 여름 무렵 발해를 출발한 것으로 보이는 정당성 좌윤 왕문구가 이끄는 제23차 발해 사신단이 뒤늦게 다지마국(但馬國)에 도착하였다. 이들은 총 100여 명으로, 이번 사신단의 구성에는 평소의 대사, 부사, 판관, 녹사, 사생, 역어 외에도 의사, 천문생(天文生), 수령, 뱃사공들이 포함되어 있었으니, 이로 미루어보면 역사나 수령의 숫자는 65명 내외가 아니었을까 생각된다. 참고로 왕문구는 이보다 전인 821년에 제20차 발해 사신단을 이끌고 왔던 그 인물이며, 21년 후에도 또다시 제25차 발해 사신단을 이끌고 오는 등 총 세 차례 일본을 방문하게 된다.

제23차 발해 사신단 구성
- 기간 : 827년 12월 도착(다지마) → 828년 4월 출발(다지마)
- 총원 : 100여 명
- 대사 : 정당성 좌윤 왕문구
- 부사 이하 인원 미상

다지마 위키피디아

다지마국의 박사(博士) 하야시노 도오(林遠雄)가 방문 사유, 연한 규정 위반 등을 심문했는데, 왕문구는 당나라의 치청절도사(淄青節度使) 강지목(康志睦, 재직 825~831)이 제정한 교통지사(交通之事)에 따라 발해와 치청 간의 통교를 알리기 위해 방문한 것이라고 해명하였다.

> 　이번 길은 당나라의 평로치철절도사 강지목의 교통지사 때문에 왔지만 기한을 어긴 것을 명백히 알고 있으니 잘못을 벗어날 길이 없습니다. 곧 되돌아가고자 했지만 배가 부서지고 식량이 떨어져서 부득이 공급해주실 것을 기다릴 수밖에 없습니다.

　참고로 825년에 산동 반도의 치청절도사가 된 강지목은 동시에 압신라발해양번사를 겸했는데, 이는 곧 신라·발해와 당나라의 해상교류를 책임지고 감독하는 자리였다. 그가 발표한 교통지사는 827년에 사실상 당나라의 해상무역을 관장하던 치청에서 국제무역의 질서를 바로잡고자 동아시아 각국에 통지한 일종의 항해조례를 말하는 것이었다. 이후 서해에서는 교관선(交關船)이라는 일종의 교역선이 빈번하게 왕래하는데, 이는 일본승려 엔닌이 남긴 기록에서도 잘 포착되고 있다.

　여담이지만, 장보고(張保皐)가 이 다음해인 828년에 당나라에서 신라로 귀국하여 정부의 승인하에 청해진을 건설하고 해적 소탕과 함께 무역 중진을 도모할 수 있었던 것도 이런 국제적인 환경변화를 잘 읽고 현명하게 대응하였기 때문이기도 했다. 그 역시 발해와 마찬가지로 대일본·대당 무역에 매진하였는데, 이 둘은 서로 사무역과 공무역으로 영역이 달라서였는지 장보고와 발해의 경쟁관계에 대해서는 마땅한 기록이 없는 것으로 보아 마찰이 있을 정도의 사이는 아니었던 것으로 보인다.

어쨌든 당나라의 최근 상황을 핑계 댄 것이 통한 것인지 연한 규정 위반에 대해서는 추가적인 추궁은 없었다. 다만 이들의 수도 방문에 대한 허가는 떨어지지 않았다.

828년 1월 2일, 태정관에서 다지마국에 다음과 같은 태정관부를 통해 발해 사신단에 대해 조치할 것을 명했다.

① 식량은 지급해주되 규정의 절반으로 할 것. 연한 규정 위반에 대해서는 여전히 괘씸함을 느끼고 있었던 모양이다.

② 발해사의 파손된 선박은 수리해줄 것. 이는 어차피 돌려보내려면 해줘야 하는 일이기도 했다.

③ 민간에서 임의로 발해사와 교역할 것을 금할 것. 발해 사신단이 교역활동을 위해 배에 싣고 왔던 물자들은 인기가 높아서 서로 앞다투어 구입할 정도였기 때문에 아무나 거래할 수 없도록 금지한 것이었다. 이를 어길 시 체벌이 가해질 것이라는 엄명이었다.

④ 다지마의 국사(國司, 지방장관)는 사신이 가지고 온 국서를 개봉하여 사본을 중앙정부로 보고할 것. 이에 따라 다지마국은 2월 3일 발해왕의 국서와 중대성의 공문 사본을 태정관으로 보내왔다.

4월 29일, 발해 사신단의 대사부터 뱃사공에 이르기까지 비단과 무명을 지급하였다. 하지만 연한 규정 위반에 대해서는 교역 금지 방침 때문에 일본 측은 끝내 거래를 허락하지 않았고 사신단은 부득이 이곳 다지마에서 별다른 성과 없이 귀국할 수밖에 없었다.

그리고 발해의 영토 확장과 별개로 선왕은 당나라와의 관계는 기존의 우호정책을 유지해나갔다.

820년 윤 정월, 사신을 보내니 당에서는 선왕을 금자광록대부(정3품) 검교사공으로 올려주었다. 강왕 대숭린 때 받은 가장 높은 칭호를 선왕 역시 받은 것이다. 12월에 사신을 다시 보내 감사를 표명하였다. 뿐만 아니라 821년 1월과 822년 1월, 그리고 823년에도 사신을 보내었고, 824년 2월에는 당나라에 대총예(大聰叡) 등 50명이 숙위를 청했다. 또한 825년부터 829년까지도 계속해서 사신 파견이 이루어졌다.

날짜는 명확지 않지만 820년대에 선왕의 조카 대공칙(大公則)과 신능지(愼能至)가 당나라에 사신으로 간 적이 있고, 또 비슷하게 조카 대다영(大太英)과 왕족 대정순(大定順)이 함께 당나라에 파견된 적이 있었다. 이로 추정해보면 대인선에게는 형제가 있었음을 알 수 있다.

830년에도 사신 파견이 있었는데, 불행히도 이해 연말에 선왕은 세상을 떠났다. 아들 대신덕이 일찍 죽었기 때문에 자연스럽게 왕위는 손자 대이진에게 전해졌다.

발해와 불교 이야기

한반도 북부에 있는 발해 용강성 석두현의 해성사 금강곡 칠보산(현재의 북한 함경북도 명천군 보촌리)이라는 곳에서 한 절의 기공식이 열렸다. 이곳의 창건자는 대원 화상이고, 실제 작업을 진행한 목수 두 명의 이름은 팽가와 석가였다. 이 절이 세워진 날은 바로 826년 3월 15일로, 선왕의 치세가 9년 차에 접어드는 시점이었다.

오랜 세월이 지나 고려 시대 및 조선 시대를 거치면서 지금은 대웅전, 심검당, 음향각, 관음전, 산신각 등 5채의 건물이 남아있는데, 1948년 이곳 개심사를 보수하면서 대웅전 용마루에서 자그마한 나무함을 발견했고, 그 안에 종이에 먹으로 쓴 글이 발견되면서 발해 시기에 창건된 절임이 밝혀진 것이다.

여러 번 고쳐졌기 때문에 발해 당시의 건물 형식이 그대로 남아있다고 볼 수는 없지만, 건물의 위치가 다른 곳으로 옮겨지진 않았다고 하기에 건물의 주춧돌들은 그대로 살리면서 보수된 것으로 여겨진다. 개심사 대웅전의 북쪽에는 해발 500m의 개심대가 있고, 동쪽에는 해발 600m의 사선대가 있는데, 넓게 보면 개심사는 금강봉의 서쪽에 있는 셈이다. 즉 동쪽과 남쪽, 북쪽은 산으로 둘러싸여 있지만 서쪽은 열려 있는 지형으로, 대웅전은 바로 이곳 서쪽을 향하고 있다.

현재는 대웅전을 중심으로 서북쪽에는 응향각(주지가 살던 집), 서남쪽에는 심검당(스님들이 공부하던 집), 동남쪽에는 관음전, 북동쪽에는 산신각 등이 배치되어 있다. 지금은 북한의 땅이라 갈 수는 없지만, 발해의 전성기를 상징하는 건축물로서의 의미를 되새겨볼 수 있는 가치는 충분히 있을 것이다.

이처럼 발해의 국교는 그 앞의 고구려나 다음의 고려와 마찬가지

로 사실상 불교였다. 물론 발해 출신으로
도교 경전을 쓴 이광현(李光玄)이나 기독교
의 상징인 십자가 발굴을 통해 타 종교의
공존 가능성도 있지만, 여러 불교 승려들의
기록들부터 발해의 전역에서 발견되는 불
교 유물들까지 대다수의 증거는 발해는 곧
불교의 나라였음을 말해주고 있다. 뿐만 아
니라 문왕의 두 딸의 묘지석에서 나온 것처
럼 사상적으로 발해 왕실이 드러낸 불교적
색채를 통해 보자면 발해가 추구한 것은 불
교적 지상낙원이었음을 알 수 있다.

발해의 석등 동북아역사넷

중국 헤이룽강성 영안현에 있는 상경성의
「발해 석등」이나 장백현 장백진에 있는 「영
광탑」 같은 불교식 탑은 지금도 유명한데, 특
히 석등의 경우 조사에 따르면 고구려척(尺)
을 사용하여 제작된 것으로 밝혀져 발해의
고구려 계승을 증명해주는 한 사례가 되기
도 한다.

유물 중에는 상경성에 출토된 것으로 알려
진 「함화4년명불상」이 있는데, 다음 대인 국
왕 대이진 시기에 제작된 것으로 다음과 같
은 글씨가 새겨져 있어 당대 사회를 이해하는
데 도움을 준다.

영광탑 동북아역사넷

함화 4년(834) 윤 5월 8일에 과거 허왕부(許王府)의 참군(參軍), 기도위(騎
都尉)였던 조문휴(趙文休)의 어머니 이(李)씨가 삼가 아미타불(阿彌陀佛)과
관음(觀音), 대세지(大勢至) 등의 보살존상(菩薩尊像)을 조성하였으니, 모

든 불문(佛門)의 권속들이 모두 6바라밀(波羅蜜)을 실천하고, 불가(佛家)의 창생들이 함께 8정(正)을 뛰어넘기를 바라노라. (후략)

확실히 발해는 불교국가였음을 여실히 보여주는 명문인데, 덤으로 허왕부(許王府)라고 하는 허왕(許王)에 속한 기관이 별도로 있었다는 사실도 알려주니 고마울 따름이다.

이는 곧 발해 사회에는 여러 왕들이 존재하였고 국왕은 사실상 황제의 역할을 하는 왕 위의 왕으로 군림하였다는 것을 말해준다. 여기서의 허왕이 정확히 누구를 지칭하는지 오늘날 알 길은 없으나, 과거 발해 건국 이전에 걸사비우가 당나라로부터 허국공(許國公)이라고 불린 적이 있는데 이때의 말갈 세력의 근거지가 허(許)라는 이름의 땅이 아니었을까 짐작해볼 수도 있으나 구체적 위치는 안타깝게도 불분명하다. 역사상 허왕이라는 명칭을 사용했던 것으로는 발해와 그리 멀지 않은 시대인 당 고조나 고종 때에 일부 아들에게 허왕을 부여한 사례가 발견되는데, 발해도 똑같이 이 이름을 차용하여 태자가 아닌 국왕의 다른 왕자들에게 호칭을 주었던 것은 아니었을까 조심스레 유추해볼 뿐이다.

6. 제국의 절정

(1) 해동성국의 완성

선왕 대인수는 다음 국왕이 되는 대이진의 할아버지였고 중간에 아들이 먼저 세상을 떠서 왕위를 손자가 물려받는 것도 그렇고, 장수까지는 아니어도 오랜만에 긴 세월 동안 왕위를 지킨 것도 마치 문왕 대흠무를 보는 듯하다.

대이진은 바로 선왕이 제국의 혼란기를 잘 마감하고 제국의 제2 부흥을 이끌어낸 바로 다음에 왕위를 물려받았다. 그가 할 역할은 일찍 돌아가신 아버지 대신덕(大新德) 대신 할아버지가 이룩한 대제국을 안정적으로 이어나가는 것이었고, 본인도 그것을 잘 인지하였는지 제국의 번영기를 구가할 수 있도록 최선을 다하였다.

발해와 악연이 깊은 거란의 역사서인 『요사』 등 일부 기록에서는 대이진 당시가 바로 요동성국(遼東盛國), 즉 해동성국의 정점을 이룬 시기라고 할 만큼 그의 안정적 치세는 주변국에도 돋보일 정도였던 듯하다. 이때 비로소 5경 16부 62주의 체제가 완비되었다고 하니, 할아버지가 시작한 대규모 프로젝트가 그의 치세에 마무리된 것으로 이해해도 크게 무리는 없을 것이다.

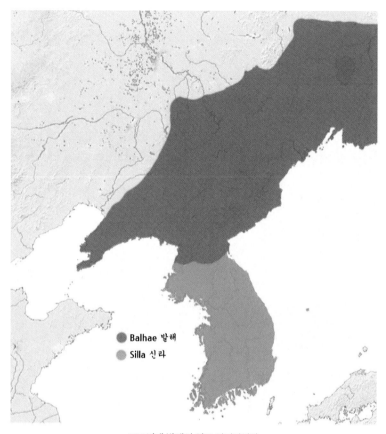

830년대 발해의 영토 위키피디아

　권지국무 대이진은 831년 1월 정식으로 왕위에 올라 함화(咸和)라고 연호를 지었다. 화합을 완성한다는 의미심장한 뜻이다. 선대에 이룩한 여러 말갈 부족의 통합을 물리적인 측면뿐만 아니라 정신적 측면에서까지 이룩해내겠다는 의지의 표명으로 들린다.

제11대 국왕 대이진(?~857 말경, 재위 831~857)

- 아버지 : 대신덕(사망)

- 어머니 : (미상)

- 아내 : (미상)

- 형제자매 : 동생 대건황

- 자식 : 대명준(사신 832, 837), 대광성(사신 833), 대연광(사신 839), 대창휘(
  사신 836~841 사이), 대지악(사신 846)

여담이지만, 발해에서는 새로 국왕이 세워졌을 때 다음 해까지 기다리지 않고 그 해에 새 연호를 제정하는 방식이 사용되었었다. 대표적으로 737년 무왕이 세상을 떴을 때 당나라에서는 738년이 되어서야 문왕의 즉위를 인정하였지만, 이와 별개로 발해 내부적으로 문왕의 새 연호 '대흥'은 이미 737년부터 사용되었다. 보통 이러한 방식을 유월칭원(踰月稱元)의 법이라고 부른다.

그런데 이번 대이진의 국왕 등극에서 역시 830년 말에 선왕 대인수의 죽음에 따라 곧바로 새 연호를 선포한 것이 해가 넘어간 1월이 된 것인지, 아니면 선왕의 죽음 후에 굳이 몇 달을 더 기다렸다가 새해가 된 다음 새 연호를 선포한 것인지가 불분명하다. 기본적으로 발해에서 당나라의 수도까지 당도하는 데에 정상적이라면 수개월씩 소요되었던 기존의 사례를 참고하자면, 당나라에서 대이진을 발해국왕으로 인정한 게 831년 1월의 일인 것은 곧 그 전에 이미 선왕의 죽음을 알리기 위해 발해 사신단이 출발하였다는 사실을 말해준다. 이는 그렇다면 대이진 때에는 새로운 연호를 선포하는 시점이 새 국왕의 즉위년이 아니라 즉위 후 첫해가 되는 셈이다. 이를 유년칭원(踰年稱元)의 법이라고 한다.

왜 갑자기 연호를 선포하는 기준이 바뀐 것인지는 불분명하다. 다만 대이진이 권지국무로서 국왕의 부재 중 국정을 대리한 다음 정식으로 국왕에 오른 것처럼, 선왕 대인수도 그렇고 희왕 대언의 역시 권지국무를 거쳐 국왕이 되는 절차를 참고해보면 아마도 권지국무가 차기 왕위계승권자가 되는 시점부터 적용된 것이 아닐까 여겨진다. 대이진의 바로 다음 국왕이 되는 대건황 역시 권지국무로서 왕위에 오르는데, 그때 그의 지위가 정당성 대내상이었다. 만 27년을 넘는 대이진의 긴 집권기간이 아직 절반도 되지 않던 시점에 이미 동생이 권력의 핵심을 차지하고 있었던 것이다.

이를 참고해보면 권지국무는 단순히 다음 왕위를 이을 태자가 맡는 직책이 아니라, 집권 기간 중에 이미 국왕의 신하로서 업무를 담당하던 자리에서 왕위가 채워질 때까지 실제로 빈 자리를 맡고 있던 그런 역할이었다는 것이고, 이는 즉 그래서 신하가 아닌 정식 국왕이 될 때까지는 감히 연호를 선포할 수 없었기 때문이었다고 볼 수 있을 듯하다. 즉 이전 국왕의 치세 중에 신하였던 권지국무는 해가 바뀐 다음 국왕으로 등극했고, 그러면서 연호를 선포할 수 있었던 것이다. 이렇게 본다면 대이진은 선왕 시기에 단순히 태자로서 왕위를 이을 준비를 하였던 것이 아니라 선왕 정부에서 정당성 대내상 같은 핵심적인 위치를 이미 차지하고 실무를 직접 보았던 것으로 이해할 수 있을 것이다.

그런데 이때부터의 시호는 역사에 전해지지 않고, 연호도 마찬가지로 대이진 때까지만 알려져 있다. 그 이유는 생각보다 단순한데, 사망 후 부여되는 시호를 대이진이 아직 살아 있을 당시에는 부여받았을 리 만무하고, 이 대이진 집권기에 발해를 방문하여 『발해국기(渤海國記)』라는 책을 남기는 당나라 사람 장건장은 그래서 국왕의 이름은 남겼지만, 시호는 남길 수가 없었던 것이다. 또한 그 이후의 발해왕들도 그 이름은 중국에 사신 파견을 통해 남겼지만, 굳이 국왕의 시호를 중국의 나라들에 보고할 의무는 없었고 오히려 알리는 것을 피하였으니 자연히 역사에서 소멸된 것이라고 할 수 있겠다.

참고로 그는 『요사』에 따르면 발해의 12대 국왕으로 기록되어 있는데, 고왕 대조영부터로 따지면 사실 11대가 맞다. 이는 한편으로는 그 사이에 한 명의 국왕이 기록상 유실된 것이 아닌가 하는 의심을 해볼 수도 있겠으나, 바로 이 시기 대이진 집권기에 발해를 방문했던 당나라의 장건장이 남긴 기록에 따르면 그렇지는 않은 것으로 보인다. 추측건대 선왕 대인수나 대이진 입장에서는 자신들의 혈통이 대조영 직계가 아니다 보니 그보다 위의 조상인 걸걸중상을 1대 국왕으로 소급하여서 대이진이 12대로 한 단계 더 늘어난 것은 아닌가 싶기도 하다. 따라서 장건장의 『발해국기』를 참고한 『신당서』에서는 대야발의 아버지인 걸걸중상부터 등장하는 것이고, 이를 보지 못한 『구당서(舊唐書)』에는 기존 혈통의 선조인 대조영이 맨 처음으로 나타나게 된 것이다.

대이진을 마지막으로 발해가 멸망할 때의 흥미진진한 이야기를 제외하고는 사실상 중국의 여러 나라들은 동북아의 해동성국이라 불리며 번영의 정점까지 도달한 발해에 역설적으로 더 이상 관심을 기울이지 않는다. 해동성국의 전성기를 맞이한 제국의 명성치고는 초라한 형색이지만, 부득이 그러할 수밖에 없었다. 한 마디로 더 이상 발해가 중국에 미치는 영향이 크지 않다는 점, 그리고 중국 역시 내부로부터 생명력이 다해가고 있었기도 하고 결정적으로 북쪽 지역의 떠오르는 태양인 거란의 위협으로 인해 먼 나라에까지 신경 쓸 여력이 없었다는 것 때문이다. 후자가 좀 더 핑계로는 좋지만, 사실 슬프게도 전자가 좀 더 우선순위가 높을 듯하다. 발해라는 존재는 이제 중국의 입장에서 더 이상 관심을 기울일 만한 가치가 있는 대상이 아니었다.

831년 1월, 당나라에서는 대이진을 은청광록대부(종3품) 검교비서감 홀한주도독 발해국왕으로 인정하였다. 이때 발해에 파견된 당나라 사신은 다음 해 귀국하는 내양(內養) 왕종우(王宗禹)였던 것으로 보이는데, 그는 832년 12월에 본국으로 복귀해서 발해의 군사제도로 좌우신책군(左右神策軍), 좌우3군(左右三軍), 120사(司)를 두었다는 내용을 그림을 그려 당나라 조정에 보고하였다고 한다. 그 사이 832년 2월 발해에서 보낸 왕자 대명준(大明俊) 등 6명의 사신이 당나라에 도착하였다.

833년 1월에는 동중서(同中書, 당나라 중서성에 해당하는 발해의 중대성을 의미함) 우평장사(右平章事, 차관급) 고보영(高寶英, 또는 고상영高賞英)이 당나라로 가서 왕위계승 인정에 대한 사례를 겸해 당나라에 갔는데, 겸해서 같이 데려간 학생 3명을 이미 와 있던 다른 학생 3명과 교체하여 돌아왔다. 이때의 대이진의 요청문은 다음과 같다.

학사(學士) 해초경(解楚卿), 조효명(趙孝明), 유보준(劉寶俊) 3명을 사은사(謝恩使) 동중서 우평장사 고보영과 같이 보내 도성에서 학문을 연마하게 하려 합니다. 앞서 보낸 학생(學生) 이거정(李居正), 주승조(朱承朝), 고수해(高壽海) 등 3명은 학업이 어느 정도 이루어졌으니 종전의 사례대로 본국으로 돌려보내주시기 바랍니다.

이때의 이거정은 이름을 기억해둘 필요가 있다. 이로부터 28년 후 일본에 발해 사신단을 이끌고 가는 인물이기 때문이다. 당나라 유학이라는 엘리트 코스를 밟은 인재를 발해에서는 이렇듯 다방면으로 활용하였다.

이 해 2월에는 왕자 대광성(大光晟, 혹은 대선성大先晟) 등 6명이 당나라에 보내졌다. 『발해고』에 따르면 이 당시 당나라의 유명한 시인 온정균(溫庭筠)이 대광성을 만나서 남긴 시가 있다고 한다. 그가 812년생이었다고 하니 당시 22세의 젊은 나이였는데 자신보다 어린 왕자였을 대광성이 애틋하게 느껴졌던 것은 아닐까 싶기도 하다.

귀국하는 발해왕자를 떠나보내며(送渤海王子歸本國)

나라는 비록 바다 건너에 있지만

본래 문화는 한 집안이었거늘

큰 공을 이루어 본국으로 돌아가면서

아름다운 시는 중화에 남기는구나

항구의 가을 물결 이별을 재촉하는데

돛을 펴니 새벽 노을 그 위에 걸리네

궁궐의 풍경이 아름답지만

고개 돌리면 하늘의 끝이구나

836년 6월에 치청절도사의 보고에 따르면 발해가 숙동(熟銅), 즉 가공한 구리를 가지고 와서 교역을 희망하였다고 한다. 이러한 발해의 대외교역 노력은 3년 후인 839년에도 발해 교관선이 실제로 산동 반도 등주에 모습을 드러내는 것을 보아 활발하게 이루어졌음을 알 수 있다.

837년 1월, 5년 만에 다시 왕자 대명준 등 19명의 신년축하 사절단이 당나라에 갔는데, 이때 데려온 유학생이 16명이었다고 한다. 3월에 이중 6명만 수도 장안으로 받기로 하고 나머지 10명은 돌려보내기로 결정하였다. 그리고 838년 2월에도 발해 사신의 파견이 있었다. 839년 12월에는 왕자 대연광(大延廣)이 당나라를 방문하였고 이듬해 1월에 선물을 받고 귀국하였다. 이 대연광은 일본 승려 엔닌이 당나라에서 마주친 덕분에 일본 측 기록에도 남게 된 인물이다.

연도는 구체적으로 명시되어 있지 않지만, 836년~841년 사이에 왕자 대창휘(大昌輝)가 당나라에 와서 '발해왕 대이진 앞'으로 부친 국서를 받아온 적이 있었다. 그 내용은 대략 다음과 같다.

> 왕자 대창휘 등이 국서를 가져왔소. 이를 보니 경이 왕위를 이어받아 기량과 자질이 듬직하고 국가 운영이 훌륭히 이루어져 발해가 안정된 것 같소. 멀리 당나라를 바라보고 배로 1만 리의 길을 지나와 토산품을 보내왔는데, 종일 오직 한마음으로 곧은 예의를 갖추고 있다 하겠소.
>
> 이제 왕자 대창휘 일행이 귀국하기에 임명장과 선물을 함께 주어 보내오. 왕비(妃)와 부왕(副王), 장사(長史), 평장사(平章事) 등에게도 각각 선물이 있으며 자세한 내용은 별도로 기록해두었소.

관직은 선왕 대인수 때 금자광록대부(정3품)를 주었던 것을 똑같이 대이진에게도 준다는 내용이었을 것이고, 배로 왔다는 것 자체가 발해인의 용어로는 압록 조선도, 당나라 사람들의 표현으로는 발해로라는 해상로를 통해 사신을 파견해왔음을 말해준다.

몇 가지 표현만 살펴보자면, 왕비는 당시 발해는 대외적으로는 왕국 체제로 운영하고 있었으나 사실 내부에서 부르던 황후를 지칭함이 분명하다. 부왕은 대이진의 여러 아들 중 하나일 텐데 누구인지는 밝혀져 있지 않다. 평장사는 앞서 833년에 당나라를 방문하였던 우평장사 고보영이 있었으니 아마도 그를 말하는 것 같다.

여기서 문제가 되는 것은 장사인데, 장사는 발해 무왕 때에 흑수말갈 파동이 있었던 당시 당나라에서 흑수말갈에 파견하였던 장사와 같은 것으로 일종의 외국의 정치고문 역할이다. 이는 해석하기에 따라서 당나라에서 발해의 내정에 개입하고 있었음을 말해주는 것일 수도 있어서 민감할 수밖에 없는 문제이다. 그래서 학자마다 주장이 엇갈리는데, 개인적인 의견으로는 발해 내의 최고위직을 당나라식 관념에서 자신들의 용어인 장사라는 직책에 매칭해서 이해하였던 것으로 본다. 여기서 나열된 순서를 참고해서 살펴보자면 발해 내의 관직상 평장사보다 위면서 왕보다는 아래에 존재하는 관직은 결국 정당성의 대내상이 아니었을까 싶다. 그렇다면 그 당시 대내상이라는 최고위직에는 누가 있었을까? 다름 아닌 바로 국왕 대이진의 동생 대건황이었다. 그는 기록상으로 최소한 841년에 대내상의 자리에 있었으니 그 전에 이미 이 위치를 차지하고 있었던 것으로 볼 수 있다. 이에 대해서는 그의 즉위와 관련해서 나중에 좀 더 자세히 살펴보자. 어쨌든 이처럼 840년까지 총 12번이나 당나라에 사신을 보내었다고 하니 매해 평균 한 번 이상 사신을 파견한 셈이다. 841년부터 846년 사이에는 네 번 사신 파견이 있었다. 이중 846년 봄 1월에 간 사신으로는 발해왕자 대지악(大之萼)이 있었다.

제24차 발해 사신단

대이진 대에도 일본과의 외교는 적극적으로 추진되었다. 다만 일본 측의 관심은 식어 있어 거의 일방적인 발해 측의 구애가 이어졌다.

841년 가을 끝 무렵인 윤 9월 25일 이후 발해 상경에서 제24차 발해 사신단이 출발하였다. 12월 22일, 나가토국(長門國, 오늘날 야마구치 현)에서 발해 사신 정당성 좌윤 하복연(賀福延) 등 105명이 도착하였다고 보고하였다. 827년 왕문구의 도해 이후 14년 만에 들어온 발해 사신단의 소식이었다. 이때의 일본은 제54대 닌묘(仁明) 천황(810~850, 재위 833~850)의 치세였다.

제24차 발해 사신단 구성
- 기간 : 841년 12월 도착(나가토) → 헤이안쿄 → 842년 4월 출발
- 총원 : 105명
- 대사 : 정당성 좌윤 하복연
- 부사 : 왕보장
- 판관 : 고문훤, 오효신
- 녹사 : 고문선, 고평신, 안관희
- 역어 : 이헌수, 고응순
- 사생 : 왕녹승, 이조청
- 천문생 : 진승당
- 대수령 : 65명

참고로 제9차 발해 사신단으로 일본을 방문했던 사도몽이 777년 관상을 통해 미래를 예언했던 대로 다치바나노 기요토모의 자

손 중 크게 귀한 이가 나올 것이라고 했던 것이 바로 지금의 32세 닌묘 천황이었다. 닌묘 천황은 전해듣지 못했을 수 있지만 사도몽의 예언은 일본의 역사서에 기록된 엄연한 사실이었다.

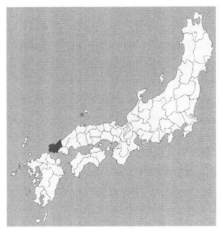

나가토 위키피디아

12월 25일, 정6위상 오노노 쓰네에다(小野恒柯), 정6위 야마시로노 우지마스(山代氏益)를 존문발해객사(存問渤海客使)로 임명하였다. 시간이 꽤 흘러 드디어 842년 2월 20일, 발해 사신들에게 수도에 들어오도록 허가가 났다. 3월 6일, 오노노 쓰네에다와 야마시로노 우지마스에 이어 존문사 겸 영발해객사(存問兼領渤海客使)가 된 종6위상 도요시나노 야스히토(豊階安人) 등이 사신들의 글과 발해국왕이 보낸 국서를 물어 조사하고 아울러 중대성의 공문 등의 글을 검토해 본 결과를 보고하였다. 먼저 국왕의 국서는 다음과 같다. 이전 사신인 왕문구에게 들은 내용에 기반하여 다음 사신 파견의 연한이 다 찼기에 사신을 보내게 되었다는 내용이었다.

발해국왕 대이진이 말씀드립니다. 늦가을이라 점점 쌀쌀해집니다. 천황께 일상에 만복이 가득하시길 빕니다.

지난번 왕문구 등이 가서 찾아뵌 이후로 저는 처음으로 귀국에 인사드리게 되었습니다. 앞서 왕문구 등은 귀국의 국경에 이르렀다가 곧바로 돌아왔는데, 듣기로는 천황께서 연한이 아직 12년이 되지 않았으므로 다음에 찾아오도록 조치하셨다고 하였습니다.

대이진은 천황께서 빈번한 교류를 바라지 않으신다는 점을 존중하여 이전의 약속을 지키고자 하였습니다. 이제는 12년이 지났으므로 예를 갖추어 찾아뵙습니다. 연한을 넘기게 될까 걱정되어 사신을 선발하여 국서를 가지고 약속에 따라 찾아뵙게 하였습니다.

대이진은 넓은 바다로 떨어져 있어 직접 찾아뵐 수가 없습니다만, 제 마음은 이미 달려가고 있음을 꼭 알아주셨으면 합니다. 정당성 좌윤 하복연을 통해 국서를 보냅니다.

또 다른 한 통은 앞서 당나라에 가 있는 일본승려 레이센에게 황금을 전해주기로 하였던 일에 대한 결과를 알리는 내용이었다.

대이진의 할아버지(제10대 선왕 대인수) 재위 시 고승조를 파견하였을 때 천황께서 당나라 오대산에 머무르고 있던 승려 레이센에게 황금 100냥을 전해줄 것을 요청하시며 고승조에게 맡기셨는데, 그가 받아서 가지고 우리나라에 도착한 날에 천황께서 금을 보내신 뜻을 보고하였습니다. 이에 할아버지께서는 천황의 요청대로 당에 가는 신년축하 사절 편으로 레이센이 있는 곳을 찾아가 그 금을 전해주도록 하였습니다. 그러나 사신이 금을 제대로 전달하였는지 결과를 듣고자 기다렸으나 시간이 많이 흘렀는데도 사신들이 돌아오지 않았습니다.

이듬해 당에 파견한 사신이 되돌아와서야 겨우 상황 파악이 되었는데, 전년의 사신들이 오대산에 가서 레이셴을 찾아 금을 보내려고 했을 때 레이셴은 이미 이 세상 사람이 아니었기에 전해줄 수가 없었고, 바닷길로 되돌아오다가 도리포(埠里浮, 요동 반도 여순 부근)에 이르렀을 무렵 갑자기 폭풍이 불어와 모두 바다에 빠지고 말았습니다. 그 금도 이때 함께 잃어버리게 되었다고 합니다. 이 일에 대해 그 후 왕문구가 찾아뵙고 그 사유를 천황께 자세히 말씀드리려고 했던 것인데, 왕문구는 결국 만나뵙지 못하고 국서도 그대로 가지고 되돌아왔습니다. 그래서 지금 다시 금을 잃어버린 사유를 적어 하복연을 보내어 그 뜻을 전해드립니다.

1냥(兩)을 37.5g으로 계산하면 100량이니 3.75kg이 된다. 시세에 따른 환가 차이가 크기는 하지만, 1g당 약 4만 원으로 치면 100냥이면 곧 15억 원이 넘을 만큼 지금 봐도 꽤 큰 금액이다. 당시에는 이보다 더 귀중한 금속이 없었으니 아마도 체감되는 가치는 지금보다 훨씬 컸으리라 여겨진다.

그런데 이때의 국서는 사실 거짓말을 하고 있다. 왕문구가 일본에 다녀온 것은 827년 12월에 도착해서 828년 4월에 귀국하는 일정이었는데, 레이셴이 죽었다는 사실을 승려 정소가 알게 되는 것 역시 828년 4월 중순이었으니 그것을 왕문구가 알고 일본으로 출발할 수가 없었기 때문이다. 시간이 틀린 사건을 뭉뚱그려 왕문구 때에 그 사실을 전하려 했으나 연한 조건 때문에 전달 못 했다고 함으로써, 발해는 그래서 12년의 연한을 지키다 보면 이런 시의성 있는 사실을 제때 전달하지 못한다는 점을 어필하고자 하였던 것이다. 얼마나 일본과의 외교가 발해에게 필요하였던 것인지 한편으로 잘 느껴지는 에피소드이다.

그리고 중대성 공문의 대략적인 내용은 다음과 같다. 다행스럽게도 이 중대성 공문은 오늘날 사본이 전해지고 있다. 자세한 내용 분석은 좀 더 아래에서 해보도록 하겠다.

발해국 중대성이 일본국 태정관에게 공문을 보냅니다. 귀국을 방문하는 사신 정당성 좌윤 하복연과 동행하는 105명에 대한 것입니다.

일본은 동쪽으로 멀고 요양(즉 발해)은 서쪽에 막혀 있어 두 나라 사이에 떨어진 거리가 1만 리가 넘습니다. 넓은 바다의 물이 하늘에까지 넘치고 바람과 구름은 비록 헤아리기 어려워도 동방의 일본을 향한 여행길은 찾아갈 수가 있습니다. 친밀했던 지난날의 뜻을 보이고자 찾아뵙습니다. 항해할 때마다 기상을 예측하고 오랜 시일을 기다려서야 찾아뵙게 됩니다. 햇수에는 비록 제한이 있으나 사신의 통행은 열려 있기에 사신 파견이 오늘날까지도 지속되고 있습니다. 마땅히 옛 규범에 따라 공경히 찾아뵙습니다. 정당성 좌윤 하복연을 파견하여 귀국을 방문토록 합니다.

중대성첩(사본)

3월 27일, 발해 사신 하복연 등이 수도에 도착했다. 종5위하 후지와라노 모로나리(藤原諸成)를 교로사(郊勞使), 즉 교외로 나가 사신을 맞이하는 관리로 임명하였다. 이날 저녁에 홍려관에 머무르게 하고 음식을 제공하였다. 발해 사신단이 일본의 수도에 들어온 것은 지난번 왕문구가 도착하였던 이래 20년 만의 일이었다.

3월 28일, 이날 발해 사신 하복연 등이 중대성의 공문을 전달하였다. 다음날인 3월 29일, 시종(侍從) 정5위하 후지와라노 하루쓰(藤原春津)을 홍려관에 보내어 사신단에게 천황의 명을 전하였다.

담당관리가 보고하기를 '그 나라 국왕의 국서 외에 별도의 서신이 있어 존문사(存問使)가 힐문하니 옛일을 들어 과실을 인정하였습니다. 이런 까닭에 그 나라 사신들을 상례(常禮)로 대우하는 것은 불가합니다.'라고 하였다. 그러나 연한을 지켜 멀리서부터 왔으니 특별히 우대하여 면제한다. 또 조칙을 내려 사신들은 멀리서 왔으니 모두 편안히 하라. 그리고 나가토로 오는 동안 어떠하였는가. 마땅히 서로 만날 날까지 휴식할 것을 알린다.

여름 4월 1일, 정6위상 야마다노 후미오(山田文雄)를 통해 사신 일행에게 계절에 맞는 의복을 지급하였다. 4월 2일, 발해국 사신 하복연 등이 팔성원(八省院, 핫쇼인)에서 국서와 선물 등을 전달하였다. 이곳 팔성원은 원래 조당원이라 불렸었는데, 8개의 성(省) 소속 관리들이 업무를 보던 곳이었다. 여기에 천황이 주로 정무를 보고 신하들과 각종 행사를 벌이던 정전(正殿)인 대극전(大極殿)이 있다.

4월 5일, 닌묘 천황이 풍락전에 거동하여 발해 사신 등에게 연회를 베풀고, 대사 하복연에게 정3위, 부사 왕보장(王寶璋)에게 정4위하, 판관 고문훤(高文暄)과 오효신(烏孝 愼) 2명에게 정5위하, 녹사 고문선(高文宣), 고평신(高平信), 안관희(安寬喜) 3명에게 종5위하, 그 밖에 역어(통역)에서 수령까지 13명에게는 공복의 색에 따라 관위를 더해주었다. 종5위하 후지와라노 우지무네(藤原氏宗)로 하여금 사신들과 함께 식사를 하게 하였다. 해질 무렵에 각자에게 상여품을 주었다.

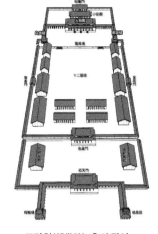

조당원(朝堂院), 후의 팔성원(八省院) 위키피디아

이때의 구체적인 일행 리스트를 살펴보면 역어 2명, 사생 2명, 천문생 1명을 빼고 8명이 수령이었던 것으로 보인다. 그런데 대수령이 총 65명이 리스트에는 나와 있는데, 그렇다면 이때 선발된 8명의 대표 수령은 대수령들 안에서도 지위가 높은 대수령이었을 테니, 이는 곧 수령들 안에서도 계층의 차이가 있었음을 간접적으로 말해주는 것이다.

4월 7일, 대사 하복연이 개인적으로 선물을 바쳤다. 4월 9일, 사신 일행들에게 조집당에서 연회를 베풀었다. 종5위하 고레요시노 하루미치(惟良春道)에게 식사를 같이하게 하였다.

4월 12일, 천황이 사람을 홍려관에 보내 하복연에게 발해국왕에게 보내는 국서를 맡겼다. 12년의 연한을 지킨 사신단의 노고를 치하하는 동시에 황금의 전말을 전한 서신의 내용은 전년에 귀국한 일본 견당사의 보고와 일치한다며 황금을 전해주려고 노력했던 것에 감사한다는 내용이었다.

천황이 발해국왕에게 안부를 묻습니다. 하복연 등이 도착하여 가져온 국서를 잘 읽어보았습니다. 국왕께서는 분명히 약속을 지켰고 옛 규범을 따라 12년의 세월이 지나 찾아와주셨으니 기간을 어기지 않았습니다. 1만 리 바다 멀리서의 정성이 가히 감탄스럽습니다.

지난해 당나라에서 사신으로 갔던 사람이 돌아와 승려 레이센이 죽었다는 사실을 자세히 알려왔습니다. 지금 별도의 편지도 읽어보니 들었던 그대로입니다. 또한 전달하려고 했던 황금이 모두 녹포(綠浮)에 빠졌다는 것도 알게 되었습니다. 비록 사람들이 죽고 가져갔던 물건도 잃어버려 당초의 목적은 이루지 못했지만, 어떻게든 전해주시려고 했던 노고가 멀리서나마 느껴지는 듯합니다. 하늘 사이의 먼 곳에 있어 서로 만나뵐 길이 없어 안타까울 따름입니다.

약간의 선물을 부치니 품목은 별지에 나와 있습니다. 초여름에 햇살이 더워지기 시작하는데 평안하시기 바랍니다.

태정관에서 중대성으로 보내는 문서는 다음과 같다. 12년의 연한을 지킨 것은 높이 칭찬하지만, 국서를 담은 함의 장식이 옛 관례에 의거하지 않고 있음을 탓하는 내용이 포함된 것이었다.

일본국 태정관이 발해국 중대성에 공문을 보냅니다. 우리나라를 방문한 사신 정당성 좌윤 하복연 등 105명에 대한 것입니다.

하복연 등이 와서 교류를 이어가고 12년의 연한을 지켜 1천 리나 되는 파도를 무릅쓰고 바람을 타고 마음을 기울여 여기까지 왔습니다. 이웃과 서로 왕래하며 우호를 다지는 것이 이번뿐만이 아니었습니다. 언행은 올바르고 마음은 지극하니 우대하고 존중함이 마땅합니다. 지금 돌아가는 사신 편에 국서와 선물을 함께 보냅니다. 다만 국서를 담은 함에 장식을 하였는데, 이는 전례를 따르지 않은 것입니다. 태정관에서 의논하여 이번에는 문제 삼지 않기로 하였으니 다음부터는 유의해주시기 바랍니다.

지방행정과 나아가 중앙관청까지 감사하고 감독하는 감해유사(勘解由使, 가게유시)의 판관 정6위상 후지와라노 아와쓰쿠리(藤原粟作), 문장생(文章生) 종6위상 오나카도미노 스가요(大中臣清世) 등을 영객사(領客使)로 삼았다. 이날 사신 하복연 등이 본국으로 돌아갔다.

제25차 발해 사신단

6년 후인 848년 늦가을 9월 영녕현승(永寧縣丞) 왕문구가 이끄는 제25차 발해 사신단이 본국을 출발하였다.

12월 30일, 노토국에서 역마를 보내 발해국에서 천황을 찾아뵙기 위해 사신 왕문구 등 100명이 도착했다고 보고하였다.

제25차 발해 사신단 구성
- 기간 : 848년 12월 도착(노토) → 헤이안쿄 → 849년 5월 출발
- 총원 : 100명
- 대사 : 영녕현승 왕문구
- 부사 : 오효신
- 판관 : 대판관 마복산, 소판관 고응순
- 녹사 : 대녹사 고문신, 중녹사 다안수, 소녹사 이영진
- 기타 품관 및 수령 등

849년 2월 1일, 정7위상 이누카이노 사다모리(犬養貞守)와 직강(直講) 정6위상 야마구치노 니시나리(山口西成) 등을 존문발해객사(存問渤海客使)로 임명하여 노토국에 파견했다. 이때 야마구치노 니시나리는 임시로 대학대윤(大學大允)으로 칭했는데, 이는 발해와 문장으로 대응하는 일이 그만큼 중요하기도 했고 또 상대방의 급까지 맞춰야 해서 그러했던 것으로 보인다.

3월 14일, 노토국에 보냈던 존문발해객사가 역마를 통해 사신들이 가지고 온 국서와 공문의 사본을 보내왔다. 국서의 내용은 아직 연한이 도래하지 않았지만 우호관계를 위해 일찍 사신을 보낸다는 내용이었다.

대이진이 말씀드립니다. 늦가을이라 날씨가 점점 추워집니다. 천황께서 일상에 만복이 가득하시기를 바랍니다.

덕분에 파견했던 사신이 잘 돌아왔습니다. 아직 12년이 되지 않았는데도 지금 다시 사신을 보내는 것은 사실 연한을 지키지는 못하는 것입니다. 그렇지만 옛날부터 이웃과 우호를 맺고 예의에 따라 서로 교류함은 1년의 세월도 멀어 오히려 소원해질까 두렵습니다. 하물며 이미 8년이 지났고, 동남쪽으로 바람이 불어 찾아뵐 수 있는 상황이기에 가만히 기다릴 수가 없었습니다.

소식이 드물게 이어지므로 토산품을 준비하여 사신에게 부쳐 보냅니다. 품목은 다음 장에 나와 있습니다. 넓은 바다로 막혀 있어 직접 찾아뵙지 못하지만 제 마음만은 천황께 달려가고 있습니다. 영녕현승 왕문구를 통해 국서를 보냅니다.

중대성의 공문도 같은 취지의 내용이었다.

> 발해국 중대성이 일본국 태정관에게 공문을 보냅니다. 귀국을 방문하는 사신 영녕현승 왕문구와 수행원 100명을 파견하는 것에 대한 내용입니다.
>
> 두 나라는 멀고 또 넓은 바다로 막혀 있으나 대대로 친선관계를 맺어왔고 사신의 왕래를 통해 소식을 주고받았습니다. 작은 배가 바람에 흔들리면서도 바다 멀리 항해하여 선린의 정성을 다하고 있습니다. 오고 가는 길이 비록 멀고 소식을 전하는 것이 빈번하지 못해도 그리움의 정은 쌓이기 마련입니다. 그런 까닭에 연한을 다 기다리지 못하고 예전 방식대로 전합니다. 영녕현승 왕문구를 귀국으로 파견합니다.

앞서 두 차례 모두 정당성 좌윤으로서 왔던 왕문구가 이번에는 영녕현승이 되어 사신단을 이끌고 온 것인데, 영녕현(永寧縣)은 참고로 상경 용천부에 속하는 용주의 하위 지방 현이었다. 도독이나 자사보다는 물론 낮은 직책이긴 하지만 수도 소속의 주요 현이었으니 꼭 좌천의 성격은 아니었을 수도 있겠다. 이때로부터 멀지 않은 841년의 중대성 첩이라는 공문에 따르면 당시 정당성 대내상이었던 대건황이나 춘부경 하수겸 등 고위직들이 모두 각자의 현(縣)을 맡고 있었음을 보면 현승이 꼭 낮은 직책이라고 볼 수도 없다. 해석에 따라서는 여러 가지 직책 중 영녕현승만 기록에 남은 것이라는 추정도 있지만 명확하지는 않다. 더 높은 직책이 있었다면 그것을 적는 것이 보통은 관례였기 때문이다.

그래서 상상을 조금 해본다면, 그가 처음 일본에 왔을 때가 821년으로 이때로부터 벌써 27년 전이었으니 첫 방문 시에 이미 고위직이었던 만큼 마지막 사신으로 왔을 무렵에는 고령이었을 것이 분명하다. 860년의 사신단을 이끌었던 이거정도 정년을 넘긴 나이였다고 하니 고령의 사신을 파견했던 실사례가 있기도 하다. 그 역시도 균곡왕현(均谷枉縣)을 맡고 있었다. 즉 왕문구는 실제로는 은퇴한 상황이었지만 당시 일본과의 외교관계의 중요도를 감안하여 현 직책 없이 자신의 지역구를 타이틀로 삼아 국가의 부름에 응하였던 것은 아니었을까? 12년의 연한 규정을 어기고 사신 파견을 해야 했던 현실적인 제약 상황을 능수능란하게 해결해줄 인물이 필요했었을 테니 말이다. 결과적으로 왕문구를 투입한 발해 입장에서는 이번 외교가 성공적으로 완수될 수 있었으니 다행이었을 것이다. 어쨌든 그의 원래 직위였던 정당성 좌윤은 직전의 발해대사였던 하복연이 이어받았었기 때문에 이때의 왕문구는 정당성 좌윤에서는 물러난 것이 확실하다.

3월 21일, 존문발해객사가 역마를 보내와 발해 사신을 힐문하고 전례에 어긋나게 찾아온 사유를 묻고 대답한 내용을 보고서로 올렸다. 3월 28일, 존문발해객사에게 영발해객사(領渤海客使)를 겸하게 하였다.

그리고 한 달 후 4월 28일, 영발해객사가 발해국 사신 왕문구 등을 인솔하여 노토로부터 가가를 거쳐 수도에 도착했다. 칙사 종5위하 요시미네노 무네사다(良岑宗貞)를 보내어 위로하고 홍려관에 머무르게 하였다. 천황의 명이 전달되었다.

담당관리가 보고하기를 그 나라 왕은 12년을 주기로 하여 사신을 파견하기로 했는데, 이번의 사신들은 연한 조건을 어기고 왔으니 평상시와 같이 대우해서는 안 되고 변경에서 돌려보내야 한다고 하였다. 그러나 멀리서 거친 파도를 건너왔고 흉악한 곳에 표착하여 사람과 물건이 손상되는 고난을 들으시고 가련히 여겨 돌려보내지 않고 물건을 공급해주도록 하였다. 또 명하시기를, 날씨가 더운 때에 멀리서 왔으니 평안하게 지낼 것이며, 서로 만나볼 날까지 휴식을 취하라.

추측건대 왕문구는 벌써 세 번째 사신으로 왔기에 일본에도 어느 정도 알려진 인물이었고, 또 직전에 대이진이 국서에서 연한 문제 때문에 레이센의 정보를 늦게 전하게 된 사유를 설명하였던 것이 긍정적으로 작용하였던 것이 아닐까 싶다.

4월 30일, 발해 사신들에게 계절에 알맞은 의복이 지급되었다. 5월 2일, 발해국에서 천황을 찾아뵈러 온 사절단의 대사 왕문구 등이 팔성원에 나아가 국왕의 국서와 선물을 전달하였다. 다음날인 5월 3일, 천황이 풍락전에 나아가 사신들에게 연회를 베풀었다. 그리고 이 자리에서 왕문구 등에게 관위를 올려주었다. 대사 왕문구에게는 종2위, 부사 오효신(烏孝愼)은 종4위상, 대판관 마복산(馬福山)과 소판관 고응순(高應順)에게는 정5위하, 대녹사 고문신(高文信)과 중녹사 다안수(太安壽) 그리고 소녹사 이영진(李英眞)에게는 종5위하를 주었으며, 나머지 품관(品官)과 수령들에게도 관위와 품계(品階)가 주어졌다. 왕문구는 참고로 지난번 제20차 사행에서 정3위를 받았고 이번에 올려받은 것이었다. 오효신은 바로 직전 사행에서 판관으로 왔었는데 이번에 부사로 승진하여 참여하였다. 고응순도 마찬가지로 지난 번에는 역어로 왔지만 이번에는 소판관으로 승진하여 왔다.

5월 5일, 일본도 이날은 단오라는 명절을 지냈다. 천황이 무덕전(武德殿, 부도쿠덴)에 거동하여 말 타고 활쏘기 하는 것을 관람하였다. 6군(軍)이 깃발을 들고 에워싸고 백관이 자리를 함께하였다. 왕문구 등에게 연회에 배석할 것을 요청하였다. 이때 사신을 접대하는 중사(中使)는 51세의 후지와라노 마모루(藤原衛)가 말을 잘한다는 이유로 맡았다. 사신들에게 약옥(藥玉)과 술을 주었는데, 5월 5일에 약옥을 차고 술을 마시는 사람은 장수한다는 미신이 있어서 발해 사신들에게도 주었던 것이었다. 약옥이란 사향, 침향(沈香) 등 여러 가지 약을 구슬 모양으로 만들어 비단주머니에 넣어둔 것으로, 부정을 물리치는 기운을 의미한다.

이때 작은 일화가 있다. 앞서 문왕 때 제9차 발해 사신 사도몽이 관상을 잘 보았다는 얘기를 한 적 있는데, 이번의 왕문구 역시 관상에 일가견이 있었던 모양이다. 그가 스무 살의 젊은 한 청년이 여러 친왕(親王, 천황의 아들)들 사이에서 절하고 일어나는 거동을 눈여겨보고는 곁에 있던 일본인 관리에게 슬쩍 말을 하였다.

"이 공자(公子)께서는 지극히 귀한 상을 가졌군요. 반드시 천황의 자리에 오를 것입니다."

왕문구의 예언대로 이후 이 청년은 제58대 고코(光孝) 천황(830~887, 재위 884~887)이 된다. 아쉬운 점은 고코 천황 때에는 발해 사신단의 일본 방문이 없어서 이 예언에 대한 효과를 볼 일이 없었다는 것이다.

5월 10일, 공경(公卿)이라고 부르는 고위직책자들을 조당(朝堂)에 보내어 사신들에게 연회를 베풀었다. 천황이 전하기를, 본국에 돌아갈 날이 가까워졌으므로 국왕에게 상여품을 주고, 왕문구 등에게도 친히 선물을 주도록 하였으며, 아울러 연회를 베풀어주도록 하였다.

5월 12일, 종4위상 오노노 다카무라(小野篁), 종4위하 후지와라노 하루쓰, 종5위하 후지와라노 하루오카(藤原春岡), 종5위상 다치바나노 아마오(橘海雄), 정6위상 오쿠보노 마스카도(大窪益門), 종7위하 야스노노 도요미치(安野豊道) 등을 발해 사신들이 머무는 홍려관에 보내어 발해왕 앞으로의 국서와 태정관의 공문을 전달하였다. 이날 사신들이 귀국하였다.

국서의 내용은 다음과 같다. 연한 준수를 다시 한번 강조하였다.

천황이 발해국왕에게 안부를 묻습니다. 사신 왕문구 등이 도착하여 가져온 국서는 잘 읽었습니다. 국왕께서는 현명함을 존중하고 정성스러운 마음을 지니고 계신 것 같습니다. 사신 파견을 멈추지 않고 일본을 향해 길이 먼 것도 잊고 선물이 이어지니 마치 요양(遼陽)이 가까운 것처럼 느껴집니다. 그 부지런함을 보면 성의가 대단합니다.

다만 방문 연한을 12년으로 한 것은 이전 천황 때의 명확한 제도이며 나라의 법으로 이미 정해져 있는 것입니다. 그러한 까닭에 담당관리가 왕문구 등이 규정을 위반한 것을 이유로 곧바로 돌려보낼 것을 강력히 청하였으나, 나라를 위하여 자신들의 몸도 돌보지 않고 멀리서 큰 바다를 건너왔고 또 배가 부서지고 물건도 잃고 사람의 목숨만 겨우 건졌음을 가련히 여겨 이번만큼은 수도 방문을 허가하였습니다. 이들에 대한 대우는 예외적으로 이전 사례에 의거한 것일 뿐이므로, 다시 이와 같이 하지는 않으리라는 사실을 유념해주시기 바랍니다. 국왕께서는 마땅히 기존 규정을 준수할 수 있도록 해주시기 바랍니다.

여름 날씨가 더운 요즈음 평안하고 건강하시기 바랍니다. 왕문구가 지금 돌아가므로 생각하는 바를 대략 적어 보냅니다. 아울러 국왕께 드리는 선물은 별지에 나와 있습니다.

태정관의 공문은 다음과 같다.

> 일본국 태정관이 발해국 중대성에 공문을 보냅니다. 영녕현승 왕문
> 구 등 100명에 대한 내용입니다.
> 연한을 늘리고 줄임은 귀국의 소관이 아닙니다. 원칙대로라면 도착
> 한 장소에서 곧바로 돌려보내 규정 위반의 책임을 물어야 하지만, 천
> 황의 명을 받들어 이번만큼은 수도 방문을 허용하고 새로 배를 만들어
> 본국으로 돌아갈 수 있도록 조치하였습니다.

이때 국서를 작성한 이는 이로부터 몇 년 후인 853년 3월에 78세
로 사망하게 되는 기노 쓰바키모리였다고 한다. 발해국왕에게 보내
는 국서는 달필이 필요했는데, 그가 예서에 능한 사람이어서 이번
의 왕문구와 앞서의 하복연 때의 국서를 모두 그가 담당하였었다
고 한다.

이상과 같이 대략 선왕 때인 제21차 발해 사신단 무렵부터 인원
수는 105명 정도로 확정되는 경향성이 나타나고, 또 일본에 파견
된 경험이 있는 이가 반복해서 다시 파견되는 모습도 자주 발견된
다. 이는 발해가 멸망할 때까지 대략 유지되는데 그만큼 대일본 외
교가 어느 정도 틀이 잡혀갔다는 사실을 말해준다.

(2) 발해 사회의 모습

832년 가을에 대이진이 사빈경(司賓卿) 하수겸(賀守謙)을 파견하여
유주(幽州, 오늘날 베이징 일대)를 방문하게 하였는데, 이에 유주부(幽州

府)에서는 답방할 사람으로 안차현(安次縣)의 현위(縣尉)로 있던 806년 생 장건장(張建章)을 선발하여, 그에게 영주사마(瀛州司馬)란 임시 직책을 부여하고 관복을 차려입고 발해에 사신으로 가도록 하였다.

이리하여 장건장의 나이 28세가 되던 833년 가을에 두 척의 배를 타고 동쪽으로 바다를 건너갔고, 이듬해 9월에 발해 상경 홀한주에 도착하였다. 거의 1년이나 걸린 대여행이었는데, 멀긴 멀지만 1년씩이나 걸릴 거리는 아니어서, 그사이에 어떤 일이 있었는지는 알 수 없다. 추측건대 유주에서 곧바로 육로로 가지 못하고 발해만을 크게 우회하여 산동 반도까지 가는 일정이 더해지다 보니 시간이 많이 지체된 것으로 보인다.

어쨌든 대이진은 장건장에게 예우를 극진히 하며 편안히 머물 수 있도록 배려하였고, 해가 바뀌어 835년 그의 나이도 어느덧 서른이 되어 귀국하게 되었다. 이에 대이진은 크게 잔치를 열고, 많은 물품과 보기(寶器), 명마(名馬), 장식 피혁품(文革) 등을 주어 송별해주었다.

835년 8월에 외교업무를 마치고 유주부로 돌아왔다. 이때 올린 보고서와 각종 편지, 그가 지은 글과 시가 책을 만들 정도였다고 하는데, 그래서였는지『발해국기』 3권을 지어서 발해의 풍속, 궁전, 관품(官品) 등을 두루 다루어 당 시대에 전하였다고 한다. 이 책은 지금은 전해지지 않지만『신당서』가 이를 참고하여『발해열전』을 작성한 것으로 알려져 있다. 이후 장건장은 866년 61세의 나이로 세상을 뜨게 된다.

왜 장건장의 발해국기가 중요하냐면, 그 책이 곧 그가 목격한 그 시점, 즉 대이진 치세의 발해 사회를 알 수 있는 유일한 기록이기 때문이다. 신당서에 전해지는 지리, 관직, 복장, 물산, 언어 등은 모두 장건장의 발해국기에서 발췌하여 정리된 자료라고 볼 수 있는 것이다.

예를 들어, 발해에는 5경 15부 62주가 있다고 말을 하는데, 건국 시부터 이러한 국가 운영 체계를 갖춘 것은 아니었을 테고 그렇다고 멸망 시까지 동일하게 이러한 체계를 운영했을 리도 만무하니, 이것은 바로 어느 시점에서인가의 정보였을 것이라고 추정해볼 수 있다. 그렇다면 이 기록을 남긴 시점을 알아야 하는데, 945년에 완성된 구당서나 1059년에 완성된 신당서 모두 발해 멸망 이후여서 관찰 시점을 특정할 수 없다는 문제가 있었다.

그런데 대이진 치세 때에 발해를 방문했다는 장건장의 기록이 남아 있어, 그가 지었다고 하는 발해기, 즉 발해국기가 결국 신당서의 발해전을 작성하는 기본자료가 된 것으로 여겨지는 것이다. 발해의 지리를 설명하면서 불열의 옛 땅은 동평부, 철리의 옛 땅은 철리부, 월희의 옛 땅은 회원부라고 하는 것은 곧 이 당시에는 이미 불열말갈, 철리말갈, 월희말갈 등이 발해에 완전히 흡수되었음을 말해준다. 그리고 거꾸로 흑수말갈의 옛 땅이라는 표현이 나오지 않는 것으로 보아 대이진 때에도 흑수말갈만큼은 아직 완벽하게 정복한 것은 아니었다고 볼 수 있다.

장건장의 방문 시점이 대이진 치세 초기여서 이때의 기록들은 오로지 대이진 정권의 치적일 수만은 없다. 따라서 이와 같은 영토확장은 대부분은 선왕 대인수 당시 결과물들의 유산이라고 보는 편이 좀 더 합리적이다. 즉 불열말갈, 철리말갈, 월희말갈의 흡수합병은 대이진이 아니라 선왕 대인수의 치적이라는 의미이다. 대이진의 집권을 통해 안정기에 접어든 공로는 충분히 인정해야 하지만, 그 전에 기틀을 새로 쌓은 이는 곧 선왕 대인수일 것이다.

이를 염두에 두고 834년 당시의 발해 사회로 한번 들어가보자.

발해는 이때 이미 해동성국(海東盛國)이라는 말을 듣고 있었다. 본래의 뜻은 당나라에서 바라보았을 때 학문에 대한 강한 열의를 인정하여 나온 표현이지만, 사실 그뿐만이 아니라 군사력부터 경제력까지 모든 측면을 고려하여 해동성국이라 부를 만했을 것이다.

국토는 너무나 유명하다시피 5경 15부 62주로 편제가 이루어져 있었다. 5경은 가장 오랜 기간 수도의 위상을 가진 상경 용천부와 중경 현덕부(이상 숙신의 옛 땅), 책성부라고도 부르는 동경 용원부(예맥 혹은 고구려의 옛 땅), 남경 남해부(옥저 혹은 고구려의 옛 땅), 서경 압록부(고구려의 옛 땅)를 말한다.

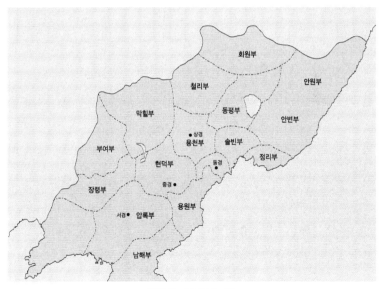

발해의 지방 행정 지도

발해는 몇 차례 수도를 옮긴 바 있는데, 고왕 대조영이 처음 동모산에 터를 잡았던 당시의 구국(舊國), 그 다음 수도인 중경, 문왕 대흠무가 755년경 수도를 옮겼던 상경과 집권 말미에 다시 한번 천도한 동경, 그리고 성왕 대화여가 10년도 채 안 되어 다시 794년에 상경으로 옮긴 바 있다. 천도의 정확한 시점은 일부 불명확하다.

참고로 이와 같은 5경 체계는 발해가 처음이었고, 이후의 요나라나 금나라가 벤치마킹하여 따라했던 것이 분명하다. 당시의 중국 역대 왕조에서도 5경을 운영한 사례가 없어 발해인의 발명으로 간주해도 무방할 것이다.

15부는 앞서 5경의 다섯 부에 연이어서 장령부(고구려의 옛 땅), 부여부와 막힐부(부여 곧 고구려의 옛 땅), 정리부와 안변부(읍루 곧 우루의 옛 땅), 솔빈부(솔빈의 옛 땅), 동평부(불열의 옛 땅), 철리부(철리의 옛 땅), 회원부와 안원부(월희의 옛 땅)의 10개 부를 합쳐서 이루어진다.

62주는 너무 많아서 일일이 나열하기도 벅찬데, 쉽게 말해서 각 부에 소속되는 주들의 숫자가 대략 62개가 된다. 다만 시기에 따라 그 수는 수시로 많이 달라졌던 듯하다. 그런데 이 명칭들은 발해 건국 당시에만 해도 한자식 표현 대신 전통적인 형태의 이름들이 사용되었었다. 예를 들어 약홀주, 목저주, 현도주 등이 있었는데 문왕 당시에 1차로 정리가 되었고 그 다음으로 선왕 대인수의 영토 확장과 더불어 전반적으로 행정구역의 이름도 다같이 정비된 것은 아닌가 한다.

이상의 내용을 한눈에 쉽게 볼 수 있도록 표로 정리하면 다음과 같다.

5경	15부	62주	비고
상경 (上京)	용천부 (龍泉府)	용주(龍州), 호주(湖州), 발주(渤州) 3곳	숙신(肅愼)의 옛 땅
중경 (中京)	현덕부 (顯德府)	노주(盧州), 현주(顯州), 철주(鐵州), 탕주(湯州), 영주(榮州), 흥주(興州) 6곳	〃
동경 (東京)	용원부 (龍原府) 혹은 책성부 (柵城府)	경주(慶州), 염주(鹽州), 목주(穆州), 하주(賀州) 4곳	예맥(濊貊)의 옛 땅 (고구려땅-가탐군국지)
남경 (南京)	남해부 (南海府)	옥주(沃州), 청주(晴州), 초주(椒州) 3곳	옥저(沃沮)의 옛 땅 (고구려땅-가탐군국지)
서경 (西京)	압록부 (鴨淥府)	신주(神州), 환주(桓州), 풍주(豊州), 정주(正州) 4곳	고구려의 옛 땅 (고구려땅-가탐군국지)
	장령부 (長嶺府)	하주(瑕州), 하주(河州) 2곳	〃
	부여부 (扶餘府)	부주(扶州), 선주(仙州) 2곳	부여(扶餘)의 옛 땅, 상시 강한 군대를 주둔시켜 거란을 방비 (고구려땅-가탐군국지)
	막힐부 (鄚頡府)	막주(鄚州), 고주(高州) 2곳	〃
	정리부 (定理府)	정주(定州), 반주(潘州) 2곳	읍루(挹婁)의 옛 땅 (즉 우루말갈)
	안변부 (安邊府)	안주(安州), 경주(瓊州) 2곳	〃

솔빈부 (率賓府)	화주(華州), 익주(益州), 건주(建州) 3곳		솔빈(率賓)의 옛 땅
동평부 (東平府)	이주(伊州), 몽주(蒙州), 타주(沱州), 흑주(黑州), 비주(比州) 5곳		불열(拂涅)의 옛 땅
철리부 (鐵利府)	광주(廣州), 분주(汾州), 포주(蒲州), 해주(海州), 의주(義州), 귀주(歸州) 6곳		철리(鐵利)의 옛 땅
회원부 (懷遠府)	달주(達州), 월주(越州), 회주(懷州), 기주(紀州), 부주(富州), 미주(美州), 복주(福州), 사주(邪州), 지주(芝州) 9곳		월희(越喜)의 옛 땅
안원부 (安遠府)	영주(寧州), 미주(郿州), 모주(慕州), 상주(常州) 4곳		〃
독주주 (獨奏州)	영주(郢州), 고주(銅州), 속주(涑州) 3곳		중앙정부에서 직접 관장하는 지역
기타 위치 미정	집주(集州), 녹주(麓州) 2곳		『요사』에서 발견

　여기서 독주주라 함은 어떤 부에 속해 있지 않은 독립된 주를 의미하는데, 기본적으로 중앙정부에서 직접 관장하는 지역으로 추정된다. 이중 속주가 속말강(涑沫江), 즉 속말수(粟末水)와 가까운 곳으로 여겨지는데 다른 주들도 아마 수도에서 가까운 곳이었을 것이다. 그렇다면 독주주는 발해 왕실의 직속 관할지역이었던 것은 아니었을까?

또 위치 미정의 2개 주 중에 집주는 『요사』의 기록에 따르면 심양, 곧 오늘날 선양의 동남쪽 20여 ㎞ 위치인데 결국 요동 반도 내의 지역을 지칭하니 후대에 이곳 영토를 잃으면서 자연히 기록에서도 위치가 잊힌 것은 아니었을지 모르겠다.

끝으로 주(州) 밑에는 하위 단위로 현(縣)이 존재하였고, 현재까지 밝혀진 숫자는 대략 130개 정도 되지만 그보다 분명 더 많았을 것이다.

부(府)급의 큰 지방에는 도독(都督)을, 그다음 규모인 주(州)급에는 자사(刺史)를 두었고, 하위 단위인 현(縣)에는 현승(縣丞)이 있었다. 일반 백성들은 이들 책임자들을 모두 그냥 통칭해서 수령(首領)이라고 불렀다고 한다. 하지만 시간이 지나면서 수령이라는 용어는 점차 작은 규모의 단위에만 사용된 것으로 보이는데, 왜냐하면 사신단의 사례를 보면 관관이나 녹사보다 아래에 있기 때문이다. 기타 주요 요충지에는 절도사(節度使)가 임명되기도 했던 모양인데, 발해 말의 안변부, 막힐부, 남해부, 정리부 등이 그런 경우이다. 기본적으로 도독, 자사 등은 좀 더 후대의 기록을 참고한다면, 예를 들어 철주자사가 직접 군대를 이끌었던 사례로 보건대 해당 지역의 군 지휘관을 겸직하지 않았을까 싶다.

어쨌든 작은 촌락부터 큰 규모의 마을까지 다양하게 지방행정관인 수령이 통치를 하였는데, 규모가 큰 경우에는 별도로 대수령(大首領)이라고 하였던 것으로 보인다.

기타 역사적 장소로는 대조영의 엑소더스로 유명한 천문령(위치 미상)과 동모산(지금의 지린성 둔화시 인근), 그리고 백두산 혹은 장백산이라고도 부르는 태백산, 발해의 또 다른 이름인 홀한주라는 명칭의 출처인 홀한하(오늘날 무단강) 및 홀한해(지금의 징포 호수)와 상경성으로 더 많이 알려진 홀한성, 붕어로 유명했다는 미타호(중국에서는 싱카이 호수, 러시아어로는 한카 호수), 신라와의 국경이었던 니하, 당나라 사신이 도착하면 처음 접하는 압록강의 박작구, 속말말갈의 근원이었던 속말수(오늘날 쑹화강), 발해와 끝까지 경쟁관계였던 흑수말갈의 근거지 흑수(아무르강) 등이 있다.

발해의 언어는 이 책의 첫머리에 언급한 바 있으니 넘어가고, 다만 거기서 설명하지 않았던 품계만 추가로 거론하도록 하겠다. 발해에서 품계는 질(秩)이라고 불렀는데, 보통 조선시대 정1품, 종2품 등의 그 품(品)을 떠올리면 된다. 대한민국 공무원의 1급부터 9급까지의 직급 체계처럼 숫자가 작을수록 높은 직급이라고 할 수 있다.

3질 이상은 자주색 관복을 입고 상아홀과 금어대를 찬다. 5질 이상은 주홍색 관복을 입고 상아홀과 은어대를 찬다. 6질과 7질은 연한 주홍색 관복을 입고 나무홀을 차며, 8질은 녹색 관복을 입고 나무홀을 찬다. 그런데 꼭 이렇게 지켜졌는지는 의문이다. 예컨대 좀 더 후대의 일이긴 하지만 871년 제28차 대일본 발해 사신단의 대사였던 정4질 양성규와 부사 정5질 이흥성은 둘 다 3질 이상이 아니었음에도 주홍색(緋) 관복과 은어대를 찼고, 또 882년 제30차 대일본 발해 사신단도 보면 부사 정5질 고주봉은 규정대로 주홍색(緋) 관복과 은어대를 찼지만 대사 배정은 정4질이었지만 자주색(紫) 관복에 금어대를 찼다. 외국에 파견되어 본국을 대표하게 되는 사신단이라는 특수성 때문에 한시적으로 높여서 그런 것인지, 혹은 후대의 규정이 바뀐 것일 수도 있어서 정확한 사정은 현재로써는 알 수가 없다.

그리고 발해인들의 복장은 실물로 남아 있는 것이 없어서 직접 확인할 수는 없고, 다만 정효공주의 묘에 남아 있는 벽화만이 당시 발해인들의 복식을 일부 보여주고 있어 참고할 수는 있겠다.

정효공주묘악기도 국립중앙박물관(e뮤지엄)

발해 정부의 구성도 불완전하긴 하지만 그 기록이 남아 있다. 우선 그 당시 국제표준의 역할을 했던 당나라의 3성6부제를 발해도 받아들였다. 이는 발해 이후의 고려도 마찬가지인데, 쉽게 말해 근대적인 의미에서의 삼권분립과는 개념은 다르지만, 최고 조직을 세 곳 두어 역할분담을 시키고 6부에서는 업무별 특성에 맞춰 실무처리를 담당하는 구조였다.

발해의 3성은 정당성, 선조성, 중대성인데, 당나라에 대응해보면 각각 상서성, 문하성, 중서성에 해당된다. 거칠게나마 살펴보자면, 중대성은 국가의 중대한 정책을 기획하고, 선조성은 그 정책의 적절성을 검토·심의하며, 정당성이 최종적으로 결정된 정책의 집행을 관장하는 기구였다. 정당성의 장관은 최고위직인 대내상부터 좌사정과 우사정, 좌윤과 우윤 등이 있었다. 선조성에는 장관인 좌상과 좌평장사 등이, 중대성에는 마찬가지로 장관인 우상과 우평장사가 있었다.

정당성에 속해 있던 6부는 충부, 인부, 의부, 지부, 예부, 신부인데, 각각 당나라의 이부, 호부, 예부, 병부, 형부, 공부에 대응된다. 각각 인사, 재정, 의례·외교, 군사, 사법, 토목·건축을 담당했을 것으로 여겨진다. 다른 점은 발해의 각 부는 예하에 부속 기관을 두고 있어서 각각 작부, 창부, 선부, 융부, 계부, 수부라는 조직이 존재하였다는 것이다. 각 부의 장관은 '경(卿)'이고, 차관은 '소경(少卿)'이라 불렀다.

그리고 7시라고 하여, 전중시(궁정생활담당), 태상시(예절, 제사), 사빈시(외국사신 접대), 종속시(왕족 사무 관장), 사장시(재화/보관/무역), 사선시(주례, 선식), 대농시(창고, 영전) 같은 별도 조직이 있었다. 기타 3성6부에 속하지는 않지만 중요도가 높은 특수한 독립조직으로는 중정대, 문적원, 주자감 등이 있었다. 당나라의 명칭으로는 어사대, 비서성, 국자감에 해당되는 이들은 각각 감찰, 서적, 교육을 담당하는 기관이었다.

끝으로 구체적 설명은 없지만, 동궁관이 있어서 동궁 즉 다음 왕위를 이를 태자를 보좌하는 조직이 있었던 것으로 보인다.

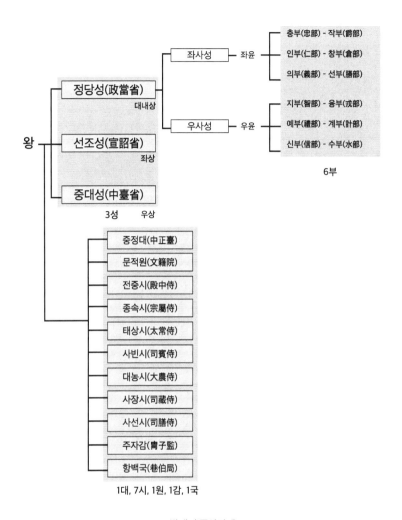

발해의 중앙관제

이상은 문관직이고, 무관직도 별도의 체계가 있었다. 보통 10위라 부르는데, 각각 대장군, 장군 1명씩의 정원이었다.

좌맹분위　　　　　우맹분위

좌웅위	우웅위
좌비위	우비위
남좌위	남우위
북좌위	북우위

그런데 832년 당나라의 사신 왕종우가 본국에 보고한 내용은 좌우신책군(左右神策軍), 좌우 3군(左右三軍), 120사(司)라는 군사체계인데, 좌우신책군과 좌우3군이 이 10위를 지칭하는 또 다른 표현인 듯하고, 120사는 하위 군사조직 단위로 보인다.

그럼 이제 다행히 지금까지 전해지고 있는 당대의 외교문서 실물을 통해 실제 관직의 적용사례를 살펴보도록 하자.

841년 윤 9월 25일 일본의 태정관이라는 당시 최고국가기관 앞으로 보내진 발해의 외교문서 사본이 있다. 이때의 사절단은 841년 겨울에 발해를 출발하여, 12월 22일에 일본 나가토국에 도착하였고, 이듬해 4월에 귀국하였다고 한다. 이 일명『중대성첩 사본』이라는 문서는 다음과 같은 내용을 담고 있다.

발해국 중대성(中臺省)에서 일본국 태정관(太政官)으로 공문(牒)을 보냅니다.

귀국에 사신으로 정당성(政堂省) 좌윤(左允) 하복연(賀福延)과 그 일행 105인을 파견합니다.

사두(使頭, 즉 대사) 1인, 정당성 좌윤 하복연

사사(嗣使, 즉 부사) 1인, 왕보장(王寶璋)

판관(判官) 2인, 고문훤(高文暄), 오효신(烏孝愼)

녹사(錄事) 3인, 고문선(高文宣), 고평신(高平信), 안관희(安寬喜)

역어(譯語) 2인, 이헌수(李憲壽), 고응순(高應順)

사생(史生) 2인, 왕녹승(王祿昇), 이조청(李朝淸)

천문생(天文生) 1인, 진승당(晉昇堂)

대수령(大首領) 65인

뱃사공(梢工) 28인

    일본(日域)은 동쪽으로 멀리 있고, 요양(遼陽, 즉 발해)은 서쪽으로 떨어져 있어, 양국 간은 서로 쉽게 닿을 만한 거리는 아닙니다. 남쪽의 바다가 워낙 거칠어 기상예측을 하기는 어렵긴 합니다만, 동쪽의 태양이 하늘에 떠서 비춰주기만 한다면 항해로를 찾아 나아가는 것도 운 좋게 가능할 것도 같습니다. 그런 까닭으로 과거와 같이 귀국과의 우호관계를 두터이 하고자 하려는 뜻을 만나뵙고 말씀드리고자 합니다. 항해할 때마다 미리 바람을 예측하고 오랜 시간을 기다려 방문하였었습니다. 비록 사신 파견의 연한이 12년으로 정해져 있지만, 그동안 사신의 행차는 여전히 통하여 왔고, 편지를 주어 사신을 파견하는 것이 오늘날까지 이르렀습니다. 마땅히 옛 원칙을 지켜서 방문의 예를 따를 것입니다. 이에 정당성 좌윤 하복연을 보내어 귀국에 가서 인사드리도록 하였습니다. 그리고 규정에 따라 일본국 태정관에 본 공문을 보내는 것입니다.

    함화(咸和) 11년(841) 윤9월 25일

    오질대부(吳秩大夫), 정당성 춘부경(政堂春部卿), 상중랑장(上中郎將), 상

주장(上柱將), 문리현의개국남(聞理縣擬開國男) 하수겸(賀守謙)

중대친공(中臺親公), 대내상(大內相) 겸 전중령(殿中令), 안풍현 개국공(安豊縣開國公) 대건황(大虔晃)

　발해의 정부구성은 앞서 말한 것처럼 개념은 다르나 크게 보면 삼권분립과 비슷하게 세 개의 부서로 이루어져 있다. 가장 중심이 되는 정당성, 그리고 좌우의 선조성과 중대성이 바로 그것이다. 이 문서에 따르면 당시 국왕 대이진의 동생인 대건황이 중대성 장관의 존칭인 중대친공이자 국왕 다음가는 권력자인 정당성의 최고위직 대내상을 차지하고 있었음을 알 수 있다. 뿐만 아니라 전중시라는 부처의 장관인 전중령도 겸직하였고, 안풍현(서경압록부 풍주 소속)을 지금의 국회의원 지역구처럼 본인의 관할지역으로 삼고 있었고, 개국공이라는 명예직인 공작 작위도 가지고 있었다.

　그리고 여기에 이름을 보이고 있는 하수겸은 불과 수년 전 당나라 장건장이 발해를 방문하기 전에 당나라 유주를 방문하였던 바로 그 사빈시의 담당자 사빈경 하수겸과 같은 인물이다. 아마도 발해 내에서 외교 담당자로 특별히 육성된 인물이 아니었을까 싶은데, 이번에는 실무자로서 직접 방문하는 것은 아니고 그런 외교관계를 중앙에서 관장하는 역할을 맡고 있었던 것 같다.

　오질대부라는 명칭은 정확하진 않은데, 일반적으로 '대부(大夫)'는 문관 계통의 관품으로 보통 고위직을 맡게 되는 관리에게 직책의 품계에 맞춰 부여한 호칭이 아닐까 추정된다. 오질대부가 사용된 또 다른 기록으로는, 860년에 발해를 출발하여 이듬해 정월에 일본에 도착한 사신 이거정의 "오질대부 정당성 춘부경 정3위 상중랑장 균곡왕현 개국"이라는 긴 호칭이 있는데, 이에 따르면 대략 오질 대부는 정3질(秩) 정도면 받을 수 있는 것이 아니었을까 추정된다.

그는 이제는 정당성 내 6부라고 불렸던 여섯 개 행정부처 중 춘부를 담당하는 춘부경으로 승진했던 모양이다. 다만 장건장이 보았을 때의 6부의 이름들 중에는 춘부(春部)가 없어서 아마도 그 사이에 6부의 이름들도 일부 조정이 있었던 것은 아닐까 싶다.

또한 상중랑장이라는 무관 직책도 겸했는데, 이 역시 장건장의 기록에는 나타나지 않는 것이어서 정확한 역할은 현재로써는 알 수가 없지만, 앞서 이거정도 마찬가지로 상중랑장이라는 무관직을 겸임한 것으로 보아 발해 조정에서는 문관의 무관 겸직이 드문 일은 아니었던 것 같다. 그리고 상주장은 일종의 훈직이다. 끝으로 하수겸도 대건황과 마찬가지로 문리현이라는 곳을 자신의 지역으로 삼고 있었고, 개국남이라는 명예직인 남작 작위도 대건황과 비슷하게 가지고 있었다.

그 다음 실제 일본을 방문하는 최고위 담당자로는 역시 정당성 소속의 좌윤 하복연이 뽑혔다. 성을 봐서는 춘부경 하수겸과 같은 집안인 듯하나 구체적인 관계는 알 수 없다. 어쨌든 그가 바로 리더인 사두(使頭), 즉 후대의 표현으로는 대사가 되는 것이고, 그 밑에 사사(嗣使), 즉 부사로 왕보장이 가게 되었다.

마지막으로, 실무진으로는 판관 2명, 녹사 3명, 역어(통역) 2명, 사생(문서기록) 2명, 천문생(기상예측) 1명이 배치되었고, 대수령 65명과 초공(짐꾼) 28명이 따라갔다. 이 중 대수령은 일종의 무역을 목적으로 동행한 지방유지급 인물들이라고 보통 해석된다. 일본에 외교사절로 방문 시 단순히 정치적 외교만 행한 것이 아니라 양국 간 무역을 통해 이익도 동시에 도모하는 것이 일반적이었기에 이들이 그 역할을 맡은 것으로 볼 수 있겠다.

지금까지 보다시피 국왕 이하 최고권력자인 정당성 대내상 대건황과 실무 최고책임자인 정당성 소속 춘부경 하수겸이 왕명을 전달하고 조서를 작성하던 관청인 중대성의 명의로 외교사절단에 임명된 하복연 및 그 일행을 일일이 언급하며 일본에서의 외교업무가 문제없이 잘 추진될 수 있도록 전달하는 내용으로 구성되어 있다.

어쨌든 이처럼 총 105명의 사절단 하나만 보더라도 대략적인 발해의 정부 구성을 알 수가 있다. 다만 각 관직들의 구체적인 역할까지는 역사에 전해지는 것이 없어서 부득이 당나라의 관제를 참고할 수밖에 없는 점은 아쉬울 따름이다.

어느 나라든 어느 지역이든 유명한 산물은 있게 마련이다. 발해 또한 마찬가지이다.

> 태백산의 토끼
> 남해부의 다시마
> 책성부의 된장
> 부여부의 사슴
> 막힐부(부여)의 돼지
> 솔빈부의 말
> 현주의 베
> 옥주의 솜
> 용주의 비단
> 위성(중경현덕부 철주)의 철
> 노성(중경현덕부 노주)의 벼

미타호의 붕어

환도(서경압록부 환주)의 오얏

낙유(혹은 낙랑)의 배

부주의 은

　이 외에도 각종 동물의 가죽들이 외국 사신들의 선물로 많이 사용되었다. 그리고 발해만 있었던 것은 아니지만 매 종류도 꽤 유명했는지 당나라에 선물로 여러 차례 보내진 바 있었다. 인삼이나 꿀도 외교 선물로 사용된 적이 있다.

　기타 여기에 적지 않은 나머지 풍습들은 대개 고구려나 거란과 비슷하다고 한다. 그리고 대이진 때의 기록은 아니지만 몇 가지 참고할 만한 사항만 추가하고자 한다.

　우선 결혼풍습은 약탈혼이라는 기록도 있는데, 아마도 체제가 완전히 정비되기 이전의 초기 풍습이지 아니었을까 싶다. 오히려 시간이 흘러 사회가 안정되면서 일부일처제의 문화가 더 뿌리 깊게 정착했던 것으로 보이기 때문이다.

　좀 더 살펴보자면, 발해 사회에서는 여자들의 기가 세서 대 씨와 다른 성씨들이 서로 10자매를 맺어 서로가 대신해서 각자의 남편을 감시해서 다른 여자를 못 두게 하였다. 만약 이들 중 한 명의 남편이 다른 여자와 만난다는 소문이 들리면 어떻게든 그 애인을 죽여버렸다. 남편이 외도를 했는데도 아내가 이를 눈치채지 못하면 사람들이 단체로 가서 핀잔을 주기도 했다. 그래서 발해는 다른 나라와 달리 창녀나 첩이 없었다고 한다.

　한편으로 발해 남자들은 지혜롭고 용감해서, 심지어 발해인 셋이면 호랑이 한 마리를 잡는다는 말이 있을 정도였다. 대무예가 당나라 동도에서 현지의 자객들을 고용해 동생 대문예를 저격하게 하였지만 이를 물리쳐낸 것이 좋은 실증 사례가 될 것이다. 그래서 발해를 정복하는 거란이나 유민들을 받아들인 여진에서는 발해인들을 군대의 선봉으로 활용하곤 했다.

발해인들이 즐겨 했던 스포츠로는 활쏘기와 매사냥도 있지만 격구(擊毬)를 빼놓을 수 없을 것이다. 일본에 파견된 발해 사신단이 이 격구를 천황 앞에서 선보인 적도 있고, 후대에 발해인들이 거란의 지배를 받게 되었을 때에는 발해 유민들의 무예 수련을 우려하여 격구를 금하게 하였던 적도 있었다. 격구는 사냥만큼이나 무예를 익히기에 좋은 스포츠로 당대에도 인식되었던 것이다.

또 다른 발해의 풍속으로는, 매년 명절마다 모여서 즐기는데 먼저 노래와 춤을 잘 추는 사람을 시켜 여러 무리씩 앞서가도록 하고 사녀(士女)들을 뒤따르게 하여 서로 노래를 받아 부르면서 원을 만들어 도는 답추(踏鎚)라는 것이 있었다.

시대는 조금 다르지만 일반적으로 사는 집은 대개 산장(山墻) 형태로 지었으며, 문은 열어두었다고 한다. 산장이라는 것은 건물 양측의 높은 벽을 말하는 것이라고 한다. 그리고 발해의 부자들은 집안 정원에 연못을 만들어 모란을 심었다고 하는데, 많을 때는 2~300개씩 심었고 수십 포기가 무더기로 자라기도 하였다고 한다.

발해의 명문 집안은 왕족인 대(大) 씨 외에 고(高) 씨, 장(張) 씨, 양(楊) 씨, 두(竇) 씨, 오(烏) 씨, 이(李) 씨 등이 있었으며, 부곡(部曲)의 노비는 성이 없어서 그냥 주인의 성을 따랐다고 한다. 실제로 중국학자 진위푸가 정리한 자료에 따르면 대 씨가 95명으로 가장 많고 그 다음이 고 씨로 56명에 이른다. 또한 장 씨 21명, 양 씨 9명, 오 씨 11명, 이 씨 16명 등 다수를 차지하고 있다.

문왕에게는 다음 왕위 계승에 일대 혼란이 있었지만, 다행히 선왕에게는 유능했던 대이진이 있어서 왕위의 순탄한 계승과 제국의 안정적 이행이 가능했다.

857년 말 그렇게 대이진은 세상을 떠났다. 거의 30년 가까운 인생을 발해의 안정에 힘썼던 만큼 본인 스스로에게 자부심을 안기고 떠난 인생이 아니었을까. 발해 조정에서는 다음해 2월에 당나라로 이 부고를 전했다.

일본 승려 엔닌의 발해 이야기

838년 일본인 승려 엔닌(圓仁, 794~864)은 배를 타고 불법 공부를 위해 당나라로 왔다. 당시 그의 나이 45세 때의 일이다. 그는 당나라에서만 무려 10년 가까이 머물면서 고승을 찾아다니며 불법을 배우고 성지를 순례하며 다녔다. 그리고 847년 드디어 54세의 나이로 고국 일본으로 돌아가 불교의 발전에 이바지하다가 864년 입적하였다.

당나라에 머물던 긴 시간 동안 그는 하루도 편히 보낸 날이 없었다. 그의 여행은 해상에서부터 불어닥친 악천후부터 시작하여 당나라에서 목도한 기근과 병마, 현지에서 겪은 온갖 차별 등 때문에 결코 오늘날의 여행과는 전혀 다른 고행의 길이었다. 그 과정에서 그가 꼼꼼하게 기록하여 남긴 『입당구법순례행기』가 마르코 폴로의 『동방견문록』, 현장법사의 『대당서역기』와 같은 반열에서 동양 3대 여행기로 손꼽히는 이유는 굳이 설명하지 않아도 쉽게 이해할 수 있는 일이다.

그의 여행기가 우리나라에서도 유명한 이유는 첫째로 9세기의 신라 사회를 간접적으로 알 수 있다는 것, 둘째로는 동시대에 당나라 내에 거주했던 신라인들의 생활상을 보여주고 있다는 점, 셋째가 신라인 장보고의 국제해상활동에 대한 구체적인 기록이라는 사실 때문이다. 끝으로 무엇보다도 주목되는 점은 마찬가지로 일본인의 눈으로 바라본 발해의 모습도 알 수 있다는 것을 들 수 있겠다.

엔닌은 같은 시기에 당나라를 방문한 발해 교관선의 존재도 알고 있었고, 지나던 중 길에서 발해 왕자가 이끄는 발해의 사신단과 직접 조우하기도 했다. 뿐만 아니라 신라인과 발해인의 사이가 별로 안 좋았다는 정보는 물론 요동 반도가 당나라가 아닌 발해에 속한 영토임도 알려주고, 당나라 내에 신라관뿐만 아니라 발해관이라는 발해인들의 숙소가 존재했음도 보여주고 있다. 더욱이 일본 승려 레이센(靈

仙)과 발해 승려 정소(貞素)의 인연과 나이를 뛰어넘은 우정 이야기를 흥미롭게 전해주기까지 한다. 엔닌이 있었기에 우리는 당나라와 동시대의 신라 그리고 발해에 대해 더 정확히 알 수 있다. 그가 없었더라면 발해관의 존재나 발해 교관선의 실체 등은 정확히 알 수 없었을지 모른다. 그의 눈으로 바라본 당시 당나라 내에서 인식된 발해의 존재를 한번 직접 따라가보도록 하자.

오대산 위키피디아

839년 8월 13일, 고생 끝에 당나라에 도착은 하였지만 당나라 측의 순례 허가를 얻지 못하고 대기하고 있던 엔닌은 이날 산동 반도 문등현(文登縣) 관내의 청산포(青山浦)에 발해의 교관선(交關船)이 정박해 있다고 들었다. 교관선은 일종의 무역선인데 단지 무역만이 목적이 아니라 외교 역시 동시에 수행하는 역할을 하였었다. 이때의 교관선은 발해의 왕자 대연광(大延廣)이 이끄는 사신단을 태우고 온 것이었다. 이들 사신단 일행은 이해 12월 당나라 조정에 들어갔다가 이듬해에 귀국한다.

이틀 후인 8월 15일, 엔닌이 머물고 있던 산동 반도 문등현의 적산촌 법화원(赤山院)에서 수제비와 떡을 장만하고 8월 보름 명절을 지냈다. 이곳 약칭 적산원은 바로 그 유명한 신라인 장보고가 세운 절이었다. 다른 나라에는 이 명절이 없지만, 오직 신라에만 이 명절이 있었다. 노승들의 말에 따르면, 신라가 옛날 발해의 전신인 고구려와 싸웠을 때 이날 이겼으므로 이에 명절로 삼아 음악과 춤을 즐기던 것이 오래도록 이어져 내려온 것이라고 했다. 신라인들은 이날 온갖 음식을 마련하고, 노래하고 춤추고 음악을 연주하며 사흘 밤낮으로 지낸다. 이곳 적산원도 고국을 그리워하며 이렇게 명절을 보냈다. 고구려가 신라에게 공격받았을 때 겨우 1천 명이 북쪽으로 도망을 갔다는데, 그 뒤 돌아와서 옛날처럼 나라를 세웠고 그것이 오늘날 발해라고 하였다는 것이 신라인들의 설명이었다.

여담이지만 고구려와 신라 간 전투 중 8월 15일로 특정할 수 있는 전투는 사실 없다. 다만 날짜는 미상이나 고구려 멸망 직전 신라군이 평양으로 북진하던 도중인 7월과 9월 사이 즈음에 사천(蛇川, 혹은 사수蛇水)에서 이를 저지하려는 고구려군과의 치열한 전투가 벌어졌는데 신라 측 지휘관 한 명이 전사할 정도로 격전이었다고 한다. 이때 한 부대의 헌신으로 마침내 극적인 승리를 거둠으로써 신라군은 평양성에 제때에 다다를 수 있었고 결국 당나라 군과 연합하여 고구려를 멸망시키는 데 성공하였다. 종전 후 이때의 전투가 신라 내에서는 높이 평가받았다고 하니 혹 8월 15일의 전투란 곧 사천 전투를 말하는 것은 아니었을까 추정된다.

해가 바뀌어 840년 2월 23일, 늦었지만 겨우 순례 허가를 얻은 엔닌 일행은 드디어 적산원을 떠날 수 있었는데 문등현의 혜해사에 잠시 머물 때 그곳 현령 등 10여 명이 절을 찾아와 만나서 이야기를 하게 되었다. 이때 엔닌은 문등현이라는 곳은 발해(渤海)의 서쪽 끝에 있고 당나라의 동쪽 국경에 있다고 들었다. 당시에는 지금과 같은 영해권에 대한 개념이 없던 시절이어서 땅을 기준으로 영토를 구분했는데, 이 말에 따르면 여기까지가 당나라의 영토이며 이 발해 바다를 건너면 그 이후부터는 당나라가 아니라는 설명이었으니 요동 반도는 당연히 발해의 땅으로 당대인들은 인식하고 있었던 것이다.

며칠 더 여행을 하여 3월 2일 등주도독부에 도착하였다. 이곳 등주도독부가 바로 산동 반도에 위치한 등주를 총괄하는 행정기관이었다. 등주도독부 성(城)의 바로 동쪽에는 시장이 있고, 남쪽의 길가 동편에는 신라관과 발해관이 있었다. 이 발해관(館)은 당을 왕래하는 발해의 사신이나 유학승 그리고 상인들의 숙박과 휴식을 위하여 설치한 숙소였다.

오대산을 목적지로 하여 이동하던 중 3월 20일 이른 아침 청주(淸州) 북해현(北海縣, 산동성 유방시)의 관법사(觀法寺)를 떠나 서쪽으로 20리(약 11㎞)를 가다가 수도 장안으로부터 본국으로 귀국하기 위해 등주 방향으로 동쪽으로 이동 중인 발해의 사신을 들판에서 만났다. 이들은 그 전해인 839년 12월에 조정에 들어갔던 발해 왕자 대연광 일행이었다.

여름의 초입을 알리는 듯 날씨가 어둑어둑했던 3월 28일, 청주부(靑州府, 지금의 산동성 청주시)의 용흥사에 머물고 있던 엔닌에게 등주 유후관(留後官, 등주도독부의 출장소) 왕이무(王李武)가 찾아와 이런저런 얘기를 하던 중 듣자니 지난번에 발해 왕자가 등주에 도착하여 이제 고국으로 돌아가기 전 칙사(勅使)를 기다리고 있다고 했다. 참고로 이곳 청주는 안록산의 난 직후였던 765년부터 이때의 바로 21년 전인 819년까지 50년 넘게 이정기 일가가 치청의 제(齊)나라를 다스린 바로 그 중심지였다. 이들 집안은 대대로 평로치청절도관찰사(平盧淄靑節度觀察使)이면서 해운압신라발해양번사(海運押新羅渤海兩番使)를 겸임하여 해외무역까지 관장하는 그런 지위였기에 발해에서도 이처럼 교관선을 파견하여 지금까지도 이곳을 통해 무역과 외교를 병행하고 있었던 것이다.

4월 28일, 평평한 계곡을 지나 오전 10시경 진주(鎭州)의 정점보통원(停點普通院, 순례자를 위한 숙식시설)에 도착했다. 드디어 목적지였던 오대산(五臺山)에 다다른 것이다. 오대산의 꼭대기는 둥글고 높은데 나무는 보이지 않고 마치 구리 화분을 엎어놓은 것 같았다. 멀리서 그곳을 바라보는 동안 엔닌은 자신도 모르게 눈물을 흘렸다. 수목과 이채로운 꽃들이 색색이 다르니 그 기이한 모습들이 특히 심오했다. 불교도인 엔닌에게는 그 아름다운 풍경으로 인해 그곳이 마치 종교적인 성지 그 자체로 느껴졌기에 자연스럽게 감상에 젖어들었다.

곧 정점보통원에 들어가 서쪽 정자의 벽을 보니 "일본국의 내공봉(內供奉) 번경대덕(翻經大德) 레이센이 820년 9월 15일 이곳에 도착했다"라고 적혀 있었다. 이 절의 승려들이 일본 승려들이 왔음을 알고 벽 위에 적혀 있는 글을 보여주었던 것이다. 당시에 레이센은 자신의 손껍질을 벗겨내어 부처님의 모습을 그렸다는 이야기가 전설처럼 당나라 승려들 사이에서 전해지고 있었을 만큼 그곳에서 꽤 유명했던 일본 승려였다.

이 해 2월 19일에 적산원을 떠난 이후 여기에 다다르기까지 2,300여 리를 걸어왔다. 허송한 날짜를 제외한다면 길을 걸은 날은 정확히 44일이었다.

시간이 흘러 7월 3일, 오대산의 정상에서 남쪽을 향해 내려가 17리 정도 가니 계곡에 원(院)이 하나 있는데, 건물은 허물어져 없어졌고 사람도 남아 있지 않았다. 이름을 칠불교계원(七佛敎誡院)이라 하는데, 그곳 현판에는 팔지초난야(八地超蘭若)라 적혀 있다. 일본 승려 레이센이 일찍이 이곳에 거주하다 죽었다. 발해 승려 정소가 레이센을 추모하는 시를 판자에 써서 벽 위에 못으로 박아 걸어두었는데, 그 내용은 다음과 같았다.

일본국 내공봉 대덕 레이센 화상에게 바치는 글

― 발해국 승려 정소

나를 가르쳐주신 분은 응공(應公)인데, 공은 겸손한 자세로 불법을 배워 스승을 따라 일본에 다녀오셨다. 어려서부터 이미 남달라서 승려들 사이에서 두각을 나타낼 정도였다. 나 또한 스님이 되고자 책가방을 매고 제대로 공부하기 위해 당나라 오대산을 찾아왔다. 813년 늦가을 즈음에 여관에서 응공을 처음 만나뵈었는데 한마디 말로 서로 뜻이 맞아 마음으로 대화를 나누었다. 내가 크게 이룰 수 있었던 것은 나에게 어떤 장점이 있어서가 아니었다. 얼마 지나지 않아 급한 일이 닥쳐 도울 일이 생겼을 때 도움을 주지 못하고 마음 아프게 한 것이 참으로 한스럽기 그지없다.

레이센 대사는 나의 스승이신 응공의 사부이시며, 일찍이 불법의 심오한 이치를 깨우치신 분이었다. 822년에 오대산에 들어오신 후 매양 육신의 더러움을 부끄럽게 여기고 마음으로는 세상의 소리를 듣지 않으셨다.

825년에 일본 대왕이 멀리서 금 100냥을 하사하여 장안까지 이르렀다. 나는 그 금과 서신을 받아 철근난야(鐵懃蘭若)라는 사원까지 가지고 가서 전달했다. 레이센 대사는 금을 받고서 사리 1만 개와 새로 번역한 경전 2부, 황제의 칙서 5통을 나에게 맡기며 "일본에 건너가서 나라의 은혜에 감사하는 마음을 전해주게."라고 하여 나는 그러겠다고 하였다. 한번 승낙한 말이니 끝없는 인연들의 도움을 모아 원대한 꿈을 이룰 수만 있다면야 어찌 1만 리의 거친 파도인들 두려워하겠는가? 일본에서 돌아오는 날에 또 다시 금 100냥을 나에게 주어 보냈다.

828년 4월 7일에 다시 영경사(靈境寺)에 돌아와 레이센 대사를 찾았으나 이미 세상을 떠난 지 오래였다. 나는 피눈물을 흘리고 고통 속에 쓰러졌다. 네 번이나 위험한 바다를 건너며 죽음을 목전에 겪으며 연이어 다섯 번의 여행을 마치 밥 먹듯이 한 것은 모두 스승 응공과의 오랜 인연 때문이었다. 나의 믿음은 응공에게서 시작하여 그에게서 끝났다. 계곡물에 오열하는 소리를 멈추게 하고 구름 위로 솟아오른 소나무처럼 긴 세월 동안 힘든 여정을 견뎌내기를 바랄 뿐이다. 4월의 난초가 떨어질 무렵 장안을 바라보며 다음과 같이 시를 지어 바친다.

속세의 헛된 마음 깨닫지 못해
눈물만 그저 흘러내려
희로애락 저 너머에
깊은 황천 속에 묻혀있네
먼 훗날 언젠가 문득 창파의 나그네
누구인지 묻는다면 말해주리라
고귀한 설법만 남겨두고
짚신 벗고 맨발로 돌아갔다고

— 828년 4월 14일

남쪽으로 3리 정도 더 가서 대력영경사(大曆靈境寺)에 도착했다. 엔닌이 노승에게 레이센이 돌아가신 곳을 물었더니 다음과 같이 답하였다.

"레이센 삼장은 일찍이 철근난야와 칠불교계원에 주로 계셨었습니다. 뒤에 이 절로 와서 욕실원(浴室院)에 거주하였는데, 누군가가 준 독약을 먹고 돌아가셨지요. 제자들이 매장하였으나 지금은 어느 곳인지 알지 못합니다."

여기까지가 엔닌의 글에서 발췌한 발해 관련 기사들이다.

825년의 사가 천황이 보내온 금 100냥은 발해를 거치지 않고 전달되었던 것 같은데, 시기상으로는 823년에 일본을 방문하였다가 824년에 귀국한 고정태의 제21차 발해 사신단이 그 임무에 적합했겠지만 그들은 일본 정부의 냉대로 인해 수도에도 들어가보지 못하고 발해로 돌아가야 했으니 가능성이 낮다. 아마도 다른 채널을 통해 일본에서 당나라로 전해진 금을 중국 내에서 전달하는 것만 정소가 역할을 하였던 것으로 보인다.

그때 다시 레이센의 부탁을 받은 정소가 발해 영토를 거쳐 돌아가면서 함께 일본을 방문한 것이 825년말 고승조의 제22차 발해 사신단이었다. 이들은 826년 5월 발해로 귀국하였고 시일이 흘러 다시 당나라로 떠났다. 이후 정소를 포함한 발해 사신 일행은 828년 4월에 오대산 영경사에 도착하였고 그 사이 레이센이 독살로 세상을 떠난 충격적인 사실을 알게 되었다. 그래서 정소가 남긴 추모의 글이 우연찮게 12년만에 그곳을 방문한 엔닌에 의해 목격되면서 역사에 기록으로 남게 된 것이다.

여기서 문제가 되는 것은 전달을 부탁받았던 황금의 소재인데, 정소는 목적지까지 무사히 방문한 것으로 되어 있지만 대이진의 국서에 따르면 레이센의 사망으로 전달할 수 없게 되면서 발해 사신단이 다시 황금을 일본에 돌려주기 위해 발해로 귀국하던 도중 풍랑 때문에 수장되면서 찾을 길이 없어졌다고 한다. 이를 알게 된 것도 다음 번 사신단이 당나라를 방문하여 이들의 소식을 듣게 되어서였다는 것이다. 일본 측은 이 해명을 듣고 납득하였다고 하면서, 동시에 황금이 사라진 것도 그래서 발해의 국서 내용대로 바다에 빠져 잃어버리게 되었다고 쉽게 수긍하였다. 하지만 과연 그것이 전부였을까?

우선 레이센이 처음 황금 100냥을 전해받고는 독살당한 사실부터 내심 걸린다. 그의 죽음에는 왠지 제자들이 얽혀 있을 것 같은데, 그 이유는 제자들이 레이센을 매장은 하였으나 그 이후 관리가 전혀 되지 않아 매장 위치도 지금은 알 수 없다는 점이 수상하기 때문이다. 그 일대에서 이미 이름을 널리 알린 레이센인데도 어찌 매장 위치도 알려져 있지 않았을까? 혹 돈에 눈이 먼 이들이 살생을 저지른 것은 아닐까?

또 2차로 정소와 발해 사신 일행이 전해주기 위해 가져갔던 황금의 행방 역시 수상한 부분이다. 발해 사신단의 일부가 마찬가지로 황금에 눈이 멀어 고의로 배를 침몰시키고 도망친 것은 아닌가 하는 의혹도 드는데, 당시만 해도 기술이 발달되어 있지 않아서 어차피 해저수색은 불가능했으니 경우에 따라서는 완전범죄를 저지르는 것도 아주 어렵진 않았을 테고 말이다.

어쨌거나 전달에 성공했던 1차 황금도 그렇고 바닷속에 가라앉았다는 2차 황금도 마찬가지로 의문만 남아 있을 따름이다.

7. 제국의 황혼

(1) 국제사회의 무관심

858년 2월, 당나라에서 대이진의 동생인 권지국무 대건황의 왕위 계승을 공식적으로 인정하였다. 은청광록대부(종3품) 검교비서감(종3품) 홀한주도독 발해국왕으로 인정한 것이었다.

제12대 국왕 대건황(?~870, 재위 858~870)
- 아버지 : 대신덕(사망)
- 어머니 : (미상)
- 아내 : (미상)
- 형제자매 : 형 대이진
- 자식 : 대현석(추정)

그는 841년 당시에는 "중대친공(中臺親公), 대내상(大內相) 겸 전중령(殿中令), 안풍현 개국공(安豐縣開國公)"이었다. 형의 재임 당시 이미 발해 국내에서 최고위직을 가지고 있었던 것이다. 그렇다고 형에게 아들이 없었던 것은 아니었다. 오히려 833년 대광성, 837년 대명준, 839년 대연광 및 그 즈음의 대창휘, 그리고 846년 대지악에 이르기까지 장성한 아들이 여럿 있었다. 더욱이 일찍부터 왕위계승권자인 부왕이 지정되어 있었음에도 동생인 대건황이 왕위를 이은 것이었다. 분명 모종의 권력 암투가 느껴지지만 정확한 사정은 오늘날 알 길이 없다. 이미 국가의 권력을 틀어쥐고 있던 동생 대건황

의 쿠데타가 아니었을까 싶기도 하지만 증거는 불충분하다.

뿐만 아니라 대건황의 치세와 대략 겹치는 860년부터 873년 사이에 당나라에 세 번 사신 파견을 하였지만 자세한 기록은 남아 있지 않다. 이 당시 당나라도 말기가 되면서 사회혼란이 극심해지던 무렵이었기 때문에 사신 파견이 더 있었지만 소실되었거나 혹은 자주 파견할 수 없었던 환경적 요인이 있었던 것으로 보인다. 대외에서의 관찰을 통해서라도 내부상황을 짐작해보아야 하는데 이때부터는 외교관계에 대한 기록조차 대폭 축소되어 그것마저도 여의치 않다.

제26차 발해 사신단

일본과의 외교는 점차 특성이 달라진다. 대이진 때와 달리 당나라와의 교류는 현격히 줄어들고 일본과의 접촉은 계속되는 형국이었다. 왜 그런 결과가 나타나게 되었는지는 차차 살펴보도록 하자.

때는 제55대 몬토쿠(文德) 천황(827~858, 재위 850~858)의 길지 않았던 치세가 끝나고, 그의 넷째아들인 제56대 세이와(清和) 천황(850~880, 재위 858~876)의 치세로 막 넘어갔을 무렵이었다. 즉위 후 새해를 맞아 이제 겨우 열 살이 된 천황이 직접 국정을 운영할 수는 없었기에 외할아버지인 후지와라노 요시후사(藤原良房, 804~872)가 오늘날의 국무총리격인 태정대신으로서 섭정(攝政, 셋쇼)을 하게 되었다. 그는 천황의 가문이 아닌 신하로 섭정이 된 최초의 인물이었다. 천황의 명이라고 언급되는 것들은 대부분 후지와라노 요시후사가 대행한 것이라고 보면 될 것이다. 아버지인 몬토쿠 천황은 외숙인 후지와라노 요시후사의 추대로 천황이 되었기에 그의 강한 영향하에 있었고 이를 이겨내고자 노력하였지만 끝내 그를 넘어서지 못하고 젊은 나이에 요절하고 말았다. 그리고 아들인 세이와 천황 때를 시작으로 하여 일본에서는 섭정 정치가 본격화되게 된다. 심지어 세이와 천황이 성년이 되었을 때에도 요시후사는 관백(關白, 간파쿠)이 되어 권력을 틀어쥐었다. 이를 약칭해서 섭관(셋칸) 정치라고 하는데, 이때부터 약 200년간을 후지와라 가문이 주도하였다고 하여 후지와라 시대라고도 부른다.

858년 10월 무렵 제26차 발해 사신단이 출발하였다. 연한 규정에서 2년 모자란 10년 만의 일본행이었다. 대건황이 당나라의 공식 인정을 받은 바로 그 해에 서둘러 파견된 사신단이었다.

859년 1월 22일, 노토국에서 역마를 보내 정당성 좌윤(左允) 오효신(烏孝愼) 등 104명이 노토 반도에 있는 스즈군(珠洲郡)에 도착하였다고 알려왔다. 오효신은 앞서 판관과 부사로 일본에 와본 적 있는 베테랑 외교관이었다. 이번에는 승진하여 대사가 되었다.

제26차 발해 사신단 구성
- 기간 : 859년 1월 도착(노토) → 859년 7월 출발(가가)
- 총원 : 104명
- 대사 : 정당성 좌윤 오효신
- 부사 : 주원백
- 기타 인원 미상

1월 28일, 정6위상 히로무네노 야스히토(廣宗安人)와 정6위상 아베노 기요유키(安倍清行)를 영발해국객사(領渤海國客使)로 삼았다. 2월 4

일, 발해국 사신이 노토국에 도착하였다. 가가국으로 옮겨 편한 곳에 머무르게 하였다. 2월 7일, 히로무네노 야스히토가 영발해객사를 사임하자 후임으로 종6위하 직강(直講) 가리타노 야스오(苅田安雄)를 임명하였다. 또 2월 9일, 대초위하 가스가노 야카나리(春日宅成)를 발해통사(渤海通事)로 삼았다.

3월 13일, 영발해객사 아베노 기요유키, 종7위하 가리타노 야스오가 차비를 갖추고 떠날 때, 천황이 "이번에는 별도로 존문사(存問使)를 임명하지 않았으니 귀하들이 존문사 겸 영발해객사라고 칭하도록 하시오."라고 하였다. 더불어 발해국 부사 주원백(周元伯)은 문장에 뛰어나다는 평판이 있어서, 천황은 종7위하 시마다노 다다오미(嶋田忠臣)가 그중에 문장을 잘 지었기 때문에 그를 파견해 주원백과 시를 주고받도록 하였다. 그만큼 시문 교환은 당시 국가 체면과 관련된 외교적 도구로 중요시됐다.

5월 10일, 아베노 기요유키와 가가국사 등이 발해국의 국서와 선물을 올렸다. 발해국왕의 국서는 이렇다. 대건황은 조빙의 연한이 다가왔기 때문에 사자를 보낸다는 뜻을 말했다.

대건황이 말씀드립니다. 초겨울 날씨가 점점 추워지고 있습니다. 천황의 일상에 만복이 깃들기를 바랍니다.

대건황은 덕분에 나라를 다스리며 주기적으로 사신을 보내어 친선관계를 유지하고, 여러 대에 걸친 정을 지속해갈 것입니다. 지금에 이르러 대건황이 다행히 선조의 유업을 계승하여 나라를 아우르고 지키게 되었는데, 이제 관례에 따라 사신을 파견하며 국서를 보냅니다.

12년이 거의 되어 그리움이 큽니다. 바다 건너를 바라보고 마음을 전하고자 글로 표현합니다. 이제 멀리 파도를 넘어 1만 리 먼 곳을 향해 다가갑니다. 다만 큰 바다가 가로놓여 있어 직접 찾아뵙지 못하고 있습니다.

정당성 좌윤 오효신을 보내어 국서를 전합니다.

중대성의 공문은 이렇다.

동방의 일본은 파도 너머에 있는 머나먼 나라입니다만, 기상을 예측하고 배를 띄워 달려갑니다. 비록 연한은 한 해 모자라지만, 환경은 항시 바뀌는 것입니다. 거의 한 주기가 다 된 것이니 우호를 위해 예전 법도에 따라 좋은 이웃으로서 다가갑니다. 그리워하는 마음이 가득하여 이전의 연한을 다 기다리지 못하고, 정당성 좌윤 오효신을 보내 귀국을 방문토록 합니다.

859년 6월 23일, 발해국왕에게 보낼 국서를 발해 사신에게 전해 왔다. 작년 몬토쿠 천황이 사망하여 현재 상중이라는 점과 일본 내에 재난이 빈발했던 점 등을 들어 발해 사신단을 수도로 받아들이지 못하고 귀국시킨다는 내용이었다.

천황이 발해국왕에게 안부를 묻습니다. 국서와 보내주신 선물은 모두 잘 도착하였습니다.

국왕께서는 문무(文武)를 갖추고 충효가 마음에서 우러나오는 것 같습니다. 나라를 다스리는 법도를 이어받고 옛 우호를 돈독히 하는 데에 신경 써서 오랫동안 노력해오니 일본과 가까이하는 정성은 소홀함이 없습니다. 또 바다를 건너는 시간은 길지만 험한 구름 사이를 헤치고 건너오는 일을 피하지 않았습니다. 이에 깊은 정성을 돌아보면 어찌 그런 생각이 들지 않겠습니까?

선황(先皇, 제55대 몬토쿠 천황)께서 작년(858) 8월에 돌아가시면서 유언을 남겨 조문 오는 것을 허락하지 않으셨습니다. 제가 부족하지만 나라를 이어받아 선황의 유훈을 받들고 백성을 다스리며 구제하고자 하는데, 비록 교류의 예절은 슬픈 일이 있어도 무너지지 않고 서로 통하는 올바른 조화는 역사에서도 아름답게 여기는 바입니다.

하지만 지금 궁궐에 음악이 멈추고 나라에 재앙이 빈번하니 사람들이 소식을 전하기에 어려움이 있습니다. 이로 인해 우선은 사신을 접대하고 때를 맞추어 돌려보내겠습니다. 12년을 연한으로 하는 것은 어떻겠습니까? 서로 뜻을 통하기에는 오히려 가까운 기간일 수도 있습니다.

이제 오효신에게 선물을 부쳐 보냅니다. 물품의 목록은 따로 마련하였습니다. 날이 매우 더우니 국왕과 신하들은 평안하시길 빕니다.

태정관이 중대성에 보내는 공문은 다음과 같다.

이번에 방문에만 급급하여 연한이 다 차지 않았는데도 온 것이니, 담당관리가 일을 처리함에 있어 국빈으로 대접하는 데에 한계가 있었습니다. 하지만 천황의 명을 받들어 예전처럼 배를 점검하고 수리하여 항해가 가능토록 조치하였으니 국서와 선물을 함께 사신에게 맡겨 보냅니다.

그러면서 앞서 별도 선물에 대한 답례품으로 아즈마 비단 50필과 솜 400둔을 대사 오효신에게 주었다.

가을 7월 6일, 발해 사신들은 결국 수도에 들어가지 못하고 가가국을 출발하여 발해로 돌아갔다.

　이렇게 보면 결국 금번 발해 사신단은 아무런 외교적 성과도 없이 물러난 것으로 보인다. 하지만 이때의 사신단이 전한 것은 일본에 큰 영향을 미쳤다.

　이 당시 오효신은 당나라에서 받은 당대 최신의 달력체계였던 장경선명력을 가져와 일본에 전달하였다. 군이 비유하자면 역법(曆法)을 바꾼다는 것은 마치 서양에서 율리우스력을 사용하다가 그레고리력으로 달력을 바꾼 것과 같은 큰 변화에 해당했다. 그리고 이 일을 가능케 한 것은 다름 아닌 발해였다.

　크게 우리는 달력의 종류를 양력과 음력으로 알고 있고, 실제로 이 글에서도 당시의 기록을 존중하기 위해 양력으로 바꾸지 않고 당대의 음력을 그대로 사용했는데, 사실 태양의 운행에 연동되어 있는 양력과 대칭되는 음력이라는 표현은 달의 운행만을 기준으로 한다는 뜻이기 때문에 정확히 말하자면 음양력 내지 태양태음력이라 부르는 것이 맞다. 즉 음력이라고 약칭해서 부르더라도 동양에서의 일반적인 음력은 실제로는 30일이 채 안 되는, 정확히는 평균 29.5306일이라는 달의 변화 주기만으로는 1년이 354일 남짓밖에 되지 않기 때문에 조금 억지스러워 보이지만 윤달을 중간에 삽입함으로써 태양의 운행에 연동시켜 1년 365.2422일을 맞추는 방식이다. 순수한 음력에서는 달의 운행만을 따지기 때문에 태양의 운동과 관련된 계절의 변화를 반영할 수 없다는 점을 이런 방식으로 보정해서 사용하는 것이다.

　음력은 과거의 낡은 달력이라고 일반적으로는 생각할 수 있으나, 꼭 그렇게 볼 것은 아니다. 현재의 태양력은 계절의 변화를 알 수 있다는 장점은 있지만, 해가 진 이후의 밤의 세계에 대해서는 아무런 정보도 주지 않는다. 또한 달의 인력에 따른 영향도 무시 못 할 만큼 크지만 그에 대한 정보 역시 태양력은 가지고 있지 않다. 이에 반해 태양의 주기와 연동된 음력은 태양력의 장점도 어느 정도 반영하고 있으면서 밤에 뜨는 달의 정보, 예를 들어 언제 밝고 언제 어두운지 미리 알 수 있고 또 달의 이지러짐을 보고 날짜를 직관적으로 계산할 수 있다는 특징과 함께 그 달의 변화에 따른 조수간만의 차 및 그로 인한 어획의 영향까지 예측할 수 있다는 점까지 두루 장점으로 꼽을 수가 있다.

어쨌든 일본은 오효신이 가져왔던 당나라의 새 달력체계인 장경선명력의 정확성을 면밀히 검토하였고, 기존에 사용 중이던 달력체계와 비교하여 그것이 더 우수함을 천황에게 보고하였다. 최종 제가를 받아 처음 일본에 전해진 때로부터 3년 후인 862년 6월 16일 드디어 시행에 들어가게 된 것이었다.

이 장경선명력은 822년 당나라에서 처음 시행된 것으로, 1년을 365.2446일, 1개월을 29.53059일로 계산한 것이 특징이다. 신라에서도 말기에 이 달력이 수입되어 사용되기 시작하여, 고려 역시 이를 이어받아 줄곧 사용하였다는 기록이 있을 만큼 당시 기준으로 꽤 정교하게 고안된 달력이었던 것으로 보인다. 발해가 전해준 장경선명력은 862년부터 에도시대인 1684년까지 무려 800년 이상이나 사용되었다.

여담이지만, 동양에서 서양식 그레고리력을 받아들여 음력이 아닌 양력을 사용하게 되는 것은 1873년의 일본, 1896년의 한국, 1912년의 중국의 순서이다.

제27차 발해 사신단

861년 봄 1월 20일, 이즈모국에서 제27차 발해 사신단인 발해국 사 이거정(李居正) 등 105명이 오키를 경유하여 이즈모의 동북쪽 끝 자락의 시마네군(嶋根郡)에 도착하였음을 알려왔다. 기록은 없지만 아마도 발해 상경을 출발한 것은 860년 겨울 10월경이었을 것이다.

이즈모는 구름이 사방으로 퍼진다는 의미에서 기인했다고 하는데, 현재의 일본 시마네현에 위치한 곳으로 고대 신화에도 등장하는 역사의 유래가 깊은 지역이다. 그리고 오키는 이즈모 앞 바다에 있는 섬들을 지칭한다.

제27차 발해 사신단 구성
- 기간 : 861년 1월 도착(오키) → 861년 5월 출발(이즈모)
- 총원 : 105명
- 대사 : 이거정
- 부사 이하 인원 미상

1월 21일, 이즈모 국사에게 말해 사신들에게 예에 따라 곡식을 공급하도록 하였다. 1월 28일, 정6위상 후지와라노 하루카게(藤原春景)와 후지이노 요시무네(葛井善宗) 등을 영발해객사(領渤海客使)로 삼고 대초위상(大初位上) 가스가노 야카나리를 지난 번에 이어 또 다시 통사로 삼았다.

이로부터 4개월이 지난 5월 21일, 존문사 겸 영발해객사인 후지와라노 하루카게와 이즈모 국사 등에게 명하였다. 발해사 이거정 등은 연한을 지키지 않고 오는 등 상경시키지 않고 곧바로 귀국시켜야 하지만, 이거정이 70세를 넘는 고령의 고위급 관리(公卿)이기 때문에 특별히 수도 방문을 허락하여야겠으나 이즈모에서 수도까지 안내하기에는 가뭄에 고통받는 백성들의 부담을 고려하여 결국 중지하였고, 발해사의 국서와 선물은 받지 않고 중대성 공문만을 올릴 것을 명하고 있다.

> 발해국사 이거정은 선황(先皇)의 제도를 어기고 거듭 조문하러 왔다고 했다. 또한 국서를 살펴보니 예식(例式)을 어긴 것이 많았다. 원래는 경솔하고 방자함을 책망하여 그 즉시 돌려보내야 하는데, 듣자 하니 이거정이 고위 관리(公卿)이고, 나이는 정년(70세)을 지났으며, 재주가 교신(交新)하는 데 뛰어나 오히려 아낄 만하다고 한다. 그러므로 특별히 우대하여 수도 방문을 허락하고자 하였다.
>
> 그러나 지난번 가뭄이 계속되고 농번기라 농사에 방해가 되니, 오는 길이 염려되므로 다시 멈추게 하였다. 또 발해국왕의 국서와 선물 등은 다시 거두어들일 수 없으므로, 오직 중대성의 공문만 올리도록 하라.

그러면서 이즈모국에서 비단 145필, 솜 1,225둔을 발해 사신단 105명에게 나누어 주도록 하였다.

5월 26일, 태정관이 발해 중대성에 보내는 공문을 존문사(存問使)와 이즈모 국사를 통해 그곳에 머물고 있던 발해 사신단에게 전달하고, 비단 10필과 솜 40둔을 대사 이거정에게 별도로 선물하였다.

참고로 이때의 대사 이거정은 대이진 때인 833년 1월 당나라에서 학업을 마치고 돌아온 유학생 3명 중 한 명이었다. 그는 28년 만에 일본 파견으로 다시 역사에 이름을 남기게 된 것이다. 이때 70세가 넘었다는 것은 당나라에서 수학하던 당시에는 못해도 42

세 무렵이 되니 늦깎이 학생이었던 것일까. 어쨌거나 그가 당나라에서 배운 것을 일본에서 활용해보기에는 일본의 깐깐한 외교풍토가 이를 허락지 않았다.

다만 이거정이 이때 가져온 『가구영험불정존승다라니기(加句靈驗佛頂尊勝陀羅尼記)』라는 경전은 지금까지 일본에 전해지고 있다. 이 발문에 따르면 이거정은 861년 4월 14일에 기증한 것으로 되어 있으며, 그의 직책 및 직급은 '오질대부(吳秩大夫) 정당성(政堂省) 춘부경(春部卿) 정3위(正三位) 상중랑장(上中郎將) 균곡왕현 개국(均谷枉縣 開國)'이었음을 알 수 있다.

대건황이 죽자 871년 전반에 대현석이 왕위를 이었다. 정확한 것은 아니지만, 일반적으로 대현석을 대건황의 아들로 보는데, 그것은 대현석이 일본에 보낸 국서를 보면 자신을 후사(後嗣), 즉 대를 잇는 자식이라고 표현하는 부분이 나오기 때문이다. 다만 후사라는 표현은 후계자나 자손을 뜻하는 일반적인 용법이기도 해서 확실하게 부자 관계라고 단정 짓기에는 조금 부족하다. 여기서는 잠정적으로 부자지간으로 보기로 하겠다. 뒤에 언급할 중국학자 진위푸는 손자로 가정한 바 있지만, 나이를 계산해보면 아들로 봄이 좀 더 합당할 듯하다.

제13대 국왕 대현석(?~?, 재위 871~894?)

- 아버지: 대건황

- 어머니: (미상)

- 아내: (미상)

- 형제자매: (미상)

- 자식: (미상)

이 즈음에는 더 이상 당나라에서도 발해에 대해 관심을 가지지 않기 때문에 구체적인 사실들을 기록하지 않기 시작한다. 당장 당나라와의 외교기록이 제대로 전해지지 않는다. 분명 교류는 있었을 텐데도 불구하고 기록이 대폭 줄어든 것은 외교횟수가 줄었거나 기록이 미처 전해지지 않거나 둘 중 하나일 것이다. 혹은 그 둘 다일 수도 있겠다.

제28차 발해 사신단

우선 일본과의 외교부터 살펴보자. 아직 일본은 제56대 세이와 천황이 집권하고 있었다. 871년 말 그의 나이도 어느덧 22세가 지나가고 있었다.

871년 늦가을 9월, 대현석은 제28차 발해 사신단을 일본에 파견하였다. 그해 12월 11일, 정당성 좌윤(左允) 양성규(楊成規) 등 105인이 가가국 해안에 도착하였다.

제28차 발해 사신단 구성
- 기간 : 871년 12월 도착(가가) → 헤이안쿄 → 872년 5월 출발
- 총원 : 105명
- 대사 : 정당성 좌윤 정4질 위군상진장군 사자금어대 양성규
- 부사 : 좌맹비위소장 정5질 사자금어대 이흥성
- 판관 : 이주경, 하왕진
- 녹사 : 고복성, 고관, 이효신
- 품관, 천문생, 수령 등 인원 미상

872년 1월 6일, 정6위상 스가와라노 미치자네(菅原道眞, 845~903), 종6위하 미노노 기요나(美努淸名)를 존문발해객사(存問渤海客使)로 삼고, 이제는 정6위상이 된 가스가노 야카나리가 세 번째로 통사로 임명되었다.

여기서 스가와라노 미치자네는 기억해둘 필요가 있는 인물인데, 발해 사신단을 여러 차례 맞이하는 것으로도 알려져 있지만, 더 중요한 것은 한국인들이 많이 방문하는 일본 규슈의 후쿠오카에 있는 다자이후 덴만구(天滿宮)가 곧 그를 학문의 신으로 받들고 있는 장소라는 점이다. 그는 스스로 학문에 밝았고 교육을 장려하여 당대 일본인들의 신망을 얻었었으며, 그에 대한 문화적 자긍심을 기반으로 894년 견당사라는 이름의 당나라로의 사신단 파견을 중단시킨 인물이기도 하다. 다만 그는 실권자인 후지와라 가문과 정적 관계여서 조정에서 밀려나 이곳 다자이후의 태수로 좌천되어 지내다가 불과 몇 년 만에 타향에서 세상을 뜬다. 그를 신앙의 대상으로 삼아 신전을 세운 것이 바로 덴만구이다. 지금도 일본인들은 대학입시 시즌이 되면 이곳을 다녀가 합격을 기원할 만큼 유명한

장소가 되어 있다.

다자이후 덴만구 위키피디아

1월 20일, 이달 들어 수도에서는 목구멍이 막히어 숨을 들이마시면 소리가 나는 해역병(咳逆病)이 발생해 죽은 자가 많았다. 아마도 이것은 유행성 독감의 일종이었을 것으로 생각된다. 사람들이 발해의 사신이 와서 다른 나라의 병이 퍼진 것이라고 수군거렸다. 그래서 이날 건례문(建禮門) 앞에서 푸닥거리(祓禊)를 크게 해서 병을 막았다.

1월 26일, 정6위하 가스가노 야스모리(春日安守)를 존문발해객사(存問渤海客使)로 삼았는데 전임자인 스가와라노 미치자네가 모친상으로 사직했기 때문이다. 3월 14일, 존문발해객사 가스가노 야스모리와 미노노 기요나를 모두 영발해객사(領渤海客使)를 겸직시켰다.

3월 23일, 이번 봄 이후로 자꾸 괴이한 일이 발생하였다. 이 때문에 여러 신사(神社)에 예물을 바쳤다. 또 신사에 가까운 도량에서는 신사마다 금강반야경(金剛般若經)을 독송하게 하였다. 아울러 이와시

미즈사(石淸水社)에 고하는 글에서 "지난해에 음양사(陰陽寮)가 점을 쳐보니 외국 사신이 오면 상서롭지 못한 일들이 있을 것이라고 했습니다. 이제 발해 사신이 12년의 기한이 되어 방문한 것이기 때문에 부득이 국가의 법에 따라 받아들였습니다. 대보살께 이 상황을 아뢰오니, 멀리서 손님들이 온 것은 신께서 보호하신 까닭이므로 별다른 일이 없도록 잘 보살펴주시기 바랍니다."라고 하였는데, 다른 신사에 고하는 글도 이것을 예로 삼았다.

4월 13일, 존문발해객사 가스가노 야스모리 등이 대사 양성규 등이 가지고 온 국서의 상자를 열어 예에 어긋난 이유를 따져물었던 문답내용과 야스모리 등이 가가국에 가는 도중의 소식을 기록한 것을 역마를 통해 보고하였다.

4월 16일, 이번 발해 사신 접대를 위해 이름까지 바꾼 정6위상 미야코노 요시카(都良香)와 정6위상 다이라노 스에나가(平季長)를 접대담당인 장발해객사(掌渤海客使)로 삼고 종7위상 다지히노 모리요시(太治守善)와 문장생(文章生) 종8위하 스가노노 고레스에(菅野有脩)를 영귀향발해객사(領歸鄕渤海客使)로 삼았다. 이때의 미야코노 요시카는 원래 미야코노 고토미치(都言道)였는데 그 이름이 손님을 맞이하기에 적절치 않다고 여겨 개명한 것이라고 한다. 그만큼 발해 사신에 대한 예우는 일본 내에서도 중요한 일이었다.

5월 15일, 칙을 내려 종5위하 후지와라노 야마카게(藤原山陰)를 보내 야마시로국(山城國) 우지군(宇治郡)의 교외에서 발해 사신을 맞이하게 하였다. 영발해객사(領渤海客使) 가스가노 야스모리 등과 교로사(郊勞使)는 함께 발해국 대사 정당성 좌윤 정4질 위군상진장군(慰軍上鎭將軍) 사자금어대(賜紫金魚袋) 양성규(楊成規)와 부사 좌맹비위소장(右猛賁衛少將) 정5질 사자금어대(賜紫金魚袋) 이흥성(李興晟) 등 20인을 안내하여 수도에 들어와 홍려관에 머무르게 하였다.

그런데 왜 20명이었을까? 아마도 대사, 부사, 판관 2명, 녹사 3명, 천문생 1명에 아울러 역어 2명, 사생 2명이 전례와 같이 포함되어 있다면 남는 8명은 수령이 아니었을까 생각된다.

앞서 미야코노 요시카처럼 발해 사신단 접대를 위해 아예 이름까지 바꾼 인물도 있었다. 종8위상 나오미치노 우지모리(直道氏守)는 선조가 고구려 출신으로 키가 크고 용모와 행동이 뛰어나기에 그에게 홍려관에 가서 연회와 사신의 환영·송별에 관한 역할을 맡게 하였다.

5월 17일, 정5위하 아리와라노 나리히라(在原業平)를 홍려관에 보내 발해 사신들을 위문하게 하였다. 이날 사신들에게 계절에 맞는 옷을 지급하였다. 5월 18일, 천황이 종4위하 미나모토노 노부루(源舒)를 홍려관에 보내 양성규 등이 가져온 발해국왕의 국서와 선물을 살피도록 하였다. 발해국왕의 국서는 왕위계승을 전하면서 옛 사례에 준하여 연한이 다 되었기 때문에 사자를 파견하는 취지의 내용이었다.

대현석이 말씀드립니다. 늦가을이라 무척 공기가 찹니다. 천황의 일상에 만복이 깃들기를 바랍니다.

본국이 나라를 세운 이래로 항상 귀국과 더불어 사신을 통하여 소식을 전해왔습니다. 오늘날 교류한 지 오래되어 소식을 전하고자 하는 마음이 더욱 두터워집니다.

대현석이 선조의 유업을 이어서 옛 유풍을 지속하고 있는데, 12년이 다 되었으므로 온 마음으로 친선의 뜻을 돌이켜보게 됩니다. 이에 사신을 파견하여 방문드리도록 하였습니다. 천황께서 멀리서 온 사신을 불쌍히 여기시고 잘 보살펴주셔서 예법에 따라 수도로 찾아뵈러 갈 수 있게 해주신다면 매우 다행한 일이겠습니다.

큰 바다가 가로막아 직접 만나뵙지는 못하므로 저의 뜻이 잘 전달될지 모르겠습니다. 정당성 좌윤 양성규를 파견하여 국서를 전달토록 합니다.

중대성의 공문은 이렇다. 마찬가지로 연한 규정을 준수한 방문이라는 내용이었다.

하늘 끝은 길이 막히고 일본의 영토는 아득히 멀어 항상 12년을 연한으로 하여 우호관계를 맺어왔습니다. 이번에 다시 한번 친선을 다지고자 하는데, 이웃나라와 교류함에는 예절이 있으며 사신을 보내는 데에는 흐트러짐이 없을 것입니다.

서로의 소식을 주고받은 지가 매우 오래되었습니다. 이제 해가 바뀌고 세월이 흘러 12년이 이미 다 찼으므로 방문드릴 때가 되었다는 판단입니다. 그러므로 예전의 법도에 근거하고 옛 법규를 헤아려 정성을 다하기 위해 사신을 떠나보내게 하며, 기상을 예측하고 배를 띄워 발해의 넓은 파도를 건너게 합니다. 1만 리에 달하는 길에서 마음이 뜻하는 바는, 왕복하는 것이 비록 아득히 멀어도 깊이 그리워하는 것뿐입니다.

정당성 좌윤 양성규를 파견하여 귀국을 방문하여 오랜 우호를 이어나가겠습니다.

선물은 호랑이가죽 7장, 표범가죽 6장, 곰가죽 7장과 꿀 5곡(斛)이다. 5곡의 양은 오늘날 기준으로 대략 환산해보면 1천 리터(ℓ) 정도 되지 않았을까 싶다.

5월 19일, 참의(參議) 정4위하 감해유장관(勘解由長官) 오에노 오토히토(大江音人)를 홍려관에 보내서 발해국사에게 위계(位階)와 다음의 사령서(告身)를 전하였다.

　　천황이 조칙을 내려 칙명을 사신들에게 알린다. 국왕이 양성규 등을 보내왔는데, 천황은 조정을 맡는 데 힘써 자비를 내려 높은 관위(官位)를 내린다. 그러나 상례는 궁전 안으로 불러들여 실시하는 것이지만, 여러 가지를 고려하여 사신을 보내어 대신 천황의 명을 알린다.

　양성규부터 모두가 함께 절하고 기뻐하였다. 대사 양성규에게는 종3위를, 부사 이홍성에게는 종4위하를, 판관 이주경(李周慶, 혹은 이국도李國度)과 하왕진(賀王眞)에게는 모두 정5위하를, 녹사 고복성(高福成)과 고관(高觀)·이효신(李孝信)에게는 모두 종5위상을 하사하고, 품관 이하와 아울러 수령들에게도 관위를 주었다. 또 천문생(天文生) 이상은 위계에 따라 각각 예복을 주었다. 지난해 음양사(陰陽寮)가 점을 쳤을 때 외국사절과 만나면 상서롭지 못한 일이 있을 것이라고 하였는데, 이 때문에 직접 사신들을 만나보지 않고 홍려관에서 공무를 처리하였다.

　이들 양성규 일행은 시장에서의 교역을 허가해달라고 요청하여 승인을 받았다. 5월 20일, 조정의 재정관리 담당인 내장료(內藏寮, 구라즈카사)와 발해 사신단이 재화와 물건을 서로 교역하였다. 5월 21일, 수도의 관인들과 발해 사신이 교역하는 것을 허락하였다. 또한 5월 22일, 시장 상인들과 발해 사신이 개별적으로 물건을 거래하는 것을 허락하였다. 이날 일본 정부는 일본돈(官錢) 40만을 발해 사신들에게 주었는데 이 또한 발해로부터 구매한 물품에 대한 대

금을 지급한 것으로 보인다. 종7위상 이세노 오키후사(伊勢興房)를 영귀향발해객사 통사로 임명하였다.

5월 23일, 조칙을 내려 대학두(大學頭) 종5위상 겸 문장박사(文章博士) 고세노 후미오(巨勢文雄)와 문장득업생(文章得業生) 종7위하 후지와라노 스케요(藤原佐世)를 홍려관에 보내어 발해 사신들에게 향연을 베풀어주도록 하였다. 세이와 천황은 글로써 "사신들에게는 상례가 궁전 안에 불러들여 향연과 음악을 베푸는 것이지만, 여러 가지를 고려하여 사신을 보내어 물건을 보내니 사신들은 이러한 상황을 양해해주고 편안히 연회를 즐기도록 하시오."라고 하였다. 술잔이 여러 차례 돌자 주객이 모두 취하였다. 사신들에게 상여품을 주었다.

5월 24일, 대사 양성규가 장발해객사를 통해 개인적으로 선물을 천황과 황태자에게 바칠 것을 청하였다. 장발해객사가 보고를 올려 이를 아뢰었는데 천황이 허락하였다. 이에 담비가죽옷, 사향(麝香), 암모화(暗模靴) 등을 선물하였다. 동궁학사(東宮學士) 종5위하 다치바나노 히로미(橘廣相)를 보내 사신들에게 궁전 안의 정원에서 작은 연회를 베풀도록 하였다. 그리고 따로 천황의 옷(御衣)을 내렸는데, 주객이 모두 취하였으며 발해 부사 이홍성이 시를 지었다. 일행 20명은 각각 그림부채(畵扇) 1개씩을 받았다.

5월 25일, 참의(參議) 종4위상 후지와라노 이에무네(藤原家宗)와 종4위상 미나모토노 오코루(源興) 등을 홍려관에 보내어 천황의 국서를 전달하게 하였다. 종5위상 시종(侍從) 와케노 쓰네노리(和氣彝範)과 정5위하 후지와라노 요시치카(藤原良近), 정6위상 가스가노 야스모리가 태정관의 공문을 전하였다.

대사 양성규가 국서와 태정관의 공문을 받았다. 국서는 연한을 지켜 사신 파견을 한 것을 칭찬하는 내용으로 평이한 것이었고, 태정관의 공문 역시 일반적인 내용뿐이었다.

이날 영귀향발해객사 다지히노 모리요시 등이 사신들을 인솔하여 홍려관을 떠났다. 대사 양성규가 이와 같이 인사말을 남겼다.

"저희는 이제 일본 방문을 마치고 본국으로 돌아가려 합니다. 이제 천황께서 사신을 보내주셔서 환송하게 하시니 저희들은 천황의 궁궐을 바라보면서 감사한 마음을 감출 길이 없습니다."

이별의 순간이 다가오자 장발해객사 미야코노 요시카가 객사를 떠나기 전에 술잔을 들어 사신들에게 권했다. 이때 양성규가 남긴 글이 있는데, 일본에서 널리 유행하였다고 한다.

아득히 단청 칠한 궁궐을 바라보며
눈물 가득 옷깃을 적시네
서로 그리워하는 심화에
이 마음 끝이 없구나

의문의 발해 사신

873년 3월 11일, 어디 출신인지 알 수 없는 사람들 60명이 배 두 척에 나눠 타고 오던 중 규슈 서남단인 사쓰마국(薩摩國)의 고시키지마(甑嶋)라는 섬에 표류 끝에 불시착하였다. 말이 통하지 않아 그들 중 대표자인 최종좌(崔宗佐)와 대진윤(大陳潤)이라는 이들과 글을 써가며 대화를 하였는데, 이처럼 대답하였다.

"저희는 발해국 사람으로, 국왕께서 당나라에 가서 서주(徐州)의

난을 평정한 것을 축하하도록 보냈는데, 바닷길 풍랑이 험하여 표류하다가 여기까지 이르렀습니다."

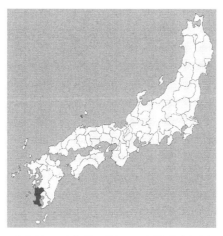

사쓰마(고시키지마는 서쪽 40km의 섬) 위키피디아

서주의 평정이라 함은 868년 서주 지역을 지키던 엘리트 군인들이 처우에 불만을 품고 들고일어났던 소위 '방훈(龐勛)의 난'(868~869)을 말한다. 그런데 사쓰마 국사가 유심히 살펴보니 이들은 여행허가증(公驗)도 소지하지 않았고, 연도 표기도 틀린 부분이 있었다. 게다가 869년에 종료된 난에 대해 4년이 지나 873년에 축하사절을 보낸다니 이상할 만도 했다. 더욱이 아무리 멀리에서 표류해왔다고 해도 발해에서 당나라로 건너는 요동 반도와 이곳 규슈 서남부까지는 거리가 멀어도 너무 멀었다.

그래서 국사가 의심하기로는 혹 이들은 사실 신라인인데 당시 신라해적이 빈번히 출몰하고 있던 상황이어서 신라와 일본의 관계가 워낙에 안 좋으니 거짓으로 발해인이라 둘러대면서 몰래 일본 측 상황을 염탐하러 온 것이 아니겠는가 짐작하게 되었다. 이에 그들의 배 두 척을 예인해서 규슈 북단의 다자이후를 향해 갔는데, 도중에 최종좌가 타고 있던 배 한 척이 바람이 불어오자 갑자기 돛을 펼쳐 도망쳐버렸다. 이로 인해 일본인들의 의심은 확신으로 굳어졌다. 이 일에 대해 다자이후에서는 조정에 보고를 올렸다.

5월 27일, 이 사건에 대해 다음과 같이 조치할 것을 하명하였다. 표착한 이들이 발해인이면 잘 대우하고 귀국시킬 것, 만일 신라인이라면 구금하고 보고할 것, 각 지역의 경계를 엄중히 할 것 등의 내용이었다.

> 멀리 발해라는 나라가 우리와 외교를 열고 교류를 하고 있는데, 신라는 오히려 조그만 나라이면서 오랫동안 일본에 나쁜 마음을 품고 있다. 이에 다자이후와 각 지역의 담당관리는 외국의 내방객들을 면밀히 살펴야 할 것이다. 사절단이 만일 정말로 발해인이라면 마땅히 친절히 식량을 주어 돌려보내도록 하여야 하며, 만약 신라의 흉칙한 무리라면 모두 그들을 가두고 보고하도록 하라. 더불어 부근의 여러 지역들은 매번 조심하고 경계하여 그 땅을 지키도록 하라.

잘 생각해보면 이때 일본인들이 발해인과 신라인을 구분하지 못하였다는 것은 한 가지 생각할 바를 던져준다. 입고 있는 옷이야 발해와 신라 모두 당나라의 영향을 받았기 때문에 현격한 차이가 있었으리라 보이지는 않는다. 오늘날 우리도 간혹 외모만 보고는 중국인인지 일본인인지 한국인인지 구분하지 못하는 경우가 있으니 말이다. 하지만 대개는 주변국의 사람들이 하는 말을 들으면 내용은 몰라도 어느 나라 말인지 정도를 인지하는 것은 상대적으로 쉽다. 예를 들어 사용하는 언어만 잘 들어보아도 중국인인지 일본인인지 대번에 판가름할 수가 있는 것이다.

그런데 이때의 일본인은 이들의 말을 듣고도 발해인인지 신라인인지를 구분할 수 없었다는 점이 놀라울 수밖에 없다. 당시 일본에는 신라인의 방문이 많았던 만큼 최소한 신라어에 대해서는 들으면 그들이 신라인이구나 하는 정도는 인식할 만큼의 지식은 있었던 것으로 보인다. 그렇다면 정말 그만큼 신라어와 발해어는 발음상에 차이가 크지 않았던 언어였던 것일까? 역사가 남겨준 수수께끼 중의 하나이다.

계절이 바뀌어 가을 7월 8일, 다시 한번 조서가 다자이후에 내려졌다.

최종좌 등을 심문하여 올린 글로 보아도 발해인임을 알겠다. 또한 그 표함(表函)과 국서(牒書), 인장을 찍어 밀봉한 관의 직함 등이 먼저 조공하러 와 이곳에 있는 그것과 비교해보니 완전히 일치하였다. 최종좌 등은 변경의 틈을 엿보기 위한 간악한 적들이 아니고 선린의 임무를 띤 사신으로서, 표류하다가 이르게 된 어려움은 진정 불쌍히 여길 만하다. 마땅히 구제할 의복과 식량을 지급하도록 하고, 올려보냈던 밀납으로 봉한 상자와 여러 가지 봉한 글 등은 그 인봉(印封)을 온전하게 하여 번거롭게 열어보지 말라. 또한 그들이 몸에 지니고 있는 물건들은 하나도 건드리지 말고 모두 돌려주도록 하라. 그들이 타고 온 배 두 척은 만일 파손된 곳이 있거든 정성을 다해 고쳐주어 충분히 파도를 헤치고 나아갈 수 있도록 하여 조속히 잘 떠날 수 있도록 하라. 다만 최종좌 등은 발해의 이름 있는 신하인데 어찌 우리 조정의 선린을 알지 못하겠느냐. 그러므로 표류하다 도착한 날에 모름지기 사실을 털어놓고 은혜로운 구제를 바라야 했을 것임에도 돛을 펴고 도망하였으니 돌이켜보면 간특한 적과 같다고 할 수 있다. 우리의 어짊과 관대로움이 아니라면 어찌 무거운 죄를 면할 수 있겠는가. 허물을 책하여 그 잘못됨을 깨우치도록 하는 것이 마땅하다.

이는 바로 직전에 다자이후에서 다음과 같이 보고를 올렸던 것에 대한 답신이었다.

발해국인 최종좌, 문손재(門孫宰) 등이 표류하다가 히고국(肥後國, 사쓰마의 바로 위) 아마쿠사군(天草郡)에 이르렀습니다. 대당통사(大唐通事) 장건충(張建忠)을 보내어 사유를 살펴 묻도록 하여 그 사실을 확인하였더니 발해국의 입당사(入唐使)라고 합니다. 지난 3월에 사쓰마국에 도착하여 도망갔던 한 척의 배였습니다.

그리고 최종좌 등은 자신의 일기와 밀납으로 봉한 함, 여러 가지 밀봉한 문서들, 그리고 활과 칼 등을 증거로 제시하였다. 마침 당나라의 통사 장건충이 와 있었기에 그를 통해 증명이 되었다. 이를 통해서 함과 문서, 도장과 관명 등 모두 지금까지 발해 사신단이 일본에 가져왔던 것들과 일치하는 것이 밝혀졌다. 그들은 신라인이 아니라 발해인이 맞았다.

결국 최종좌와 대진윤 등은 발해의 대당 사신단이 맞았는데, 어쩌다 일본까지 떠내려왔다 보니 혹여나 외교적 문제를 일으키게 되는 것이 아닌가 겁이 나서 도망을 쳤던 것이었고, 멀리 못 가고 떠돌다가 사쓰마와 접해 있는 히고에 다시 표착하게 되어 붙잡혔던 것이다. 이들의 신원은 대당통사가 대신 확인해주어 최종적으로 발해인이 맞다는 사실은 밝혀졌고, 이에 대한 보고를 통해 그들이 원하는 대로 갈 수 있도록 해줄 것이 결정되었다. 이렇게 4개월 만에 의심은 풀렸다. 이들에게는 앞서 제출했던 함과 문서 등 휴대품을 일체 반환해주었고, 두 척의 배는 수리에 들어갔다.

발해 사신단은 이때 시기를 기다렸다가 본국으로 돌아간 것일까, 아니면 당초의 임무 완수를 위해 당나라로 떠났던 것일까? 나는 후자일 가능성을 높게 본다. 이들은 11개월 후에 다시 일본에 모습을 나타내는데 이를 보면 거의 1년 가까이를 일본에 머물렀다고 이해하는 것보다는 그사이에 당나라로 외교사절로서의 임무를 마치고 귀국하던 중 일본에 다시 닿았던 것으로 보는 편이 좀 더 합리적이기 때문이다. 이보다 앞서 일본승려 엔닌이 실제 일본부터 당나라 본토까지 경유했던 일정을 보면 물리적으로 1년 만에 방문과 귀국이 가능하다. 더욱이 당시 엔닌이 목격했던 발해 사신도 8월에 당나라에 도착하여 12월에 당나라 조정에 들어갔다가 이듬해인 3월에 귀국하는 일정이었다. 만 7개월 남짓 걸린 것이다. 항해가 몇 달씩 걸리진 않았기 때문에 앞뒤로 넉넉히 1개월씩만 잡아도 11개월 만에 출발했던 일본에 다시 모습을 드러내는 것은 일정상 가능하다.

설혹 이때 당나라 방문을 포기하고 귀국하기를 결심했던 것이라고 하더라도, 귀국 경로를 상대적으로 가까운 서해가 아닌 더 멀리 동해로 잡았다는 사실은 서해의 항로가 지극히 위험해진 상황임을 말해주는 것이 아닐까 싶은 부분이다.

왜 이것이 중요할까? 바로 당나라행 발해 사신들의 귀국 경로를 확인하기 위해서이다. 이들은 기존의 요동 반도-산동 반도를 잇는 압록 조선도를 이용하지 않았다고 판단되기 때문이다.

해가 바뀌어 아직 여름 무더위가 한창인 874년의 6월 4일, 최종좌 등 56명의 발해 사신들은 이번에는 규슈가 아닌 혼슈의 서편인 이와미국(石見國)에 도착했다. 이들은 이곳에서 물품과 양식을 충분히 지급받고 드디어 본국으로 출발하였다. 당초 60명에서 4명이 줄어든 것은 아마도 해상조난이나 병으로 사망하였기 때문인 것으로 보인다.

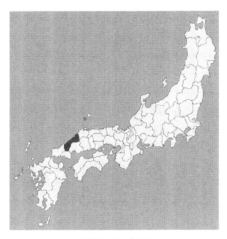

이와미 위키피디아

발해는 당나라와 교류할 때 원래 요동 반도를 출발해 산동 반도를 거쳐 중국 내륙으로 들어가는 경로를 일반적으로 이용해왔는데, 왜 이 당시에는 그 경로 대신 일본을 크게 돌아서 가는 해로를 이용하였는지는 이해하기가 쉽지 않다.

이미 당나라도 말기에 접어들어 지방 행정체계가 점차 붕괴되고, 심지어 이 다음해인 875년에는 당나라를 몰락의 길로 가게 한 '황소의 난'(875~884)이 일어나 반란군이 산동 반도에서 장안까지 장악하는 기염을 토하는데, 이처럼 당나라 말기는 각 지역들의 질서가 사실상 무너진 상태였다.

하지만 그렇다 하더라도 방훈의 난이나 그 전의 구보의 난(859~860) 역시 쉬저우나 저장 등지에서 발생하였었기에 남부 해안 역시 안전한 길이 아니었는데 발해는 왜 기존의 해로를 이용하지 않았던 것일까? 혹 이 무렵 발해는 요동 반도에 대한 지배력을 사실상 상실한 것은 아니었을까? 게다가 시기적으로 더 가까운 구보의 난도 아니고 그보다 이전에 일어난 방훈의 난 종결을 축하한다는 사유로 그 사건이 종료된 지 4년 후에 사신 파견을 했다는 것만 보아도 그만큼 정보의 격차가 발생할 수밖에 없었던 발해의 지리적 환경 변화를 암시하고 있는 것 같다.

다음의 표를 한번 살펴보자.

발해의 외교 통계

역대 국왕		재위	기간	중국				일본	
				파견		내방		파견	
				횟수	%	횟수	%	횟수	%
10	선왕 대인수	818~830	12	16	133%	2	17%	6	50%
11	대이진	830~857	27	16	59%	2	7%	2	7%
12	대건황	857~871	14	3	21%	1	7%	2	14%
13	대현석	871~894	23	1	4%			4	17%

| 14 | 대위해 | 894~906 | 12 | 2 | 17% | 1 | 8% | 1 | 8% |
| 15 | 대인선 | 906~926 | 20 | 10 | 50% | | | 2 | 10% |

　발해와 주로 당나라 그리고 말기의 중국 여러 나라 간의 교류를 통계로 만들어본 것인데, 대건황의 14년, 대현석의 23년, 대위해의 12년까지 도합 49년 동안 사신 파견이 불과 여섯 차례에 지나지 않는다는 사실은 놀랍다. 특히나 그 전까지 거의 매년 혹은 한 해에도 두 차례 이상 파견하던 시절과 비교해보면 거의 격세지감이 느껴질 정도이다. 그런데 그냥 양국 간 관계가 악화될 만한 사유가 없었고 그렇다고 단순히 사이가 멀어져서 연락이 뜸해진 것으로 볼 만한 이슈가 없었기 때문에, 이 상황을 돌려서 생각해보면 혹 대건황 대에 당나라와의 교통이 물리적으로 끊김으로써 사실상 연락이 서로 어려워진 것이 아니겠느냐는 추정을 해볼 수 있을 듯하다. 그러던 것이 마지막 국왕인 대인선 대에 진입할 때 요동 반도를 재확보함으로써 압록 조선도가 다시 열리게 되었고 그로 인해 사신 파견이 재차 활발해진 것이 아니겠느냐고 해석해볼 수 있겠다.

　이렇게 보면 왜 대건황 대부터 당나라 측의 역사기록이 극히 줄어드는지 설명이 가능해진다. 오히려 마지막 대인선 때에는 거란의 공세를 막아내기 위해 다방면으로 외교적 노력을 기울이다 보니 자연히 타국에 기록으로 남을 여지가 큰 측면도 있었을 것이다. 이때의 발해는 일본에는 발해와 당나라 간의 길이 끊겼다는 사실을 공개할 수가 없었던 내부사정이 있었기에 일본 영해를 우회해서 가야 했던 사정을 굳이 설명하지 않기 위해 도망쳤던 것은 아니었을까.

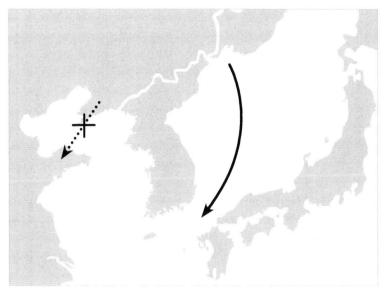

한반도 우회로

　그럼 동해안을 돌아 대한해협을 통과해 당나라로 가는 것이 물리적으로 가능하긴 했을까? 답은 그렇다이다. 이와 비슷한 경로로 한반도를 건너뛰고 일본으로 간 사례가 있기 때문이다.

　고려 시대 현종대인 1019년 3월 27일, 여진 해적 3,000명이 약 50척의 배를 타고 고려를 거치지 않고 곧바로 쓰시마를 습격하였다. 이들은 연이어 이키섬도 공격하였고, 더 남진하여 규슈까지 약탈하는 만행을 저질렀다. 겨우 격퇴하기는 하였으나 일본 측은 인적·물적 피해가 커서 당시에 큰 사회적 이슈가 되기도 하였다. 이들 여진 해적은 고려 영해를 거쳐 돌아가던 중 고려 해군에게 공격을 당했고 8척이 나포되어 사로잡혀 있던 259명의 일본인이 나중에 일본으로 다행히 송환된다.

　비슷한 사례는 또 있다. 이번에는 의도한 것은 아니었지만, 759년

제5차 발해 사신단은 발해를 출발하여 해상에서 조난을 당해 쓰시마까지 떠밀려 왔던 적이 있는 것이다. 한반도와는 거리를 두고 동해를 돌아서 신라 영토에 닿지 않고 대한해협까지 올 수 있었다는 또 다른 증거가 된다.

이처럼 한반도 연안의 신라나 고려에게 들키지 않고도 대한해협 인근까지 해상으로 이동하는 것은 물리적으로 가능했다. 이를 보면 이 당시의 발해는 상황상 불가피하게 한반도를 우회하여 당나라로 가는 것을 강구하였을 수도 있었을 것이다. 다만 보다시피 항해 자체는 여전히 위험천만한 일이었기에 중간에 바다에서 표류하게 되는 것은 이들의 능력 밖의 일이었던 듯하다.

제29차 발해 사신단

876년 늦가을 9월, 대현석은 제29차 발해 사신단을 일본에 파견하였다. 중대성 공문의 날짜가 9월 13일이었다고 하니 그 직후에 수도에서 출발하였을 것이다.

876년 12월 26일, 정당성 공목관(孔目官) 양중원(楊中遠) 등 105인이 이즈모국 해안에 도착하였다. 발해의 공목관이란 직책에 대해서는 정보가 없어 당나라의 공목관을 참고해보자면 문서나 도서의 조사를 담당하는 관리가 아니었을까 짐작된다.

제29차 발해 사신단 구성
- 기간 : 876년 12월 도착(이즈모) → 877년 6월 출발(이즈모)
- 총원 : 105명
- 대사 : 정당성 공목관 양중원
- 부사 이사 인원 미상

이때는 제57대 요제이(陽成) 천황(868~949, 재위 876~884)의 치세가 갓 시작된 시점이었다. 이때 나이 불과 열 살로, 바로 직전의 세이와 천황의 등극 때와 마찬가지로 이번에도 섭정이 대신 통치를 맡게 되었다. 앞서의 섭정이었던 숙부 후지와라노 요시후사의 양자가 되어 공식적으로 그의 후계자임을 천명한 후지와라노 모토쓰네(藤原基經)가 이번에 섭정을 맡았다. 게다가 그의 여동생이 지금의 천황을 낳았기 때문에 그의 권력은 공고할 수밖에 없었다. 요제이 천황은 그의 이상행동을 이유로 재위 8년 만인 884년에 실권자인 모토쓰네에 의해 강제 퇴위를 당하지만, 의외로 장수하여 81세까지 살았다.

877년 1월 16일, 이즈모국에서 발해 사신단을 시마네군(嶋根郡)에 머무르게 하고 식량 등을 공급하였다고 보고를 올렸다.

2월 3일, 정6위상 가스가노 야스나(春日安名)와 정8위하 우라베노 쓰키오(占部月雄)를 존문발해객사(存問渤海客使)로 삼고, 정6위상 가스가노 야카나리를 통사로 삼았다. 가스가노 야카나리를 거의 일본 내의 외교전문가로 키우는 것인가 싶을 정도로 그는 매번 발해 사신단의 통사가 되었다. 3월 11일, 존문발해객사에게 영발해객사(領渤海客使)를 겸직케 하였다.

4월 18일, 존문사 겸 영발해객사 가스가노 야스나 등이 발해국 왕의 국서와 중대성의 공문을 옮겨 적어 사본을 역마를 통해 보내왔다. 국서의 내용은 발해의 대당 사신단이 일본에 표착했을 때 무사히 귀국시켜준 것에 대한 사의를 전하기 위해 연한이 차지 않았지만 보내게 되었다는 것과 함께 일본 측 사신 파견을 요청하는 것이었다.

대현석이 말씀드립니다. 늦가을이라 날씨가 매우 쌀쌀합니다. 천황의 일상에 만복이 깃들기를 바랍니다.

대현석은 양성규(楊成規) 등을 귀국에 보내어 조그마한 정성을 전달하였습니다. 임무를 마치고 국서와 선물을 받아 돌아와서 기쁜 마음으로 받았고 매우 감격하였습니다. 그 다음해에는 본국이 당나라에 보낸 상반검교관(相般檢校官) 문손재 등이 탄 배 한 척이 풍랑으로 표류하다가 귀국의 해안에 도착하였는데, 특별히 배려해주셔서 살아남을 수 있었고 따로 식량과 물자도 챙겨주신 덕택에 모두 본국에 돌아올 수 있었습니다. 이는 분명 좋은 이웃의 도움과 지원이 있었기에 가능했던 것이고, 오랜 약속과 친밀한 정이 오늘날에 이르러 다시 만날 수 있었던 것이었습니다. 간절히 남쪽을 바라보며 기뻐하니, 어찌 목석처럼 입 다물고 깊은 은혜에 감사를 표하지 않을 수 있겠습니까?

또한 옛 기록을 살펴보니 오랫동안 귀국과 더불어 사신을 교환하고 왕래해왔습니다. 하지만 사절이 끊어진 지 이미 여러 해가 지났습니다. 예의로 서로 왕래하는 것은 성인이 귀중히 여기는 바이며, 의로움을 들으면 반드시 따르는 것을 군자는 최고로 생각합니다. 선조의 법규를 오늘날에도 항상 받들고자 하며, 유업을 이어받은 후사(後嗣)는 이전부터 지속되어온 것을 계승하고자 합니다. 간절한 정성을 이기지 못하여 12년을 기다리지 못하고 정당성 공목관 양중원을 파견하여 깊은 은혜에 감사드리면서 동시에 답방사신도 청합니다. 더불어 천황께서 옛 법제를 살펴보시고 예전 방식대로 멀리서 온 사신을 불쌍히 여기셔서 수도로 찾아뵐 수 있게 해주시기를 간절히 바랍니다. 이번 일을 부디 도와주시면 매우 다행이겠습니다. 큰 바다로 가로막혀 직접 찾아뵙지 못합니다.

중대성 공문은 이렇다.

발해국 중대성은 일본국 태정관에 공문을 보냅니다. 귀국에 방문하여 감사를 표하고 아울러 답방사신을 요청하는 목적으로 사신 정당성 공목관 양중원 등 총 105인을 보냅니다.

1만 리의 먼 바다에 파도가 가득하지만, 우리가 선린을 유지하고 있으니 누가 이 길이 험하다고 하겠습니까? 예전부터 우호를 맺어 사신 파견의 연한을 어김없이 선조의 규범을 존중하여 오늘날에도 방문을 자주 하였으나, 옛 친분이 끊겨 귀국과의 모든 교류가 멈추었습니다.

근래에는 오로지 사신 양성규만이 귀국에 방문할 수 있었고, 그 다음해에 우리나라에서 당나라로 가는 상반검교관 문손재 등이 귀국 해안에 도착하여 천황께서 특별히 배려해주신 덕분에 다행히 모두 살 수 있었습니다.

또한 이전의 글들을 살펴보고 옛 기록도 구해서 읽어보니, 양국이 사신을 교류하는 것은 본래 그 유래가 있었습니다. 이제 다만 길이 끊어진 지가 오래되었으므로, 오직 선례만 따라야 한다는 고집 된 생각에서 벗어나야 하겠습니다. 멀리서 왕래하는 발자취를 느끼니 항상 감회가 새롭습니다. 아버지의 업을 잇는 생각을 감히 떨쳐버리지 못하고 감격하여 간절히 바라는 마음이 쌓입니다. 정당성 공목관 양중원을 귀국에 파견하여 배려에 감사하고 아울러 답방사신(嘉客)을 청하도록 하였습니다.

검교관이란 정원 외의 직책자를 지칭하는 것으로 달리 원외관이라고도 부르는데, 현재로서는 문손재가 상반검교관으로서 구체적으로 담당했던 업무가 무엇인지는 알 수가 없다.

6월 18일, 태정관이 중대성에 보내는 공문이 작성되었다. 외국인이 일본에 표착하는 것은 연 2, 3회 있는 일로 그때마다 극진한 보호를 하고 있으며 이번 문손재 등도 역시 특별히 보답받을 필요가 없는 대국으로서는 당연한 행위라는 것과 함께 연한이 찼을 때 방문해야 한다는 기존 주장을 재차 강조하는 내용이었다.

국가란 본래 외국의 형편을 봐주는 것이 당연한 것입니다. 폭풍을 만나 정박할 곳을 잃고 이쪽 해안에 표착하는 일이 한 해에도 두세 번은 있는 일입니다. 혹은 통역도 통하기 어렵고, 따라서 있는 곳이 동쪽이든 서쪽이든 불문하고 성의를 다해 구해내었습니다. 쌀과 곡식을 이처럼 널리 보내 돕기만 할 뿐 그에 대한 보답을 구하지도 않았습니다.

하물며 발해는 대대로 좋은 이웃이고 서로 사이가 두터우면서 깊으니 이상하게 여길 것은 전혀 없습니다. 잘한 점은 자랑하지 않고 도리어 남이 알까 봐 두려워하는 것뿐인데, 이처럼 번거롭게 우리의 배려에 감사하다고 한다면 사실 원래 의도했던 바가 아닙니다.

더불어 지난번에 12년으로 연한을 정하기로 했는데, 이렇게 마음대로 하고도 후회하지 않으니 비참한 결과와 다를 바가 없는 일입니다. 지난날의 제도가 있음에도 수십여 년간 사신을 파견해온 일을 중지한 것이 전해오는 관례가 되었습니다.

오늘 보내주신 공문을 읽어보았는데, 이런 청이 있는 것을 보면 예전 법도에 어긋난 것입니다. 어찌 새로울 게 없겠습니까? 다만 양중원 등이 바람을 따라 북쪽의 생각을 끊고 바다를 건너 남쪽으로 벗어날 것을 원한 것입니다. 닭 우는 소리를 듣고 떠나서 갈매기를 따라 길을 잡아 파도가 철썩이는데 배를 타고 바다 건너왔습니다.

그 충성스러운 마음을 돌아보고 그 깨끗한 정성을 받았습니다. 이에 명하여 머물고 있는 곳에 편안히 있도록 하고 우애에 따라 대접하는 데 힘썼습니다. 큰 상을 주는 등급도 모두 항상 적용하는 법전에 따른 것입니다. 이것이 바로 일의 앞뒤 사정과 사연의 전부입니다. 누구라도 이를 보편적으로 적용되는 규정이라고 하면서 지나치게 배려하는 것은 결코 관습이 아닙니다.

오늘 양중원 등이 본국으로 돌아갑니다. 일이란 반드시 이전의 기약을 지켜야 하니 12년 연한을 채워 옛 우호를 닦으러 오시기 바랍니다.

이에 우애를 지켜왔던 본래의 환대를 이번에는 거두어들입니다. 연한을 지켜 12년이 되기를 기다렸다가 옛 우호를 이을 수 있도록 해주시기 바랍니다.

6월 25일, 발해국사 양중원 등이 이즈모국을 출발해 본국으로 돌아갔다. 국왕의 국서와 선물은 받지 않고 돌려보냈다. 대사 양중원이 진귀한 노리개(珍翫)와 바다거북(玳瑁) 술잔 등을 천황에게 바치려 하였으나 모두 받지 않았다. 당나라에 사신으로 가본 경험이 있는 통사 가스가노 야카나리가 이 선물들을 직접 보고는 "지난번 당나라에 가서 진귀한 보물들을 많이 보았지만 이처럼 기괴한 것은 보지 못했다."고 했을 만큼 아까운 선물들이었던 모양이다. 왜 일본에서는 이런 귀한 선물들을 받지 않고 그냥 귀국을 시켰던 것일까?

이 당시 태정관의 내부공문을 보자.

선황(先皇)의 법도(制)에는 12년을 방문 기한으로 삼았는데, 저 나라 국왕이 이 법도를 어기고 사신을 보내었다. 무릇 그 은혜에 감사하고 사신을 청하는 등의 일은 문안을 여쭙는 날에 이미 마쳤으니, 이에 가지고 온 국서(啓)와 선물 등은 다시 아뢰지 말도록 하라. 객인부(客人部)에서는 이 사실을 알고, 본국에 돌아갈 수 있도록 왕실의 물품과 식량을 내리고 향연을 베풀어주도록 하라.

과연 일본인들의 고지식함만큼은 정말 알아줘야 했다. 결국 양중원은 이즈모에서만 6개월을 허송세월로 보낸 채 귀국할 수밖에 없었다.

제30차 발해 사신단

882년 9월경 제30차 발해 사신단이 일본을 향해 출발하였다.

882년 11월 14일, 배정(裴頲) 등 105인이 가가국의 해안에 도착하였다. 배정은 학문이 넓고 재주도 뛰어났으며 문장도 좋았고 풍모도 아주 훌륭했다고 전해진다. 그는 845년생으로 추정되니 이때는 38세 정도 되었을 것이다.

제30차 발해 사신단 구성
- 기간 : 882년 11월 도착(가가) → 헤이안쿄 → 883년 5월 출발
- 총원 : 105명
- 대사 : 문적원 소감 정4질 사자금어대 배정
- 부사 : 정5질 사비은어대 고주봉
- 판관, 녹사 등 인원 미상

11월 27일, 가가국에서 역마를 통해 조정에 발해 사신단의 도착 사실을 보고하였다. 다음날인 11월 28일, 태정관에서 가가국에 명을 내려 발해 사신단을 편안한 곳에 머무를 수 있도록 하고 예에 따라 공급하되 대우를 잘하도록 하였다. 또 사적으로 사신들이 가져온 물품과 교역하는 것을 금하였다.

883년 봄 1월 1일, 정6위상 오쿠라노 요시유키(大藏善行)와 다카시나노 시게노리(高階茂範)를 존문발해객사(存問渤海客使)로 삼고, 지난번 발해 사신단을 맞이한 적 있는 종8위상 이세노 오키후사를 통사로 삼았다.

1월 26일, 발해 사신단이 지나가게 되는 길에 있는 야마시로(山城)·오미(近江)·에치젠·가가 등의 지방정부들에게 관사(官舍)와 도로·다리 등을 수리하고 길가에 버려져 있는 시신들을 묻어 발해 사신들에게 예의를 다하도록 하였다. 또 에치젠·노토·엣츄 등의 지방정부들에게는 술과 고기, 생선, 새고기, 마늘 등을 가가국에 보내어 발해 사신을 접대할 수 있도록 하였다.

2월 21일, 현재의 베트남 중부에 위치했던 참파(Chăm Pa, 한자로는 林邑)의 음악가(樂人) 107명을 나라 지역에 있는 다이안사(大安寺)에서 음악을 준비하도록 하고 야마토국(大和國)의 세금으로 그 식량을 충

당하여 지급하도록 하였는데, 목적은 아마도 발해 사신들에게 이 국적인 음악을 관람하도록 하여 일본의 '제국'으로서의 모습을 보여주기 위한 것이 아니었을까 싶다. 이날 존문발해객사 오쿠라노 요시유키와 다카시나노 시게노리를 모두 영발해객사(領渤海客使)로 삼았다.

2월 25일, 영발해객사에게 겨울 의복을 주면서 가가국에 있는 발해 사신들에게 지급해주도록 하였다. 3월 8일, 존문사 겸 영발해객사 오쿠라노 요시유키와 다카시나노 시게노리 등이 가가국으로 출발함을 천황에게 보고하였다.

여름 4월 2일, 정6위상 사카우에노 시게키(坂上茂樹)와 문장득업생(文章得業生) 종8위상 기노 하세오(紀長谷雄)를 장발해객사(掌渤海客使)로 삼고, 정6위상 기요하라노 쓰네미네(淸原常岑)와 문장생(文章生) 종8위하 다지히노 아리토모(太治比有友)를 영귀향발해객사(領歸鄕渤海客使)로 삼았다.

4월 21일, 발해 사신들에게 연회를 여는 목적으로 여러 관사의 관인(官人)과 어릿광대(雜色人)들에게 발해의 사신이 수도에 머물고 있는 동안에는 금지물품을 휴대하는 것을 허락하였다. 또한 발해 대사 배정을 접대하기 위해 종5위상 문장박사(文章博士) 스가와라노 미치자네와 종5위상 시마다노 다다오미를 선발하였는데, 배정의 문장 실력이 훌륭하다는 점 때문에 그를 상대하기 위해 일본 내의 최고 문장가들을 투입한 것이었다.

4월 28일, 정5위하 다이라노 마사노리(平正範)에게 야마시로국 우지군에 가서 발해 사신들을 영접하도록 했고, 영객사(領客使) 오쿠라노 요시유키 등이 함께 사신단을 인솔하여 홍려관까지 왔다.

5월 2일, 대사 배정 등이 조당(朝堂)에서 국왕의 국서와 선물을 전달하였는데, 친왕(親王)부터 거의 모든 관리들이 모였고, 직급이 낮은 관리들도 별다른 일이 없으면 마찬가지로 모두 참석하였다.

5월 3일, 요제이 천황이 풍락전과 풍락원에서 발해 사신들에게 연회를 베풀었다. 친왕 이하 참의(參議) 이상이 풍락전 위에서 천황을 모셨고, 5위 이상은 현양당(顯陽堂)에서 모셨으며, 대사 이하 20인은 승환당(承歡堂)에서 모셨고, 6위 이하 관리들은 서로 나누어 관덕당(觀德堂)과 명의당(明義堂)에서 모셨다. 대사 문적원(文籍院) 소감(少監) 정4질 사자금어대(賜紫金魚袋) 배정(裴頲)에게는 종3위를, 부사 정5질 사비은어대(賜緋銀魚袋) 고주봉(高周封)에게는 정4위하를, 판관과 녹사에게는 5위를 주고, 그 다음에는 6위를 내렸으며, 이하로는 각각 등급이 있게 주었다. 총 20명이었으면 대사, 부사, 판관, 녹사 외에 수령도 8명 내외가 포함되어 있었을 것이다.

또 그 위계에 따라 예복(朝衣)을 내리니 사신들은 감사의 인사를 하고 옷을 갈아입고 와서는 다시 인사하고 당(堂)에 올라와 음식을 들었다. 국가음악관청인 아악료(雅樂寮)에서 종과 북을 두드리자 내교방에서 여악(女樂)을 연주하였고 기녀(妓女) 148명이 번갈아 나와 춤을 추었다. 술이 여러 잔 돌자 별도로 비파나무열매(枇杷子)와 은접시(銀鋺)를 내리니 대사 이하가 자리에서 일어나 절하며 받았다. 해질 무렵 사신들에게 상어품을 주었다.

5월 5일, 일본에서도 같은 날 단오라는 명절을 지냈다. 천황이 무덕전(武德殿, 부토쿠덴)에 나아가 4부(府)의 말 타고 활 쏘는 것과 5위 이상의 공마(貢馬) 기예를 볼 때 발해의 사신들을 불러 같이 관람하였다. 종5위상 아베노 오키유키(安倍興行)가 사신들을 인도하여 좌석에서 음식을 대접하였다. 별도의 칙으로 대사 이하 녹사 이상에게는 사람의 수명을 알려준다고 하는 어깨에 거는 색실인 속명루(續命

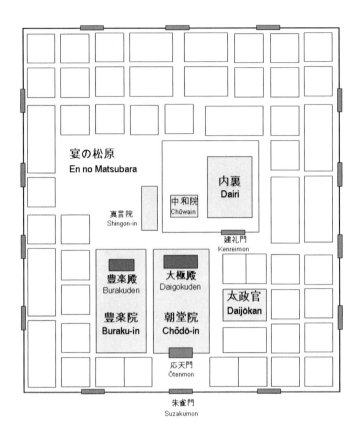

內裏
Dairi

中和院
Chūwain

宴の松原
En no Matsubara

真言院
Shingon-in

建礼門
Kenreimon

豊楽殿
Burakuden

大極殿
Daigokuden

太政官
Daijōkan

豊楽院
Buraku-in

朝堂院
Chōdō-in

応天門
Ōtenmon

朱雀門
Suzakumon

헤이안궁 위키피디아

縷)를 내리고 수령을 포함한 하급직들에게는 나쁜 기운을 내쫓는다
고 하는 창포로 만든 머리 장식인 창포만(菖蒲縷)을 내렸다. 848년
에 일본에 왔던 왕문구의 제25차 발해 사신단도 단오를 이처럼 보
낸 적이 있었다.

이날 큰비가 내렸는데, 이에 앞서 미리 담당부서(所司)에 지침을
내려 "만일 비가 내리게 되면 모름지기 단오의 연회(節會)를 그만두
어 사신들을 부르지 말고 날을 바꾸어 행사를 치르도록 하라."고

하였다. 그런데 장발해객사 등이 신속하게 사신들을 인도하여 궁성으로 들어갔으므로 비가 오는 가운데에서도 행사를 마칠 수 있었다.

5월 7일, 대사 배정이 별도로 선물을 바쳤다. 이날부터 다음날까지 조정의 재정관리를 담당하는 내장료의 수장(内藏頭)인 와케노 쓰네노리(和氣彜範)가 부하 관리들을 대동하여 홍려관에 가서 교역을 하였다. 제28대 발해 사신단을 이끌고 왔던 양성규 때와 마찬가지 방식이었다.

5월 10일, 조집당에서 발해의 사신들에게 연회를 베풀었다. 대신 이하는 동당(東堂)의 자리에 나아가게 하고 5위 이상에서 용모가 단정하고 태도가 좋은 자 30인을 가려 당(堂)의 상석에 자리하게 하였으며, 종5위하 좌위문권좌(左衛門權佐) 후지와라노 요시즈미(藤原良積)에게 사신들을 인도하여 서당(西堂)의 자리에서 음식을 대접하도록 하였다. 원래 음식을 대접하도록 정해진 사람이 있었는데 갑자기 나오지 않자, 요시즈미가 태도와 용모가 준수하다는 이유로 급히 맡게 된 것이다. 대사 배정이 송별의 시문을 쓰려고 갑자기 붓과 벼루를 찾으니 요시즈미가 글짓기에 자신이 없어 그냥 자리에서 일어나 나가버리자 배정도 눈치를 채고 곧 그만두었다.

그에 대한 응대는 문장박사인 스가와라노 미치자네와 시마다노 다다오미, 문장득업생인 기노 하세오 등이 맡았는데, 일본에서 문장을 전문적으로 하는 이들이 겨우 상대할 만했을 정도였으니 배정의 실력이 가히 짐작된다. 이 중 스가와라오 미치자네는 배정과 동갑내기여서 서로 아끼고 존중했다고 한다. 즉석에서 시를 주고받는데 미리 구상해놓았던 것인가 의심이 들 정도였다고 하니 실력들이 상당했던 듯하다. 천황도 시를 좋아하여 배정의 재주가 훌륭하다고 칭찬하고 중사(中使) 종5위하 후지와라노 쓰네오키(藤原恒興)를 보내 천황의 옷(御衣) 1벌을 상으로 주었다.

5월 12일, 발해의 사신이 본국으로 돌아갔다. 이날 참의(參議) 정4위하 후지와라노 모로쿠즈(藤原諸葛)와 종4위하 후지와라노 도쓰네(藤原遠經), 정6위상 다지히노 히코스케(太治比彦輔)를 홍려관에 보내 국서를 전하도록 하였다. 예를 마치자 영발해객사 기요하라노 쓰네미네와 다지히노 아리토모 등이 사신들을 인도하여 관사를 나와 길을 떠났다.

5월 14일에는 앞서 3일에 풍락전에서의 연회에서 수고한 음악인과 무용수들에게 대장성(大藏省)에서 포상을 내렸다. 성공적으로 국가적 행사를 마쳤고 교역도 잘 진행하였음을 이유로 이들의 노고를 치하한 것이었다.

이때의 발해 사신단의 방문이 일본 측에는 상서로운 일로 받아들여졌던 모양이다. 얼마 후인 5월 26일에 천황의 정원인 신천원에서 옛날에 방목한 사슴이 흰 사슴을 낳았다. 이 기이한 일을 일본인들은 멀리서 사신이 왔었기 때문에 이런 상서로움이 있었던 것으로 기쁘게 생각하였다.

그래서인지 그해 겨울 10월 29일에는 노토국에 명하여 하쿠이군(羽咋郡)의 산에서 나무를 임의로 베는 것을 금하였다. 발해의 사신이 호쿠리쿠도 해안에 도착하였을 때에는 돌아갈 배를 이 산에서 만들었는데, 지역 주민들이 임의로 벌채하거나 하면 나중에 재목으로 쓰지 못하게 될까 봐 염려되고, 또 미리 큰 나무를 베지 못하도록 해서 주민들의 생업을 방해하지 못하게 한 것이다.

제31차 발해 사신단

하지만 여전히 깐깐했던 일본인들은 항상 그렇게 호의적인 것만은 아니었다. 일본은 요제이 천황이 폐위되고, 제58대 고코(光孝) 천황(830~887, 재위 884~887)을 지나 갓 21세에 제위에 오른 제59대 우다(宇太) 천황(867~931, 재위 887~897)의 치세로 바뀌어 있었다. 그는 자신을 옹위하는 데 결정적 역할을 한 후지와라노 모토쓰네가 관백에 취임할 때부터 알력이 있었지만, 모토쓰네가 891년 세상을 뜨자 천황의 위치를 공고히 하기 위해 부단히 애를 쓴 인물이었다.

891년, 예전처럼 9월경으로 추정되는 시점에 발해에서 제31차 발해 사신단이 출발하였다. 일본에 도착한 것은 12월 말쯤이었다.

892년 1월 8일, 문적원 소감(文籍院少監) 왕구모(王龜謀) 및 105명이 이즈모국에 도착했다는 사실이 조정에 보고되었고, 1월 11일 곧바로 후지와라노 스가네(藤原菅根), 대학대윤(大學大允) 오노노 요시스케(小野良弼)를 존문발해객사로 임명하였다.

참고로 이때의 왕구모는 배정의 뒤를 이어 문적원 소감이 되었는데, 그것은 배정이 승진하였기 때문이었다. 배정에 대해서는 이 직후의 사신단을 보면 알 수 있다.

제31차 발해 사신단 구성
- 기간 : 892년 1월 도착(이즈모) → 892년 7월경 출발
- 총원 : 105명
- 대사 : 문적원 소감 왕구모
- 부사 이사 인원 미상

이때의 발해 사신단은 12년의 연한을 채우지 못하고 사신을 파견하게 된 취지를 담은 중대성 공문을 지참해 왔다.

약속을 지키는 것은 돈독하고 정성스러우며 세월이 흘러 이미 옛 제도대로 연한에 가까워져 곧 12년이 다 찹니다.
일찍이 이전의 규례와 같이 우러러 늘 귀국을 향해 산 넘고 물 건너 부지런히 오고가기를 바라며 푸른 바다가 있어 멀고 멀리 떨어져 있는 것을 근심하지는 않습니다. 삼가 사신을 보내 찾아뵙고 이전의 우호를 지속하고자 합니다.

이 내용을 확인하고는 수도 방문에 대한 허가를 내주지 않았다.
6월 24일, 발해왕에게 보내는 국서를 후지와라노 도시유키(藤原敏行)에게 쓰게 하였다. 그가 글을 잘 짓는다고 하여 그에게 일이 맡겨졌는데, 이로 인해 그는 일본 내에서 유명해지게 되었다.
6월 29일, 발해국 중대성에 보내는 태정관의 공문을 후지와라노 도시유키와 오노노 요시키(小野美材)에게 각각 1통씩 쓰게 하였다. 공문에는 연한을 위반한 방문이기 때문에 수도로 들어오지 못하게 하고 귀국시킨다는 것, 이즈모 국사에게 명하여 배를 만들게 하고 양식을 지급하는 일, 기한이 다 되면 방문해야 한다는 것 등을 적었다.

나라의 옛 법은 마땅히 유래에 따르는 것이 도리입니다. 연한에 맞춰 오지 않으면서 무엇을 기대하는 것입니까? 이미 책임을 피할 수 없으니 어찌 때가 되지 않았는데도 의례를 갖추겠습니까? 소관 관청들의 논의를 거쳐 그냥 국경에서 돌려보내기로 하였습니다.

다만 왕구모 등이 올 때에 바람과 파도에 고생이 많았으니, 그 지역 관리에게 명하여 배를 만들고 식량을 주게 하여 친선의 정은 나누도록 하였습니다. 12년을 다 채운 후에 옛 우호를 찾을 것이며, 올해는 앞서의 잘못을 살피시고, 다음번에 올 때에는 정해진 규정을 어기지 마시기 바랍니다.

8월 7일, 존문사가 왕구모 일행의 귀국을 보고하였다. 이로 미루어보면 대략 7월 중에는 발해 사신단이 귀국하였던 것으로 생각된다.

882년 다음으로 892년에 찾아온 것이니 12년에서 2년 조금 빠르게 왔던 것뿐인데, 말 그대로 규정대로 처리하는 바람에 발해 사신단은 소기의 성과를 거두지 못하고 돌아갈 수밖에 없었다. 이것이 국왕 대현석 대의 마지막 일본 파견이었다.

얼마 후인 894년 일본은 문화적 자신감을 기반으로 견당사, 즉 당나라로의 사신단 파견을 중단한다. 더 이상 굳이 외국의 문물을 본받을 필요가 없다는 내부적 의견이 높아졌기 때문이다. 이는 일본에게 있어 발해도 과거와 같은 그런 가치를 가지지 못함을 의미하는 것이다. 일본 역시 당나라와의 교류를 필요로 하던 시절에는 발해를 경유하는 길 또한 중요성을 띄었지만 이제 일본이 굳이 대외 교류에 대한 필요성을 절감하지 못하는 시점에서는 발해가 자신의 존재 가치를 증명하기란 쉬운 일이 아니었다. 연달아 연한 규정 위반이나 일본 내부의 경제 사정 등의 사유로 발해의 수도 방문이 거절되는 것은 그런 배경이 있었다.

이건 여담인데, 기준에 따라 횟수는 변화가 있지만, 일본이 당나라에 사신을 파견한 횟수가 대략 250여 년 동안 13회라고 하는데, 마찬가지로 발해에 사신을 보낸 횟수 역시 13번에 달하니 일본도 결코 발해를 허투루 대한 것은 아니었다. 다만 일본의 대발해 사신 파견은 양국 간 교류 전반기에 집중되어 있고 814년 이후에는 일본 측의 파견은 더 이상 없었다. 발해의 일방적인 구애만이 지속되었을 뿐이었다.

886년은 신라 헌강왕 김정(金晸, ?~886, 재위 857~886)의 치세 12년이 되는 해였다. 이해 봄에 신라의 북진(北鎭)에서 조정에 보고를 올렸는데, 그 내용이 의외였다. 말갈인들이 북진에 들어와 몰래 나무조각을 걸어두고 갔다는 것이었다. "보로국(寶露國)과 흑수국(黑水國) 사람들이 함께 신라국에 대해 화친하고자 한다."는 것이 적혀있는 내용이었다. 보로국은 구체적인 정보가 없지만 흑수를 의미하는 발리와 발음이 비슷하고, 흑수국은 바로 선왕 대인선 때 발해에 굴복했던 바로 그 흑수말갈이었다. 대현석 재위기에 흑수가 발해로부터 독립을 하고자 은밀히 움직이고 있었음이 간접적으로 드러난 사건이었다. 발해 입장에서는 그나마 다행히도 신라에서는 그들의 진위를 파악할 수 없었기 때문인지 이 제안에 아무런 반응도 하지 않았다.

어쨌거나 이때만 해도 흑수말갈의 발해로부터의 독립운동은 본격화되지 못했던 모양인지, 그들이 국제무대에 다시 이름을 올리게 되는 것은 발해가 멸망을 앞둔 924년경이다.

(2) 왕의 미스터리

발해의 14대 국왕 대위해는 수백 년 동안 그 존재가 전혀 알려져 있지 않았다. 가장 많이 인용되는 중국의 두 사서 구당서와 신당서에 우선 그의 이름이 나오지 않고, 금석문 등 당대의 자료 어디에서도 그의 이름은 찾아볼 수 없었기 때문이다.

제14대 국왕 대위해(?~?, 재위 894?~906?)

- 아버지: (미상)

- 어머니: (미상)

- 아내: (미상)

- 형제자매: (미상)

- 자식: 아들 대봉예(사신 897)

그가 알려지게 된 것은 중국의 역사학자 진위푸가 『당회요(唐會要)』라는 책에서 발해왕 대위해를 찾아내면서부터였다. 참고로 진위푸는 『발해국지장편(渤海國志長編)』이라는 역사에 길이 남을 역작을 세상에 내놓으면서 발해사 전문가로 유명해졌는데, 이 책에서 그는 한중일 삼국의 역사서를 모두 섭렵하고 중국 내에 남아 있는 금석문들까지 일일이 살펴보며 철저히 고증하고 논증함으로써 그간 산발적으로만 전해지던 발해의 역사에서 비어 있는 부분들을 거의 채워넣는 불후의 작업을 완성한다.

그 이전에는 유득공의 『발해고』가 있었지만, 최초로 발해의 역사에 관심을 기울인 작품이라는 측면에서는 충분히 박수받을 만

해도 완성도 측면에서는 사실 기존 자료들의 취합 수준에서 크게 벗어나지는 않는 면도 분명 존재한다. 이에 비해『발해국지장편』은 자료의 방대함도 그렇지만 그 완성도가 이미 타의 추종을 불허할 정도로 높기 때문에, 이 이후의 발해 역사서들은 모두 이『발해국지장편』을 참고하지 않은 게 없을 정도라는 점을 이해해야 할 것이다.

대위해는 895년 10월 당나라에서 그의 이름으로 관직을 높여주는 국서 기록이 나타나는데, 이로 추정해보면 895년 이전에 대현석으로부터 왕위를 이어받은 것으로 볼 수 있다. 정확한 그의 즉위 연도는 알 수는 없기 때문에 대략 이 무렵 정도로 짐작할 수 있을 뿐이다. 일본으로 사신단이 출발한 것이 894년 가을경이니 894년 중에는 대현석이 사망하고 대위해가 물려받았지 않았을까 추정해본다. 바로 앞의 사신단 파견 후 불과 2년 만에 다시 사신단을 파견한 것에는 그만한 정세적 이슈가 있었을 텐데, 혹 그것은 왕위계승에 대한 것이 아니었을까 하는 추측이다.

제32차 발해 사신단

894년 9월 혹은 10월경으로 여겨지는 시점에 발해 상경에서 제32차 발해 사신단이 출발하였다.

894년 12월 29일, 문적원감(文籍院監) 배정 등 105명이 호키국(伯耆國)에 도착하였다. 그 사이 배정이 문적원 소감에서 문적원감으로 승진한 것이 눈에 띈다. 문장생(文章生) 다치바나노 기요(橘澄淸)가 호키국 관리로서 사신단을 수행했다.

제32차 발해 사신단 구성
- 기간 : 894년 12월 도착(호키) → 헤이안쿄 → 895년 5월 출발
- 총원 : 105명
- 대사 : 문적원감 배정
- 부사 이사 인원 미상

호키 위키피디아

895년 1월 22일, 미무네노 마사히라(三流理平), 명법득업생(明法得業生) 나카하라노 다케(中原岳) 등을 존문발해객사로 임명하였다.

3월, 스가와라노 미치자네가 명을 받고 일전에 같이 발해 사신단을 맞이해본 적이 있는 기노 하세오와 함께 현번료(玄蕃寮, 주로 외국사절 접대를 하는 기관)에 가서 발해국 대사 배정을 접대하여 함께 시를 짓고 술을 대접했다. 대사 배정은 882년 제30차 발해 사신단으

로 왔을 때를 생각하면서 시를 지었는데, 자리를 메운 사람들이 함께 화답하여 주고받은 시가 여러 편이 되었다. 부사, 대부(大夫)도 참여하였다.

4개월 가까이 지난 5월 4일, 발해 사신단을 맞이하기 위해 홍려관을 미리 점검하였다. 5월 7일, 발해사 배정 등은 공경(公卿) 등이 제공한 말을 타고 홍려관에 도착하였다.

5월 11일 우다 천황이 풍락원에서 발해사에게 연회를 베풀고 위계(位階)를 내렸고, 5월 14일 발해사 배정 등에게 조집당에서 다시 연회를 베풀었다.

5월 15일, 참의(參議) 스가와라노 미치자네 등을 홍려관에 보내 발해사에게 술과 음식을 제공하였다. 시를 주고받는 것은 여전히 스가와라노 미치자네와 기노 하세오 등이었으며, 이별의 감회를 술회했다. 이때 이들은 알 수 없었겠지만, 일본의 스가와라노 미치자네와 발해의 배정 간의 우정은 대를 이어 전해진다.

5월 16일 발해사가 홍려관을 떠나 귀국길에 올랐다.

이 당시의 기록은 미비하지만 지난번과 마찬가지로 발해 사신단과의 교역이 진행되었을 것으로 추정된다. 이렇듯 발해의 대일본 외교는 기본적으로 교역이 중점이 되었다.

발해와 신라의 자존심 경쟁

897년 7월, 발해의 신년축하사절인 왕자 대봉예(大封裔)가 당나라 조정에 발해가 신라의 위로 가도록 순서를 바꾸어줄 것을 요청한 일이 있었다. 이른바 "쟁장(爭長) 사건"이다. 당시 의례에서는 발해가 신라보다 하위에 자리하도록 되어 있었는데, 이때 대봉예의 논리는 국력에서 발해가 신라를 압도하니 당나라 조정 내에서의 국가 순서에 있어 발해가 신라보다 앞에 서야 한다고 주장한 것이었다. 즉 그의 주장의 근거는 국가는 강약과 성쇠를 기준으로 판단하여야 하는데 이 당시 발해가 신라보다 강성하니 상석에 자리함이 마땅하다는 논리였다. 이에 당나라에서는 양국의 국력 차이는 인정한 것인지 별도로 논하지는 않고, 그저 기존의 관례만을 들어 완곡히 거절의 뜻을 전했다.

나라 이름의 순서는 본래 국력에 따라서 정하는 것이 아니오. 조정의 관제상의 순서를 지금 어떻게 강하고 약함만을 따져 바꿀 수 있겠소. 그동안의 관례대로 하는 것이 당연하니 따라주시기 바라오.

이 일에 대해 감사히 여긴 신라에서는 최치원을 통해 당나라 조정으로 감사의 글을 보내게 되었다. 그 글이 바로 '사불허북국거상표(謝不許北國居上表)'라고 하는 것인데, 여기에서 최치원은 당시의 신라인의 관점에서 발해를 어떻게 바라보았는지를 잘 보여주었다. 이 관점에 따르면 발해는 고구려의 후예는 맞으나 그 출신 자체는 말갈 세력이 주축이었다고 하며, 신라가 얼마나 발해를 업신여겼는지를 잘 보여주고 있다.

해당되는 내용을 발췌해보면 다음과 같다.

발해의 원류를 살펴보건대, 고구려가 멸망하기 이전에는 본디 이름도 없는 조그마한 부락에 불과하였는데, 말갈의 족속이 번성해지면서 속말(粟末)이라는 소번(小蕃)의 이름을 갖게 되었습니다. 이들은 일찍이 고구려의 유민들을 따라 강제로 내지(內地, 중국 본토를 말함)로 옮겨져서 살았는데, 그 수령인 걸사비우와 대조영 등이 무후(武后)가 임조(臨朝)할 즈음에 이르러, 영주에서 반란이 일어나자 그 기회에 그곳에서 도주하여 문득 황구(荒丘)를 차지하고는 비로소 진국(振國)이라고 칭하였습니다.

당시에 그곳에는 고구려의 유민과 물길(勿吉)의 잡류(雜流)가 있었는데, 백두산(白山)에서 악명을 떨치며 떼로 모여 강도짓을 하는가 하면, 흑수(黑水)에서 사납게 구는 것을 의리처럼 여기며 기승을 부리곤 하였습니다. 처음에는 거란과 합세하여 악행을 조장하다가, 얼마 뒤에는 돌궐과 서로 공모하였는데, 요동(遼東)을 차지하고 막아서더니, 10년이 지나 뒤늦게 중국에 항복의 깃발을 들었습니다.

이에 앞서 그들이 읍거(邑居)를 세울 적에 우리에게 와서 이웃으로 의지하며 도움을 청하였는데, 그때 추장 대조영이 신라로부터 제5품 대아찬(大阿餐)의 벼슬을 처음 수여받은 바가 있습니다. 그리고 그 뒤 713년이 되어서야 비로소 당나라로부터 발해군왕(渤海郡王)에 봉해지게 되었습니다.

그런데 그 뒤로 점차적으로 은총을 받더니 어느새 신라와 대등한 예로 대하게 되었다는 말을 듣기에 이르렀는데, 강관(絳灌)과 같은 줄에 서게 된 것을 어찌 차마 말할 수 있었겠습니까마는, 염인(廉藺)이 화해했던 옛일을 생각하며 인내하였습니다. 발해는 도태(淘汰)한 사력(沙礫)과 같은 존재로서 우리와는 운니(雲泥)처럼 현격하게 구별이 되는데도, 조심하며 자신을 단속할 줄은 알지 못하고서 오직 윗자리를 범하려고 꾀하였습니다. 그들은 소의 꼬리가 되는 것을 수치로 알고 용의 머리가 되겠다는 엉뚱한 꿈을 꾸면서 처음부터 아무 거리낌 없이 함부로 지껄여 대었습니다. 어찌 우리가 격좌(隔座)의 의례에 얽매어서 그런 것이겠

습니까, 실로 그들이 강계(降階)의 예법에 어둡기 때문에 그런 것입니다. (이하 생략)

이를 통해 고왕 대조영이 발해 건국 초기에 신라로부터 제5등급인 대아찬 관위를 받은 적이 있고, 이를 통해 보면 발해는 신라에 미치지 못하는 존재임을 역사적 논거로서 주장하고 있다. 이것이 사실이라면 발해로서는 지우고 싶은 과거였을 것이다. 어쨌거나 당나라는 신라의 오랜 친당정책에 화답하듯이 신라의 손을 들어주었고, 발해의 요청은 기각되는 것으로 마무리되었다.

이처럼 발해와 신라 간 자존심 경쟁을 했던 또 다른 사례를 살펴보자.

906년에는 발해에서 재상 오소도(烏炤度)를 당나라에 파견하였는데, 그는 그곳에서 과거급제자 발표를 보았다. 거기에는 그의 아들 오광찬(烏光贊)이 신라 최언휘(崔彦撝) 아래에 게시되어 있었다. 오소도는 875년 자신이 합격했을 때에는 신라의 이동(李同)보다 위에 있었던 사실을 말하면서 마찬가지로 자신의 아들을 최언휘 위로 올려줄 것을 요청하였다. 이는 당나라 입장에서는 들어주기 어려운 것이었다.

이런 식으로 당시 발해와 신라는 상대방을 의식하고 서로를 견제하는 관계였다.

참고로, 고려 시대가 저물어가던 무렵인 충숙왕 복위 4년(1335년)에 고려인 최해가 목은 이색의 아버지인 이곡에게 보낸 편지를 보면 당나라 때부터 시작된 과거 이야기가 나온다.

과거로 진사를 뽑는 것이 본래 당나라 당시 820년대 초반부터 성행

했는데, 김운경(金雲卿)이란 이가 비로소 신라인으로 과거에 급제하여 이름이 올랐다. 이로부터 당나라의 시대가 끝날 때까지 빈공과에 오른 이가 58명이고 5대10국 시대의 후량과 후당의 과거에 급제한 이가 또 32명이니, 대략 발해국의 10여 명을 제외하면 나머지는 다 신라인들이었다.

당시 신라인들의 외국 시험에 대한 열렬한 사랑이 느껴지면서 한편으로는 그 다음 가는 것이 발해였다는 점이 놀라울 따름이다. 이를 보면 최치원이 왜 그다지도 경쟁국 발해를 싫어했는지 간접적으로 알 수 있을 것도 같다.

어쨌거나 발해는 중국 당나라 때부터 자주 여러 학생을 경사(京師), 즉 당나라의 수도로 보내어 태학(太學)에서 여러 제도를 배우게 했고, 그래서 당나라에서는 발해를 해동성국(海東盛國)이라 불렀다. 중국의 외국인 전용 과거시험(빈공과)에 급제한 사람이 10여 명이 되는 등 발해에는 학문을 배우고자 하는 학생들이 많았다고 하는데, 이는 수십 명에 달했던 압도적인 1등 신라 바로 다음 가는 실적이었다. 참고로 지금까지의 기록으로는 과거급제자 10여 명 중 발해 후기의 오소도, 고원고(高元固), 그리고 오광찬 등이 밝혀져 있다.

대위해가 언제 어떻게 죽었는지는 역사에 전해지지 않는다. 대위해의 바로 다음 국왕인 대인선 때에 비로소 발해는 멸망의 길을 걷게 된다.

발해를 재발견한 유득공, 역사를 집대성한 진위푸

발해 역사를 만나면 최소한 두 명의 이름은 결코 놓치고 지나갈 수가 없다.

조선시대 영조 치세 때에 정실의 자식이 아닌 서얼로 태어난 유득공(柳得恭, 1749~1807)은 아무래도 보수적이었던 조선사회에서는 크게 성공하기 힘든 처지였다. 그러나 워낙에 똑똑하기도 했지만, 개혁군주로 유명한 정조의 시대에 접어들면서 자신의 이름을 날리게 될 기회를 얻게 된다.

청나라 방문을 통해 국제적 감각을 키우기도 했던 그는 박제가, 이덕무 등과 함께 북학파 실학자로 널리 인식되었고, 특히 1784년 초고를 완성한 『발해고(渤海考)』를 통해 그동안 잊혀 있던 발해라는 국가의 존재를 세상에 다시 알림은 물론, 기존 통일신라시대라는 역사 프레임을

발해고 국립민속박물관(e뮤지엄)

과감히 깨고 남북국시대라는 개념을 도입함으로써 한반도 중심적 사고에서 벗어나 만주 지역을 포괄하는 역사적 발상의 전환을 했다는 점에서 그의 창의성을 유감 없이 드러내었다.

솔직히 얘기하자면 안타깝게도 『발해고』의 내용 자체는 특이한 것이 없다. 참고자료로 대개는 무시되었던 일본의 역사서들과 심지어 족보까지 활용하였다는 점에서는 그의 사고의 유연함으로 보여주기는 하나, 새로운 역사적 사실의 발굴은 거의 없고 한 국가의 공식 역사서로 자리매김하기에는 내용이나 형식적 측면에서 많이 부족한 것도 사실이다. 본인도 그러한 한계를 잘 인식하여 『발해사(史)』가 아닌

'발해에 대한 고찰'이라는 뜻으로『발해고(考)』라는 약간은 어색한 이름을 붙였던 것이다.

당시 역사학이라는 것이 따로 존재하지 않던 시절이기도 하지만 기본적으로 유득공은 역사학자라기보다는 문학가적 특성이 좀 더 강해서, 그가 남긴 작품들은 대개가 시의 형식을 띤 것들이었다. 오히려『발해고』가 산문체의 글로 이례적인 사례에 속한다.

어쨌거나 그럼에도 불구하고 유득공이 그 이름을 역사에 아로새길 수 있었던 데에는 그가 세계 최초로 "발해"의 역사를 정리한 학자라는 점, 그리고 강렬한 인상을 남긴『발해고』의 서문을 지금 다시 읽어도 감동을 느끼게 하는 명문장으로 남김으로써 그의 창의적 사상을 여실히 보여주었다는 데에 그 의의는 충분히 있다고 할 수 있겠다.

그리고 또 한 명, 한국에 유득공이 있다면 중국에는 진위푸(金毓黻, 1887~1962)라는 걸출한 학자가 있었다. 유득공이 세상을 뜬 지 정확히 80년 후인 1887년에 만주 요동 지역 지금의 랴오닝성의 지주 가정에서 태어난 그는 베이징대학 출신으로 송/요/금나라의 역사를 전공하였고 지금의 난징대학, 당시 국립중앙대학 사학과 교수를 역임하였다.

자신이 태어난 곳이 만주 지역이어서였는지 만주의 역사에 깊은 관심을 가지고 그에 대한 역사 서술에 평생을 바쳤다. 만주국 출신으로 1934년 출간한『발해국지장편』은 그가 남긴 가장 위대한 저서이며, 그 외에도 1936년 상하이로 망명한 이후 1941년 쓰촨성으로 이주하여 내놓은『동북통사(東北通事)』를 통해 중국 동북방 지역의 역사를 총정리하려는 시도를 하였다.

한국 사람들은 이런 진위푸를 잘 모를 수 있지만, 발해 역사를 가장 완벽하게 연구하고 정리한 학자로 정평이 나 있으며, 특히 유득공의 자료 정리 수준의『발해고』에 비해 그 자료 취합의 철저함과 고증에 대한 논리적 완성도 측면에서 지금도 견줄 만한 대상이 없는 역작 『발해국지장편』을 남김으로써 결정적인 명성을 얻었다.

『발해국지장편』 국립중앙박물관 (e뮤지엄)

이 책은 국내에 총 3권으로 번역되어 출판되어 있기도 한데, 실제로 이 책을 읽어보면 진위푸의 꼼꼼함과 논리정연함에는 두 손과 두 발을 다 들 수밖에 없다. 그의 철저한 자료조사에 대한 대표적인 사례로, 발해왕이 총 14명이 아니라 『당회요』라는 역사서에서 14대 왕인 대위해를 찾아 포함함으로써 총 15명의 왕이 재임했다는 사실을 널리 알린 것으로 유명하기도 하다.

참고로 진위푸가 발해역사의 선배인 유득공을 평했던 말이 있다. "유득공은 역사가로서의 재질을 갖추고 있다. 수집한 자료가 완벽하지는 않지만 서술에 체계가 잡혀 있다." 천재는 천재를 알아보는 법이다.

이후 북한의 박시형 등이 발해의 역사를 재정리하는 의미 있는 작업들을 진행하기도 하였지만, 근현대의 발해에 대한 역사서들은 전부 다 진위푸의 『발해국지장편』을 기본적으로 참고하고 있다고 보아도 틀림이 없다. 과거 발해의 역사적 사실에 대한 편린들이 진위푸를 통해 『발해국지장편』으로 흘러들어갔고, 이후 발해 관련 역사서들은 모두 이『발해국지장편』으로부터 시작하였다.

이 두 명의 천재를 비교해본다면, 잊혀져 있던 발해를 재발견해낸 것은 유득공의 공이 크다고 할 수 있겠고, 그러한 발해의 역사를 하나의 독립된 개체로 완성한 것은 진위푸였다고 할 수 있겠다. 다만 진위푸는 당시 시대상황 탓일 수도 있겠으나 중화사상에 강하게 영향을 받아 관점을 한족의 입장에 두고 바라보았기에 간혹 가다 이해하기 힘든 의견을 내놓을 때가 있다는 점은 유의할 필요가 있다.

8. 제국의 멸망

(1) 마지막 불꽃

마지막 국왕 대인선과 바로 앞의 국왕 대위해의 관계는 전혀 전해지는 것이 없다. 대인선의 왕위계승 시점도 불명확하여, 부득이 역사에 그 이름을 드러낸 시점을 그의 즉위 시기로 잠정적으로 가정해보는 수밖에 없다. 바로 907년 3월 사신의 도착이 있었으니 물리적인 이동시간을 감안해 잠정적으로 그 직전 해를 즉위년으로 보자.

제15대 국왕 대인선(?~?, 재위 906?~926)
- 아버지: (미상)
- 어머니: (미상)
- 아내: (미상)
- 형제자매: 동생(성명 미상)
- 자식: 태자 대광현, 이하 왕자 대소순(사신 907), 대광찬(사신 912), 대우모(사신 924), 대원양(사신 924)

당시 중국은 800년대 말 황소의 난으로 당나라가 결국 몰락하고 다섯 개의 왕조와 열 개의 지방정권이 난립하는 혼란기를 거치고 있었다. 바로 역사에서 오대십국 시대라고 부르는 그때로, 나중에 960년 송나라가 다시 중국을 통일하면서 이 혼란은 멈추게 된다.

당나라가 멸망하고 오대십국 시대가 열리던 시점인 907년 3월 왕자 대소순(大昭順)을 역사상 후량으로 부르는 신생국가인 양(梁)나라에 사신으로 파견하였다. 908년 봄 1월에 전중시 소령(殿中少令) 최예광(崔禮光) 등이 양나라를 방문하여 작위와 함께 금과 비단을 받았으며, 그해 5월에도 사신이 갔다. 909년 3월에는 대인선이 재상 대성악(大誠諤)을 보내면서 노비와 담비가죽, 곰가죽 등을 선물로 전달하였다. 911년 8월에도 사신을 파견하였고, 912년 5월에는 왕자 대광찬(大光贊)이 양나라를 방문하여 은그릇을 받아왔는데 이때에는 수령도 함께 수행해서 다녀왔다. 그리고 913년에도 양나라에 사신 파견을 하였다.

얼마 후 양나라가 멸망하는 923년 역사상 후당이라 불리는 당나라가 재건되어 다시 주도권을 잡은 이듬해인 924년 1월에 왕자 대우모(大禹謨)가 당나라를 방문했고, 5월에는 왕자 대원양(大元讓)이 사신으로 방문하였으며, 8월에는 대인선의 조카인 학당친위(學堂親衛, 발해의 교육기관인 주자감의 관직으로 추정) 대원겸(大元謙)이 국자감승(國子監丞, 당나라의 중앙교육기관인 국자감의 관료, 종7품)으로 임명받았다(참고로 대원양과 대원겸은 끝 한자가 거의 같아서 오기가 아닌가 생각되어 동일인물로 보기도 하나, 대인선에게는 동생이 있었으니 비슷하게 이름을 지었을 수도 있다).

925년 2월, 정당성 화부소경(和部少卿) 사자금어대 배구(裴璆)가 인삼, 잣, 다시마, 금빛의 가는 천(黃明細布), 담비가죽 1장, 이불 6채, 가죽신, 노비 2명을 선물로 가져갔고, 이에 후당 조정에서는 5월에 배구를 우찬선대부(右贊善大夫)로 임명하였다. 그는 아버지 배정에 이어 908년과 919년에 두 차례 먼저 일본에 사신으로 다녀왔던 베테랑 외교관이었다. 여기서의 화부는 발해 역사에서 편제상 존재가 나타나지 않는데, 919년 당시만 해도 배구는 신부소경이었으니 신부에서 화부로 소속이 옮겨진 것인지 신부가 화부로 개칭된 것인지 현재로서는 알 수가 없다. 어쨌든 그의 발해 멸망 이후의 행보 역시 눈에 띄는데 이는 마지막에 다뤄보도록 하겠다.

어느 나라가 중국의 정통왕조가 될지 한치 앞을 내다볼 수 없는 상황에서 어디로 사신을 보내야 할지부터가 혼란스러웠던 시기였기에 그 당시 발해의 고민이 느껴진다.

제33차 발해 사신단

이제 일본과의 교류도 살펴보자.

때는 제59대 우다 천황이 31세의 젊은 나이에 미련 없이 제위를 물려주고 물러나고 장남인 제60대 다이고(醍醐) 천황(885~930, 재위 897~930)이 일본을 통치하고 있던 시기였다. 그는 13세에 즉위하였지만, 아버지 우다 상황의 지침에 따라 통례대로 섭정을 두지 않고 좌대신 후지와라노 도키히라(藤原時平, 871~909), 우대신 스가와라노 미치자네를 두고 친정을 하였다. 후지와라노 도키히라는 관백 후지와라노 모토쓰네의 장남이었고, 스가와라노 미치자네는 과거 발해 사신들과 여러 차례 교류가 있었던 바로 그 인물이다. 다이고 천황은 어린 나이에도 똑똑했던지 아버지의 기대를 저버리지 않고, 30년 넘게 국정을 원활히 이끌고 나감으로써 역사에 이름을 남긴다. 지금까지도 전해지고 있는 『고킨와카슈(古今和歌集)』라는 일본식 시가집을 편찬하게 했던 인물이기도 하다.

907년 가을 무렵, 아마도 9월 말쯤에 제33차 발해 사신단이 출발하였다. 908년 1월 8일, 좌대신 후지와라노 도키히라가 배구(裵璆) 등이 도착했음을 전하는 호키국의 보고서를 올렸다. 배구는

878년생으로 추정되니 이때는 31세가 되었을 것이다.

제33차 발해 사신단 구성
- 기간 : 908년 1월 도착(호키) → 헤이안쿄 → 908년 6월 출발
- 총원 : ○명
- 대사 : 문적원 소감 배구
- 부사 이사 인원 미상

3월 20일, 존문발해객사 후지와라노 히로후미(藤原博文), 직강(直講) 대학권윤(大學權允) 하타노 고레오키(秦維興) 등을 호키국에 보낸 것을 보고하였다.

4월 2일, 기노 요시미쓰(紀淡光)와 스가와라노 아쓰시게(菅原滅茂, 878~926)를 발해장객사로 삼고, 오노노 구즈네(小野葛根) 및 문장생(文章生) 후지와라노 모리자네(藤原守眞)를 영객사로 임명하여 응접 준비를 진행하였다.

이중 스가와라노 아쓰시게는 앞서 언급된 적 있는 스가와라노 미치자네의 아들인데, 아버지와 배구의 아버지 배정의 전대의 인연에 이어 자신도 마찬가지로 지금의 배구를 응접하는 셈이고 또 둘의 나이가 같다는 점에서 기쁘게 이 일을 맡았다고 한다.

아버지 배정이 마지막으로 일본을 방문하였던 895년 당시에 자신의 집에 어린 천리마(千里駒)가 있다고 스가와라노 미치자네에게 말한 적이 있었는데, 그가 곧 아들 배구였다. 스가와라노 아쓰시게 역시 미지차네의 뒤를 이어 뛰어난 문장으로 이름이 났다. 이때에 이르러 배구와 더불어 시를 주고받으며 선친 때의 일을 언급하였고, 배구 역시 감탄하고 즐거워했다. 이역만리의 존재들인데도 세

대를 넘어 만나게 되니 기이한 만남으로 생각했음 직하다. 아버지의 우정은 대를 이어 아들에게까지 이어진 셈이다.

한번 스가와라노 아쓰시게의 시를 읽어보자.

> 배문적(배정)의 후손인 그대를 안 지는 오래이지만
> 스가와라 예부(미치자네)의 자식인 나는 처음이겠군요
> 나이를 따져보니 똑같은 해에 태어났고
> 모습을 세 번 보니 아름다운 때는 예전 그대로이네요
> 두 집안이 사귄 우정은 세상 모든 이가 아름답다 하지만
> 내 재주와 명성은 그대만 못하여 부끄러울 따름입니다

배구는 이 시를 들으며 감동의 눈물을 흘렸다고 전해진다.

4월 8일, 존문발해객사 후지와라노 히로부미가 배구 등의 안부를 물었다. 4월 21일, 발해영객사가 금래하(今萊河) 부근 가와베(河邊)에서 임시 연회(曲宴)를 열다. 4월 26일, 발해 사신단이 수도에 들어올 때 말을 타도록 했는데 이를 위해 사신들이 탈 말을 공경(公卿)에게 바치게 했다. 배구의 아버지 배정 때의 사례와 마찬가지 대우였다.

5월 5일, 천황이 남전(南殿), 즉 자신전(紫宸殿, 시신뗀)에 나와 말의 사육·조련을 담당하는 관청인 좌·우마료(左右馬寮)가 올린 발해사를 위한 말 각 20필을 친히 살펴보았다. 5월 10일, 발해사가 국서와 선물을 전달하였고, 다음날인 11일에는 풍락원에서 연회가 열렸다.

5월 12일, 다이고 천황의 아버지 우다 법황이 발해대사 배구의 귀국에 앞서 그의 아버지 배정에게 편지를 보냈다. 이보다 13년 전에 배정과 만났는데, 이번에는 그의 아들이 사신단의 대사로 왔다

는 반가움과 함께 이별의 정을 전하였다.

> 귀하께서 지난날 두 번째 찾아와 만나뵈었을 때 빛나는 모습이 사람
> 들 마음속에 남아 있소. 나는 한낱 야인으로 그다지 말을 나누어본 적
> 은 없지만, 항상 그대의 풍모를 생각하고 북쪽을 바라보며 그리는 마
> 음이 더해진다오. 이제 훌륭한 아버지의 아들이 사신의 임무를 마치고
> 귀국한다 하니 개인적으로 편지를 보내 나의 뜻을 전하오.
> 나는 남쪽에 살지만, 뜬구름처럼 정처 없고 그대는 북쪽에 살면서 험
> 한 파도가 몇 겹으로 일고 있소. 같은 하늘 아래에서 서로가 알고 지내
> 니 이 세상 살면서 이름을 얻지 못했다고 이상할 것 있겠소.

5월 14일, 다이고 천황은 배구가 명성 높은 아버지의 자식인 데
다 그 자질이 뛰어남을 좋아하여 조집당에서 아주 융숭한 대접을
했고, 그에게 종3위를 주었다. 이날 송별의 향연이 열렸는데, 오후
에는 천둥번개와 비바람이 심해져 향연이 중지되었다.

5월 15일, 전날에 이어 조집당에서 발해사 접대가 이어졌다. 이
때 발해국왕 등에게 보내는 물품을 전했다. 또 참의 후지와라노
스가네를 홍려관에 보내 국서 및 태정관의 공문을 주고, 대사 배구
에게는 별도 선물로 천황의 옷을 주었다.

6월, 발해장객사 후지와라노 히로후미가 여러 문인들과 약속하
여 홍려관에서 배구를 송별하는 연회를 열었다. 이때 문장생 오에
노 아사쓰나(大江朝網)가 서문을 지었는데, 배구가 서문을 읽다가 '안
산'과 '홍려'의 구절에서 찬탄하며 칭찬했다. 오에노 아사쓰나는 이
일로 인해 유명해졌는데, 이 당시 나이가 24세였다. 그의 시는 이
렇다.

앞길의 노정이 멀고 멀어

안산(雁山)의 저녁구름으로

생각은 달리는데

뒤에 만날 기약은 아득하여

홍려(鴻臚)에서 흘린 새벽눈물이

갓끈을 적시는구나

　제8대 희왕 대언의 당시 제17차 발해 사신단의 왕효렴이 북안(北雁)과 쌍봉(雙鳳)을 대구로 하여 지은 시가 연상되는데, 발해 문인들은 이러한 형식의 시를 좋아하였던 모양이다. 여담인데, 이 다음번에 배구가 다시 한번 일본을 찾았을 때 오에노 아사쓰나의 진급을 물었고 사람들이 부정적으로 얘기하자 배구는 "일본은 현명한 인재를 쓰지 않는 나라군요."라고 답했다는 일화가 전해진다.

제34차 발해 사신단

　이제 역사상 마지막 발해 사신만이 남아 있다.

　919년 가을경, 아마도 8월 즈음에 제34차 발해 사신단이 발해를 출발하였다. 919년 11월 18일, 와카사국(若狹國)에서 신부 소경(信部少卿) 배구 등이 도착하였다고 알려왔다.

제34차 발해 사신단 구성
기간 : 919년 11월 도착(와카사) → 헤이안쿄 → 920년 5월 출발
- 총원 : 105명
- 대사 : 신부소경 배구
- 부사 이사 인원 미상

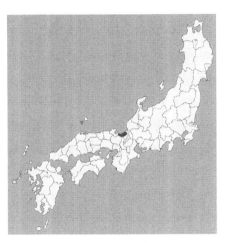

와카사 위키피디아

11월 21일, 와카사국에서 보낸 발해사 관련 보고서에 뉴우포(丹生浮) 해상에 머문 채 착안(着岸)하지 않는 것, 또 일행의 인원수 및 도착한 것은 기록되어 있지만 상세한 상황 설명이 없다고 했다.

1월 25일, 우대신 후지와라노 다다히라(藤原忠平, 880~949)가 발해사를 와카사국에서 에치젠국의 마쓰바라(松原) 역관에 머물도록 했다가 수도로 불러들일 것을 보고하였다. 참고로 후지와라노 다다히라는 좌대신이었던 후지와라노 도키히라의 동생으로, 형이 일찍 세상을 뜨자 그의 뒤를 이어 정치를 맡게 되었다. 형은 스가와라

노 미치자네와 정적의 관계였지만 그는 반대로 교분이 두터운 사이였다고 전해진다.

그리고 후지와라노 구니모토(藤原邦基)를 행사변(行事弁)으로 삼았다. 또 발해사 응접을 위해 미야코노 아리나카(都在中)를 임명했다. 그는 참고로 871년 양성규 일행을 맞이하였던 미야코노 요시카의 아들이었다. 그런 미야코노 아리나카가 대사 배구와의 이별에 즈음하여 시를 보내자 배구는 크게 감탄했다.

> 그대와 훗날 만날 약속은 미리 할 수가 없으니
> 이제부터 마음속으로 북해의 바람만 바라볼 뿐

후에 그는 조정에서 발해 사신 체재 중에 명령 없이 마음대로 외국 사신에게 시를 보냈다고 질책을 받았는데, 배구가 칭찬했다고 하여 그것으로 용서했다고 한다. 당시 일본의 문화적 자긍심이 그다지 높지 않던 상황임을 짐작해볼 수 있다.

12월 5일, 다치바나노 고레치카(橘惟親), 직강(直講) 에치하타노 히로스케(依知秦廣助)를 존문발해객사로 삼고, 야마토노 아리키미(大和有卿)를 통사로 임명하였다. 연회의 날에 주부(酒部)의 수를 908년 방문했던 제33차 발해 사신단 때의 반으로 줄여 40명으로 했다. 그리고 12월 16일, 발해사에게 연회를 베풀 날의 내교방 무용수(舞人) 등을 선정했는데, 무용수 20명, 어린 무용수(舞童) 10명, 908년 때는 36명이었던 음악가(音聲)는 이번엔 20명으로 하는 등이었다. 확실히 이전의 사례에 비하면 상대적으로 간소하게 준비되는 경향이 있었다.

12월 24일, 우대신 후지와라노 다다히라가 와카사국의 보고서를 올려 발해사 105명을 에치젠의 마쓰바라 역관에 머무르게 했던 일과 그 역관에 행사를 맡을 관리도 없고 땔감도 비치되어 있지 않다는 사실을 보고하였다.

마쓰바라 역관에 보냈는데 문을 닫아걸어 행사를 위한 관인들이 없고 시설, 땔나무, 숯같은 것도 마련해둔 것이 없으니 에치젠국에 급히 명해서 반드시 손님을 맞이할 준비를 하도록 하는 것이 좋겠습니다.

920년 3월 22일, 발해사에게 의복을 지급하도록 관리를 에치젠국에 보냈다.

4월 2일, 발해장객사(渤海掌客使)를 정하고 아울러 영객사에게 임무를 주었다. 그리고 4월 5일, 영객사에게 또 임무를 내렸다. 4월 20일, 발해사 배구 등에게 안부를 물었다.

5월 5일, 발해사가 수도에 들어오는 날이 정해졌고, 체재하는 동안 금지물품의 휴대를 허락했다. 발해사가 수도에 있는 동안 매일 사슴 2마리를 제공하기로 하였다.

5월 7일, 논의 끝에 중국어에 능통한 오쿠라노 미쓰네(大藏蓼常)를 발해통사로 삼았다. 혹 발해 사신단과 일본인들 간에 통용된 언어는 당시 국제어였던 당나라 언어였던 것인지 모르겠다. 이는 곧 이당시 양국 간 교류의 전성기 때 일본인들이 발해어를 배우려 하던 그 열의가 이미 소멸되었음을 보여주는 사례이기도 하다.

5월 8일, 발해사 배구 등 20명이 홍려관에 도착했다. 발해사가 수도에 들어오는 것에 대비하여 장객사 후지와라노 스에카타(藤原季方) 및 앞서 발해 사신단을 맞이한 바 있는 오에노 아사쓰나에게 천황의 옷을 하사했다.

5월 10일, 우대신 후지와라노 다다히라가 발해국 공문을 살펴보았다. 이때 발해 대사 배구에게 원래 종3위였던 위계를 정3위로 올려주었다.

5월 11일, 발해사 배구가 팔성원에서 국서 및 선물 등을 전달하였다. 국서는 별도로 보관하고 선물은 내장료로 옮기게 하였다.

5월 12일에는 풍락원에서 연회를 베풀고, 배구에게 정3위를 주었다. 아마도 이 무렵이었을 텐데, 배구가 담비가죽 옷을 입고 와서 진기한 것이라고 자랑하자, 열다섯 살의 시게아키라(重明) 친왕이 담비가죽 옷을 여덟 벌이나 입고 참석했다. 배구가 이를 보고 당황하였다고 하는데, 당시 발해의 담비가죽이 귀중한 물품이었다는 사실을 이를 통해 알 수 있다.

5월 15일, 장객사 후지와라노 스에카타가 대사 배구의 별도 선물을 궁중의 대소사를 관장하는 장인소(藏人所, 구로도도코로)에 보관하였다.

5월 16일, 발해사의 향연을 조집당에서 개최하였다. 아울러 다이고 천황이 발해국왕 대인선에게 회답하는 선물 등을 주었다.

5월 17일, 우다(宇太) 법황이 국서를 발해 대사 배구에게 주었다. 36세의 다이고 천황 위에는 아직도 54세의 우다 법황이 있었던 셈이다.

5월 18일, 영귀향발해객사(領歸鄉渤海客使) 사카노우에노 쓰네카게(坂上恒蔭)의 안내하에 발해사 배구가 귀국길에 올랐다. 이들에게 태정관의 공문을 중대성 앞으로 부쳤다. 귀국할 때에 몇몇 문사들이 홍려관에 모여 시를 지어 작별하였는데, 기노 아리마치(紀在昌)가 서문을 지었다.

그리고 얼마 후인 6월 14일, 발해장객사였던 문장득업생(文章得業

生) 오에노 아사쓰나가 장인소를 통해 발해 대사 배구의 국서 및 선물을 아뢰니, 선물은 되돌려주어야 한다고 했다. 6월 20일, 오에노 아사쓰나가 배구에게 보내는 글을 작성했지만, 배구는 이미 본국으로 돌아간 후여서 허리띠와 가죽옷(帶裘)은 장인소에 바쳤다.

6월 26일, 우대신 후지와라노 다다히라가 영귀향발해객사 대학소윤(大學少允) 사카노우에노 쓰네카게 등이 말한 발해사 중 네 명이 돌아가지 않고 머무는 사유를 보고하게 하였다.

6월 28일에는 810년의 사례, 곧 고다불(高太佛)이 발해로 귀국하지 않고 일본에 잔류하였던 일을 참고하여 남아 있던 네 명을 에치젠국에 머무르게 하였다. 혹여나 국내 정세가 불안한 발해로 귀국하기보다는 일본으로의 망명을 신청하였던 것은 아닐까. 이들이 미래를 예측하긴 어려웠겠지만, 이로부터 불과 5년여 만에 발해는 멸망하기 때문이다.

2년 후인 922년 9월 2일, 여전히 에치젠국에 발해사가 머무르고 있는 것을 보고하였다. 이를 보면 이때까지도 발해인 4명은 일본에 잔류하고 있었다.

요동 공방전

발해가 중국과 일본만 신경 쓴 것은 아니다. 시점은 불분명하지만 대인선은 거란 측 기록에 신라 및 여러 나라(新羅諸國)라고 표현된 것처럼 아마도 고려까지도 포함하여 주변국들과 폭넓게 교섭을 시도하였던 것으로 보인다. 고려의 태조 왕건이 후진(後晉)에 보낸 국서에서 발해왕을 언급하며 발해와 고려는 혼인한 사이라고 밝혔던 것과 942년 10월에 거란에서 선물로 보내온 낙타를 굶겨죽어버린 '만부교 사건'을 통해 발해를 멸망시킨 점에서 거란에 불신을 표출했던 사실이 그래서 더욱 주목되는 것이다. 물론 실제 왕족 간 결혼이 아니라 혹 상징적인 표현일지라 하더라도 대인선 측에서 다방면으로 외교활동을 벌였다는 점은 이를 통해 미루어 짐작할 수가 있다. 그는 발해를 살리기 위해 이처럼 무던히도 애를 썼던 것이다.

게다가 잠재적국 거란 역시 발해의 외교 대상이었다. 917년 거란으로 사신을 파견하였고 이들은 918년 봄 2월에 거란에 도착하였다. 이는 아마도 916년에 대거란국을 선포한 것에 대한 일종의 축하사절인 것으로 보인다. 그러나 거란과의 악연은 돌이키기에는 이미 늦은 듯했다.

이보다 앞선 909년 봄 정월, 태조(太祖) 야율아보기(耶律阿保機, 872~926, 재위 907~926)가 요동의 땅을 처음 순시하였다. 스스로 황제로 등극한 이후 불과 2년 만의 일이었다. 발해와의 접경지역보다 남쪽에 있는 일종의 비무장지대(DMZ) 같은 영역인 요동 반도를 직접 살펴보고 거란의 동쪽 영역을 어떻게 다루어야 할지에 대해 생각해보기 위한 행동은 아니었을까.

그는 6년이 지난 915년 겨울 10월 21일, 이번에는 더 깊숙이 압록강까지 와서 낚시를 하였다. 그는 이때 좀 더 자신감이 생겼던 것 같다. 당시 발해가 이미 쇠퇴기에 접어들었음을 확신하게 된 것도 아마 이 무렵이었던 듯싶다.

압록강변계도(18세기) 국립중앙박물관

 그리고 다시 3년이 흘러 918년 겨울 12월 1일 요양고성(遼陽故城), 즉 고구려 당시의 요동성(遼東城)이자 당나라에서는 요동군고성(遼東郡故城)이라 불렀던 요양(遼陽)에 행차하여 머물렀는데, 이곳은 바로 과거 당나라에서도 동북방 지역을 총괄하는 안동도호부를 설치 운영한 적이 있었을 만큼 소위 전략적 요충지였다. 야율아보기는 이곳에서 계속 지내면서 발해에 대한 전략을 정리하였던 것 같다.

 919년 봄 1월 27일이 되어서는 동산(東山)에서 호랑이 사냥을 했고, 2월 28일 날씨가 화창해질 즈음 머물고 있던 요양고성을 대대적으로 수리하고는 방어사(防禦使)를 두고 한족(漢民)과 발해인들을 잡아다가 강제로 그곳에 정착시켰다. 이름도 동평군(東平郡)으로 새로 명명하였다. 훗날 거란은 이곳에 발해인들을 대규모로 이주시키고는 남경(南京)으로 승격시켰다가 다시 동경(東京)으로 이름을 바꾼다.

 그해 여름 5월 14일이 되어서야 야율아보기는 요양고성을 떠나

본국으로 돌아갔다. 921년 12월에는 단주(檀州)와 순주(順州)의 백성들을 이곳 동평 및 가까운 심주(瀋州)로 이주시켰고, 또 924년 5월에도 계주(薊州)의 백성들을 요주(遼州) 지역으로 이주시켰다. 이와 같은 일련의 일들은 본격적인 발해 공략의 개시에 앞선 사전 정지 작업이었다.

앞서 발해인들을 징발해간 것에 대한 보복이었는지 아니면 요동 지역에 대한 지배권 강화를 위한 행동이었는지 정확한 사정은 알 수 없지만, 924년 5월 대인선은 군대를 투입하여 거란 측 요주자사 장수실(張秀實)을 죽이고 백성들을 되찾아왔다. 같은 해 7월 거란은 발해의 요동 지역을 공격했지만 별다른 소득 없이 9월 회군하였다고 한다. 하지만 거란의 요동 공략은 계속되어 925년에도 추가 공격이 있었다.

이 당시 똑같이 거란의 위협을 받고 있던 후당에서 파악한 국제정세는 이러했다. 거란은 궁극적으로는 중원을 차지하고 싶어했지만 발해가 그들의 배후에 있다는 사실이 가장 큰 걱정거리였다. 거란군이 출정을 나갔을 때 거란의 비어 있는 후방을 급습할 수가 있었기 때문이었다. 야율아보기는 그래서 먼저 군대를 동원하여 발해의 서남부 지역인 요동을 공략토록 한 것이고, 동시에 후당에 대해서는 매노혜리(梅老鞋里) 등 37명의 사신단을 별도로 파견하여 임시로 화친을 맺어 후방의 안전을 도모하였다. 또한 924년에 거란의 서쪽에 접경하고 있던 서하(西夏, 오늘날 몽골 남쪽에 위치했던 티베트계 탕구트 유목민)를 공격한 것도 발해 침공을 위한 것이라는 거란의 내부 기록이 있다.

사실 후당 역시 국경지대의 소식통과 심지어 발해 사신을 통해 이러한 거란 측의 의도를 정확히 인지는 하고 있었지만, 그들은 이미 지는 해에 불과했던 터라 거란을 공격할 충분한 힘은 없던 상황이었다. 결국 발해는 당시 국제사회에서 한창 주가를 날리고 있던 거란군을 홀로 상대해야만 했다.

(2) 상경성 함락

그리고 드디어 925년 12월 16일, 태조 야율아보기가 나라에 조서를 내려 다음과 같이 발해에 대해 선전포고를 하였다.

> 두 가지 중대사 중에 하나는 이미 끝마쳤지만, 발해는 대대로 원수이면서도 아직 원수를 갚지 못하였으니 어찌 가만히 있을 수 있겠는가?

두 나라가 대대로 원수였다는 발언은 발해 정복의 정당화를 위한 정치적 수사였던 듯하고, 사실은 요동 지역을 둘러싼 20여 년간의 물리적 갈등을 과장하여 표현한 것이었다. 발해가 거란을 잠재적 적국으로 상정한 것은 분명한 사실이지만 이는 어느 나라나 인접국을 상대로 평화로울 수만은 없다는 점에서 당연한 대응이고, 오히려 기본적으로 강대국 당나라를 상대로 할 때에는 순망치한의 관계처럼 서로 협조한 점도 많기에 결코 항시 적대적인 사이였다고 보기는 어려웠으니 말이다.

어쨌든 거란은 이제 드디어 군대를 일으켜 발해 침공을 개시하였는데, 이는 당시 황후 및 태자 야율배(耶律倍), 대원수 야율요골(耶律堯骨) 등 주요 인사들이 총동원된 대대적인 군사작전이었다.

이때의 총 병력은 기록이 없어 알 수는 없지만, 이로부터 85년 후인 1010년에 똑같이 거란 황제가 친정한 고려 원정 시에 동원한 병력수가 보·기병 총 40만이었다고 하니 그만큼은 아니겠으나 대단위의 대군이었을 것은 거의 확실해 보인다. 거란 등 북방민족의 경우 친정을 하게 되면 전국적인 동원 체제를 가동하여 가능한 한 대규모로 군대를 편성하는 문화가 있었다. 거란의 경우 황제의 친정이 아니라 중신을 도통으로 임명하여 원정군을 파병할 때에도 15만 이상으로 부대 규모를 구성하였다고 하니 발해원정군의 규모도 미루어 짐작해볼 수 있겠다. 다만 진격속도가 워낙에 빨랐기 때문에 기병 위주로만 병력을 구성하였을 경우라면 그 숫자는 이보다는 줄어들 개연성도 있다.

윤 12월 4일에 야율아보기는 지금의 시라무렌강 유역에 있는 목엽산(木葉山)에 제사를 지내고, 14일에는 오산(烏山)에서 푸른 소와 백마를 잡아 신에게 제사를 지냈으며, 21일에 역시 시라무센강 상류에 있는 살갈산(撒葛山)에 도착하여 귀전(鬼箭)을 쏘았다. 이것들은 거란에서 출병할 때의 일종의 의식이었다. 29일에는 당시 발해와 거란의 국경선으로 여겨지는 상령(商嶺)에 거란군이 다다랐고, 이날 밤에 벌써 발해 부여부를 포위하였다. 말 그대로 유목민 특유의 전광석화와도 같은 이동이었다.

어느덧 해가 바뀌어 926년 1월 2일, 하늘에 어떤 밝고 흰 기운이 태양을 관통하는 듯한 천문현상이 있었다. 거란의 승리를 밝혀주는 의미였는지 아니면 발해의 멸망을 슬퍼하는 하늘의 계시였는지 알 수 없었다. 어쨌든 바로 다음 날인 3일 드디어 부여성이 함락되었고, 성을 지키던 장수는 그 와중에 전사하였다. 이때 거란의 조사온(趙急溫)이 몸에 여러 군데 상처를 입었을 정도로 힘껏 싸워 야율아보기에게 칭찬을 들었다.

이때 야율아보기는 부여성에 머물러 성내의 상황을 파악하고 관리하려고 했는데, 태자 야율배가 다음과 같이 의견을 내었다.

"이제 막 영토를 차지하자마자 백성들을 통제하려고 들면 백성들이 반드시 불안해 할 것입니다. 오히려 지금 파죽지세로 홀한성까지 진격한다면 반드시 공략할 수 있을 것입니다."

야율아보기는 그의 제안을 타당히 여겨 부여성의 감독은 차후로 미루고 군대의 이동을 재개하기로 했다. 결론적으로는 이때 아들의 말이 옳았다.

9일에 발해의 늙은 재상(老相)이 이끄는 군사 3만 명의 군대가 발해의 수도 상경성으로 진격 중인 거란군을 막아섰다. 거란군의 선봉이었던 야율아보기의 동생 척은 야율안단(耶律安端)과 북부재상 소아고지(蕭阿古只)가 1만 기병으로 대적하였고, 늙은 재상은 이들과 온 힘을 다해 싸웠지만 불가항력으로 패하여 거란군에 항복하고 말았다. 이때 소아고지는 혼자서 기병 500기만을 거느리고 활약하여 공을 세웠다.

이날 밤 또 다른 거란군이 마침내 상경성, 곧 홀한성을 포위하였다. 거란군의 지휘부는 태자 야율배, 대원수 야율요골 외에 야율아보기의 동생인 남부재상 야율소(耶律蘇), 북원이리근 야율사열적(耶律斜涅赤), 남원이리근 야율질리(耶律迭里) 등이었다. 참고로 거란식 표현인 이리근은 추장이라는 뜻이다.

거란의 기습공격에 발해는 미처 준비할 새도 없이 혼란 속에 빠져들었다. 12일, 대인선은 마침내 항복하겠다는 의사를 거란군으로 전해왔다. 바로 다음 날인 13일에는 야율아보기의 본진이 홀한성의 남쪽에 도착하였다. 14일, 대인선은 소복을 입고 새끼줄로 몸을 묶고 양을 끌고서 신하 300여 명과 함께 홀한성을 나와 정식으로 항복했다. 야율아보기는 이들을 예우한 뒤 우선은 돌려보냈다. 17일에 발해 각지로 공문을 발송하였는데, 아마도 발해왕이 투항하였으니 각 지역들도 순순히 항복하라는 권유의 내용이었을 것이다.

그리고 이틀 후인 19일에 야율아보기가 측근인 강말달(康末怛) 등 13명에게 홀한성에 들어가 병기를 수색하도록 하였다. 이미 발해군이 항복을 하였으니 일종의 실태조사 겸 방어용 무기들을 점검하여 무장해제를 시키기 위해 입성하였던 모양이다. 그런데 여기서 예상치 못했던 문제가 발생한다. 발해의 병사들이 돌발적으로 이들을 살해한 것이다. 아마도 거란 병사들의 점령군 행세에 자존심 강한 발해 병사들이 발끈하였던 것은 아닐까. 상황에 이끌려 어쩔 수 없이 대인선은 다시 홀한성 수비에 들어갈 수밖에 없었다.

이튿날인 20일, 야율아보기는 이른 아침부터 여러 장수들에게 공격을 명하였다. 그중 한족 출신인 이리필 강묵기(康默記)는 동문을 담당하여 날렵하고 용맹한 병사들에게 홀한성의 성벽을 먼저 오르도록 독려했다. 또한 야율사열적은 병사들을 격려해서 북을 치며 함성을 올리면서 성벽에서 낮은 곳을 집중적으로 공략했다. 발해 수비군이 이에 견뎌내지 못하자 마침내 방어가 뚫리게 되었다. 가장 먼저 성벽에 오른 사람이 누구인지 전해지고 있는데, 그는 무관이 아닌 문관인 임아돌여불(林牙突呂不)이었다. 이처럼 각처에서의 거란군의 세찬 공격에 결국 발해 수비군은 격파당하였고, 야율아보기가 승리자로서 마침내 홀한성에 들어갔다. 대인선은 야율아보기의 말 앞에서 다시 죄를 청하였고, 야율아보기는 대인선 및 왕족들을 병사로 호위시켜 홀한성을 빠져나왔다.

2월 3일, 전쟁 중인데도 한동안 존재감을 드러내지 않고 있던 안변부, 막힐부, 남해부, 정리부 네 곳의 절도사가 모두 거란에 항복하였다. 안변부와 정리부는 동북방의 우루말갈의 옛 땅이었고, 남해부는 남경이 있던 남쪽 영토였으며, 막힐부는 부여의 옛 땅으로 발해의 북쪽에 있었다. 이들 지역에 군대를 관장하는 절도사가 존재했다는 것은 이곳들이 군사적 요충지였다는 것을 의미한다. 혹은 도독을 중국식 표현으로 절도사라고 하였을 수도 있다.

5일, 푸른 소와 흰 말을 잡아 천지에 제사를 지내고 크게 사면령을 내리는 한편 연호를 천현(天顯)으로 새로 제정하였다. 발해를 정복한 사실을 당나라에도 사신을 파견해 알렸다. 또 7일에 야율아보기는 다시 홀한성에 행차하여 창고의 물품들을 열람하고 신하들에게 재물을 나누어주었다. 해(奚)족의 부장(部長) 발로은(勃魯恩)과 왕욱(王郁)에게는 그간 대외정벌에 공이 컸다고 하여 특별히 상을 더 주었다.

그로부터 다시 보름 가까이 발해의 처분을 고심한 끝에 2월 19일 드디어 거란은 발해의 국호를 새로이 동거란국, 즉 약칭하여 동란국(東丹國)이라고 명명하기로 하고 홀한성의 이름도 천복성(天福城)으로 바꿀 것을 결정하였다. 이때만 해도 거란의 정식 명칭이 '대거란국(Kara Khitan)'이었기 때문에 아마도 그에 맞추어 '동거란국'으로 지은 것이 아닌가 싶다. 그리고 야율아보기의 태자인 야율배를 인황왕(人皇王)으로 삼아 동거란국의 통치를 맡겼다. 야율아보기의 동생 야율질랄은 좌대상(左大相)으로, 앞서 홀한성 방어에 나섰다가 항복하였던 발해의 늙은 재상은 이때 우대상(右大相)에, 그리고 홀한성 격파 시 요나라에 항복했던 사도(司徒) 대소현(大素賢)은 좌차상(左次相), 야율우지(耶律羽之)는 우차상(右次相)으로 임명하였다. 참고로 야율우지는 928년 12월에 발해 유민들을 거란의 동경이 되는 요양으로 집단 이주시키는 정책을 입안한 인물이다.

그리고 여기서 늙은 재상은 이름은 밝혀져 있지 않지만, 대인선 대의 재상 중에 이름이 알려져 있는 이로는 대성악이 있어 그가 이 재상이었을 가능성도 있다. 또 대소현은 이름만 봐서는 태자 대광현과 이름이 비슷해서 대인선의 아들이 아닐까 싶은데 확실하진 않다. 그는 시간이 좀 더 흘러 940년에 개인의 비리를 이유로 야율 우지에 의해 쫓겨나게 된다.

전반적으로는 발해의 기존 정치체제의 큰 틀은 그대로 유지하면 서 네 명의 최고권력기구를 신설하여 실질적인 통치를 맡기는 구조 였다. 발해의 재상과 대소현이 여기에 포함은 되었지만 사실상 통 치의 명분을 위해서였을 것이고 현실적으로 실권은 물론 거란인들 에게 있었다.

2월 20일에 고려, 예맥, 철리말갈이 와서 공물을 바쳤다고 하는 데, 이 시기의 고려 측 기록에는 거란과의 교류가 기록에 없어 단 순한 누락인지 거란의 가공의 기록인지 분명치 않다. 더욱이 이때 는 존재하지도 않던 예맥도 언급이 되고 있고, 철리말갈 역시 100 년 전에 이미 발해에 통합되어 이름만 전해질 뿐이었다.

그렇다면 혹 고구려의 옛 땅인 서경 압록부, 예맥의 옛 땅인 동 경 용원부, 철리말갈의 옛 땅인 철리부를 이렇게 대외국가들인 것 처럼 표기하였던 것은 아니었을까? 거란의 전승에 대한 주변국들 의 축하사절단인 것처럼 슬쩍 기록을 고친 것일 가능성이 엿보인 다. 어찌 국가를 선포한 지 하루 만에 기다렸다는 듯이 주변국들 의 축하사절들이 동시에 방문할 수 있었겠는가? 아마도 앞서 항복 을 전하기 위해 도착해 있던 각 지역의 사신들을 대기시키고 있다 가 동거란국 선포와 함께 개국 축하사절로 포장하여 받은 것으로 이해해볼 수 있을 것이다.

그리고 마침내 발해 각지에서는 이러한 정세 변화를 인지는 하였지만 쉽게 받아들일 수는 없었다는 듯이 봉기의 불길이 거세게 일어났다.

3월 2일에는 야율아보기가 강묵기와 함께 마찬가지로 한족 출신인 좌복야 한연휘(韓延徽)에게 군대를 주고 아직까지 투항하지 않고 버티고 있던 장령부를 공격하도록 했다. 장령부는 부여부의 서남쪽으로 거란과 접경하고 있던 최전선이었다. 이때의 항전은 방어군의 끈질긴 저항 덕분에 5개월이나 더 지속되어, 8월 7일에 가서야 방어선이 무너지고 함락되고 만다. 여담이지만, 나중에 한연휘의 손자 한소훈(韓紹勳)은 발해땅인 요양에서 동경 호부사로 근무하며 발해 유민들을 심하게 괴롭혔는데, 발해인 대연림이 쿠데타를 일으켜 그를 살해함으로써 발해의 오랜 원수를 갚게 된다. 역사는 이처럼 돌고 도는 것이리라.

8일에 하늘에 제사 지냈다. 11일에는 인황왕의 궁전에 행차하였다. 그리고 13일, 반거란 봉기가 다시 일어났다. 앞서 항복하였던 곳 중 안변부, 막힐부, 정리부 세 곳이 다시 반기를 들었다. 발해의 북쪽과 동쪽이 동시에 일어선 것이었는데, 서로 거리가 멀리 떨어진 지역이어서 지역마다 독자적인 항전을 한 것은 아니었고 군대를 합쳐 진격해왔던 것으로 보인다. 거란 선봉군이었던 야율안단이 군대를 이끌고 발해 부흥군 제압에 나섰는데, 겨우 일주일가량의 항전 끝에 21일에 세 부가 모두 패하였다. 그로부터 5일 후인 26일에는 야율안단이 홀한성으로 포로를 보내왔고 이들 중 안변부의 장수 2명을 처형하였다. 아마도 이들이 봉기의 주축이었던 모양이다.

27일, 동거란국 신하들을 위해 연회를 베풀고 하사품을 주었다. 29일에는 천복성, 곧 홀한성에 마지막으로 행차하였다. 그리고 30일, 동거란국의 정비가 이제 어느 정도 마무리되었다고 판단한 야율아보기는 대인선과 발해 왕족들을 이끌고 드디어 본국으로 개선하게 된다.

여름 4월 1일, 산자산(繖子山)에 머물렀다. 5일에 인황왕이 동거란국 신하들을 거느리고 와서 야율아보기에게 하직하고 떠났다.

5월 6일에는 남경 남해부와 동북쪽의 정리부가 정복자 거란에 대한 저항을 시작했지만, 대원수 야율요골이 군대를 이끌고 와서 공격하였고, 한 달여만인 6월 12일에 두 부 모두 패하고 말았다.

가을 7월 2일에는 중경 현덕부 소속의 철주자사 위균(衛鈞)이 반기를 들었고, 다시 대원수 야율요골이 파견되어 11일에는 완전히 제압하는 데 성공했다. 이동시간을 포함해도 겨우 9일이 걸렸을 뿐이다.

17일, 앞서 끌고갔던 대인선에게 거란의 수도 임황(臨潢, 현재 네이멍구 자치구의 츠펑시) 서쪽에 성을 쌓고 그곳에 거주하게 하고는, 대인선에게는 오로고(烏魯古) 그리고 그의 아내에게는 아리지(阿里只)라는 새 이름을 주었다. 오로고와 아리지는 야율아보기와 자신의 황후가 대인선에게 항복을 받았을 때에 탔던 두 마리의 말 이름에서 딴 것으로, 한 마디로 항복한 발해왕을 놀린 것이었다. 그러나 어쩌랴, 망국자들은 입이 있어도 할 말이 없었을 따름이었다.

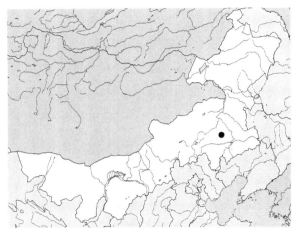

거란 상경 임황부 위키피디아

20일, 야율아보기가 부여부에 머물렀는데, 병으로 편치 못했다. 일주일 후인 27일에 결국 야율아보기는 세상을 떠났다. 8월 18일, 야율요골이 여러 주를 토벌하여 평정하고 급히 야율아보기가 머물렀던 곳으로 달려갔다. 이어서 21일, 인황왕 야율배도 태조가 사망한 행궁에 당도했는데, 부여성 서남쪽의 두 강 사이에 있었다. 훗날 이곳에 승천전(昇天殿)을 세웠다. 그리고 부여부를 황룡부(黃龍府)라고 명명하였다.

그 밖에도 홀한성이 격파된 뒤에 이미 항복한 군현들이 다시 거란에 대해 봉기하기 시작하자, 소아고지와 강묵기에게 이들을 토벌하라는 임무가 주어졌다. 발해 부흥군 중 유격기병 7,000기가 서경 압록부에서 진격해왔는데 이들의 위세가 대단하였다고 한다. 하지만 이미 멸망의 시계추는 돌이킬 수 없었던지 이들 역시 소아고지에게 패하여 2,000여 명이 목 베여 죽고 말았다. 거란군은 진군하여 장령부의 회발성(回跋城, 지린성 휘발하 유역의 휘발성으로 추정)까지 격파하였다.

대략 9월경에는 대부분의 저항세력들은 분쇄되었고, 끝으로 11월에 발해왕 대인선의 아우가 거란에 정복당한 부여성을 공격하였지만, 이들의 마지막 시도는 실패로 돌아갔다.

그럼 거란으로 끌려간 대인선과 그 가족들은 그 다음 어떻게 되었을까? 그들은 결국 멸족형으로 모두 몰살당하고 말았다고 한다. 한 나라의 마지막 왕으로서는 감당하기 힘든 정말 비극적인 결말이다. 한편으로는 발해를 무너뜨린 야율아보기 역시 승전 후 귀국하던 중 발해땅인 부여성에서 50대 중반의 나이로 병 때문에 세상을 뜨고 말았으니, 양국의 첫 황제와 마지막 황제의 결말은 마찬가지였다고 봐야 할지도 모르겠다.

(3) 발해 멸망의 원인

발해의 멸망은 너무도 극적이어서 그간 많은 상상력을 불러일으켰다. 가장 대표적으로는 백두산 폭발설이 있었지만, 가설이라고 하기엔 입증할 만한 증거가 딱히 없어서 따져보기도 힘들 뿐이다. 오히려 당대의 기록들을 찾아보는 편이 훨씬 확실할 것이다.

발해의 멸망은 보다시피 926년 1월의 일이었다. 그렇다면 그 전후의 상황을 살펴보자.

919년 일본에 건너간 발해 사신단에서 네 명이 일본에 잔류하였다. 명확한 목적은 알 수 없지만, 일종의 망명 신청으로 이해한다면 이 무렵부터 발해사회 내부는 혼란에 빠져들기 시작한 것이 아니었을까 짐작된다.

신라 제54대 경명왕 김승영(金昇英, ?~924, 재위 917~924)의 재위 5년차인 921년 봄 2월, 말갈의 일파인 달고(達姑) 사람들 171명이 말을 타고 신라의 북쪽 변경을 침범해왔다. 태조 왕건의 장수 견권(堅權)이 삭주(朔州)를 지키고 있다가 기병을 이끌고 가서 유명무실한 상태였던 신라군을 대신하여 달고 세력을 공격하였고, 이들 중 단 한 필의 말도 살아돌아가지 못했을 정도로 성공적인 작전을 벌였다. 이에 경명왕은 인편으로 감사의 인사를 태조 왕건에게 보내었다. 이때는 발해 멸망 정확히 5년 전인데, 실위 소속으로 보기도 하는 달고 집단은 흑수말갈처럼 만주 북방에 위치한 족속임에도 한반도까지 남하하여 문제를 일으킬 정도면 발해의 행정체계가 얼마나 무너진 것인지 짐작해볼 수 있는 일이기도 하다. 그리고 그 사유는 아마도 국가 근간의 경제 시스템의 문제로 먹고살 길이 막막해져 궁지에 몰린 발해의 변방 세력이 살기 위해 그간 접근하지 않았던 인접국들까지 손을 뻗쳤던 것은 아니었겠는가 싶다.

발해의 남부뿐만 아니라 북부도 붕괴의 조짐이 보였다. 선왕 대인선 때 번국으로 전락했던 흑수말갈이 924년과 925년에 후당에 사신을 보내어 외교관계의 복원을 시도한 것이다. 그나마 다행인 것은 비슷한 시기에 완전히 복속되어 지방행정체계 내로 편재된 다른 말갈 출신 부들은 대체로 발해에 대한 충성을 거두지 않았다는 점이다.

비슷한 무렵인 925년 봄 3월 고려 궁성의 동쪽에 엄청난 숫자의 두꺼비가 나타났고, 궁성에서도 길이 20m에 달하는 지렁이가 발견되는 등 이변이 보였는데, 고려인들 사이에서는 이웃나라 발해가 망하여 고려로 투항해올 것이라는 소문이 돌았다. 태조 왕건도 어떤 낌새를 느꼈는지 이달 서경, 즉 평양을 방문하였다. 그의 행동은 비상시를 대비한 모종의 대책 마련을 위한 것이 아니었을까. 아니나 다를까, 발해 멸망 직전인 925년부터 발해인들의 망명이 시작되었다.

925년 9월 6일, 장군(將軍) 신덕(申德)이 휘하의 500명과 함께 고려로 망명해왔다. 9월 10일에는 예부경(禮部卿) 대화균(大和鈞), 정당성 소속의 고위직의 일종으로 보이는 균로사정(均老司政) 대원균(大元鈞), 공부경(工部卿) 대복모(大福謩), 좌우위장군(左右衛將軍) 대심리(大審理)가 백성 100호를 이끌고 고려에 망명했다. 같은 해 12월 29일에는 좌수위소장(左首衛小將, 수首는 우右의 오기인 듯) 모두간(冒豆干), 검교 개국남(檢校開國男) 박어(朴漁)가 백성 1,000호를 이끌고 고려에 내투하였다.

예부경이나 공부경은 핵심부서인 6부의 장관급 인물이고 개국남 등도 작위가 있다는 것은 고위직이라는 뜻이었다. 확실히 붕괴의 조짐은 있었다. 이는 이미 발해의 미래를 어둡게 본 이들이 있다는 증거가 된다. 특히 우연치고는 대 씨 왕족들이 다 같이 이동을 결심하였다는 것이 특이한데, 정확히는 알 수 없지만 내부에서의 어떤 혼란이 정권을 강타하였던 것은 아니었을까 싶다. 그렇기 때문에 고국을 등지고 심지어 거란의 공격이 개시되기 전부터 이탈하기 시작한 것이라고 짐작해볼 수 있을 것이다.

그리고 지금까지의 망명자 중 가장 비중이 높은 인물이 발해로 망명해왔다. 바로 대인선의 태자 대광현(大光顯)이다. 이후 태조 왕건은 그에게 같은 성씨인 왕계(王繼)라는 이름을 내려주고 고려 왕실의 호적에까지 올리는 등 높은 대우를 했다. 또한 특별히 원보라는 4품 직급에 임명하고 지금의 황해도 배천인 백주(白州)를 지키게 하였으며, 마찬가지로 그의 휘하 관리들에게도 작위를 주고 병사들 역시 밭과 집을 하사하는 조치를 취하였다. 그가 가지는 상징성을 높게 본 것이다.

참고로 『고려사』에는 태자 대광현의 망명을 934년 7월으로 기록하고 있고 같은 책의 「연표」에는 925년(『고려사절요』에서는 925년 12월)으로 시점이 달리 되어 있는데, 이는 왕건의 우대조치와 망명 시점 간의 차이로 보인다. 태자 정도 되는 이가 발해 멸망 시점에 이렇게 곧바로 망명을 하는 것이 과연 가능하겠느냐는 의문이 들기도 하는데, 고구려 멸망 이전에 최고권력자 연개소문의 동생 연정토(淵淨土)가 3,500여 명이나 이끌고 신라로 망명을 한 사례도 있어서 불가능하진 않을 것 같다.

하지만 한편으로는 『고려사』의 원천인 『고려왕조실록(高麗王朝實錄)』의 초기기록 자체가 거란과의 전쟁으로 소실되면서 현종 대에 새롭게 기록들을 취합하고 정리하여 재작성한 만큼 오류의 가능성도 커서 1년 정도의 오차가 있었을 가능성도 있다. 게다가 발해가 실제로 멸망했던 926년 한 해 동안에는 고려로의 망명 기록이 전혀 나타나지 않아 이러한 의문을 더욱 증폭시켜준다. 검토가 더 필요는 하겠으나 기본적으로 고려 당시의 기록에 약간의 오류가 있었던 것으로 이해하는 편이 정확할 것이다. 참고로 조선시대에 작성된 『동국통감(東國通鑑)』에서는 이를 보정하여 926년 봄에 대광현이 망명해온 것으로 나오는데, 이 기록이 가장 합리적이라고 생각된다.

어쨌거나 발해 멸망 이후에도 망명의 행렬은 계속 이어진다.

927년 3월 3일, 공부경(工部卿) 오흥(吳興)이 휘하의 5천 명과 함께 고려로 투항했다. 2년 전 공부경 대복모가 버린 자리를 오흥이 이어받았던 모양이다. 이때 승려 재웅(載雄)도 마찬가지로 60명을 데리고 오흥과 함께했다.

928년 3월 2일 김신(金神)이 60호를 이끌고 망명해왔다. 7월 8일에는 대유범(大儒範)이, 9월 25일에는 은계종(隱繼宗)이 휘하 사람들과 함께 고려로 도망쳐왔다. 은계종의 경우 후대에 조금 이름이 알려진 인물인데, 고려 태조가 천덕전에서 이들을 접견할 때 은계종이 세 번 절하자 사람들이 예법에 어긋난다고 하였지만, 나라를 잃은 사람은 세 번 절하는 것이 옛날의 예법이라고 대상(大相) 송함홍(宋含弘)이 대신 해명해주었다고 한다. 이후 은계종은 예법에 대한 일종의 상징처럼 이름이 남는다.

929년 6월 23일에는 홍견(洪見)이 배 20척에 사람과 물건을 싣고 고려로 투항했다. 9월 10일에도 정근(正近) 등 300여 명이 고려로 들어왔다. 이 무렵은 동거란국이 거란 태종에게 압박당하던 시기여서, 그 밑의 발해인들도 억압을 피해 탈출을 감행하였던 것으로 보인다.

이후에도 피난 행렬은 드물지만 계속 이어져서, 934년 12월 대진림(大陳林)이 휘하의 160명과 함께 고려로 망명해왔고, 938년 12월에는 박승(朴昇)이 3천여 호와 함께 고려로 도망쳐온 사례가 있다.

보다시피 멸망 이후에야 얼마든지 이해할 만한 일이지만, 멸망 전에 벌써 발해에서 외국으로의 망명이 시작된 것은 분명 발해 내부에 어떤 문제가 있었음을 말해준다.

우선 발해 역사의 대표적인 학자인 진위푸의 의견을 들어보자.

첫째, 발해의 신민이 중국의 풍습을 숭상하고 익히고 문예를 좋아하여 시간이 오래 지나자 점점 문약해져갔다. 지난날의 굳세고 전쟁을 좋아하는 풍조가 점차 사라져버렸다.

둘째, 발해 말기에는 이미 해북의 여러 부를 복속시키지 못하였다(예로 흑수부와 철리부의 이탈을 든다).

일면 타당하다고 느껴지면서도 부족하다고 생각되는 부분은, 그런데도 926년 멸망하기 전에 이미 탈출을 감행하는 행렬들을 이 두 사유는 설명해주지 못한다. 그리고 두 번째 이유는 모든 부가 이탈한 것이 아니라 일부만의 사례라고 봄이 타당하다. 어쨌든 그렇다면 또 다른 이유가 있었을 것이다.

그래서 보통은 발해의 내부 분란을 지적한다. 이에 대해서는 발해 멸망의 직접 당사자인 거란인의 입을 통해 들어볼 수 있다. 동거란국의 중대성 우차상이 된 야율우지의 말이다.

> 선제(태조 야율아보기)께서 그 분열된 마음을 틈타 군사를 움직여서 싸우지도 않고 이겼습니다.
>
> 先帝因彼離心 乘 而動 故不戰而克

당연한 이야기이면서도 이건 사실 무책임한 답변이기도 하다. 어느 나라나 망할 때에는 핑계가 없을 수 없고 대부분은 망할 만해서 망했다라고 말하면 그만이다. 하지만 과연 그랬을까? 부분적으로는 맞을 수 있지만, 여전히 풀리지 않는 찝찝함은 남는다. 왜냐하면, 그렇게 분열했으면 발해 멸망 이후에는 서로 등 돌리고 발해라는 이름도 다 잊어버릴 만한데 오히려 발해의 유민들은 발해 멸망 이후에도 200년 넘게 발해인이라는 아이덴티티에 긍지를 가지고 살았다.

그래서 드는 생각은 발해는 모종의 사유로 이미 국력이 쇠잔했다는 점과 그걸 알았기 때문에 외국과의 외교 시도 등 다각도로 손을 썼음에도 불구하고 거란군의 전략에 허를 찔려 급속도로 무너져내렸다는 것이다.

전자는 생각보다 쉽게 추론해볼 수 있다. 바로 관측자인 주변국들의 발해에 대한 관심을 보면 미루어 짐작해볼 수 있기 때문이다. 발해가 소위 잘나갈 때에만 해도 주변국들의 발해에 대한 기록들이 늘어난다. 하지만 반면에 발해가 그 존재감을 잃게 되면 마찬가지로 주변국들은 굳이 발해에 관심을 가질 이유도 없고 따라서 자신들의 역사서에 발해를 기록할 일도 줄어들게 된다. 발해의 멸망은 대인선 때로 알고 있기에 다들 그의 치세가 몰락의 결정적 시기라고 믿기 쉽지만, 사실 그 전의 대위해는 아예 역사에 기록이 한 줄 남아 있을 뿐이고, 그 직전의 대현석 역시 그 전 왕과의 관계도 기록이 없을 만큼 '악플'도 아니고 '무플'에 가까운 창피한 수준의 존재감을 보인다. 이는 이 당시의 발해는 이미 주위의 관심에서 멀어질 대로 멀어져서 사실상 위협도 안 되는 수준으로 떨어져 있었음을 반증해준다. 오히려 대인선은 어떻게든 발해를 살려보고자 노력하였기에 발해를 멸망시킨 거란인에 의해 기록이라도 남게 된 것이다.

그런데 여기서 한 가지 유념해서 보아야 할 부분은 발해 국내의 경제난과 그로 인한 지방행정의 붕괴 가능성이다. 동시대인인 궁예가 901년 "평양 옛 도읍은 무성한 잡초로 꽉 차 있다(平壤舊都鞠爲茂草)."라고 평가한 부분은 의미심장하게 느껴진다. 또한 태조 왕건 역시 918년에 "평양은 옛 도읍으로 황폐한 지 비록 오래지만 터는 그대로 남아 있다. 그러나 가시덤불이 무성해 번인(番人)이 그사이를 사냥하느라 옮겨 다니고 이로 인하여 변경 고을을 침략하니 그 피해가 매우 크다."라고 말하고 있다. 신라가 줄곧 패강 이남을 기점으로 방어진을 형성하고 있었던 것을 보면 발해 측의 최남단 방어 기지가 곧 평양이었을 텐데도, 이렇게 사실상 발해 말기에 방치되다시피 놓여 있었다는 것은 발해의 주요 거점조차도 지방행정이 무너졌을 만큼 심각한 내적 위기가 도래해 있었음을 말해주는 것은 아니겠는가. 발해 멸망 전부터 국외로 도피하는 행렬이 이어졌다는 것은 단순히 정국 불안이라는 꼭 하나의 이유에 기인한다기보다는 전반적인 국가적 위기상황 때문으로 이해하는 편이 좀 더 합리적일 것이다. 그렇다면 가장 가능성이 높은 사유로 광범위한 경제 위기와 이를 종합적으로 관리할 수 없었던 국가의 통치력 저하를 떠올릴 수 있지 않을까 한다. 동시대의 신라 사회가 전국적인 경제 위기로 인해 지방행정이 붕괴하여 결국 무정부상태에서 헤게모니가 바뀌게 된 것은 결코 우연이 아닐 것이다. 그나마 신라는 외침이라도 없었지만 발해는 바로 옆에 강적을 두고 있었다는 점이 비극이었다.

그래서 가장 결정적인 사유는 곧 거란군의 전격전(Blitzkrieg)이라는 전략이 주효했다는 점이다. 거란을 방비하는 발해의 부여부가 포위당하여 함락될 때까지 불과 3일이 걸렸다. 게다가 부여부에서 상경으로 이동하여 대인선의 항복을 받기까지 걸린 시간은 겨우 9일밖에 안 된다. 심지어 그사이에 발해군 3만과의 접전이 있었는데도 불구하고 말이다. 거란군의 출정식 이후부터 따져도 고작 한 달 남짓한 기간 만에 한 국가의 수도가 무너진 것이니 놀라우리만치 거란군의 기동력은 신속했고 그 군사작전능력 또한 탁월했다고 할 수 있겠다.

거란은 그 전까지 일부러 요동 반도 쪽으로 발해의 관심을 돌렸다. 최대한 자신들의 작전의 요체는 숨기고 변죽만 울리며 성동격서를 노렸던 것이다. 그리고 힘의 선택과 집중을 극대화하였다. 다른 곳은 거들떠보지도 않고 직선으로 돌파하여 부여부와 상경 홀한성이라는 두 곳 핵심만 집중 타격을 가했고, 그것은 보기 좋게 성공하였다. 거란은 사실 발해의 다른 지역까지 모두 흡수하는 것에는 크게 관심이 없었다. 오로지 중원 공략을 위한 후방의 안전 확보가 더 절실했기 때문이었다.

이러한 거란군의 전략은 후대인 조선시대 병자호란(丙子胡亂) 때 다시 한번 재현된다. 청나라 제2대 태종 홍타이지(愛新覺羅皇太極, 1592~1643, 재위 1626~1643)가 이끄는 약 10만의 청군은 1636년 12월 2일 압록강을 건너 불과 10일 후 개성까지 진군하였다. 조선의 인조는 이 소식에 화들짝 놀라 당초 강화도로 피신하려던 계획을 포기하고 남한산성으로 도망칠 수밖에 없었고, 며칠 후에는 남한산성마저 청군의 공격권 안에 들어갔다. 그다음의 결과는 잘 알다시피한 달여의 수성 끝에 자포자기한 조선 조정의 항복 선언으로 병자호란은 싱겁게 마무리되고 만다.

발해 또한 마찬가지였다. 거란의 전격전에 미처 제대로 대응도 못하고 일순간에 수도가 무너지는 타격을 입고 말았으니 말이다. 결국 발해는 어느 한 가지 이슈 때문이 아니라 내외부의 다양한 문제들의 복합적인 작용으로 멸망한 것으로 봄이 타당하다.

이 직후 흑수말갈이 점차 발해를 대신하여 흥성하였다가 얼마 지나지 않아 곧 이름을 여진으로 바꾸면서 동북아시아의 주인이 된다. 그들은 거란 치하에서는 2등 국민으로 대우받던 발해 유민들을 적극적으로 여진족 안으로 흡수함으로써 조기에 국가체계를 확립하고 세력 확장에 성공할 수 있었다. 거기다 여진이 역사에서 흥성하게 된 까닭은, 실은 발해 멸망과 연이어 세워진 동거란국이 관리의 이슈를 들어 서남쪽으로 백성들을 이동시키면서 남은 지역에 힘의 공백이 생겼고, 그것을 북방의 흑수말갈이 점차 남하하여 채우면서 결정적으로 힘을 키우는 계기가 되었기 때문이었다. 과거 당나라가 고구려를 멸망시킨 다음 그 유민들의 독립운동을 막기 위해 본국 쪽으로 옮겨 세력을 약화시키자, 역설적으로 발해의 건국 세력이 그 비어 있는 자리를 차지하게 되면서 이후 당나라를 위협할 정도의 강국으로 거듭나는 것과 마찬가지 이치이다.

국가와 민족의 흥망성쇠는 반복된다는 것을 발해와 여진의 사례를 통해 다시 한번 느낄 수 있다.

요동 반도의 역사

요동 반도 연안 위치도 동북아역사넷

고구려 멸망 후 10년 후인 677년 2월, 당 황제 고종은 안동도호부를 요동성에서 신성으로 옮기고 고구려의 마지막 왕이었던 보장왕 고장에게 개부의동삼사 요동도독을 제수하고 조선군왕에 책봉하여 요동의 안동도호부로 보내 고구려 유민들을 다스리게 하였다. 요동반도를 포함한 지역 일대를 조선군(朝鮮郡)이라 칭한 것이다. 이를 위해 당나라는 각지에 보내졌던 고구려 유민들을 다시 고구려땅으로 돌려보내는 조치도 취하였다. 이는 이 직전 해까지도 고구려 유민들의 반당 운동이 계속되면서 요동 지역의 통제가 제대로 안 되자, 부득이 그들의 왕을 꼭두각시로 세워서라도 안정화하겠다는 고육지책이었다. 사실 이때만 해도 안동도호부는 고구려 유민을 관리하기 위한 총괄조직의 역할로 개설되었는데, 이후에는 고구려 지역뿐만 아니라 점차 동북지역의 외국과 이민족들을 관장하는 역할로 확대되는데, 다만 742년 평로절도사가 하위의 업무로서 안동도호를 겸하는 형태로 바뀐다.

어쨌든 당시 보장왕은 안동도호부에서 몰래 말갈 세력과 연락하면서 당 제국으로부터의 독립을 꾀했는데, 그 해에 안타깝게도 모의가 발각되어 당나라로 소환되어서 중국 공주로 유배당했으며, 보장왕을 따르던 사람들 역시 중국 하남과 농우 등 여러 지역으로 옮겨지고 빈약한 자들만 안동성 인근에 머무르는 게 허락되었다. 여기서의 말갈은 아마도 가까운 영주에 와 있던 걸걸중상, 걸사비우 등 고구려 유민 계열의 집단들은 아니었을까 생각되지만 아직은 짐작일 뿐이다.

이어서 연개소문의 첫째 아들 연남생이 후임으로 안동도호부에 파견되었다. 그는 요동 지역을 잘 다스려서 지방구획을 새로 만들고, 조세제도도 공정하게 운영하였으며, 부역도 과감히 없애 유랑민들을 요동에 안착시킬 수 있었을 정도로 거버넌스(governance) 확립에 어느 정도 성공하였다는 평을 들었다. 하지만 그도 자신의 생명이 다함은 부득이하였던지, 679년 1월 29일, 병에 걸려 안동도호부의 관사에서 세상을 떠났다.

얼마 후인 682년에는 한 많은 세월을 보내온 보장왕 역시 머나먼 타지에서 세상을 떠났다. 출생년도는 알려져 있지 않지만, 642년 왕위에 오를 때 결혼이 가능한 나이의 딸이 있었으니 그의 나이를 40세 무렵으로 추정해보자면 대략 80세 정도의 나이에 수명이 다한 셈이다. 아마도 당으로부터의 독립운동이 실패하자 그에 대한 울분과 회한으로 마지막 남은 기력이 소진되었던 것은 아닐까. 당나라는 그를 위위경으로 추증하고 조서를 보내 영구를 경사로 운송해서 돌궐의 힐리가한의 묘 옆에 장사지내고 비를 세워주었다고 한다.

그리고 다시 시간이 흘러 687년 보장왕의 손자 고보원을 조선군왕에 앉혔고, 698년에는 좌응양위대장군을 내려주고 충성국왕으로 봉해서 안동도호부의 통솔을 위임하려고 했지만, 최종적으로는 실행하지는 못한 채 그저 안동도호부의 명칭만 안동도독부로 등급을 낮추었을 뿐이다. 영주가 함락되어 요동 지역을 통치할 방법이 없었기 때문이다.

당시 이는 당나라 무측천 재임 당시 유명한 재상이었던 적인걸(狄仁傑, 630~700)의 제안이었는데, 사유는 요동 지역의 안동도호부를 계속해서 유지하는 것은 비용 대비 실익이 사실상 없으니, 차라리 안동도호부 대신 고구려의 왕을 활용하여 그 지역은 원격으로 관리하고 당의 군비와 병사는 요서를 강화하는 데에 사용하자는 주장에 기인한 것이었다.

어쨌거나 고보원이 안동도독부의 통치권을 이어받지 못한 것은, 시점상으로도 바로 거란의 영주 봉기 때와 겹치기도 하지만, 아마도 이 무렵에 그가 어떤 사유에서인지 이 세상을 떠났기 때문이 아닐까 싶다. 이유는 바로 다음 해에 보장왕의 손자를 대신해 오히려 아들이 안동도독을 이어받기 때문이다.

699년 당나라는 적인걸의 제안을 받아들여 보장왕의 아들 고덕무를 안동도독으로 삼고 고구려 유민들을 다스리게 하였는데, 어쨌든 목적은 고구려 왕족 출신을 등용하는 편이 반당 정서가 강한 고구려 유민들을 다스리기에 편리하다는 점을 당에서도 정확히 인지하였기 때문이었다. 물론 유주와 요동 간의 교통이 돌궐에 의해 이미 끊겨서 육로로는 사실상 교류가 어려웠지만, 한동안은 요동 반도에서 발해만을 거쳐 산동 반도 등 중국 내륙으로 이어지는 해로를 통해 연락을 주고받았을 것으로 보인다.

704년 8월에 유주도독이자 영주도독이었던 당휴경이 새로 안동도독까지 겸직하게 된다. 이 무렵에는 고덕무가 영주도독 자리에서 물러난 것은 확실하나 사망 여부는 알려져 있지 않다. 어쨌든 이 무렵 안동도독부의 치소는 유주로 옮겨진 것이니 원래보다도 더 멀어져 있었다.

705년, 시어사 장행급이 새로이 외교관계 개설을 위해 발해를 방문하였던 그 해에 당 조정에서는 안동도독부를 다시 안동도호부로 격상시켰다. 요동 지역을 계속 방치할 수는 없다는 인식에서 그러했던 것 같다.

그리고 717년 당나라는 일시적으로나마 영주를 되찾았다. 하지만 그 당시 안동도호부는 그 치소를 평주로 옮긴 상태였다. 719년 평주와 노룡을 합쳐서 영주에 평로군이 신설되면서 평로절도사가 안동도호를 겸직하는 것으로 편제가 세워졌다.

영주는 이후에도 부침이 많았다. 720년 거란이 재함락시켰고, 721년에 당이 되찾았다가 730년 재차 반란이 있었고, 735년이 되어서야 안정적으로 당에서 통제를 할 수가 있었다. 그러나 그것도 잠시였을 뿐, 742년 그 유명한 안록산이 평로절도사가 되어 한동안 번영을 누리다가 그가 당나라에 대해 반란을 일으키면서 761년 마침내 거란과 해가 그곳을 차지한 다음부터는 다시는 당의 영토로 돌아가지 못한다.

어쨌든 안동도호부는 이후 743년 요서고군성으로 옮긴 것을 끝으로, 안록산 전쟁 와중에 마지막 평로절도사 후희일과 고구려 유민 출신으로 유명한 이정기가 함께 761년 평로 지역을 떠나 산동 반도의 치청으로 옮겨가면서 자연스럽게 역사에서 사라지게 된다. 순서대로 보자면, 안동도호부는 고구려 멸망 시 처음 설치되었던 고구려의 수도 평양에서부터 요동주, 요동군고성(고구려의 요동성이자 지금의 요양), 신성(즉 고구려의 신성), 유주, 평주, 연군, 그리고 요서고군성의 순서로 점차 한반도로부터 멀어진 것이다.

그렇다면 요동 반도에 남아 있던 고구려 유민들은 어떻게 되었을까? 중국 역사서에 따르면 이들은 안동도호부가 점차 중국 본토로 물러난 만큼 조금씩 자립하게 되었다고 한다. 안동도호부에 있는 고구려 유민들은 점차 줄어들어 일부는 북쪽의 돌궐로, 또 일부는 동쪽의 발해로 넘어간 것이다.

당시 요동 반도에는 그 수는 대폭 줄어들었지만 고구려 유민들이 살고 있었음은 분명하다. 그리고 이들이 무왕 대무예의 등주 침공 시 병력 수송선들이 떠날 수 있었던 출발지가 되어주었을 것이다. 이때만 해도 요동 반도에 대한 발해의 실효적 지배가 이루어지고 있었음을 짐작할 수 있으나, 이러한 요동 반도 내 발해 세력권이 오랫동안 유지된 것 같지는 않다.

이 때문에 요동 반도의 지배세력이 누구였느냐에 대한 오랜 논쟁이 있어왔다. 당나라가 차지하지 못하였던 것도 역사적으로 증명되어 있고, 발해 역시 이곳을 지배했다는 기록이 딱히 나와 있지 않은 데다가, 그렇다고 거란과 같은 외부세력이 본격적으로 차지한 것은 900년대 이후가 되니 그 전까지는 이곳의 소유주가 누구였을지 문헌상으로는 불분명한 상황인 것이다. 북한 학자들이나 일부 남한 학자들은 그래서 소고구려국이나 고려후국 등의 가칭을 부여하여 이곳을 고구려의 후예가 한동안 차지하였고 발해의 일종의 속국으로서 기능하지 않았겠느냐는 추론도 하고 있지만, 결정적으로 역사기록상의 증거가 없다는 것이 약점이다.

한번 이곳 요동 반도의 당시 상황을 찬찬히 살펴보자. 연대를 특정할 수는 없지만, 당나라 재상인 가탐이 당에서 발해까지 가는 길을 기록했던 800년경만 하더라도 그 경로를 분석해보면 이곳은 발해의 상시적 지배력이 미치지는 않았던 듯하다. 하지만 840년에 당나라에 머물고 있던 일본 승려 엔닌(圓仁)이 당나라인 현령과 얘기를 나누었던 내용에 따르면, 그가 머물렀던 산동 반도의 문등현(文登縣)이란 곳은 발해의 서쪽 끝에 있고 당나라의 동쪽 국경에 있다고 한다. 이 말인즉슨 산동 반도까지는 당나라의 영토이지만 바다 건너부터는 발해의 영토라는 사실을 동시대인이 말해주는 것이다. 곧 요동 반도는 발해의 영토로 당시에도 인식하고 있었다는 말이다.

또한 841년과 848년의 일본과 서로 주고받은 국서의 내용을 살펴보면, 발해의 영토를 지칭하면서 '요양'이 언급되는데 이 지역은 곧 요동의 상징적 위치였다. 요동 반도 전역은 아니더라도 최소한 이 당시 요양이 있던 요동 반도의 북부 지역은 발해의 세력권 안으로 들어온 것으로 보인다. 추정컨대 아마도 그 시점은 여러 말갈 부족들을 물리적으로 병합하고 한반도 중북부까지도 영토 확장을 추진하였던 제10대 선왕 대인수(재위 818~830) 때가 아닐까 싶다.

그러다 갑자기 발해와 당나라의 사신 교류가 뚝 끊기는 기간이 나타난다. 바로 제12대 국왕 대건황(재위 858~870) 때부터 제14대 국왕 대위해(재위 894?~906?) 때까지이다. 그 중간인 제13대 국왕 대현석(재위 871~894?) 치세 중인 873년에 당나라로 파견된 발해 사신단이 뜬금없이 일본 규슈 서남단에 표착하였는데, 의심스럽게도 일본 측의 검문에 제대로 대응하지 못하고 도망을 치는 사건이 있었다. 다행히 신라 해적이 아닌 발해인 공식 사절로 밝혀져 심각한 외교문제로 비화하지는 않았지만, 이들은 874년 발해로 귀국할 때에도 규슈에서 서해를 거치는 단거리가 아닌 동해로 크게 우회하는 경로를 이용하는 비상식적인 행동을 보인다. 이는 이 당시 발해가 요동 반도를 경유하는 압록 조선도를 이용할 수 없었던 불가피한 사정을 말해주는데, 그것은 곧 요동 반도에 대한 영유권을 이 당시에 다시 빼앗겼음을 의미한다.

그러다가 다시 당나라 및 양나라와 사신 교류가 활발해지는 시점이 있는데 바로 마지막 국왕 대인선(재위 906?~926) 때이다. 그가 왕위에 오른 900년대에 접어들면서 거란과 발해 간에 이곳 요동 반도를 둘러싼 치열한 공방전이 펼쳐지는데, 주로 거란이 공격해 들어오고 발해가 방어를 하는 모습이다. 이는 즉 이때는 다시 발해가 사실상 요동 반도를 차지하고 있었다는 간접적 증거가 되는 것인데, 정확히 언제 발해가 지배권을 되찾은 것인지는 현재로써는 확인할 길이 없다. 다만 분명한 것은 거란의 역사서인 『요사』 등에 따르면 거란이 탈취하기 전까지 요동 반도는 발해의 땅이었다는 사실이다.

특히 거란의 역사를 다룬 『거란국지(契丹國志)』에 따르면 "동경(즉 요양)은 이전에 발해의 고지였으나 야율아보기가 힘들여 20여 년간 싸워 이를 획득하여 비로소 동경을 건설하였다"라고 직접적으로 언급하고 있는데, 이를 통해 보면 곧 요동 반도 일대를 포함해 이 지역은 분명 발해의 영토로 인식되고 있었음을 알 수 있다. 반도의 북부가 발해의 영토라면 그 남단은 당연히 발해의 소유가 되지 않을 수가 없다.

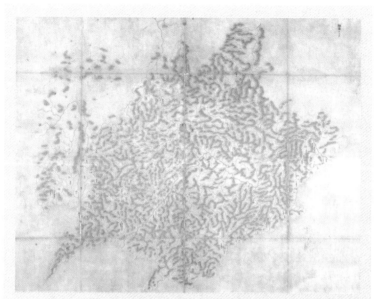

연혁칠폭도(발해) 영남대 박물관
구체적인 지명에는 오류가 있지만, 조선시대의 지도에는
요동 반도를 발해의 영토로 표기하고 있다

앞서 한 차례 언급했던 야율우지의 또 다른 발언도 주목된다.

　　양수(梁水)의 땅은 발해인들의 고향입니다.

　양수는 곧 오늘날 랴오양의 타이쯔허(太子河, 태자하)를 말하는데,
요하의 한 수계로 랴오양시를 거쳐 발해 요동만으로 흐르는 강이
다. 즉 양수의 땅은 당시의 요양, 오늘날의 랴오양을 지칭하는 말이
다. 정복한 이가 발해로부터 빼앗았다는데 그 이상의 증거가 또 필
요하겠는가.
　그러나 『발해국지장편』과 『동북통사』라는 탁월한 저서들을 통해
발해 및 만주지역 역사의 최고전문가로 자리매김한 진위푸는 중화사

상에 사로잡혀 끝내 발해의 요동 반도 지배를 인정하지 않았다.

발해의 왕 무예가 바다를 건너 등주를 공격하였다. 또 별도로 영주를 공격하여 마도산에 이르렀다. 요동의 남부를 마치 무인지경처럼 종횡으로 말을 내달렸다. 또한 안동도호부가 요서로 물러난 것은 요동 남부가 불안했던 것을 다시 증명하는 것이다. 가령 이 지역이 발해의 점령지가 되지 않았다고 하더라도 분명 불시에 출몰할 수 있는 지역은 되었을 것이다.

현재로써는 비록 요 초기에 당인의 수중에서 요동 남부를 차지하였다는 것을 단언할 수 없다. 그러나 발해로부터 취했다는 것은 요사 지리지의 기록이 잘못된 것이라는 것 이외에는 실제로 증명할 방법이 없다. … 당의 무후 이후로 요동 지역은 고구려 유민들이 소란을 피워, 거의 버려져 지키지 않게 되었다. 안동도호부를 뒤로 물려 설치한 뒤에 그 북부는 드디어 발해의 침략을 당하였다. … 내가 생각하기에, 당시 요동 남부 지역은 구탈(점령은 하였으나 포기한 지역)과 같아서 당나라 사람이 소유하였으나 지키지는 못하였다. 발해가 침략하여 차지하려고 하였지만, 감히 그렇게 하지는 못하였다. … 드디어 거란이 요동의 남부를 경략하고 이로써 발해를 핍박하는 계책으로 삼았다. … 그렇다면 거란이 요동 남부를 차지한 것은 당나라 사람들이 버려둔 것으로 말미암은 것이 된다. (이하 생략)

이처럼 사실상 주인 없는 땅이었다고 진위푸도 인정은 하면서도 소유권은 끝까지 중국에 있었음을 강조하는 것은 그가 청나라 몰락과 한족의 중화의식 회복의 시기를 살았기 때문일지도 모르겠다. 그의 그런 선입견만 조금 걷어내고 본다면, 요동 반도의 북부는 발해가 분명히 지배를 하였고 남부는 실제로는 무인지경이라는 표현 그대로 일종의 비무장지대(DMZ)와 같은 존재로 한참 동안 남게 되었던 것은 아니었을까 한다.

역사에 참고할 만한 사례를 하나만 들어보자. 박지원의 『열하일기』에서도 볼 수가 있는데, 조선 시대 당시 청나라에서는 "버드나무 울타리"라는 뜻의 유조변(柳條邊)이라고 해서 산해관부터 압록강 하구까지 길게 이어지는 지역을 흙 제방과 버드나무로 된 울타리를 세워서 변내(邊內)라 부르는 이 지역 안에서만 주민들이 생활하도록 하고, 북쪽은 몽골과의 완충 지역으로 삼고 동쪽은 한족의 출입을 금하는 봉금령(封禁令)을 내려서 운영하였다. 이 동쪽 지역이 바로 만주족의 기원지이자 그들도 소중히 여기는 백두산이 존재하는 신성한 영토여서 출입금지 지역으로 설정하고 비워두게 한 것이었는데, 그 때문에 조선 시대 후기에 먹고살기 힘들어진 조선 백성들이 그 비어 있던 땅으로 이주하여 살면서 자연스럽게 영토 분쟁이 일어나 백두산정계비도 세우게 되고 이후에는 간도 문제로까지 이어지게 되는 계기가 된 것이다. 즉 영토는 소유하고 있지만 고의적으로 비워두는 형태의 운영이었던 셈이다.

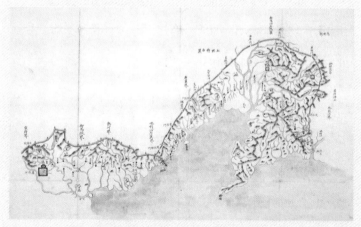

여지도(의주북경사행로) 규장각 한국학연구원
요동 반도를 둘러싼 띠가 바로 유조변이고 그 동쪽이 비어 있는 만주지역이다

뿐만 아니라, 한반도에 고려가 들어서기 전까지 신라 말부터 후삼국시대까지는 평양이 그런 식으로 무주공산으로 남겨져 있던 적이 있었다. 과거에는 지금과 달리 선을 그어 명확히 국경을 설정하기보다는 어느 정도 중간에 비어 있는 지역을 두는 형태로 운영되어 왔다.

이처럼 서로 중간에 경계를 두고 비워두는 지역들이 고대부터 일상적으로 있어왔는데, 요동 반도 남부가 일종의 그런 변외(邊外) 내지 요새 표현으로는 DMZ의 역할을 하였던 것은 아닐까 이해해볼 수 있을 것이다. 다만 발해 때에는 이를 오늘날처럼 공식적으로 협약으로 남겨서까지 운영하였을 리는 만무하고, 당나라와의 중간 지점인 영주가 수차례 북방민족들에 의해 점령당하고 결국에는 당나라에서 회복하지 못하면서 자연스럽게 그렇게 남게 된 것으로 보인다. 이 때문에 한동안은 서로 관망하다가 발해에서 아마도 제10대 선왕 대인수 때 영향권을 확장하였다가 800년대 후반 무렵 국내외의 사정으로 물러났고, 다시 마지막 국왕 대인선 초기에는 실효적 지배로 전환하였지만, 점차 국가의 운명이 쇠락하면서 그 빈 틈을 타서 거란이 치고 들어온 것은 아니었을까 생각된다. 야율아보기가 요양고성을 차지한 다음 발해인들을 뺏어와 채워넣었다고 하는데 그 발해인들을 어디서 데려왔겠는가? 분명 요동 반도 내의 비교적 가까운 발해인 거주지역에서 차출해온 게 분명하다. 즉 발해인들은 요동 반도에 이미 살고 있었던 것이다.

결론적으로는 고구려의 왕조가 지켰고 한때 당나라에 빼앗겼지만 언젠가 다시 발해의 영토가 되었을 이 땅에는 그 지배세력의 변천사와 별개로 지역의 유민들은 어떻게든 살아남아 그들의 삶을 계속 이어나간 것만은 분명한 사실일 것이다.

에필로그

발해 멸망 후 아직 4년도 채 지나지 않은 시점인 929년 12월 23일, 일본 단고국(丹後國) 다케노군(竹野郡)에 스스로 발해인이라고 밝힌 배구 이하 93명의 사신단이 도착하였다. 아직 일본은 이해에 45세가 된 다이고 천황 치하에 있었다. 그는 두 번이나 발해 사신단을 맞이해본 바 있었고, 그 두 번 모두 배구가 이끄는 일행들이었다. 그러니 특별히 문제 있을 것은 없어 보였다. 그저 마지막 발해 사신단이 일본을 방문하였던 것이 10년 전이어서 12년이라는 연한 규정을 두고 있던 것에서 2년 모자란 것이 걸릴 뿐이었다.

단고(다케노군은 좌측 상단) 위키피디아

930년 1월 3일, 단고국의 이 일이 조정에 보고되었다. 좌대신 후지와라노 다다히라 등이 발해 사신단을 수도로 들여보낼 것인지 여부를 의논하였고, 1월 20일에는 사신단이 타고온 선박의 수리비용의 처리 방법 등 실무적인 처리를 협의하였다. 920년 당시에는 우대신이었던 다다히라도 좌대신으로 승진한 상태였다. 그 역시 다이고 천황처럼 배구를 만나본 적이 있었다.

3월 2일, 사신단의 안내를 담당하는 발해존문사(渤海存問使)가 발해 사신 배구와 이번 사신단 파견에 대한 이야기를 나누던 중 이상한 부분을 발견하였다. 이번의 발해 사신단이 사실 발해가 아니라 동거란의 사신이라 하기에 그 까닭을 이상히 여겨 확인하던 중 그 내용이 이해되지 않아 자세히 캐묻게 된 것이다. 분명 배구는 908년과 919년에도 일본에 왔었던 발해의 사신이어서 일본 사회에도 잘 알려진 인물인데 이와 같은 뜻밖의 말을 한 것이 내부적으로 이슈가 된 것이다. 결국 그는 배구와 나눈 이 대화내용을 조정에 보고하였다. 배구는 자신이 이제 와서 동거란국의 사신이라고 밝혔다.

4월 1일, 천황은 단고국에 사신을 보내 발해 사신을 심문하게 하였다. 배구의 말에 앞뒤가 모순되는 부분이 있었기 때문이다. "본래 발해라고 했는데 이제 동거란국 사신이라 하는 건 무엇 때문입니까?"라고 묻자 배구는 마음의 준비를 마친 듯 담담히 이에 대해 답하기를 "발해가 거란에게 멸망당하고 동거란이라 국명이 바뀌게 된 것입니다. 저는 그때 항복하여 지금은 동거란의 신하가 되었습니다."라고 하였다.

천황은 문서를 통해 이를 비판했다.

그간 듣기로는 발해는 거란을 대대로 원수의 나라라고 하였는데, 지금 당신들은 나라를 배반하고 남의 신하가 되었다는 것이니 어찌 하루 아침에 그럴 수 있는 것이오?

배구로서도 이에 대해서는 딱히 할 말이 없었을 것이다. 그는 구차하게 변명하지 않고 솔직한 심정을 글로 적어서 보냈다.

저희는 참됨을 등지고 거짓을 향하였고, 선을 버리고 악을 따랐으며, 위기에 처한 군주를 구하지 못하고 외람되게 전장에서 새 군주를 찾았습니다. 한낱 사신으로서 귀국의 법규를 문란케 하였으니 얼굴이 화끈거리고 다리가 떨립니다. 불충하고 불의하여 잘못을 저질렀으니 책임을 지는 의미에서 변명하지 않고 모두 진술합니다.

이처럼 발해가 아닌 동거란국 사신으로 온 배구는 자신은 원래 발해인이었는데 발해 멸망과 함께 정복자인 거란에 투항하여 현재는 거란 밑에서 신하가 되었다고 밝힌 것이다. 거란의 입장에서는 대일본 외교의 전문가인 배구의 필요성이 분명 있었기 때문에 이번 사행에 그를 파견한 것이었지만, 그는 아직 마음속으로까지 거란에 귀의하였던 것은 아니었다.

그래서 도중에 그는 감정이 격해졌는지 동거란의 사신이라는 자신의 신분도 잊은 채 원래의 발해인의 심정으로 돌아가 침략자 거란에 대한 그간 말하지 못했던 비난을 토로하기 시작했다. 망국의 유민이 할 수 있는 것은 그저 슬픔과 분노의 표출밖에는 없었다. 하지만 이는 안타깝게도 제3자인 일본인들의 눈에는 단지 패자의 자책으로만 보일 뿐 전혀 공감할 수 없는 일이었다.

일본 조정으로부터 마치 배신자를 대하듯 질책을 받은 배구와 그의 일행은 단고국에만 머물러 있다가 일본 수도에는 발도 딛지 못했다. 영토는 그대로였지만 이제는 발해라는 이름을 쓰지 않는 동거란국으로 귀국할 수밖에 없었다. 동거란국은 이후 다시는 일본과 교류를 시도하지 않았다.

이 당시 배구를 만났던 후지와라노 마사카즈(藤原雅量)가 남긴 시가 있다. 거의 유일하게 배구를 동정적으로 대한 일본인이었다. 그의 말마따나 배구는 돌아가서 어떻게 살았을까?

> 속세를 뛰어넘은 운치는 그 뜻조차 미묘하니
>
> 단 한 번에 만감을 다 보이기는 어려운 것을
>
> 이제 동거란의 새 사신으로 온 것을 어쩌겠는가
>
> 그저 발해의 옛 신하로 돌아감이 서글프구나
>
> 강가 정자에는 해 저물어 옅은 안개 피어오르고
>
> 인적 드문 산속 객관에는 저녁 비만 흩날릴 뿐
>
> 처자식들이 흩어졌다는 이야기를 들었는데
>
> 이제 어디로 가서 생계를 유지할런지

미처 이들은 몰랐을 것이다. 이렇게 멸망한 발해라는 이름의 끈질긴 생명력은 무려 200년을 더 살아남아 역사에 기나긴 궤적을 새겨놓게 될 줄 말이다. 고구려 멸망 후 한 세대가 흐른 30년이 지나 발해라는 이름으로 부활했던 그들은 그 발해가 멸망하고 또다시 200년의 긴 세월을 버텨내었다. 그렇게 그들은 발해라는 이름을 지키기 위해 무던히 애를 썼고, 자신들의 정체성을 위해 온갖 노력을 다했다. 200년이라는 시간의 이름은 그저 주어진 것이 아니라 노력 끝에 쟁취한 것이었다.

하지만 세월을 이길 수는 없었던 것인지 228년의 발해 역사와 200년 가까운 유민의 역사를 끝으로 더 이상 발해라는 이름은 들려오지 않았다. 그들의 남은 세력은 거란을 거쳐 중국으로, 여진을 통해 금나라로, 망명이라는 형태로 고려로 이어져갔다. 그들은 비록 이름은 잃었으나 여전히 우리 안에 숨 쉬면서 생존해 있다. 단지 그들의 존재를 그 이름으로 미처 인식하지 못할 뿐. 그렇게 발해의 역사는 조용히 숨죽이며 우리 안에 녹아 흐르고 있다.

발해 부흥운동

발해 멸망 이후의 발해 부흥운동은 체계적으로 정리되어 있지 않다. 한번 잃어버린 역사는 되살리기가 그토록 힘든 일이다. 유민들에 대한 기록은 짧게 여기저기에 분산되어 남아 있기에 구체적인 모습을 알기는 어렵다. 다만 파편화되어 전해지고 있는 기록들을 모아보자면 거칠게나마 대략적인 윤곽은 알 수가 있다. 대표적인 발해 유민들의 국가이자 발해 부흥운동이기도 한 정안국, 흥요국, 대발해 세가지 사례를 살펴보자.

먼저 **정안국(定安國)**은 본래 고구려 즉 발해의 일족인데, 거란에게 격파당하자 그 우두머리가 남은 무리들을 규합해서 서쪽 변방에 웅거하여 나라를 세우고 개원하면서 자칭 정안국이라고 하였다. 이 나라는 정확한 개국 시점이나 멸망 시기가 밝혀져 있지 않고 국왕이 누구였는지만 겨우 알려져 있는 상황이다.

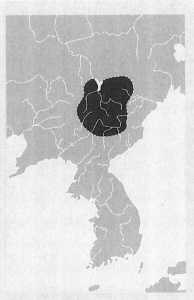

정안국 위키피디아

그럼에도 추정을 해보자면, 935년 11월에 열주의(列周義)가 발해 사신으로 후당을 방문한 사실이나, 또 같은 해 12월에 후당에 와서 936년 2월까지 머물렀던 남해부 도독 열주도(列周道), 정당성 공부경 오제현(烏濟顯)의 사례를 보면 이들의 성씨가 나중의 정안국 국왕들의 성씨와 같기에 결국 이들은 정안국의 사신들로 생각된다. 그렇다면 발해 멸망 직후 동란국이 성립되었다가 929년부터 931년까지 요양 지역으로 서천(西遷)한 이후의 공백 지대에서 열 씨와 오 씨 집단이 주축이 되어 잔존 세력들이 모여 930년대 초중반경 정안국이라는 이름하에 발해 부흥운동을 시작한 것이 아닐까 짐작해볼 수 있다. 열씨는 분명치 않지만 오 씨만 해도 발해의 귀족 가문으로 유명했다. 그리고 구체적인 위치는 알려져 있지 않으나, 정안국의 중심지는 대략 발해 상경성보다는 남쪽이면서 서쪽으로 부여와 멀지 않은 곳이었던 듯 시간이 지나서는 부여부까지 병합하였다고 한다.

30여 년의 기나긴 공백기를 지나 970년이 되어 정안국왕 열만화(烈萬華)가 여진의 사신을 통해 송나라에 국서와 선물을 전달함으로써 역사에 그 존재를 드러내었다. 아마도 공동집권세력 중 열 씨 가문이 왕족이 되었던 모양인데, 오 씨 역시 왕실과의 혼인 관계를 통해서든 유력한 가문으로 존재하였던 것으로 추정된다.

그리고 975년 가을 7월 황룡부 곧 부여부의 위장(衛壯) 혹은 군장(軍將) 연파(燕頗)가 황룡부의 도감(都監) 장거(張琚)를 살해하고 반란을 일으켰다. 9월 연파는 거란의 공격을 받아 패하여 올야성(兀惹城, 또는 오사성烏舍城)으로 도주하였고, 그 여파로 주민들은 타 지역으로 강제로 옮겨지고 황룡부는 폐지되었다. 이로써 구 부여부의 발해 세력들은 자연히 정안국에 참여하게 되었다. 참고로 이때의 연파는 기록에 따라서는 염부왕(琰府王)이라고도 불렸던 듯한데, 발음이 중국어로도 각각 앤포(Yanpō)와 앤푸(Yǎnfǔ)로 비슷하여 어쩌다 다른 한자로 적힌 것으로도 보인다.

얼마 후인 981년에 여진의 사신 편으로 정안국에서 송나라에 보낸 국서를 보면 국왕이 다시 오현명(烏玄明)으로 바뀌어 있는데, 성씨가 다른 것으로 보아 모종의 쿠데타를 통한 정권 교체가 아니었을까 의심되기도 하지만, 또 한편으로는 979년 무렵 거란의 정안국 공격이 있었기에 그 과정에서 불가피하게 권력의 공백이 발생하였고 그 때문에 지배세력이 바뀐 경우일 수도 있다. 사유야 어찌되었든 그 여파 탓인지 바로 얼마 전인 979년 6월에 발해인 수만 명이 고려로 내투해 왔는데 이들이 곧 정안국 백성들이었을 것으로 여겨진다.

참고로 981년의 정안국 국서를 한번 살펴보자.

정안국왕 오현명은 말씀드립니다. 저는 본래 고구려의 옛땅인 발해의 유민으로, 한쪽 귀퉁이에 머물면서 여러 해를 지내오며 겨우 살 곳을 구해 예전처럼 살고 있습니다. 그런데 여러 해 전에 거란이 사납게도 국토를 침범하여 성채를 부수고 우리 백성들을 생포해갔습니다. 그러나 제 돌아가신 할아버지(祖考)가 지조와 절개를 지켜 항복하지 않고, 백성들과 함께 난리를 피하여 다른 지역으로 가 가까스로 지금에 이르렀습니다. 그런데 또 부여부(扶餘府)가 일전에 거란을 배반하고 모두 본국에 귀속하였으니 앞으로 닥칠 재앙이 말할 수 없이 클 것입니다. 그러므로 마땅히 송나라 조정의 계책을 받아 군사를 거느리고 거란 토벌을 도와 기필코 원수를 갚고자 합니다.

— 원흥 6년(981) 10월

정안국의 연호인 원흥(元興)은 근본을 일으켜 세운다는 뜻이다. 훗날 대발해라는 국가가 세워졌을 때 별칭으로 대원(大元)이라 하였는데, 이를 통해 유추해보면 혹시 원흥은 즉 발해를 되살린다는 뜻이 아니었을까? 어쨌거나 이때의 복수에 대한 갈망은 결국 실현되지는 못하였다.

그리고 시간이 좀 더 흘러, 989년에 정안국의 왕자가 여진의 사신을 통해 말과 새깃으로 장식한 화살 등을 송나라에 전해왔고, 또 991년에는 아마 같은 인물이지 싶은데 다시 정안국의 왕자 태원(太元, 혹은 대원大元)이 마찬가지로 여진의 사신을 통해 국서를 송나라에 보냈는데, 이를 끝으로 그 뒤로는 다시 연락을 주고받지 못하였다.

그런데 우연찮게도 바로 다음해인 992년부터는 정안국이라는 국명이 아닌 수도인 올야의 이름으로 거란과의 관계가 지속적으로 역사에서 확인된다. 차례대로 오소도(烏昭度)와 오소경(烏昭慶)이 지도자로서 등장하는데, 혹 오현명과 같은 집안으로 후계자 자리를 이었던 것이 아닐까 싶다. 어쨌든 거란과 반목하다가 결국 997년 항복하여 일개 부로 전락한 이후 마침내 1004년경 지배권을 잃고 점차 역사에서 소멸되어갔다.

한참이 지난 1018년 1월 6일, 정안국 사람인 골수(骨須)가 고려로 도망쳐왔다는 기록을 끝으로 정안국의 소식은 다시 들려오지 않았다. 거란의 계속되는 강제이주와 핍박 끝에 마지막 남은 정안국 유민의 저항이었을 것이다.

홍요국(1029년~1030년) 위키피디아

발해가 멸망하고 정확히 100년 남짓 지난 1029년 8월 초, 거란 동경 사리군(舍利軍)의 장군 대연림(大延琳)은 요나라 성종의 사위인 동경유수 소효선(蕭孝先)과 그의 아내인 성종의 딸 남양공주(南陽公主) 야율최팔(耶律崔八)을 감금하고 호부사(戶部使, 재무장관) 한소훈(韓紹勳), 호부부사(戶部副使, 재무차관) 왕가(王嘉), 사첩군 도지휘사(四捷軍都指揮使) 소파득(蕭頗得)을 제거하였다.

대연림은 곧 **홍요국(興遼國)**을 개창하고 정부를 구성하여 직접 왕위에 올랐다. 그는 발해시조 대조영의 7(七)대 손이라고 하는데, 아마도 비슷하게 생긴 한자 때문에 11(十一)대가 잘못 전해진 것이 아닐까 싶다. 한 대를 30년으로 어림잡는다고 해보면 7 × 30 = 210년으로 너무 짧고, 11 × 30 = 330년 정도 되어야 698년 발해 건국부터 약 330년 후인 1029년에 대연림이 11대 후손이 될 수 있기 때문이다.

또 흥요국에서 '흥요(興遼)'는 요동의 한 지역의 명칭이기도 하지만, 그보다는 넓게 해석하여 고구려와 발해의 영토였던 요동을 다시 부활시키겠다는 의지의 표명이었다. 즉 대연림의 궁극적 목표는 발해의 재건이었다. 그리고 연호는 천경(天慶) 혹은 천흥(天興)으로 정하였는데, 하늘의 경사 내지 번영을 의미한다. 대연림과 발해 유민들의 밝은 희망이 느껴지는 표현이다. 이로써 주변의 인망을 얻어 남과 북의 여진족들도 대연림에게 가세하였다고 한다.

흥요국의 본거지가 된 동경 지역은 전통적으로 발해 유민들이 집단거주하고 있던 곳이었기에 대연림이 동조세력을 모으는 데에 유리하였을 것이다. 그런데 이들이 대연림을 지지했던 것은 발해의 부흥도 명분이 되었겠지만, 실리 측면에서 경제적인 요인도 있었다.

이곳 요동 지역은 발해 멸망 이전에 거란의 영토가 되었으나 발해인들의 반발을 우려해 발해 때의 기존 정책이 그대로 유지되어 술, 소금 등의 유통을 국가가 독점하는 전매제도가 없었고 세금도 상대적으로 가벼웠다. 그런데 한족 출신인 풍연휴(馮延休) 및 한소훈이 연이어 호부사가 되자 한족 거주지역이었던 연운 16주에서 시행 중이던 한족 대상의 세법을 발해인들에게도 강제 적용함으로써 당시 동경의 발해 주민들은 그 때문에 커다란 경제적 피해를 입게 되었다.

게다가 오늘날 베이징과 허베이성 일대에 해마다 큰 가뭄이 발생하자, 호부부사 왕가가 추가로 정책을 발표하여 발해인들을 동원해 선박을 만들어서 곡식을 실어나름으로써 그곳 백성들을 구제하고자 하였다. 하지만 조세 운반에 강제로 투입되어 노력으로 죽어나가고, 바닷길이 험하여 선박의 전복 사고가 많이 일어나자 불만이 쌓여

가기 시작했다. 주민들이 아무리 사정해도 듣지 않고 그저 가혹하게 대처하는 까닭에 이들의 불만은 점차 고조되어갔다. 그런 분위기 속에서 대연림이 나서서 한소훈과 왕가를 제거하니 지역 주민들의 큰 호응을 얻을 수 있었다. 이때 죽은 한소훈은 앞서도 한 차례 언급하였다시피 발해 멸망 시 거란 침공군의 일원이었던 한연휘의 손자였으니 대를 이은 발해와의 악연이 이렇게 되갚아진 것은 아닌가 싶기도 하다.

대연림이 쿠데타를 일으키기에 앞서 동경부유수 왕도평(王道平)과 사전모의를 하였는데, 과거 발해 때에 부여부였던 황룡부(黃龍府)의 방어를 맡고 있던 황편(黃翩)까지 끌어들이기로 했었지만, 왕도평은 밤을 틈타 동경성을 탈출해서 황편과 함께 황제가 머무는 행재소에 가서 쿠데타 소식을 알렸다. 흥요국의 건국운동이 성공적으로 안착되기 위한 골든타임은 그렇게 예상치 못하게 단축되어버렸다.

성종(聖宗) 야율융서(耶律隆緒, 971~1031, 재위 982~1031)는 임해공주(臨海公主) 야율장수(耶律長壽)를 맞이해 성종의 사위가 되어 있던 발해인의 후예 대역추(大力秋)를 연좌제를 적용해서 죽이고 내부단속을 했다. 임해공주를 낳은 성종의 아내 역시 발해인 대 씨였으니 이들의 운명도 참 기구하다고밖에는 말할 수가 없을 것 같다.

그런 다음 성종은 여러 지역의 군사들을 징집하여 토벌에 나섰다. 그때 장군 소필적(蕭匹敵)이 대연림과 가까운 지방을 다스리고 있었으므로 먼저 관할 병사와 가병(家兵)까지 동원하여 요충지를 차지하고 흥요국 세력의 서쪽 지역을 차단하였다. 참고로 이 소필적은 993년 제1차 거란-고려 전쟁 당시 고려를 침공해왔던 소손녕의 아들이다.

또 발해장사(渤海帳司)의 태보(太保) 하행미(夏行美)가 군사를 거느리고 고려와의 접경지역인 압록강의 보주(保州)에 주둔하고 있었는데, 대연림이 비밀리에 서한을 보내 동경통군사(東京統軍使) 야율포고(耶

律蒲古)를 제거하도록 사주했다. 하지만 같은 발해 유민이었어도 하행미는 대연림의 기대와 달리 야율포고에게 이 일을 폭로하였고, 야율포고는 만일을 대비해 발해출신 병사 800명을 죽이고 홍요국의 동쪽 방면을 막아버렸다. 이때의 하행미의 행동을 보면 모든 발해 유민이 한결같이 발해의 부흥을 꿈꾸었던 것은 아니었던 듯하다. 발해 멸망 후 흘러간 100년이라는 시간은 길다면 긴 세월이기도 했다.

대연림은 황룡부와 보주가 모두 홍요국에 합류할 가능성이 사라졌다는 사실을 알고는 군사를 파견해 서쪽의 심주(瀋州, 오늘날 랴오닝성 선양시)를 공격하도록 했다. 처음에 절도부사 장걸(張傑)이 항복하겠다고 소리쳐 말하기에 급히 공격하지 않고 기다렸다. 그러나 그것이 거짓이라는 것을 알았을 때는 이미 방비가 되어 있어 공격해도 이길 수가 없어 결국 회군할 수밖에 없었다.

심주(선양) 위키피디아

9월 3일, 거란의 동경장군으로 자신을 표현한 대연림이 대부승(大府丞) 고길덕(高吉德)을 고려에 보내와 거란에 반기를 들고 독립하여 홍요국을 세운 사실을 알리고 겸하여 구원을 요청하였다. 당시 고려는 현종(顯宗, 992~1031, 재위 1009~1031)이 집권 중이었는데, 형부상서 곽원(郭元)은 이것을 기회라고 여기고 압록강 동쪽의 거란 측 성들을 탈취하자고 제안하였으나, 최사위와 서눌, 김맹 등이 모두 반대하였다. 그는 고집을 피워 군사를 동원해 요나라의 압록강 동쪽 연안을 공격하였지만 끝내 이기지는 못하였다. 그는 패한 것이 부끄럽기도 하고, 분하기도 하여 결국 병으로 죽었다고 한다. 그가 공격하였던 위치는 하행미가 지키고 있던 보주였을 텐데, 이곳은 1014년에 거란이 점령한 이후로 고려 입장에서는 눈엣가시와도 같은 곳으로 1117년에 최종 수복할 때까지 압록강 이남의 거란 측 최전선 기지의 역할을 담당했다.

이때 홍요국의 발해 유민들이 굳이 고려에 적극적으로 친선을 원하였던 것은 많은 생각을 하게 하는데, 아마도 이들이 고려와의 모종의 친밀성을 느꼈을 가능성이 있기 때문이다. 우선은 발해 멸망 당시 태자를 비롯해 많은 발해인들이 고려로 망명하여 자리를 잡았다는 점에서 홍요국이 기대를 걸 만했을 것이고, 기본적으로 둘 다 마찬가지로 '고구려'에 대한 계승 의식을 가진 집단이었기에 역사공동체 혹은 최소한 동지로서의 일말의 희망 같은 것을 가지지 않았을까 싶기도 하다. 이러한 관계를 명시적으로 표현한 기록은 없기에 우선은 이상과 같이 짐작만 해볼 뿐이다.

태사(太師) 대연정(大延定)도 동북쪽의 여진 군사들을 이끌고 요나라를 공격했지만, 승리를 거두지는 못하였다. 태사는 절도사의 거란식 명칭이고, 대연정은 이름으로 봐서는 황제 대연림의 형제가 아니었을까 싶다. 드디어 요나라에서 여러 도의 군사들이 차례로 당도하자 대연림은 성문을 닫고 수비에 들어갔다.

겨울 10월 1일, 오늘날 베이징에 해당되는 남경의 유수이자 연왕(燕王) 소효목(蕭孝穆)을 총사령관(도통)으로, 앞서 홍요국의 서부를 차단했던 소필적을 부사령관으로, 해(奚)의 6부 대왕 소포노(蕭蒲奴)를 도

감으로 임명하여 흥요국을 공격토록 했다.

처음에 심주 부근의 포수(蒲水)에서 전투가 벌어졌는데, 요나라 군대가 패하여 후퇴하였다. 다시 소필적과 소포노가 각각 좌익과 우익이 되어 공격하니 이번에는 흥요국 군대가 패했다. 재차 요양 남서쪽의 수산(水山)에서 전투를 하였지만 흥요국 군대는 패주하여 동경성에 들어가 수비에 들어갔다.

12월 6일, 태사 대연정이 고려에 사신을 보내 지원을 요청했다. 하지만 당시 고려의 현종은 시중 최사위와 평장사 채충순의 반대의견을 듣고 이에 응하지 않기로 했다. 고려 입장에서는 현종 치세에만 거란과 두 번의 대전을 벌였던 만큼 그 피해가 아직도 많이 남아 있었기에 갑자기 적극적으로 공세로 전환하기 힘든 물리적 환경이었다.

이렇게 고려와 거란은 흥요국이 사이에 있어 길이 끊겼다. 그리고 바로 이틀 후인 12월 8일, 고려는 평장사이자 서북면판명마사로 상중에 있던 유소(柳韶)를 국경(鎭)으로 보내 흥요국의 변고에 대비토록 하였다. 신흥 흥요국보다는 아직은 요나라 쪽이 더 확률이 높다는 점에서 고려는 요나라에 베팅을 한 것이었다.

1030년 1월 13일, 흥요국이 재차 수부원외랑(水部員外郞) 고길덕을 고려로 보내서 원병을 청하였다. 고길덕은 앞서 대부승이었는데 이번에는 발해식 명칭인 수부(水部) 소속 직책자로서 온 것을 보면 혹 흥요국에서 이 무렵 발해 당시의 정치체제를 부활시킨 것은 아니었나 싶다.

3월 1일, 총지휘관 소효목은 마침내 동경성 주위에 보루를 쌓고 전면 포위에 들어갔다. 이로써 대연림의 처지는 더욱 어렵게 되었다. 성안에서는 나중에 집을 부수어 불을 땔 정도로 곤궁한 상황이 되었다. 대연림이 동경성 안에 갇혀 있는 동안 소포노의 군대는 여러 마을들을 공격하고 후산(吼山)의 흥요국군을 격파하였다.

5월 13일, 수군지휘사(水軍指麾使) 호기위(虎騎尉) 대도리경(大道李卿)

등 6명이 고려에 망명해왔다. 대도리경은 처음에 대연림에게 투항했지만, 동경이 포위되고 점차 상황이 위태로워지자 같은 발해인이라는 점 때문에 어떻게 될지 모른다는 공포심에 달아난 것이었다.

7월 14일, 홍요국 행영도부서(行營都部署) 유충정(劉忠正)이 영주자사(寧州刺史) 대경한(大慶翰)을 고려에 보내 또다시 원조를 요청하였다. 발해 유민 출신인 유충정은 1009년 고려 목종(穆宗, 908~1009, 재위 997~1009)의 실각 당시 목종을 수행하던 인물인데, 어떤 이유에서인지 고려 조정을 벗어나 이곳에서 홍요국 건설에 동참하고 있었다. 대경한의 영주나 고려와의 접경지역인 귀주(歸州) 등지는 거란의 제2차 고려 침공(1010~1011) 당시 고려 내의 발해 유민들이 포로로 끌려가서 강제 거주하였던 곳인데, 그도 그렇게 끌려가 이 근방에 머물고 있다가 대연림의 쿠데타 이후 홍요국 세력에 가담했던 것은 아니었을까.

그렇게 운명의 날인 8월 25일이 다가왔다. 이날 동경에 있던 홍요국 장군 양상세(楊詳世)가 비밀리에 항복하겠다고 하여 내통하고 밤에 남문을 열고 거란군을 들여보냈고, 결국 대연림은 사로잡히고 말았다. 홍요국의 잔여세력 중 남해성(南海城)의 성주가 끝까지 버텼지만, 다음 해인 1031년에 마지막으로 항복하였고, 이로써 홍요국, 곧 당시 거란의 표현대로 "발해"는 최종적으로 평정되었다.

9월 6일, 홍요국 영주자사(郢州刺史) 이광록(李匡祿)이 고려에 도착하여 위급함을 알렸는데, 얼마 후 거란 사신이 고려에 와서 대연림 세력의 몰락을 전하였고, 이 사실을 알게 되자마자 이광록은 고려에 망명 신청을 하고 끝내 돌아가지 않았다. 고려는 거란에 동경 탈환을 축하하는 사신을 보냈고, 거란도 감사의 사신을 보내왔다.

이후 한동안 고려로의 망명 행렬이 줄을 이었다. 1031년 7월 22일, 발해의 감문군(監門軍) 대도행랑(大道行郎) 등 14인이 고려로 망명하였고, 또 연속으로 이틀 후인 24일에도 발해 제군판관(諸軍判官) 고진상(高眞祥), 공목(孔目) 왕광록(王光祿)이 마찬가지로 고려로 이주해왔다.

이외에도 망명자들은 수년간 공식기록만으로도 백 명을 넘어서니 실제로는 그보다 훨씬 많았을 것으로 여겨진다.

대발해(1116년) 위키피디아

끝으로 최후의 발해 부흥운동인 **대발해**(大渤海)의 차례이다. 대발해 건국 바로 1년 전에 마치 이를 예고하는 듯한 움직임이 먼저 있었다.

1115년 봄 2월, 요나라 상경임황부 관할의 요주(饒州)에서 발해 유민 고욕(高欲)이 봉기를 일으키고 스스로 대왕이라고 칭하였다. 정확한 봉기의 사유는 알려져 있지 않지만, 당시 거란은 아골타의 깃발 아래에서 봉기한 여진인들에 의해 집중 공격을 받고 있던 시기여서 이에 자극을 받은 고욕이 발해 유민들이 많이 거주하고 있던 이 지역을 기반으로 봉기를 감행했던 것으로 보인다. 3월에 요나라에서는 소사불류(蕭諝佛留) 등을 투입하여 그를 공격케 했는데, 4월 14일에 고욕이 소사불류 군대를 패퇴시켰다. 이에 요나라는 다시 소도소알(蕭陶蘇斡)을 총지휘관으로 임명하여 재차 공격에 나서게 했으나, 5월 고욕이 소도소알의 군대마저 격파함으로써 고욕의 명성은 오히려 더 커졌고 그에 따라 기세도 오를 만큼 올랐다. 하지만 고욕의 행운도 거기까지였던 듯, 6월 18일에 마침내 소도소알이 계책을 사용해 고욕을 생포하는 데 성공함으로써 불과 5개월 만에 고욕의 봉기는 허무하게 끝을 맺었다. 그가 이렇게 너무도 빨리 몰락하게 된 경위는 그의 본거지가 거란의 수도인 상경임황부와 너무 근접해 있어서 공격당하기 쉬웠기 때문으로 볼 수 있다.

그리고 1년 후인 1116년 1월 1일, 이제 절기상으로는 봄에 접어들었지만 아직은 겨울의 추운 기운이 남아 있던 밤. 한 남자가 10여 명의 젊은이들을 이끌고 모두 칼을 든 채 담을 넘어 동경 요양부(東京遼陽府)의 관청으로 뛰어들었다.

남자는 대청에 올라서서 이 지역의 총책임자인 동경유수(東京留守)가 있는 곳을 물으며 다급하게 외쳤다.

"밖에 군사들의 반란이 일어났으니 어서 방비를 하셔야 합니다!"

이 소리를 듣고 뛰쳐나온 동경유수 소보선(蕭保先)을 보자마자 그는 칼로 무참히 죽여버렸다.

이 사건을 주도한 남자는 동경에서 공봉관(供奉官)으로 재직 중이던 고영창(高永昌)이었고, 그는 물론 그가 이끈 동료들도 모두 발해 유민이었다. 아무래도 이런 위험천만한 일을 벌이기에는 용기가 필요했던지 이들은 술기운을 빌려 이와 같이 계획적으로 쿠데타를 일으켰다.

이날 밤 동경의 호부사(戶部使) 대공정(大公鼎, 1043~1121)은 변란이 발생하였다는 소식을 듣고는 자신이 동경유수 직책을 대행하여 부유수(副留守) 고청신(高淸臣)과 함께 모든 군영(營)의 해족과 한족 병사 1,000여 명을 규합하였다. 해(奚)는 이 당시의 지배층이었던 거란과 같은 북방민족이었다. 참고로 대공정은 같은 발해 유민 출신이면서 거란에서 32세의 나이에 과거에 급제한 인물로, 거란의 역사서인 『요사』에 그의 열전이 실릴 정도로 당시에 유능한 관리로 정평이 나 있었다. 이때 그는 강직한 성격에 판단력이 뛰어났기에 책임감 있게 사태의 진정에 나선 것이었는데, 인망이 두터워서 홀로 병영에 들어가 군사들을 설득하여 질서를 되찾을 수 있었다. 그렇게 계획과 달리 대공정의 노력 때문에 수적으로 밀릴 수밖에 없게 된 고영창은 일단 모습을 감추고 성 밖으로 피신하였다.

다음 날인 1월 2일, 대공정은 어제 쿠데타를 일으킨 발해인들을 수색하여 수십 명을 붙잡아 즉결처분하는 등 백성들을 안정시키기 위해 노력했지만, 이런 혼란 속에서는 억울하게 피해를 입는 사람들도 나올 수밖에 없었다. 이런 강압적 조치에 분노한 발해인들이 집단적으로 들고일어나 하룻밤 만에 영채에 불을 지르고 폭동을 일으켰다. 도시의 질서는 금세 무너져내렸다.

또다시 하루가 흘러 1월 3일, 고영창이 자신의 지휘하에 있던 발해 무용마군(渤海武勇馬軍)의 병력을 동원해 동경의 성문까지 진격해왔는데 이를 본 대공정이 성문 위에 직접 올라가서 이들에게 물러날 것을 설득해보았지만, 고영창의 답변은 그럴 수 없다는 것이었다. 이미 주사위는 던져졌기 때문에 그도 이제는 물러설 수 없는 상황이었으니 협상이 제대로 이루어질 리 만무했다. 게다가 무엇보다도 그에게는 계획이 있었다.

이틀 후인 1월 5일 밤, 성 밖에서 불길이 일어나자 성 안에서 이에 호응하여 사람들이 문을 열었고, 드디어 고영창의 기병대가 입성에 성공하여 성내 사거리에 진을 쳤다. 이제는 일촉즉발의 상황이었다. 남은 것은 시가전뿐이었다.

대공정과 고청신이 1,000여 명의 군사들을 이끌고 고영창 군대와 맞서 싸웠으나 결국 패하고 말았다. 이들은 겨우 휘하에 100여 명만을 거느린 채 서문을 뚫고 나와 수도의 행궐(行闕)로 달아났다.

고영창은 이렇게 동경유수 소보선을 척살한 다음 동경을 차지하고는 세력을 키우기 시작했다. 한 달 만에 모은 병력이 8,000명이 되었고, 이에 자신감을 얻은 고영창은 내친김에 대발해 혹은 대원(大元)이라는 이름으로 나라를 건국하였다. 스스로 황제라고 선언하고 연호를 융기(隆基), 응순(應順)으로 제정하였다. 융기는 융성한 토대를 만들겠다는 뜻이었을 테고, 응순 즉 순응(順應)은 곧 그들에게 주어진 시대적 사명을 따르겠다는 뜻이었으리라. 둘 중 하나만 실제 사용된 것인지, 아니면 재위 도중 연호를 바꾼 적이 있는 것인지는 알려져 있지 않다.

대발해의 영토는 열흘 만에 요동의 50여 주(州)를 차지할 정도로 세력이 급속히 확대되었다. 거란의 동경도에는 79개 주가 있었다고 하니 대략 3분의 2 이상이 대발해에 넘어간 것이었다. 그에게는 귀덕주의 수비장수 야율여도(耶律余覩) 같은 이들까지 귀부할 정도로 세력의 확장 속도가 매우 거셌다.

사실 고영창은 거란의 제9대 황제인 천조제(天祚帝) 야율연희(耶律延禧, 1075~1128, 재위 1101~1125) 때에 발탁된 인물이었다. 그는 발해무용마군 2,000명을 모집하여 백초곡(白草谷)에 주둔하면서 여진을 막는 데 투입되었다. 이 당시의 여진은 태조(太祖) 완안아골타(完顔阿骨打, 1068~1123, 재위 1115~1123)의 지휘 아래 동북아시아의 맹주로 떠오르고 있던 신흥강자로, 금나라를 건국한 지 1년밖에 지나지 않은 시점이었다. 이들의 상승세는 무서울 정도여서 천조제가 직접 이끈 거란군과의 전쟁에서도 승리하며 말 그대로 상종가를 달리고 있었다.

이 무렵 동경유수 태사(太師) 소보선이 발해인들에게 가혹한 통치를 실시하였는데, 그는 평소 성격이 사나워서 법을 조금이라도 어긴

자는 결코 용서치 않는 칼 같은 인물이었다. 이 때문에 억눌려 있던 발해인들의 불만이 드디어 폭발하면서 극단적인 수단으로 소보선의 비장(裨將)이자 공봉관이었던 고영창이 쿠데타까지 일으키게 된 것이었다.

고영창은 총 3,000명의 군사를 휘하에 거느리고 동경 인근의 백초곡 팔담구(八䜵口)에 주둔하고 있었는데, 거란의 통치는 엉망진창인 상황에서 여진은 상승세를 타고 있는 것을 느끼고는 거란이 오래 가지 못하겠다는 생각을 하게 되었다. 당시 동경에 거주하는 한인과 발해인 사이는 별로 안 좋았는데 소보선이 발해인들을 많이 죽이자 고영창이 발해인들을 회유하는 데 성공하였고 자신의 병사들과 함께 이번 일을 벌이게 된 것이다.

그런데 생각해보면 굳이 고영창 자신이 총대를 멜 이유는 없었다. 동경에서 무관으로는 비장이면서 발해무용마군의 지휘자 역할을 하고 있었고, 동시에 문관인 공봉관으로도 활동하고 있었기에 사실 개인의 영달을 위해서는 요나라에 충성을 다하는 편이 더 안전하고 확실한 성공의 길이었을 것이다. 그럼에도 그는 소수의 젊은이들만을 규합해 동경유수를 척살하는 극히 위험한 행동을 자행하고 또 적극적으로 발해 유민들의 처우개선을 위해 온몸을 던지는 의외의 선택을 하였다. 그는 아마도 용의 허리가 되느니 뱀의 머리가 되는 쪽을 원했던 정의로운 야심가가 아니었을까?

이곳 동경, 즉 옛 요양(遼陽)은 원래 발해의 땅이었는데 이로부터 190년 전인 926년에 거란의 건국자인 태조 야율아보기가 20여 년간의 발해와의 전쟁을 통해 얻어낸 땅으로, 나중에 거란의 동쪽 수도 곧 동경(東京)이 된 것이었다. 이곳에 발해 유민들을 옮겨 살게 하면서 주민들 중에 발해인들이 차지하는 비중이 높은 곳이기도 했다. 더욱이 80여 년 전 대연림이 흥요국 운동을 벌였던 전례도 지역주민들에게는 전설처럼 남아 있었을 것이다. 고영창에게 이곳 동경은 그의 정의감을 실현하고 야심을 발휘하기에 적합한 기반이 되었을 것이다. 또한 그가 여진군을 상대하면서 깨달은 요나라의 몰락이 더욱 그의 야심을 부추겼을 지도 모를 일이다.

하지만 대발해 황제에 오른 고영창은 갓 건국한 상황에서 요나라 의 군대와도 상대해야 했고 세력 확장에도 신경을 쏟아야 했기에 불 행히도 새로 편입된 수많은 지역들을 제대로 관리할 여력이 없었다. 통제가 안 되는 곳들에서 살육과 약탈이 지속적으로 발생하자 주민 들은 요수를 건너 피난 가기 시작했고 점차 대발해군도 인심을 잃게 되었다. 그는 당장은 세력 확장을 우선시 여겨 여러 곳으로 군대를 파견하여 적극적으로 공략하였는데, 그중에서 오직 요양에서 멀지 않은 심주만이 끝까지 버티고 있었다.

쿠데타 이후 한 달이 지난 윤 1월 4일, 천조제는 재상 장림(張琳)과 소한가노(蕭韓家奴)에게 고영창의 대발해 토벌을 명하였다. 장림은 심 주 출신이었는데, 이전에 동경에서 호부사로 두 번이나 근무한 적이 있어서 동경 사람들에게 신망이 높았기 때문에 선발된 것이었다. 장 림은 요동의 떠돌이들을 모집하고 한족 주민들 중에서 건장한 자들 도 모아 군사를 확충하였다. 이렇게 열흘 사이에 20,000여 명의 병사 를 얻었다. 하지만 3월에 장림의 군대는 대발해군에게 패하였다.

여담인데, 이해 3월 8일 고려에서는 정양직(鄭良稷)의 처벌이 있었 다. 그는 앞서 1월 15일에 요나라의 동경에 일종의 스파이로 정세 염 탐을 위해 갔는데, 마침 고영창의 쿠데타가 일어난 지 얼마 안 되어 분위기가 흉흉한 시점이어서 그는 목숨을 부지하기 위해 원래 동경 유수에게 가져갔던 선물을 쿠데타 세력에게 바치며 신하로 지칭했고 그것이 뒤늦게 발각된 것이었다. 그보다 앞서 윤언순(尹彦純) 등 역시 고영창에게 포로로 잡혀 있었는데 마찬가지로 강압적으로 대발해 건 국을 축하하였고 마찬가지로 고려에 돌아와 처벌을 받았다.

이러한 사실을 보면 고려는 굳이 대발해에게서 어떤 동질감 같은 것은 느끼지 못했던 듯하고, 오히려 일개 반란세력으로 치부하였던 것은 아닌가 싶다. 발해 멸망 시부터 190년, 앞서 흥요국 때부터도 거의 90년 가까이 흐른 시점이기에 이제 거의 남남이 된 상황이었을 것이다.

한창 더울 때인 여름의 5월 1일, 장림은 재차 현주(顯州)로부터 대발해로 진군하였고, 대발해군은 요하에서 방어선을 구축하고 수비에 들어갔다. 이에 장림은 약한 병사 수천 명을 파견하여 대발해 수비병들의 관심을 돌리는 한편 정예기병은 샛길로 요하를 건너가 심주로 이동토록 했다.

대발해군은 그들을 발견하고 군사를 파견하여 대적케 했다. 열흘 사이에 30여 회의 전투를 벌였는데, 대발해군은 점점 동경으로 밀려나 수비하기에 급급한 상황에 처했다.

장림의 군대는 성에서 5리쯤 되는 곳인 태자하(太子河)를 사이에 두고 영채를 설치하고 주둔하였다. 먼저 사람을 시켜 글을 보내 고영창을 설득해보았으나 실패로 돌아가자 그는 5일치 식량만 휴대하라고 명령을 내린 다음 동경성을 함락시킬 전략을 세웠다.

이틀 후 안덕주(安德州)의 의용군(義軍)에게 먼저 태자하를 건너도록 한 다음 대군을 이끌고 일제히 도하하기 시작했다. 거란군이 강을 절반쯤 건넜을 무렵 갑자기 대발해 철기병 500기가 측면으로 돌진해왔다. 겨우 이들을 물리치긴 했지만 장림의 부대는 낡은 진영으로 물러나 지키는데 물길이 끊어졌으므로 사흘 동안이나 건너지 못했다. 결국 장림은 군사들이 식량이 부족해져 굶주릴 수밖에 없음을 깨닫고 심주로 돌아갈 것을 결정했다.

5월 7일 밤, 영채를 옮겨 심주로 향하는 도중에 대발해 기병이 후방을 급습하여 장림의 부대에 큰 타격을 입히는 데 성공하였다. 건장한 자들만이 겨우 심주의 성 안에 들어가고 늙고 약한 병사들은 모조리 죽거나 포로로 잡혔다. 이때까지만 해도 그나마 아직 질서가 유지되는 상황이었다.

이후 일을 어찌할지 논의하고 있을 때 예상치 못했던 여진의 도모(闥母)가 보낸 서신이 도착했다.

발해국왕 고영창의 문서

요나라 재상 장림이 대군을 통솔하여 토벌하러 왔으니 부디 구원해주시기 바랍니다. 의로움에 길이 있는 것이 마땅하니 곧 호응하여 구원하는 것이 합당합니다. 5월 25일에 진군할 것을 기약합니다.

여진에서 고영창의 작전을 알려준 것인데도 이를 입수한 거란군 지휘부는 대발해가 거란군을 속일 요량으로 이 서류를 조작한 것이라고 여겨 별다른 방비를 하지 않았다. 그러나 얼마 지나지 않아 정탐병이 동북쪽에 군사가 다가오고 있다고 급보를 하였고, 여진군이 실제로 눈앞에 나타나자 이에 놀란 장병들은 여진이 쳐들어왔다고 비명을 질렀다.

장림이 급히 군사를 정돈하여 여진군과 맞서 싸웠지만, 여진군을 목격한 군사들은 벌써부터 사기가 떨어져 패주하여 성 안으로 들어가기 바빴다. 이에 여진군은 급히 추격하여 성 안으로 따라들어가 성의 서남쪽을 차지한 뒤 군사들을 풀어 성안 사람들을 거의 모두 살육하였다.

다수가 죽고 장림은 가족과 부하들과 함께 줄을 타고 성벽을 내려와 도망친 덕분에 겨우 살아남긴 했지만, 대신에 군수물자와 무기를 모두 잃고 말았다. 그는 요주(遼州)로 피신하여 패잔병들을 규합하였으나 이미 늦은 일이었다. 결국 장림은 이 때문에 좌천되고 말았다. 요나라는 그를 대신해서 연왕(燕王) 야율순(耶律淳) 등을 투입하지만, 고영창의 봉기를 진압하는 인물은 따로 있었다.

그런데 그 사이 대발해와 여진 사이에는 무슨 일이 있었던 것일까?

고영창은 같은 발해인인 신하 달불야(撻不野)와 표함(杓舍)을 금나라의 완안아골타에게 보내 원조를 요청하였다. 그가 그동안 대결의 대상이었던 여진에게 화친을 제의한 것이다.

　힘을 합쳐 요나라를 무너뜨릴 것을 제안합니다.

　과거 홍요국의 대연림은 똑같은 제안을 고려에 했는데, 지금 대발해의 고영창은 그 제안을 여진의 금나라에 한 것이다. 과거 대연림의 실패사례를 알고 있었기에 또 다른 파트너로 여진을 찾은 것인지, 아니면 고려사신 정양직을 통해 고려의 내실을 알게 되었기 때문에 별볼 일 없다고 판단하였던 것인지 알 수 없다. 홍요국 때만 해도 아직 고려에 대한 친밀성이 있었을 수 있지만, 이후 거의 100년 가까이 지나다 보니 대발해 당시에는 대 고려 인식이 많이 희석된 탓도 있을 것으로 보인다. 어쨌거나 고영창이 정확히 본 것은 금나라의 상승세가 무서울 정도였기에 요나라를 무너뜨릴 세력으로는 그만한 존재가 없었다는 점이고, 그가 착각한 것은 그래서 금나라는 대발해를 자신들과 동급의 파트너로 전혀 생각하지 않았다는 사실이다.

　아골타는 호사보(胡沙補)를 보내 고영창에게 역제안을 하며 회유했다.

　힘을 합하여 요나라를 얻는 것은 물론 가능하오. 하지만 대신 황제의 칭호를 버리도록 하시오. 만약 우리에게 귀부한다면 왕의 작위를 주겠소.

　또한 요나라 소속의 여진인 호돌고(胡突古)도 같은 제안을 전해왔다. 고영창은 달불야에게 호사보와 호돌고를 환송하게 했는데, 그가 보낸 편지의 내용이 아골타의 심기를 불편하게 했다. 여전히 황제를 칭하고 있는 점도 그렇지만 금나라에 붙잡혀 있던 발해인들을 돌려달라고 한 점도 당장은 받아들이기 어려웠던 모양이다. 아골타는 발해인 대약사노(大藥使奴)를 달불야와 함께 대발해로 보내서 고양창을 회유토록 해보았지만, 제안은 받아들여지지 않았다.

이에 4월 아골타는 최종적으로 대장 알로(斡魯)에게 도모(闍母), 포찰(浮察), 적고(迪古)와 함께 대군을 통솔케 하여 고영창을 공격할 것을 명했다. 그의 명령문은 이러했다.

> 고영창이 부하 병사들을 회유하고 협박하여 한 곳에 웅거하고 있으니 곧 그 틈을 타서 취할 것이다. 굳이 원대한 계책을 준비하지 않고서도 그의 멸망을 곧 볼 수 있을 것이다. 동경의 발해인들이 나의 덕을 입은 지 오래되었으니 불러 회유하기가 쉬울 것이다. 만일 따르지 않는다면 곧 나아가 토벌할 것을 의논하되 굳이 많이 죽일 것까지는 없다.

그렇게 5월에 알로는 심주에서 거란군과 먼저 조우하여 이들을 격파했고, 곧바로 심주 내부로 진격하여 함락시키는 데 성공한 것이었다. 고영창은 심주가 무너졌다는 소식을 듣고는 크게 놀라 가신인 탁랄(鐸剌)에게 금도장(金印) 1개와 은패(銀牌) 50개를 주어 급히 알로에게 보냈다. 그가 전하도록 한 말은 의외의 것이었다.

> 황제 칭호를 버리고 속국이 되겠습니다.

그도 결국 가공할 만한 위협 앞에서는 자존심을 유지하기 어려웠던 것일까. 사실 이는 위장일 뿐이었다. 알로가 호사보 등을 사실확인 차 고영창에게 보냈다. 때마침 발해인 고정(高禎)이 여진군에 항복하기 위해 와 있다가 대발해가 정말 항복하려고 하는 것이 아니라 단지 군사행동을 지연시키기 위한 것이라고 내부정보를 진술하였다. 그랬다, 고영창은 속으로 승부수를 준비하고 있었기에 시간이 필요했던 것이다. 참고로 고정은 발해 유민 중에서도 이름을 날린 고모한(高模翰)의 5세손으로, 요양에 살면서 어려서부터 학문을 좋아하여 일찍이 진사에 합격한 인물이었다. 그는 고영창의 쿠데타 때 현장에 있었는데, 알로가 공격하여 심주를 함락했을 때 자신의 어머니가 심주에 계셔서 부득이 동경성에서 빠져나와 금나라에 항복한 것이었다.

태자하(Taizi로 표기된 강) 위키피디아
태자하 북단의 심양(Shenyang)이 곧 심주이다

이를 듣고 알로가 진격해오자 고영창도 결국 사신으로 온 호사보 등을 죽이고 여진군과의 본격적인 항전을 개시하였다. 옥리활수(沃里活水, 오늘날 요하 인근 태자하의 이칭)를 사이에 두고 조우했는데, 진창이어서 쉽게 건널 수가 없었다. 이때 알로를 지원하기 위해 참전한 도모가 위험을 무릅쓰고 자신의 군대를 먼저 건너게 하였고, 이를 본 다른 군대도 뒤따라 건널 수가 있었다. 이렇게 여진군이 전격적으로 강을 건너는 데 성공하자 대발해군은 싸울 의지를 잃고 퇴각하였다. 이처럼 여진군이 예상치 못한 기습을 가해왔기에 지금까지 전혀 준비가 되어 있지 않았던 대발해로서는 상황을 극복할 여력이 없었다. 결국 여진군은 북쪽으로 동경성 아래까지 이르러 진영을 세웠다. 승세는 이미 여진군에게 넘어와 있었다.

다음날 고영창이 전군을 이끌고 나왔지만, 도모의 군대가 대발해군을 격파하였다. 다급해진 고영창은 기병 5천을 거느리고 바다 건너 장송도(長松島)로 피신하였다. 장송도는 요동 반도 남단의 장산도로, 만에 하나 해외로의 망명까지 염두에 둔 행동이었을 것이다. 동시간대에 동경성에 있던 발해인 은승노(恩勝奴)와 선가(仙哥) 등이 고영창의 가족을 붙잡아 동경성을 열고 항복하였다. 이들은 일전에 아골타에게 사로잡혔다가 풀려난 적이 있었는데 이번에 그 은혜를 갚은 것이었다.

여진군은 고영창을 잡기 위해 기병 3천 기를 파견하여 추격하게 했는데, 달불야가 배신하여 알로에게 항복한 노극충(盧克忠)과 함께 고영창과 그의 측근인 탁랄을 붙잡아 여진군에 넘겼다. 이들은 결국 죽임을 당했다.

이상이 대발해라는 마지막 발해 부흥운동의 결말이다. 역사에 가정은 없다지만 혹여나 그가 아골타의 제안대로 처음부터 대발해의 황제 자리를 포기하고 금나라의 여러 왕 중 한 명이 되는 것을 선택하였다면 역사는 달라졌을까? 아마도 큰 변화는 없었을 것이다. 떠오르는 태양인 금나라 밑에서 대발해는 독립국으로 존속하기 어려웠을 것이고 그 이후의 역사가 말해주듯이 자연스럽게 여진족 사회에 동화되는 것으로 끝을 맺었을 게 거의 분명하기 때문이다.

그 정도 예측은 누구나 뻔히 가능하다. 고영창으로서는 발해의 독립이 가장 큰 목표였기에 금나라 휘하로 들어간다는 것은 협상 조건이 아니었다. 그가 대발해를 포기하고 개인의 영달을 위해 금나라에서 여러 왕 중 한 명이 되는 것은 어렵진 않았겠지만, 그는 자신의 초심을 지키기로 결정했던 것이다. 이를 두고 그의 유연하지 못한 태도가 비극적 결말을 초래했다고 비판해보았자 의미가 없는 행위이다.

그럴 바에는 그는 애당초 요나라 안에서 본인의 야망을 추구했던 편이 리스크도 없이 훨씬 더 손쉬운 방법이었을 테니 말이다.

그가 비판받아야 할 부분은 이미 저물어가던 발해라는 이름의 마지막 끈을 붙잡고 있었다는 사실이다. 금나라는 이후 동북아시아를 평정하는 대국으로 성장하는데 이를 예상하건 못하건 간에 대발해 독자적으로는 어차피 이에 대적할 수 없는 힘의 절대적 열세에 처해 있었다. 이는 어느 누구도 쉽게 극복할 수 없는 경쟁이었다. 이미 이 당시에는 대공정이나 고청신, 고정, 은승노, 선가 등의 사례가 말해주듯이 같은 발해 유민이어도 더 이상 발해의 부흥에는 관심을 가지지 않게 된 이들이 다수가 된 상황이었다. 그는 그런 어려운 환경하에서도 끝까지 대발해라는 독립세력화를 고수하다가 힘에 밀려 마침내 쓰러지고 말았던 것이다. 즉 그저 단순히 그의 능력이나 안목의 문제 때문이 아니라 이미 발해는 그 생명력이 다한 존재로서 화려하게 불꽃을 사르며 마지막으로 존재감을 드러낸 다음 마침내 역사의 수면 아래로 가라앉은 것이었다.

이처럼 대발해를 끝으로 더 이상 발해인들의 독립운동은 찾아볼 수 없게 된다. 이들은 흑수말갈의 후예인 여진족 아골타가 내세운 '여진과 발해는 본래 한 집안'이라는 정책에 동화되어 점차 그 독자성을 잃게 되기 때문이다. 이제 발해인에게서 발해라는 두 글자가 지워졌다. 그들은 이제 어딘가에 속한 그 누군가일 뿐 발해인은 아니게 되었다. 그렇게 발해인은 역사 속으로 사라졌다.

발해가 다시 그 이름을 역사에서 찾기 위해서는 이로부터 수백 년이 더 흘러 1784년 유득공이라는 조선의 학자가 집필하게 될 『발해고(渤海考)』라는 책의 등장을 기다려야 한다.

소유의 역사, 공유의 역사

발해의 역사를 보면 참으로 안타까운 생각이 든다. 지금이야 역설적으로 서로 자기네 역사라고 싸우고 있지만, 발해가 존재했던 그 당시만 해도 발해는 어느 누구도 깊이 관심을 갖거나, 같은 편으로 여기지 않았던, 한동안 유행했던 표현을 빌리자면 악플이나 무플의 대상밖에는 되지 않았던 존재였기 때문이다.

자신들의 손으로 역사 기록을 남기지 못했다는 사실로 인해 발해는 지금까지도 신비에 싸인 제국으로 남게 되었다. 지금도 정확하게 발해의 인구구성이 혈연적으로 어떻게 구성되어 있는지, 그 영토는 어디부터 어디까지였는지, 후대의 왕위계승은 어떻게 이루어졌는지 등 제대로 알 수 있는 것은 많지 않다. 하다못해 지금까지 알려진 수백 명의 발해인 중에 생몰년이나마 제대로 밝혀진 인물은 손에 꼽을 정도밖에 없는 것이 현실이다.

자신의 기록을 남기지 못한 이들의 미래는 이처럼 비극적이다. 자신의 존재를 제대로 알리지 못하고, 나의 눈이 아닌 남의 시각을 통해서 나를 바라보아야 하는 상황에서는 필연적으로 실체가 왜곡될 수밖에 없다. 스스로의 기록을 남겨야 한다는 사실은 이렇듯 매우 절실한 문제이다. 그들은 자신들의 기록이 없기에 스스로를 애기하는 것에 많은 제약을 갖게 되었다. 역사를 잃어버린 그들의 역사는 과연 누구의 것인가?

중국은 말갈인의 나라여서 중국의 역사라 주장하고, 한국은 고구려 유민이 주축이 되어 건국된 고구려의 계승국가라고 믿는다. 또한 북한은 남한처럼 남북국시대에는 동의하면서 자신들이 그 영토의 일부를 차지하고 있기에 발해가 역사의 주체가 된다고 보지만, 남한은 똑같은 남북국시대여도 신라의 땅을 가지고 있기에 전통적으로 통일신라를 중심에 둔 역사관을 보여왔다. 이러한 다양한 논리는 역사적 실체는 하나뿐일지라도 보는 시각에 따라 제각각 해석이 달라지는 현실을 말해준다. 이는 후대의 우리가 오늘날의 기준에서 이미 마음속에 어떤 결론을 가지고 발해의 역사를 읽어서는 그 당시의 실제의 모습을 제대로 들여볼 수 없다는 것을 말해주기도 한다. 편견 없이 읽는 역사가 진정한 역사이다.

그래서 나는 이러한 발해를 '우리만의 역사'라고 보지 않는다. 기록의 편린만으로 방대한 역사를 재구성해야지만 그나마 역사적 실체에 조금이나마 다가갈 수 있는 힘든 처지이지만, 기본적으로 이들은 혈통상으로도 현대 한국인의 조상이라고 100% 주장할 수 있는 상황이 아닐뿐더러, 그 영토마저도 대부분이 중국과 일부는 러시아에 속해 있다. 비유하건대 시민권을 얘기할 때 속인주의와 속지주의 어느 것 하나 발해는 우리만의 역사라고 주장할 만한 결정적인 근거가 못 되는 셈이다.

오히려 나는 발해를 **'동북아시아 공유의 역사'**라고 본다. 발해 자체가 동북아시아에 지역적 기반을 둔 다민족 국가로 시작하여 끊임없이 흡수와 확대의 과정을 거쳐 발전해나갔다고 보기 때문이다. 처음 고왕과 무왕, 문왕 치세기만 해도 과거 고구려 광개토태왕과 장수왕 정권 때처럼 중심국가로서의 황제국 발해가 종속국 가로서의 말갈 부족들을 주위에 거느리는 복합적 체제로 운영되었으나, 해동성국을 이룩한 선왕과 그 다음의 대이진 시기에 이르러서는 이들 제 부족들까지 모두 하나로 녹여내어 **발해인**'이라는 하나로 통일된 정체성을 만들어내는 데 성공한다. 어느 국가도 쉽게 이루어내지 못했던 크나큰 성과였다. 물론 피흡수층의 반발은 없지 않았겠지만, 이후에 발해라는 국가가 멸망하여 그 체제마저 완전히 붕괴된 이후에도 이 '발해인'의 정체성은 무려 200년 넘게 유지가 되었으니 당시의 정체성 통합 프로젝트는 매우 성공적이었음이 분명하다. 동북아시아 지역에서 민족의 통합 아이덴티티를 창출해낸 발해인의 노하우는 곧 동북아시아 국가들이 나눠야 할 역사적 공유물이기에, 이러한 발해인들의 통합의 역사를 어느 한 집단이 독점해야 한다고 소유권을 주장하는 것은 역사 침탈에 불과하다는 생각이다.

이런 관점에 따라 나는 발해를 민족적으로 누구의 독점적 역사라고 보는 편협한 시각과 툭 하면 감정싸움으로 비화되는 퇴로 없는 역사전쟁의 프레임에서 벗어날 것을 감히 주장한다. 보는 시각에 따라서 발해는 고구려인의 마지막 나라일 수도 있고 혹은 말갈인 최초의 국가일 수도 있다. 그러나 보다 정확하게는 발해인들이 살았던 삶의 터전이 곧 발해였음을 말하는 게 우선이다. **발해는 어느 누구의 것도 아닌 발해인의 것이다.** 그 점을 인정하지 않고서는 어떤 논의도 시작할 수가 없다.

발해는 동북아시아 공유의 역사로서의 상징성을 가지고 있다. 당나라와는 전쟁을 하였지만, 잠시 동안의 냉전 상태를 제외하고는 항구적인 평화를 위한 적극적인 외교관계 구축의 노력이 분명 지속되었으며, 일본과도 무역을 중심으로 한 평화적인 해상 네트워크가 만들어질 수가 있었다. 신라는 비록 발해 침공을 감행하긴 하였으나 다행히 물리적 충돌을 피할 수가 있었고, 단절된 관계라는 일반적인 이미지와는 달리 드물지만 사신 파견과 교통로의 개설 및 발해 측의 구애의 움직임 등이 엿보이기에 불완전하긴 하나 소통의 채널이 살아 있었던 관계였음은 분명하다. 발해는 이처럼 전쟁보다는 국제 평화를 추구하였고 쇄국보다는 대외 개방을 지향하였던 열린 사회였다. 발해를 매개로 하여 오늘날 동북아시아의 평화를 얘기하기에 부족함이 없을 것이다.

자유로운 마음과 열린 시각으로 발해의 역사를 보아야지만 제대로 된 그들의 실체를 볼 수가 있다. 자신들의 역사 기록이 없는 이들의 역사를 주변 타인들의 기록에 의존해 살펴볼 수밖에 없는 현대의 우리는 최대한 선입견과 편견이라는 굴절된 안경 없이 그 당시 있는 그대로를 읽을 수 있도록 스스로 경계하고 꾸준히 노력해야만 할 것이다. 그렇게 좀 더 진실에 가까운 발해인들의 삶에 다가갈 수 있기를 간절히 바란다.

참고자료

- 고려 : 『삼국사기』, 『삼국유사』, 『제왕운기』, 『고려사』, 『고려사절요』
- 중국 : 『구당서』, 『신당서』, 『구오대사』, 『신오대사』, 『요사』, 『금사』, 『만주원류고』, 『고려도경』
- 일본 : 『속일본기』 등 육국사, 『입당구법순례행기』, 『구칸쇼』, 『풍토기』
- 조선 : 『발해고』, 『열하기행시주(난양록)』, 『아방강역고』, 『동사강목』, 『해동역사』
- 근현대
   : 『고구려 유민의 나라 제와 당, 그리고 신라·발해·일본 교류사』, 지배선, 혜안, 2012
   : 『고구려·백제 유민 이야기』, 지배선, 혜안, 2006
   : 『고구려·백제·신라 언어 연구』, 김수경, 한국문화사, 1995
   : 『고구려인과 말갈족의 발해국』, 서병국, 한국학술정보, 2007
   : 『고대 환동해 교류사 - 2부 발해와 일본』, 동북아역사재단, 동북아역사재단, 2010
   : 『고지도와 사진으로 본 백두산』, 이서행 외 공저, 한국학중앙연구원 출판부, 2011
   : 『나의 문화유산답사기 - 일본편』(1~4), 유홍준, 창비, 2013
   : 『당현종』, 염수성·오종국, 서경문화사, 2012
   : 『대륙에 서다』, 최진열, 미지북스, 2010
   : 『대조영과 발해』, 김혁철, 자음과모음, 2006
   : 『대통령이 들려주는 우리 역사 - 발해태조건국지』, 박은식, 박문사,

2011

: 『동경성 발굴 보고』, 하라타 요시토, 박문사, 2014

: 『동북아의 왕자를 꿈꾸다』, 서인한, 플래닛미디어, 2009

: 『동북통사』(2권), 진위푸, 동북아역사재단, 2007

: 『동아시아속의 발해와 일본』, 경인문화사 편집부, 경인문화사, 2008

: 『동아시아의 도성과 발해』, 다무라 고이치, 동북아역사재단, 2008

: 『동아시아의 발해사 쟁점 비교 연구』, 선석열 등 공저, 동북아역사재단, 2009

: 『동해안 일대의 발해 유적에 대한 연구』, 김종혁, 중심, 2002

: 『목간에 비친 고대 일본의 서울, 헤이조쿄』, 사토 마코토, 성균관대학교출판부, 2017

: 『무측천평전』, 주문융·왕쌍회, 책과함께, 2004

: 『발해 5경과 영역 변천』, 한규철 등, 동북아역사재단, 2007

: 『발해 가는 길』, 류연산, 아이필드, 2004

: 『발해국지장편』(3권), 진위푸, 신서원, 2008

: 『발해 국호 연구』, 최진열, 서강대학교출판부, 2015

: 『발해 대외관계사 자료 연구』, 임석규 등 공저, 동북아역사재단, 2011

: 『발해 문왕대의 지배체제 연구』, 김진광, 박문사, 2012

: 『발해 사회문화사 연구』, 송기호, 서울대학교출판문화원, 2011

: 『발해 유민사 연구』, 이효형, 혜안, 2007

: 『발해건국 1300주년』, 고구려연구회, 학연문화사, 1999

: 『발해건축사론』, 김경표, 기문당, 2010

: 『발해건축의 이해』, 이병건, 백산, 2003

: 『발해국 흥망사』, 하마다 고사쿠, 동북아역사재단, 2008

: 『발해국과 말갈족』, 장국종, 중심, 2001

: 『발해를 다시 본다』, 송기호, 주류성, 2008

: 『발해를 찾아서』, 송기호, 솔출판사, 1993

: 『발해불교와 그 유적 유물』, 방학봉, 신성출판사, 2006

: 『발해사 100문 100답』, 장국종, 자음과모음, 2006

: 『발해사 바로읽기』, 임상선, 도서출판 동재, 2008

: 『발해사』(1, 2, 3), 서병국, 한국학술정보, 2006

: 『발해사의 종합적 고찰』, 한규철, 고려대학교 민족문화연구원, 2000

: 『발해성곽』, 방학봉, 정토출판, 2001

: 『발해와 일본의 교류』, 구난희, 한국학중앙연구원출판부, 2017

: 『발해왕조실록』, 구난희, 살림, 2016

: 『발해의 강역과 지리』, 방학봉, 정토출판, 2012

: 『발해의 기원과 문화』, 최무장, 한국학술정보, 2003

: 『발해의 대외관계사』, 한규철, 신서원, 2005

: 『발해의 문화』(1, 2), 방학봉, 정토출판, 2006

: 『발해의 불교유물과 유적』, 최성은 외 공저, 학연문화사, 2017

: 『발해의 지배세력연구』, 임상선, 신서원, 1999

: 『발해정치외교사』, 김종복, 일지사, 2009

: 『발해제국사』, 서병국, 한국학술정보, 2010

: 『북국 발해 탐험』, 김진광, 박문사, 2012

: 『비단버선은 흙먼지 속에 뒹굴고』, 후지요시 마스미, 시공사, 2003

: 『삼국시대 연력표』, 안영숙 외 공저, 한국학술정보, 2009

: 『새롭게 본 발해사』, 동북아역사재단, 동북아역사재단, 2007

: 『여진어와 문자』, 진지총·진광핑, 도서출판 경진, 2014

: 『여황제 무측천』, 멍만, 글항아리, 2016

: 『요·금시대 이민족 지배와 발해인』, 나영남, 신서원, 2017

: 『우리 옛지도와 그 아름다움』, 한영우 외 공저, 효형출판, 1999

: 『일제강점기 간도 발해유적 조사』, 도리야마 키이치·후지타 료사쿠, 한국학중앙연구원출판부, 2017

: 『장군과 제왕 2』, 이덕일, 웅진지식하우스, 2005

: 『조선유적유물도감 (8) - 발해편』, 〈조선유적유물도감〉 편찬위원회, 1991

: 『중국의 발해 대외관계사 연구』, 정병준, 동북아역사재단, 2011

: 『측천무후』, 우지앙, 학고방, 2011

: 『통일신라 발해』, 김동우 외 공저, 국립중앙박물관, 2005

: 『한국고대사의 이론과 쟁점』, 노태돈, 집문당, 2009

: 『한국사 10 : 발해』, 국사편찬위원회, 탐구당, 2013

: 『한국생활사박물관 6 - 발해·가야생활관』, 한국생활사박물관 편찬위원회, 사계절, 2002

: 『해동성국 발해』, 서울대학교박물관·동경대학문학부, 통천문화사, 2003

- 실물 자료

· 묘지 : 정혜공주, 정효공주

· 비석 : 최흔석각

· 기타 : 발해 중대성첩 사본, 일본 목간

- 고지도 : 『연혁칠폭도』「발해」, 『압록강변계도』, 『요계관방지도』, 『서북피아양계만리일람지도』, 『여지도』「의주북경사행로」

- 참고 사이트

· 국립중앙박물관

· 국립중앙도서관

· 문화재청

· 한국사데이터베이스(국사편찬위원회)

· 한국금석문종합영상정보시스템(국립문화재연구소)

· 규장각 한국학연구원

· 영남대학교 박물관

· 동북아역사넷(동북아역사재단)

· 위키피디아(www.wikipedia.org)

〈발해제국 왕계도〉

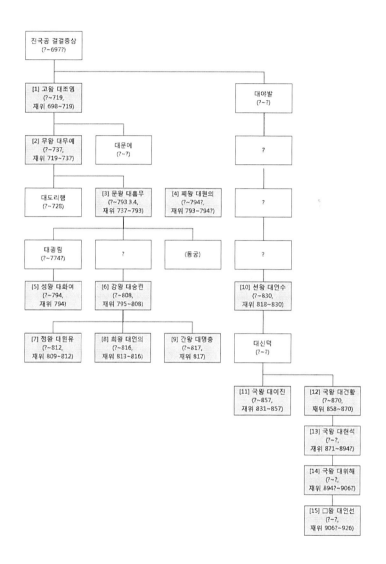

진국공 걸걸중상
(?~697?)

[1] 고왕 대조영
(?~719,
재위 698~719)

대야발
(?~?)

[2] 무왕 대무예
(?~737,
재위 719~737)

대문예
(?~?)

?

대도리행
(?~728)

[3] 문왕 대흠무
(?~793 3.4,
재위 737~793)

[4] 폐왕 대원의
(?~794?,
재위 793~794?)

?

대굉림
(?~774?)

?

(동궁)

?

[5] 성왕 대화여
(?~794,
재위 794)

[6] 강왕 대숭린
(?~808,
재위 795~808)

[10] 선왕 대인수
(?~830,
재위 818~830)

[7] 정왕 대원유
(?~812,
재위 809~812)

[8] 희왕 대언의
(?~816,
재위 813~816)

[9] 간왕 대명충
(?~817,
재위 817)

대신덕
(?~?)

[11] 국왕 대이진
(?~857,
재위 831~857)

[12] 국왕 대건황
(?~870,
재위 858~870)

[13] 국왕 대현석
(?~?,
재위 871~894?)

[14] 국왕 대위해
(?~?,
재위 894?~906?)

[15] ▢왕 대인선
(?~?,
재위 906?~926)